AF326703

राजस्थान में हिंदी पत्रकारिता और जनचेतना

डॉ. सत्यनारायण

Pustak Bharati
Toronto Canada

Book Title : राजस्थान में हिंदी पत्रकारिता और जनचेतना

Author : डॉ. सत्यनारायण

Published by :
Pustak Bharati (Books India)
Toronto, Ontario, Canada, M2R 3E4
email : pustak.bharati.canada@gmail.com

विषयानुक्रमिका

आमुख

पत्रकारिता समाज का प्रतिबिम्ब है जो समाज में हो रही घटनाओं का यथार्थ चित्रण प्रदर्शित करता है। भारतीय पत्रकारिता में हिन्दी पत्रकारिता भी यही कार्य बखूबी करती आ रही है। किन्तु पत्रकारिता का कार्य केवल समाज को आईना दिखाना ही नहीं है अपितु समाज में जन जागृति या जागरुकता लाने का महत्वपूर्ण कार्य भी है। पत्रकारिता का अतीत भारतीय पत्रकारिता से काफी पुरातन है। जब संसार का एक देश दुनिया पर राज करते हुए पत्रकारिता के क्षेत्र में सम्पूर्ण विकास की अवस्था में था उस समय भारत में हिन्दी पत्रकारिता नवजात शिशु की अवस्था में थी। इसी संदर्भ में यदि राजस्थान में हिन्दी पत्रकारिता की बात की जाए तो वह पत्रकारिता के गर्भ में पल रही थी। इस सबके बावजूद जब हिन्दी पत्रकारिता का सूर्य 'उदन्त मार्तण्ड' उदय हुआ तब राजस्थान में पत्रकारिता की शुरुआत भी नहीं हुई थी किन्तु राजपूताना अखबार के बाद से लेकर इतने वर्षों की यात्रा के बाद राजस्थान किसी भी प्रकार से पत्रकारिता में पीछे नहीं हैं। बल्कि वर्तमान में तो हिन्दी पत्रकारिता में कई कीर्तिमान भी स्थापित किए हैं। पत्रकारिता का उद्देश्य कोरी सूचना देना ही नहीं अपितु समाज को समय के साथ कदमताल करने हेतु तत्पर करना है। जो समाज में जनचेतना का विकास करने से ही सम्भव है। जिस समय हिन्दी पत्रकारिता का उदय हुआ उस समय समाज में राष्ट्रीय चेतना की आवश्यकता थी। समाज में देशप्रेम की भावना विकसित करने की आवश्यकता थी। देशकाल के आधार पर पत्रकारिता का उद्देश्य परिवर्तित होता रहता है। पत्रकारिता में भाषा परिवर्तन भी देशकाल के आधार पर होता है। स्वाधीनता आन्दोलन के समय जनचेतना का विकास राष्ट्रीय चेतना को जागृत करना था। देशवासियों में जनचेतना का विकास समाज में प्रचलित भाषा के आधार पर तीव्रता से एवं अधिकाधिक लोगों मे हिन्दी भाषा के द्वारा ही सम्भव था। अतः हिन्दी पत्रकारिता एक आवश्यकता के रूप में अवतरित हुई और कालांतर में समाज के मध्य इसने अपनी स्थिति सुदृढ़ की। साहित्यिक हिन्दी से हुई शुरुआत वर्तमान में आम बोलचाल की भाषा पर आकर ठहरी। आज हम हिन्दी पत्रकारिता के गौरवमयी इतिहास से गौरवान्वित हो सकते हैं। हिन्दी पत्रकारिता के माध्यम से समाज में जो जनचेतना का विकास कुछ अपवादों यथा मीडिया का बिकाऊपन, टीआरपी के लिए बेवजह की सूचनाओं को स्थान देने को छोड़कर स्वर्णिम युग की तरफ

बढ़ रहे है। हिन्दी पत्रकारिता द्वारा राजस्थान में जिस जनचेतना का प्रसार हुआ है वह अतुलनीय है। वर्तमान में इसके माध्यम से साहित्यिक, सांस्कृतिक राजनीतिक, सामाजिक, आर्थिक, आध्यात्मिक, वैज्ञानिक चेतना की सुनहरी आभा सम्पूर्ण विश्व पटल पर दृष्टिगोचर होती है। इसके माध्यम से समाज की वैचारिक या मानसिक रुग्णता खण्डित हो चुकी है तथा उसके स्थान पर जनमानस में मंगलकारी सुधारों और निर्माणकारी तत्वों व मूल्यों की प्रतिष्ठा हुई है। समाज में व्याप्त भ्रष्टाचार, अशिक्षा, धार्मिक उन्माद, दंगा फसाद, रिश्वतखोरी, सामाजिक कुरीतियां आदि के प्रति जागरुक करने का कार्य पत्रकारिता ने ही किया है। इसमें हिन्दी पत्रकारिता को ही इसका श्रेय जाता है क्योंकि यह प्रत्येक अमीर गरीब, छोटे-बड़े वर्ग व ग्रामीण स्तर पर भी जनमानस तक अपनी पहुँच बनाने में शत प्रतिशत सफल रही है। हिन्दी पत्रकारिता के माध्यम से ही शहर हो या गाँव हर तरफ समस्त सूचना व जागरूकता समाज में पहुँच पाती है। हिन्दी पत्रकारिता में भारत विशेष रूप से राजस्थान जो कि मूलतः हिन्दी भाषी राज्य है, उसमें अपना स्थान स्थापित करने में सफल है क्योंकि हिन्दी हमारी आत्मा में निवास करती है। पुस्तक में इस जनचेतना के विकास के लिए जिन पत्र-पत्रिकाओं व पत्रकारों ने अपना अमूल्य योगदान दिया है उन पर प्रमुखता से प्रकाश डाला गया है। शोधार्थी ने पत्रकार की भाषा व उसके दायित्व, जो समाज के प्रति है उन पर भी गहन शोध किया है।

किसी भी मनुष्य के प्रत्येक कार्य के पीछे उसके गुरु व पथ- प्रदर्शक का महत्त्वपूर्ण योगदान होता है। अनेक विद्वानों के अनुभव एवं विचारों से भी उसका पथ प्रदीप्त होता है। अतः किसी कार्य के सफल समापन पर इनके प्रति हृदय की गहराइयों से आभार प्रदर्शन करना नैतिक कर्तव्य है। ज्ञान स्वयं में पवित्र है और ज्ञान देने वाला गुरु उससे भी पवित्र है। किसी भी शिष्य का परम सौभाग्य होता है कि उसे अनुकूल गुरु की प्राप्ति हो जाये। पुस्तक में परम आदरणीया डॉ. हिमानी सिंह जी, सह आचार्य, राजकीय कला कन्या महाविद्यालय, कोटा (राजस्थान) का अमूल्य योगदान एवं सतत् मार्गदर्शन मिलता रहा। डॉ. हिमानी सिंह जी ने जहाँ एक ओर अपने सार्थक सुझावों से इस पुस्तक को सार्थक बनाया है वहीं दूसरी ओर 'अप्पो दीपो भवः' के विचार से मुझे इस योग्य बनने के लिए प्रोत्साहित किया है कि हम स्वयं भी अपना पथ आलोकित कर सकें। इनके वैचारिक सान्निध्य से मिला मार्गदर्शन मेरे जीवन पथ को भी सदैव आलोकित करता रहेगा। मैं असीम

श्रद्धा से उनके प्रति कृतज्ञतापर्ण करता हुआ आशीर्वचनों का अभिलाषी हूँ।

मैं अपने प्रेरणास्रोत स्व. श्री नारायणलाल जी शर्मा का आभार प्रकट करता हूँ जिनका व्यक्तित्व मेरे लिए प्रेरणादायक रहा व उनकी जीवनशैली मेरे लिए सदैव एक मार्ग प्रशस्त करती रही। मेरे सम्पूर्ण परिवार ने आरम्भ से ही मेरा उत्साहवर्धन व हरसंभव सहयोग किया। परम आदरणीय पिता श्री सियाराम जी हँसावत एवं स्नेहमयी माँ श्रीमती शान्ति देवी जिनकी प्रेरणा, सहयोग व आशीर्वाद से मैं मेरे शोध कार्य को अंतिम रूप दे सका। माता-पिता के स्नेह व सहयोग को किसी प्रकार की शब्द सीमा में नहीं बांधा जा सकता है। इनके साथ ही मैं श्रद्धेय श्रीमती सिया शर्मा व पूजनीय स्व. श्री अंजनि कुमार तिवारी (सास-ससुर जी) के प्रति कृतज्ञ हूँ जिनकी प्रेरणा व आशीर्वाद सदैव मेरे साथ रहा। मैं श्री ईशू तिवारी व रमा तिवारी (भैया-भाभी), श्रीमती लक्ष्मी शर्मा, श्रीमती प्रफुल्ल हरित, सुश्री कल्पना तिवारी, सुश्री दीपिका पाराशर व पुत्री आरायना का तहेदिल से आभारी हूँ जिन्होंने हर मुश्किल परिस्थिति में मेरी सहायता करके व मेरा उत्साहवर्धन कर मेरे कार्य को आसान बनाया। मैं मेरे अग्रज श्री प्रदीप कुमार, श्री मकरध्वज, बहिन श्रीमती कृष्णा व सुमन तथा परिवार के अन्य सदस्यों के प्रति कृतज्ञता ज्ञापित करता हूँ जिन्होंने निस्वार्थ भाव से समय-समय पर मेरी सहायता की। अपितु इन सभी का सहयोग मेरे सम्पूर्ण जीवन में मुझे हर समय प्राप्त होता रहा।

मैं मेरी मित्र, सहयोगी व जीवनसंगिनी डॉ. अर्चना तिवारी (सहायक आचार्य, इतिहास व भारतीय संस्कृति विभाग, राजस्थान विश्वविद्यालय, जयपुर) का विशेष रूप से हार्दिक आभार प्रकट करना चाहूँगा जिन्होंने न केवल मुझे इस पुस्तक को पूर्ण करने में सहयोग प्रदान किया अपितु परिवार की सारी जिम्मेदारियों को भी संभालते हुए सदैव मेरा उत्साहवर्धन कर प्रेरित किया। इनके सहयोग के बिना इस पुस्तक को अंतिम रूप दे पाना असंभव ही था।

मैं उन सभी पुस्तकों के लेखकों, पत्र-पत्रिकाओं के लेखक, सम्पादकों व पत्रकारों का भी आभार प्रकट करता हूँ जिनके कारण मुझे लेखन संबंधी सहायता प्राप्त हुई। मैं उन सभी पुस्तकालयों के कर्मचारियों को भी धन्यवाद करता हूँ जिन्होंने पुस्तक से सम्बन्धित सहायक सामग्री उपलब्ध कराने में मेरा सहयोग किया। इन पुस्तकालयों में राजस्थान विश्वविद्यालय का केन्द्रीय पुस्तकालय, अग्रवाल स्नातकोत्तर महाविद्यालय का पुस्तकालय,

राधाकृष्णन पुस्तकालय, महाराजा सार्वजनिक पुस्तकालय, जैन प्राकृत अकादमी का पुस्तकालय, राजस्थान सरकार का सूचना केन्द्र का पुस्तकालय, राजस्थान अभिलेखागार बीकानेर, राजस्थान हिन्दी ग्रन्थ अकादमी आदि सम्मिलित हैं। मैं उन सभी लोगों का आभारी हूँ जिनका नाम यहाँ नहीं लिख पाया हूँ परन्तु प्रत्यक्ष व अप्रत्यक्ष रूप में उनका सहयोग मुझे प्राप्त हुआ और जिन्होंने सदैव प्रोत्साहित किया एवं प्रेरणा प्रदान की। इनमें मेरे गुरुजन, मित्रगण, सहपाठी, सहयोगी व परिजन तथा अन्य ऐसे सदस्य जो मुझे लेखन कार्य के दौरान मिले। अंत में मैं ईश्वर को व उन समस्त लोगों को धन्यवाद ज्ञापित करता हूँ जिनकी असीम कृपा से मैं अपनी पुस्तक को उचित प्रकार से सम्पूर्ण कर सका व इस रूप में ला सका। सभी का धन्यवाद व हार्दिक आभार।

जयपुर   डॉ. सत्यनारायण

25/07/2024

1. पत्रकारिता : अर्थ और विविध रूप

स्वतन्त्रता से पूर्व राजस्थान के पत्रों के सामने हिन्दी पत्रकारिता के आदर्श पत्रों का अभाव था। उनके सामने ऐसा कोई पत्र नहीं था, जिसका अनुसरण करके वे समाचार पत्रों के प्रकाशन का आरम्भ करते। सन् 1900 के आस-पास जब हिन्दी प्रदेशों में अच्छे पत्र निकलने लगे तो उनका प्रभाव राजस्थान पर भी पड़ा और तभी यहाँ कुछ अपवादों को छोड़कर सामाजिक एवं राजनीतिक चेतनामूलक पत्र निकलने लगे। राजस्थान में पत्रकारिता के प्रादुर्भाव में होने वाले विलम्ब के इन कारणों के होते हुए भी यह कहना उपयुक्त होगा कि भले ही राजस्थान में पत्रकारिता का श्रीगणेश विलम्ब से हुआ और भले ही यहाँ के पत्र दीर्घजीवी नहीं हो सके, तथापि राजस्थान जैसे पिछड़े हुए प्रदेश में इन पत्रों ने लोकजागरण का जो अलख जगाया, वह ऐतिहासिक महत्त्व का है। इन पत्रों ने न केवल सामाजिक एवं धार्मिक सुधारों के आन्दोलनों को स्वर दिया, अपितु, स्वतंत्रता संग्राम के लिए किए गए विभिन्न जन-आंदोलनों को भी अपना समर्थन दिया। काका कालेलकर ने पत्रकार परिषद् में अहमदाबाद के एक अधिवेशन में "पत्रकार दीक्षा" शीर्षक अपने पत्र के वाचन में कहा था- "पत्रकार उस समय एक साथ लोक सेवक, लोक प्रतिनिधि, लोकनायक और लोकगुरु की भूमिका अदा कर रहे थे।"

पत्रकारिता का अर्थ : किसी विचार या संदेश को अधिकांशतः एवं सुदूर व्यक्तियों (जन-जन) तक किसी माध्यम के द्वारा प्रसारित करना ही पत्रकारिता है। समय और समाज के संदर्भ में सजग रहकर नागरिकों में दायित्व-बोध पैदा कराना व समाज में घटित घटनाओं व उनसे सम्बन्धित विचारों से नागरिकों को अवगत कराने की कला ही पत्रकारिता है। आधुनिक समय में पत्रकारिता भ्रष्टाचार रूपी तंत्र के लिए ब्रह्मास्त्र का स्वरूप धारण किये हुए है। पत्रकारिता को विभिन्न विद्वानों द्वारा परिभाषित किया गया है जो निम्नलिखित है-

"पत्रकारिता के लिए अंग्रेजी में जर्नलिज्म शब्द प्रयोग में लाया जाता है जो जर्नल से निकला है जिसका शाब्दिक अर्थ 'दैनिक' है। दिन-प्रतिदिन के क्रिया-कलापों, सरकारी बैठकों का विवरण 'जर्नल' में रहता है। 17वीं एवं 18वीं सदी में पीरियाडिकल के स्थान पर लैटिन शब्द 'डियूरनल' और 'जर्नल' शब्दों का प्रयोग हुए। जर्नल से बना जर्नलिज्म अपेक्षाकृत व्यापक शब्द है।

समाचार पत्रों एवं विधिक कालिक पत्रिकाओं के सम्पादन एवं लेखन और तत्सम्बन्धी कार्यों को पत्रकारिता के अन्तर्गत ही रखा जाता है। इस प्रकार समाचारों का संकलन, प्रसारण, विज्ञापन की कला एवं पत्र का व्यावसायिक संगठन पत्रकारिता है।"1

जर्नलिज्म से पहले पत्रकारिता का शाब्दिक अर्थ : संस्कृत के शब्द 'पत्र' से इसे गृहीत माना जा सकता है। इसमें 'कृ' धातु में णिनि \$ तल \$ टाप प्रत्ययों के योग से पत्रकारिता शब्द बनता है। पत्र के साथ ही 'पत्रिका' शब्द का प्रयोग भी प्रचलन में है। "जर्नलिज्म फ्रेंच शब्द जर्नी से व्युत्पन्न है, जिसका अर्थ होता है, एक-एक दिवस का कार्य या उसकी विवरणिका प्रस्तुत करना।2 चैम्बर और न्यू वेब्स्टर्स डिक्शनरी के अनुरूप प्रकाशन, सम्पादन, लेखन एवं प्रसारणयुक्त समाचार माध्यम का व्यवसाय ही पत्रकारिता है।3 "पत्रकारिता अभिव्यक्ति की एक मनोरम कला है। इसका कार्य जनता तथा जन-नेताओं के समक्ष लोक-कल्याण सम्बन्धी कार्यों की सूची प्रस्तुत करना है।"4 सी.जी. मुलर-"सामायिक ज्ञान का व्यवसाय ही पत्रकारिता है। इसमें तथ्यों की प्राप्ति, उनका मूल्यांकन एवं ठीक-ठीक प्रस्तुतीकरण होता है।"5 डॉ. बद्रीनाथ कपूर-"पत्रकारिता पत्र- पत्रिकाओं के लिए समाचार-लेख आदि एकत्रित करने, सम्पादित करने एवं प्रकाशन का आदेश आदि देने का कार्य है।"6 सम्पादक विखेमस्टीड (में)- "पत्रकारिता, कला, वृत्ति तथा जनसेवा है।"7 डॉ. संजीव भानावत- "पत्रकारिता- समाचारों के संकलन, चयन, विश्लेषण तथा सम्प्रेषण की प्रक्रिया है। समय और समाज के संदर्भ में सजग रहकर नागरिकों में दायित्व बोध कराने की कला को पत्रकारिता कहते है।"8 डॉ. अर्जुन तिवारी- भगवद्गीता में जगह-जगह पर 'शुभदृष्टि' का प्रयोग है। यह शुभदृष्टि ही पत्रकारिता है जिसमें गुणों को परखना तथा मंगलकारी तत्वों को प्रकाश में लाना सम्मिलित है।" गाँधीजी इसमें समदृष्टि को महत्व देते थे। समाजहित में सम्यक् प्रकाशन को पत्रकारिता कहा जा सकता है। "असत्य, अशिव और असुन्दर पर सत्यं शिवं सुन्दरम् की शंखध्वनि ही पत्रकारिता है।"9 जोसेफ पुलित्जर-"उच्चादर्श युक्त, सही कहने की ईमानदार उत्सुकता, समस्याओं के निराकरण का यथार्थ ज्ञान और सामाजिक दायित्वपूर्ति का वास्तविक भाव ही पत्रकारिता है।"10 जी. बिन्नी डिब्बली- "पत्रकारिता व्यावहारिक प्रभाव के तत्काल लेखन की कला है। ठीक वैसे ही जैसे कि उसी अर्थ में भाषण कला आलंकारिक है।"11 मैथ्यू आर्नल्ड- "पत्रकारिता शीघ्रता में लिखा गया साहित्य है।"12 अज्ञात- "सिद्धान्त स्थापन

से कहीं अधिक कुछ होना और करना ही पत्रकारिता है।"13 लार्ड नॉर्थक्लिफ-"पत्रकारिता ऐसा व्यवसाय है जिसके विषय में पत्रकार स्वयं व्यक्तिगत रूप से नहीं जानता, किन्तु दूसरों को उसके विषय में बताता है।"14 लार्ड बर्के-"सत्ता के जिस गलियारे में पत्रकार बैठते है, वह चैथा स्तम्भ बन गया है। पहले सार्वजनिक हितों की सुरक्षा की दृष्टि से कुछ राजनीतिज्ञ सरकारी रिपोर्टों का प्रकाशन खतरनाक समझते थे, अब संसद की रिपोर्टों के प्रकाशन को जनहित की दृष्टि से सुरक्षित माना जाने लगा है।"15 डेविड वेनराइट-"सामयिक ज्ञान का व्यवसाय, आवश्यक तथ्यों की प्राप्ति का व्यापार तथा सावधानीपूर्वक उसे मूल्यांकन और पूर्णरूप में प्रकाशित करने के बौद्धिक कार्य को ही पत्रकारिता कहते है।"16 ब्रिटानिका विश्वकोष-पत्रकारिता में लेखन और सम्पादन चाहे वह दैनिक हो या साप्ताहिक पत्रिका (पिरियोडीकल्स) का सम्मिलित रूप है।17 इन्द्र विद्यावाचस्पति-"पत्रकारिता पाँचवा वेद है, जिसके द्वारा हम ज्ञान-विज्ञान सम्बन्धी बातों को जानकर अपने बंद मस्तिष्क खोलते है।"18 महात्मा गाँधी-"पत्रकारिता का एकमात्र उद्देश्य सेवा है। प्रेस बहुत बड़ी शक्ति है।"19 रामकृष्ण रघुनाथ खाडिलकर-छपने वाले लेख, समाचार तैयार करना ही पत्रकारिता नहीं रह गई है। आकर्षक शीर्षक देना, पृष्ठों की आकर्षक संरचना, शीघ्र से शीघ्र समाचार देने की होड़, देश-विदेश के प्रमुख उद्योग-धंधों के विज्ञापन प्राप्त करने की चतुराई, सुन्दर छपाई और पाठक के हाथ में सबसे शीघ्र पत्र पहुँचाने की त्वरा ये सब पत्रकारिता कला के अन्तर्गत आते है।20 डॉ. अर्जुन तिवारी-"ज्ञान और विचारों की समीक्षात्मक टिप्पणियों के साथ शब्द, ध्वनि तथा चित्रों के माध्यम में जन-जन तक पहुँचाना ही पत्रकारिता है।"21 गुलाब कोठारी-"पत्रकारिता व्यापार नहीं है, विधा है। अब सिर्फ पत्रकारिता का लक्ष्य केवल सूचनाओं का संग्रह रह गया है। सौभाग्य की बात यह है कि सामाजिक, नैतिक और लोकतांत्रिक मूल्यों की प्रतिष्ठा बनी हुई है।22 धीरेन्द्रनाथ सिंह-"पत्रकारिता विज्ञान की देन है।"23 विजय कुलश्रेष्ठ-समाज और समाज से पहले ज्ञान और विविध प्रकार की जानकारियाँ रखकर समाज को शिक्षित करने और मार्ग-निर्देशन की विधा का नाम ही पत्रकारिता है। जिसमें तटस्थता, स्पष्टता और मूल्यों के प्रति आस्था समाहित रहती है।24 डॉ. रामचन्द्र तिवारी-"समग्ररूपेण पत्रकारिता व्यवसाय है, कला है और राष्ट्रीय चेतना को उद्दीप्त करने का सशक्त माध्यम है।"25 जैम्स मैक्डोवाल-पत्रकारिता को मैं रणभूमि से भी अधिक बड़ी चीज मानता हूँ, यह कोई पेशा

नहीं, बल्कि पेशे से भी कोई ऊँची चीज है।26 ऑक्सफोर्ड शब्दकोश-पत्रकार के व्यवसाय का प्रमुख साधन है-पत्रकारिता लेखन और जन-सामान्य की स्थितियों का लेखन और संग्रह व 'जनरल्स' की सुरक्षा और संग्रहवृत्ति।27 प्रेमनाथ चतुर्वेदी-"पत्रकारिता विशिष्ट देशकाल, परिस्थितिगत तथ्यों को अमूर्त, परोक्ष, मूल्यों के संदर्भ और आलोक में उपस्थित करती है।28 कृष्णबिहारी मिश्र-"पत्रकारिता वह विधा है, जिसमें पत्रकारों के कार्यों, कर्तव्यों और उद्देश्यों का विवेचन किया जाता है। जो अपने युग और अपने सम्बन्ध में लिखा जाये वही पत्रकारिता है।29 महादेवी वर्मा- पत्रकारिता एक रचनाशील विधा है। इसके बगैर समाज को बदलना असंभव है। अतः पत्रकारों को अपने दायित्व और कर्तव्य का निर्वाह निष्ठापूर्वक करना चाहिए क्योंकि उन्हीं के पैरों के छालों से इतिहास लिखा जायेगा।30 श्री प्रकाशचंद भुवालपुरी-"पत्रकार समय और समाज के संदर्भ में प्रबुद्ध रहकर जो दायित्व-बोध करता है, समाज कल्याण के लिए उसका समयोचित प्रकाशन ही पत्रकारिता है।"31 बर्टन रस्कोय - समाचार बोध वह बोध है, जिससे पता चलता है कि क्या जरूरी है, क्या महत्त्वपूर्ण है, किस बात में लोग रुचि रखते हैं और यही पत्राकिरता है।32 ज्ञानेश उपाध्याय-"पत्रकार वह है, जो समाज की जनोपयोगी सच्चाईयों से समाज का लिखित, सम्पादित, स-स्वर, स-दृश्य साक्षात्कार करवाता है। यहाँ पत्रकार में संवाददाता और संपादकों की बिरादरी को एक साथ हटाया जा सकता है।"

पत्रकारिता मानव चेतना, भाषा और सच्चे बयान की सम्मिलित संतुलित प्रस्तुति है।33 सच्चाई+चेतना+भाषा+विधिवत संप्रेषण = पत्रकारिता। सच्चाई या सच्चाई बयान करने के साहस के बिना पत्रकारिता असंभव है। चेतना के बिना पत्रकारिता का जन्म नहीं हो सकता। भाषा न हो, तो पत्रकारिता कार्य-व्यापार अकल्पनीय है। विधिवत संप्रेषण की कोई विधि न हो, तो पत्रकारिता को अंजाम नहीं दिया जा सकता। भारत के पूर्व राष्ट्रपति डॉ. शंकरदयाल शर्मा- पत्रकारिता कोई पेशा नहीं, यह जन-सेवा का माध्यम है। लोकतांत्रिक परम्पराओं की रक्षा करने, शांति और भाईचारे की भावना बढ़ाने में इसकी भूमिका है।"34 डॉ. सुशीला जोशी-"पौराणिक युग में जो स्थान और महत्त्व नारद मुनि का था, वही स्थान आज के युग में समाचार पत्र का है। उस समय नारद ही आकाश-पाताल की खबरें देवताओं को दिया करते थे, आज के वहीं काम समाचार पत्र मनुष्यों के बीच करते है। समाचार पत्र युग की ऊष्मा नापने का थर्मामीटर है तो वातावरण की सघनता-विरलता

को अंकित करने का बैरीमीटर भी है क्योंकि समाज परिवेश का सामाजिक तापमान इसी से जाना जाता है और वह कभी सतह पर और कभी गहराई में उतरकर अपने प्रयत्न से सिद्ध फल को सामने ले आता है और समाज को मुक्त जीवन सरिता के साथ प्रवाहित होता है। इस प्रकार समाचार पत्र अतीत के साथ-साथ वर्तमान की सूचना देता हुआ भविष्य की संभावना प्रकट करता है। कहा जा सकता है कि पत्रकारिता एक प्रकार से सूचना देने वाला 'मौसम पक्षी' होता है।35

पत्रकारिता के विविध रूप

वर्तमान समय में पत्रकारिता केवल समाचार पत्र-पत्रिकाओं तक ही सिमटी हुई नहीं है अपितु यह जन संचार के अन्य माध्यमों यथा दूरदर्शन, फिल्म, आकाशवाणी आदि क्षेत्रों तक इसका विस्तार हो चुका है। आज पत्रकारिता के माध्यम से हम न केवल राष्ट्रीय चेतना जगाने का कार्य कर रहे है जो कि किसी समय (स्वतंत्रता से पहले) पत्रकारिता की एकमात्र शपथ हुआ करती थी बल्कि आज पत्रकारिता के माध्यम से देश की विभिन्न समस्याओं, विभिन्न योजनाओं, राजनीतिक समीकरणों, आर्थिक क्षेत्र से सम्बन्धित विचारों यथा विकास दर व साझा बाजार आदि का भी ध्यान पत्रकारिता द्वारा रखा जा रहा है। आज शायद ही कोई ऐसा क्षेत्र होगा जो कि पत्रकारिता से बच पाया हो अन्यथा हम पत्रकारिता के माध्यम से देश की सामाजिक, राजनीतिक, आर्थिक, धार्मिक स्थिति का विश्लेषण तो करते ही है इसके अलावा विज्ञान का क्षेत्र, खेल का क्षेत्र, सूचना प्रौद्योगिकी का क्षेत्र व फिल्मी क्षेत्र (सिनेमा), ग्रामीण क्षेत्र आदि सभी पर पत्रकारिता की नजर हमेशा जमी रहती है। इसी वजह से पत्रकारिता जनता में सामाजिक चेतना, राष्ट्रीय चेतना, धार्मिक चेतना, साहित्यिक व सांस्कृतिक चेतना, सूचना प्रौद्योगिकी की चेतना उत्पन्न करती है।

हम भारतीय लोग अभी तक प्रायः एक बहुत ही सीमित दायरे तक सोचा करते थे। जिसमें भारत का एक बहुत बड़ा वर्ग (मध्यम वर्ग) कुछ अधिक ही सीमित था। उसे अपने अलावा और किसी से कोई लेना देना नहीं था। इसलिए वह चेतना शब्द से ही दूर रहता था। परन्तु आज के संदर्भ में पत्रकारिता के माध्यम से उसने अपने आपको सारे क्षेत्रों से जोड़ा और देश के विकास में सम्पूर्ण क्षेत्रों में अपनी विचारात्मक भागीदारी निभायी जिसकी वजह से हमारा देश आज विश्व पटल पर एक नयी शक्ति के रूप में उभरकर सबके सामने आया है, क्योंकि देश की निर्माणकारी प्रक्रिया में इस

वर्ग ने जो कि पत्रकारिता के द्वारा चेतना जागृत करने पर उठ खड़ा हुआ या जागरूक हो गया है। उसने पत्रकारिता द्वारा महती भूमिका का निर्धारण किया है।

1. साहित्यिक-सांस्कृतिक पत्रकारिता : हालांकि साहित्य का अकेला क्षेत्र ही बहुत बड़ा है जिसमें भाषा, भाषा संबंधी विचार, काव्य, कथा, निबंध, नाटक आदि के विविध वर्ग उन पर चल रहे विचार-विमर्श, बहस, गोष्ठियाँ, सेमिनार आदि पुस्तक समीक्षा, साहित्यिक वाद-विवादों, लेखकों के शिविर, यात्राएँ, भ्रमण, रिपोर्ताज, पुरस्कार, साहित्य अकादमियाँ एवं लेखकीय संगठन आदि अनेक क्रियाशीलताएँ साहित्यिक पत्रकारिता का विषय हैं फिर सांस्कृतिक क्षेत्र तो और भी बड़ा है जिसमें रंगकर्म, चित्रकला, मूर्तिकला, संगीत, नृत्य तथा क्रीड़ा, फिल्म, मनोरंजन आदि के विपुल रूप सांस्कृतिक गतिविधि के अंग है। उनके बारे में पाठक को रोचक और सार-सूचक जानकारी देना सांस्कृतिक पत्रकारिता का लक्ष्य है। साहित्यिक-सांस्कृतिक पत्रकारिता कतिपय विशिष्ट संस्कारों, अभिरूचियों और झुकाव की अपेक्षा रखती है। धार्मिक एवं जातिगत रीति-रिवाजों, खान-पान, रहन-सहन, वस्त्र विन्यास, रूप सज्जा, आवास-निवास, वस्तु प्रतिभाएँ आदि को लेकर उभरने वाली नयी-नयी प्रवृत्तियाँ और पुराने रूपों की स्मृति और परम्परा भी सांस्कृतिक पत्रकारिता का अवयव है।

भारत में साहित्यिक-सांस्कृतिक पत्रकारिता का प्रारंभ उन्नीसवीं शताब्दी के उत्तरार्द्ध से हुआ। हिन्दी में भी तभी से इसका प्रारंभ हुआ। प्रारम्भ में साहित्यिक-सांस्कृतिक पत्रकारिता में समाज-सुधार की भावना पर अत्यधिक बल था। ब्रह्म समाजियों ने सर्वप्रथम भारतीय समाज के लिए यह कार्य किया तथा बंगदूत, 'इंडियन मिरर' आदि इसके उदाहरण है। कलकत्ता की तत्वबोधिनी पत्रिका प्रमुख थी। इसी श्रेणी में पूना से सुबोध पत्रिका निकली फिर मुम्बई से टाइम्स ऑफ़ इंडिया, कलकत्ता से स्टेट्समैन, इलाहाबाद से पायोनियर, पटना से इंडियन नेशन और आर्यावर्त, पुणे से केसरी और मराठा, मद्रास से स्वदेश मित्रम् और हिन्दू, बनारस से भारतेन्दु हरिश्चन्द्र की चन्द्रिका तथा काशी पत्रिका लेकिन हिन्दी में साहित्यिक-सांस्कृतिक पत्रकारिता के संस्थापकों में   सबसे प्रमुख है॰-'भारतेन्दु हरिश्चन्द्र।' साहित्यिक पत्रकारिता के क्षेत्र में 'सरस्वती' मासिक पत्रिका सन् 1900 में निकली। सन् 1901 में जयपुर से 'समालोचक' निकला। सरस्वती के संपादक महावीर प्रसाद द्विवेदी सन् 1903 से सन् 1932 तक रहे और 'समालोचक' के॰ पहले संपादक चन्द्रधर शर्मा 'गुलेरी' हुए थे।

सन् 1907 में मदनमोहन मालवीय जी ने बनारस से साप्तहिक 'अभ्युदय' निकला। सन् 1909 में सुन्दर लाल जी ने प्रयाग से कर्मयोगी पाक्षिक निकाला। इसी वर्ष लाहौर से चांद निकाला। सन् 1910 में कानपुर से गणेश शंकर विद्यार्थी द्वारा 'प्रताप साप्ताहिक' निकाला गया। सन् 1911 में मासिक 'मर्यादा' का प्रकाशन काशी से हुआ। उसी वर्ष कलकत्ते से 'सनातन धर्म' मासिक तथा ज्वालापुर, हरिद्वार से 'भारतोदय' मासिक निकले। सन् 1913 में खंडवा से मासिक 'प्रभा' (सम्पादक माखनलाल चतुर्वेदी) तथा 'काशी' से मासिक 'नवनीत' (स. लक्ष्मण नारायण गर्दे) निकला। सन् 1915 में प्रयाग से मासिक 'विज्ञान' (स. श्रीधर पाठक) तथा जबलपुर से मासिक 'शारदा विनोद' (सं. नर्मदा मिश्र) प्रकाशित हुए। सन् 1918 में नागपुर से 'संकल्प' (सं. डॉ. मुंजे) साप्ताहिक निकला। इस प्रकार पहले पचास वर्ष में साहित्यिक-सांस्कृतिक पत्रकारिता बहुत फली-फूली।

यद्यपि साहित्यिक-सांस्कृतिक पत्रकारिता का प्रारंभ भारत में अग्रेजीराज की सुधार योजनाओं को सफल बनाने में सहायता के लिए हुआ था, तथापि शीघ्र ही वह भारतीय स्वाधीनता संग्राम का अंग बन गई। तिलक, मालवीय, बाबूराव पराडकर, रामानंद चट्टोपाध्याय, गणेश शंकर विद्यार्थी, माधवराव सप्रे, लक्ष्मण नारायण गर्दे, काशीप्रसाद जायसवाल, माखन लाल चतुर्वेदी, पदमसिंह शर्मा आदि प्रतिभाशाली पत्रकारों ने पत्रकारिता, राजनीति, धर्म, कर्तव्य, संस्कृति समेत सम्पूर्ण जीवन की अखण्डता को पत्रकारिता में भी साकार कर दिया।

2. विज्ञान पत्रकारिता : आज का युग विज्ञान एवं तकनीकी का युग है। विज्ञान पत्रकारिता एक ऐसी कड़ी है जो जन-जन को आकर्षित करती हुई मानव को विज्ञान से जोड़ देती है। तकनीकी, मानव द्वारा चन्द्रमा पर अवतरण, मानव-रहित अन्तरिक्ष यानों की सफलता, ऊर्जा के साधन, पोषण, स्वास्थ्य, शिक्षा, परिवहन, मकान, वातावरण की रक्षा, कृषि आदि सभी विषय विज्ञान से सम्बन्धित है। विज्ञान से जुड़े समाचार, विचार का संकलन, संयोजन, लेखन, सम्पादन व प्रस्तुतीकरण विज्ञान पत्रकारिता है।

हालांकि हिन्दी पत्रकारिता में विज्ञान पत्रकारिता की स्थिति बहुत ही दयनीय थी क्योंकि सर्वप्रथम उसके लिए वैज्ञानिक शब्दावली की आवश्यकता थी। अतः इसके लिए सन् 1898 में बाबू श्याम सुन्दर दास बी.ए. की अध्यक्षता में काशी नागरी प्रचारिणी सभी ने एक समिति बनाई और सन् 1906 में कई वैज्ञानिक पत्रिका 'विज्ञान' आयी। जिसका प्रकाशन अप्रैल सन् 1915 में प्रयाग (इलाहाबाद) की विज्ञान परिषद ने शुरू किया।

'विज्ञान' के प्रथम वर्ष के अंकों में अनेक प्रकार की शैलियाँ अपनाई गईं। हर अंक की शुरूआत विज्ञानमय मंगलाचरण से की जाती है। जुलाई सन् 1915 के 'विज्ञान' का यह मंगलाचरण द्रष्टव्य है-

''रेल, तार, बेतार, एक्सरे, रश्मि, रेडियम,

फोटो, फोनो, अनुवीक्षण, दुरत-अनुलेखन क्रम

जल-थल-नभ-पथ सुलभ सरल सर्वत्र समागम

मोटर बायस्कोप, यंत्र-समुदाय अनुपम

यह जिसका अनुसंधान-फल अथवा आविष्कार है

उस पश्चिमीय विज्ञान का स्वागत सौ-सौ बार है।''

'विज्ञान' के सम्पादकद्वय थे- लाला सीताराम और पंडित श्रीधर पाठक। रोचक शैली वाले विज्ञान लेखकों में प्रो. भगवती प्रसाद श्रीवास्तव और डॉ. सत्यप्रकाश जी थे। प्रो. श्रीवास्तव का पहला वैज्ञानिक लेख कलकत्ता के 'विशाल भारत' में छपा था जिसका शीर्षक था 'विज्ञान और धर्म'। उनके ही सुझाव पर सन् 1938 में बनारस के 'साप्ताहिक आज' में विज्ञान जगत 'स्तम्भ' शुरू किया। सन् 1940 में ज्ञानमण्डल वाराणासी से उनकी वैज्ञानिक रचनाओं का संकलन 'विज्ञान के चमत्कार' नाम से प्रकाशित हुई। डॉ. सत्यप्रकाश जी ने हिन्दी साहित्य सम्मेलन के जयपुर अधिवेशन में सन् 1944 में हिन्दी में त्रैमासिक अनुसंधान पत्रिका प्रकाशित करने की इच्छा प्रकट की थी। जो कि उत्तर प्रदेश की वैज्ञानिक अनुसंधान परिषद् से आर्थिक सहायता मिलने पर जनवरी सन् 1958 में पूरी हो पाई।

स्वतंत्रता के बाद नेहरू जी की पहल पर सन् 1952 से वैज्ञानिक अनुसंधान परिषद् (सी.एस.आई.आर.) ने 'विज्ञान प्रगति' का प्रकाशन प्रारंभ किया। इसका संपादन कार्य कुछ समय तक तो डॉ. ओमप्रकाश शर्मा ने किया और बाद में श्री श्याम सुन्दर शर्मा जी ने किया। सन् 1969 में राजस्थान बीकानेर से 'शुचि नामक' पत्रिका भी निकली। राष्ट्रीय अनुसंधान विकास निगम ने सन् 1970 से 'आविष्कार' मासिक पत्रिका शुरू की, जिसका संपादन देवेन्द्रनाथ भटनागर जी ने किया। सन् 1979 से श्री भटनागर के संपादन में ही इस संस्था से 'ग्राम शिल्प' त्रैमासिक पत्रिका का प्रकाशन शुरू किया।

विज्ञान पत्रकारिता को भी दो क्षेत्रों में विभाजित कर दिया गया है, जिसमें- 1. कृषि विज्ञान पत्रकारिता। 2. चिकित्सा विज्ञान एवं स्वास्थ्य क्षेत्र सम्बन्धी पत्रकारिता है।

1. कृषि विज्ञान पत्रकारिता : कृषि विज्ञान की तीन पत्रिकाएँ भारतीय कृषि अनुसंधान परिषद् प्रकाशित करती है। 'खेती', 'फल-फूल' और 'कृषि चयनिता'। खेती का प्रकाशन मई सन् 1948 में 'इण्डियन फार्मिंग' के हिन्दी संस्करण के रूप में किया गया था, इसके संपादक लोकगीतों के संकलन के लिए प्रसिद्ध साहित्यकार श्री देवेन्द्र सत्यार्थी थे। 'कृषि चयनिका' नामक त्रैमासिक पत्रिका का प्रकाशन अगस्त, सन् 1973 में एक तदर्थ पत्रिका के रूप में किया गया जिसमें कृषि विज्ञान का सार-संक्षेप छापता था। सन् 1979 से यह पत्रिका नियमित रूप से निकल रही है। सन् 1979 में ही बागवानी की त्रैमासिक पत्रिका 'फल-फूल' का प्रकाशन किया जा रहा है। 'फल-फूल' एवं 'कृषि चयनिका' दोनों का संपादन डॉ. रामगोपाल चतुर्वेदी द्वारा सुप्रसिद्ध कृषि वैज्ञानिक डॉ. एम.एम. स्वामीनाथन् की प्रेरणा से किया गया।

2. चिकित्सा-विज्ञान तथा अन्य क्षेत्र : चिकित्सा विज्ञान में पत्रिकाओं की संख्या बहुत है। हिन्दी में अन्वेषण संदेश, आविष्कार, ग्राम शिल्प, चकमक, जूनियर साइंस, डाइजेस्ट, ब्रिटिश वैज्ञानिक एवं आर्थिक समीक्षा, विकल्प, विज्ञान गंगा, विज्ञान गरिमा, विज्ञान परिचय, विज्ञान परिषद्, अनुसंधान पत्रिका, विज्ञानपुरी, विज्ञान प्रगति, विज्ञान भारती, विज्ञान शोध भारती, वैज्ञानिक, साइंस बुलेटिन, साफइन, होरांगाबाद विज्ञान आदि लोकप्रिय एवं प्रमुख पत्रिकाएँ रही है। लेकिन अनेक पत्रिकाओं की भीड़ में इंडियन मेडिकल एसोसियशन की बनारस से प्रकाशित पत्रिका 'आपका स्वास्थ्य' सबसे अलग रही है। इसी के साथ विश्व स्वास्थ्य संगठन 'वल्ड हैल्थ' मासिक पत्रिका का हिन्दी रूपांतर 'विश्व स्वास्थ्य' नाम से त्रैमासिक पत्रिका के रूप में दो वर्ष तक छपा। यह हिन्दी में   इतनी सुन्दर और सुनियोजित थी कि अभी तक यह हिन्दी के लिए सपना है। सन् 1966 में 'यूनेस्को कूरियर' का हिन्दी संस्करण 'यूनेस्को दूत' शुरू हुआ। भाभा परमाणु अनुसंधान केन्द्र, बंबई की हिन्दी विज्ञान साहित्य परिषद् ने सन् 1967 से 'वैज्ञानिक नाम से त्रैमासिक पत्रिका का प्रकाशन हुआ। आगरा से 'विज्ञान लोक' मासिक निकाला जिसका संपादन प्रो. भगवती प्रसाद श्रीवास्तव और श्री श्याम शरण अग्रवाल 'विक्रम' जी ने किया। उसके कुछ समय बाद लखनऊ के प्राणविज्ञानी आर.डी. विद्यार्थी और श्रीवास्तव जी के संपादन में 'विज्ञान जगत' मासिक निकला। राजस्थान में विज्ञान समिति उदयपुर से 'लोक विज्ञान' भी प्रेस रजिस्ट्रार सन् 1985 की रिपोर्ट के अनुसार सन् 1984 में विज्ञान प्रगति 'हिन्दी मासिक सभी पत्रिकाओं में शीर्ष पर थी। हिन्दी में विज्ञान लेखकों को तीन पीढ़ी में रखा जा सकता है-

1. पहली पीढ़ी : डॉ. सत्यप्रकाश, जगजीत सिंह प्रो. फूलदेव सहाय वर्मा, प्रो. भगवती प्रसाद श्रीवास्तव, डॉ. गोरख प्रसाद, रामचन्द्र तिवारी, डॉ. रामगोपाल चतुर्वेदी, डॉ. ओमप्रकाश शर्मा व डॉ. डी.एम. कोठारी।

2. दूसरी पीढ़ी : रमेश दत्त शर्मा, बुरशन पाल पाठक, कैलाश शाह, जोगेन्द्र सक्सेना, डॉ. एच.एस. विश्नोई, सुचाकर मूले, हरीश अग्रवाल, डॉ. शिवगोपाल मिश्र, प्रेमानन्द चंदोला, डॉ. सी.एल. गर्ग, डॉ. शिव प्रसाद कोष्टा, राममूर्ति, ललित हरिशर्मा।

3. तीसरी पीढ़ी : कुलदीप शर्मा, डॉ. जगदीप सक्सेना, मनोज कुमार पाटौदिया, अरविन्द मिश्र, देवेन्द्र मेवाड़ी, विहण प्रताप सिंह, राजेन्द्र शर्मा, सुधीर ढौडियाल, सुभाष लखेड़ा, सुभाष शर्मा, चक्रेश जैन, रवीन्द्र कुमार भटनागर, प्रदीप चतुर्वेदी, अखिलेश कुमार सिंह, शुकदेव प्रसाद आदि आते है।

3. धार्मिक एवं आध्यात्मिक पत्रकारिता : भारतीय संविधान को धर्मनिरपेक्ष माना गया है तथा सभी को किसी भी धर्म को मानने की स्वतंत्रता है। प्रारंभ से ही मानव के लिए धर्म एवं अध्यात्म का सर्वोपरि स्थान रहा है। यही कारण रहा कि धर्म एवं अध्यात्म से सम्बन्धित पत्रिकाओं का शुरूआत से ही बोल-बोला रहा।

'उदंत मार्तण्ड' हिन्दी का पहला समाचार पत्र था जो कि सन् 1826 में कलकत्ता में श्री युगल किशोर चतुर्वेदी के संपादन में प्रकाशित हुआ। इस पत्र में धर्म सम्बन्धी सामग्री की प्रचुरता थी। सन् 1954 में प्रकाशित 'समाचार सुधावर्षण' ने उस समय में विवादित 'विधवा विवाह' शास्त्रोक्त है अथवा शास्त्र विरोधी विषय पर लेखामाला प्रकाशित की थी। सन् 1898 में कलकत्ता से प्रकाशित 'भारत-मित्र' वैदिक धर्म का संदेश वाहक था। सन् 1882 में काशी से 'वैष्णव पत्रिका' का संपादन सनातनधर्मी विद्वान पं. अम्बिकादत्त वाजपेयी ने किया था। सन् 1889 में 'सार सुधानिधि' का कलकत्ता से प्रकाशन हुआ। यह पत्र भी सनातन धर्मी विचारधारा का पोषक था, जिसके संपादक पं. सदानन्द मिश्र जी थे। इसके विचार प्रमुखतः गोहत्या के विरुद्ध आर्य समाज द्वारा मूर्ति पूजा तथा अवतारवाद का विरोध किये जाने की भी आलोचना से सम्बन्धित थे। यह पत्र ब्रिटिश सरकार को धर्म विरोधी विदेशी सरकार लिखने के कारण चर्चा में रहा।

सन् 1881 में कलकत्ता से हिन्दी साप्ताहिक 'उचित वक्ता' का संपादन पंडित दुर्गाप्रसाद मिश्र जी ने किया। मिश्र जी की सार सुधानिधि तथा भारत मित्र के कर्त्ताधर्त्ता भी यही थे। उचित वक्ता में वे डटकर विधर्मी विदेशी ब्रिटिश सरकार के खिलाफ लिखते थे। यह भी सनातन धर्म

के समर्थक थे। यह मुस्लिम धर्म के प्रति भी उदारभाव रखता था। हिन्दी की उन्नति के लिए भी इस पत्र के द्वारा जोर-शोर से आवाज बुलंद की गयी थी। 'उचित वक्ता' राष्ट्रीय विचारधारा के साथ साथ धार्मिकता से भी ओत-प्रोत पत्र था। उसके मुख पृष्ठ पर ही 'श्री गणेशाय नमः' मंत्र के नीचे गणेश जी का चित्र रहता था। उसके नीचे संपादकीय टिप्पणी। यह पत्र निर्भीकता को संपादकों का प्रमुख धर्म मानता था। सन् 1890 में कलकत्ता से हिन्दी बंगवासी का संपादन एवं प्रकाशन पं. अमृतलाल चक्रवर्ती जी द्वारा प्रारंभ किया गया।

सन् 1894 में काशी से 'गोसेवक' प्रकाशित हुआ जिसके संपादक जगतनारायण जी थे लेकिन उनके राष्ट्रवादी लेखों से बौखलाकर सरकार ने उन्हें संयुक्त प्रान्त से बाहर कर दिया। इसके बाद इन्होंने बम्बई पहुँचकर वहाँ से 'धर्मामृत' मासिक पत्रिका का प्रकाशन शुरू किया। सन् 1904 में भारत धर्म महामण्डल काशी ने 'निगमागम चन्द्रिका' का प्रकाशन किया एवं संपादन श्री अमृतलाल चक्रवर्ती जी ने किया। सन् 1905 में काशी से 'सनातन धर्म' मासिक का प्रकाशन भी हुआ। सम्पादकाचार्य पं. अम्बिका प्रसाद वाजपेयी ने सन् 1907 में कलकत्ता से नृसिंह मासिक का प्रकाशन व संपादन शुरू किया। 'नृसिंह' के प्रथम अंक के प्रथम पृष्ठ की सामग्री इस प्रकार है -

श्री गणेशाय नमः

नृसिंह

मासिक पत्रिका

यदा यदा हि धर्मस्य ग्लानिर्भवति भारत।

अभ्युत्थानमधर्मस्य तदात्मानं सृजाम्यहम्।।

परित्राणाय साधूनां विनाशाय च दुष्कृताम्।

धर्मसंस्थापनार्थाय सम्भवामियुगे-युगे।।

धार्मिक एवं आध्यात्मिक पक्ष को निखारने में प्रमुख रूप से जिन पत्रों ने अपनी भूमिका अदा की उनका वर्णन अति आवश्यक है।

'मतवाला: इसका प्रकाशन सन् 1923 में हुआ। इसके मालिक व कत्ता-धत्ता श्री महादेव प्रसाद सेठ थे, लेकिन इसकी सम्पूर्ण जिम्मेदारी पं. सूर्यकान्त त्रिपाठी 'निराला', बाबू शिवपूजन सहाय, मुंशी नवजादिक लाल, सभी पर संयुक्त रूप से थी। यह पत्रिका अत्यन्त ओजस्वी तथा अपने समय में तहलका मचा देने वाली साहित्यिक पत्रिका थी। मतवाला ने अपने प्रथम अंक में ही 'चुटिया ने लुटिया डुबो दी' शीर्षक से हिन्दुओं को अपने धर्म की रक्षा की खातिर माला छोड़कर भाला उठाने की सलाह दी।

'कल्याण': इस पत्रिका ने विशुद्ध धार्मिक पत्रिका के रूप में अपनी लोकप्रियता प्राप्त की। अप्रैल सन् 1926 में दिल्ली में सेठ जमनालाल बजाज की अध्यक्षता में मारवाड़ी अग्रवाल महासभा का आठवां अधिवेशन हुआ। उसमें श्री हनुमान प्रसाद पोद्दार जी भी आये हुए थे। बिड़ला जी के आवास पर बिड़ला जी ने पोद्दार जी से एक अच्छे स्तर की विशुद्ध धार्मिक पत्रिका की इच्छा प्रकट की तथा पोद्दार जी ने इस संदर्भ में सेठ जयदयाल गोयनका से परामर्श किया और पत्रिका का नाम 'कल्याण' रखने का निर्णय लिया गया। श्री वेंकटश्वर स्टीम प्रेस, बंबई धार्मिक साहित्य प्रकाशन का प्रमुख केन्द्र था, यह सन् 1926 में प्रकाशित हुआ। इसके बाद दूसरे वर्ष के दूसरे अंक से यह गीता प्रेस, गोरखपुर से प्रकाशित होने लगा।

'सुदर्शन मासिक': सन् 1928 में मेरठ से ईश्वर भक्ति एवं भगवनाम् प्रचार की दृष्टि से मासिक 'सुदर्शन' का संपादन श्री के.राम आचार्य द्वारा तथा सुदर्शन प्रेस मेरठ से प्रकाशित किया गया। यह सचित्र पत्र था।

मेरठ से सन् 1932 में कल्याण की तरह उच्च स्तर के मासिक 'संकीर्तन' का प्रकाशन एडवोकेट श्री दुर्गाप्रसाद जी ने प्रारम्भ किया। प्रख्यात क्रान्तिकारी देशभक्त भाई परमानंद जी ने हिन्दू धर्म के प्रचार के लिए सन् 1934 में दिल्ली से साप्ताहिक "हिन्दू" का प्रकाशन किया जिसका संपादन कार्य सन् 1948 तक महाशय इन्द्रप्रकाश करते रहे। सन् 1936 में काशी से मासिक 'गीताधर्म' का प्रकाशन गीता प्रचारक महामण्डलेश्वर स्वामी विद्यानन्द जी ने किया।

सन्मार्ग: स्वामी करपात्री जी ने सनातन धर्मियों का संगठन 'धर्मसंघ' बनाया तो उसके प्रचार के लिए काशी से सन् 1939 में मासिक 'सन्मार्ग' का प्रकाशन शुरू किया। सन्मार्ग प्रेस बनारस से यह प्रकाशित हुआ तथा इसके प्रधान संपादक पं. गंगाशंकर मिश्र तथा संपादक श्री दुर्गादत्त त्रिपाठी बनाए गए। बाद में काशी कलकत्ता व दिल्ली से दैनिक 'सन्मार्ग' का भी प्रकाशन हुआ। इस संस्करण के प्रधान संपादक भी पं. गंगाशंकर मिश्र रहे। दिल्ली से प्रकाशित संस्करण का संपादन पं. चन्द्रशेखर जी (जो बाद में पुरी के जगद्गुरु शंकराचार्य स्वामी निरंजन देव तीर्थ के रूप में सामने आए) करते थे।

सन् 1939 में वृंदावन से भगवान भजनाश्रम ने भगवत प्रचार व प्रसार हेतु 'नाम महात्म्य मासिक का प्रकाशन शुरू किया। प्रारंभ में यह गोरगोपाल मानसिंह के संपादकत्व में निकला। बाद में नाम बदलकर 'ऋषि जीवन' कर दिया गया। यह वृंदावन से श्री गणपतराम पारीक के संपादन में प्रकाशित

होता रहा। गायित्री यज्ञों के प्रणेता पं. श्रीराम शर्मा आचार्य जी ने आध्यात्मवाद के प्रचार के लिए सन् 1939 में मथुरा से 'अखण्ड ज्योति' मासिक का प्रकाशन शुरू किया। गीता के प्रसिद्ध व्याख्याता पं. दीनानाथ भार्गव 'दिनेश' ने गीता व सनातनधर्म के प्रचार व प्रसार के उद्देश्य से सन् 1940 में दिल्ली से मासिक 'मानव धर्म' का प्रकाशन शुरू किया। मानव संघ रामवन (सतना) की ओर से सन् 1941 में 'मानस मापी' मासिक प्रकाशन शुरू किया। इसका संपादन श्री सुदर्शन सिंह चक्र, श्री शारदा प्रसाद तथा पं. तरूणेन्दु शेखर तिवारी ने किया। गीता मंदिर आगरा से सन् 1946 के 'कर्मयोग' मासिक का प्रकाशन श्री हरिशंकर शर्मा के संपादन में किया। अ.भा. धर्मसंघ ने सन् 1946 में काशी से मासिक 'सिद्धान्त' का प्रकाशन किया तथा पं. गंगाशंकर मिश्र जी ने संपादन का भार सम्भाला।

लोकालोक: इसका प्रकाशन पं. माधवाचार्य शास्त्री ने सनातनधर्म दिग्विजय मण्डल की ओर से सन् 1960 में प्रारम्भ किया। बाद में यह मासिक पत्रिका डॉ. वीराचार्य शास्त्री के संपादन के आगे प्रकाशित होती रही। सुप्रसिद्ध गोभक्त डॉ. हरदेव सहाय ने 'कामधेनु' एवं 'गोधन' मासिक निकाले। गोधन का प्रकाशन सन् 1955 में दिल्ली से हुआ। प्रसिद्ध जीवदया प्रचारक रामचन्द्र वीर ने विराटनगर (जयपुर) से सन् 1955 में 'वज्रां' पाक्षिक का प्रकाशन शुरू किया। इसका संपादन आचार्य धर्मेन्द्र महाराज ने किया। बाद में जयपुर से 'गोकुल', 'स्वर' तथा 'आदर्श हिंद' (साप्ताहिक सन् 1965 से सन् 1965 से सन् 1975) नामक मासिक पत्रों का संपादन व प्रकाशन किया। आचार्य धर्मेन्द्र महात्मा रामचन्द्र वीर जी के ही पुत्र है। (विराटनगर) सन् 1957-67 आर्य संन्यासी स्वामी विद्यानन्द विदेह वेद संस्थान अजमेर से मासिक 'सविता' 30 वर्षों तक निरंतर प्रकाशित होती रही। 'हिन्दू विश्व' विश्व हिन्दू परिषद् की पत्रिका है जो लगातार 41 वर्षों से प्रकाशित हो रही है। इसके पहले संपादक श्री नारायण राव तर्रे थे।

'श्रीकृष्ण संदेश': श्रीकृष्ण स्थान जन्म सेवा संघ, मथुरा की ओर से श्री जुगलकिशोर बिरला तथा सेठ जयदयाल जी डालमिया की प्रेरणा से सन् 1965 में 'श्रीकृष्ण संदेश' मासिक का प्रकाशन शुरू हुआ। इसका संपादन आचार्य सीताराम चतुर्वेदी, डॉ. विद्यानिवास मिश्र, पाण्डेय रामनारायण दत्त शास्त्री एवं श्री व्यथित हृदय जी ने किया। काशी हिन्दू विश्वविद्यालय का पार्श्वनाथ शोध संस्थान 'श्रमण' मासिक पत्रिका का प्रकाशन करता आ रहा है। आचार्य तुलसी के अणुव्रत आंदोलन की पत्रिका 'अणुव्रत' का भी नियमित प्रकाशन हो रहा है। जैन श्वेताम्बर तेरापंथी महासभा कलकत्ता से 'जैन भारती' तथा 'वीर सेवा मंदिर' (दिल्ली)-'अनेकांत' का प्रकाशन कर रहे है।

बौद्धधर्म के प्रचार-प्रसार के उद्देश्य से सारनाथ से 'धर्मदूत' मासिक नियमित प्रकाशित हो रही है। इस्लाम से सम्बन्धित पत्र-पत्रिकाएँ उर्दू में प्रकाशित होती है किन्तु 'उल उलयाये हिन्द' ने साप्ताहिक 'क्रांति' के नाम से एक पत्रिका का प्रकाशन शुरू किया था। ईसाई धर्म के प्रचार के उद्देश्य से पटना से 'मसीही आवाज' प्रकाशित होती है। सन् 1974 से दिल्ली से प्रसिद्ध समाजसेवी श्री जगदीश चन्द्र ऋषि ने 'विश्वात्मा' नाम से आध्यत्मिक पत्रिका का प्रकाशन शुरू किया था जो अपने उच्च स्तर के कारण अभी भी नियमित प्रकाशित हो रही है।

4. खेल पत्रकारिता : एक नागरिक के स्वास्थ्य में खेलों का महत्वपूर्ण स्थान है। खेलकूद का आनन्द लेना और खेल-समारोहों का आयोजन करना मानव संस्कृति एवं सभ्यता का अभिन्न अंग रहा है। आधुनिक समय में तो खेल के प्रति युवा जोश देखते ही बनता है। जैसा खिलाड़ी का स्टाइल (अदा) वैसे ही अपने ऊपर उसे आजमा कर देखते हैं। यह सब मीडिया का कमाल है, जो कि पत्रकारिता का ही एक अंग है। आज युवाओं में केवल फिल्मी अभिनेताओं का ही स्टारडम नहीं दिखता बल्कि वह फुटबॉल, क्रिकेट, बैडमिंटन, हॉकी व शूटिंग आदि खेलों के खिलाडियों की स्टारडम की भी समक्ष रखते हैं। उनके बारे में जानने की इच्छा (जिज्ञासा) कि वो क्या पहनते है? कैसे रहते है? क्या खाते है? आदि प्रश्नों को केवल पत्रकारिता के माध्यम से ही सुलझाकर युवाओं के सामने लाते है। खेल पत्रकारिता के माध्यम से उन खिलाड़ियों व उनके खेल से सम्बन्धित समाचार व उनका जीवन परिचय आदि सब कुछ हमें पता चलता है। आज इसी वजह से पत्र-पत्रिकाओं में हम खेलों से सम्बन्धित सामग्री नियमित रूप से देख पाते है।

हालांकि विदेशों और भारत की खेल-पत्रिकारिता में काफी अंतर है क्योंकि भारत में तो अधिकांशतया एक ही संवाददाता सम्पूर्ण खेल पृष्ठ को कवर करता है, जबकि विदेशों में हर खेल के लिए अलग संवाददाता होता है। यही कारण है कि म्यूनिख में सम्पन्न हुए ओलम्पिक खेलों में केवल एथलेटिक्स को कवर करने हेतु पाँच संवाददाता अमेरिका से पहुँच गये थे।

देश में हिन्दी के समाचार पत्रों में सर्वप्रथम खेल का स्तम्भ 'नवभारत टाइम्स' में अक्षयजी ने शुरू किया। सन् 1951 में नयी दिल्ली में हुई एशियाई खेलों की समीक्षा को कुछ समाचार-पत्रों ने विस्तार से स्थान दिया, पर सही मायने में सन् 1960 में इसकी विधिवत् शुरूआत हुई। अतः सन् 1960 से ही खेल पत्रकारिता की शुरूआत मानी जाती है। आज शायद ही कोई ऐसा दैनिक, साप्ताहिक, मासिक होगा जो खेलकूद से सम्बन्धित

सामग्री न देता हो, राजस्थान से प्रकाशित होने वाले राष्ट्रदूत, दैनिक नवज्योति, भास्कर, राजस्थान पत्रिका, इंदौर की नई दुनिया, दिल्ली से हिन्दुस्तान, उत्तरप्रदेश से 'आज', 'स्वतंत्र भारत', दैनिक जागरण आदि सभी में खेल समाचारों को अलग से स्थान दिया जाता है।

खेल पत्रकारिता के प्रमुख खेल लेखकों में सर्वश्री सुशील जैन, आनन्द दीक्षित, शिवशंकर सिंह, केशव झा, अजमत हाशमी, सुरेश गावडे, अशोक कुमार, अजय मुखर्जी जैसे प्रसिद्ध लेखकों का नाम लिया जा सकता है। हिन्दी में खेल पत्रकारिता की उच्च-स्तरीय पत्रिका आज भी नहीं मिलती हैं। फिर भी हिन्दी में प्रतिष्ठित साप्ताहिक 'धर्मयुग', साप्ताहिक 'हिन्दुस्तान', 'दिनमान' ने भी अनेक खेल विशेषांक निकाले। जैसे ओलम्पिक विशेषांक, क्रिकेट विशेषांक, एशियाई खेल विशेषांक। इनमें स्थायी स्तम्भ भी आते है। 'रविवार' (कोलकत्ता), 'अवकाश' (वाराणसी) आदि पत्रिकाओं ने भी खेल स्तम्भ शुरू कर रखे है। इनमें हरिमोहन शर्मा, प्रमोदशंकर भट्ट, योगराज थानी, देवेन्द्र भारद्वाज, अजय कुमार भूषण, सरहिन्दी, मनोहर श्याम जोशी, प्रशान्त कुमार, सुशील कुमार दोषी, नरोत्तम मित्र, अरविन्द लवकरे आदि लेखक सामने आये।

नवें एशियाई खेलों के बाद व इलेक्ट्रोनिक मीडिया द्वारा खेलों का सीधा प्रसारण करने की वजह से खेल पत्रकारिता ने काफी उन्नति की है। पंजाब से 'खेल-खेल' (सन् 1976, जालन्धर), 'क्रीडा जगत' (जयपुर से पाक्षिक): भारतीय-कुश्ती, 'क्रिकेट सम्राट' (सन् 1976, दिल्ली); 'खेल-खिलाड़ी' (सन् 1970, दिल्ली); 'खेल-सम्राट' (सन् 1976); 'स्पोर्ट्स वल्ड' (सन् 1976), 'क्रीडालोक' (सन् 1976), 'स्पोर्ट्स सिटी' (सन् 1973); 'खेल भारती आदि काफी लोकप्रिय है।

5. बाल-पत्रकारिता : बाल सुलभ मन में काफी प्रश्न उठते है क्योंकि बचपन जिज्ञासु प्रवृत्ति लिए हुए होता है। उन प्रश्नों के समाधान व उनके मानसिक विकास हेतु बाल पत्रकारिता का विशेष महत्त्व है। बच्चों में साहित्य के प्रति प्रेम जगाने, उनकी रूचि को परिष्कृत करने तथा उनके सोचने के ढंग को वैज्ञानिक रूप देने में बच्चों की पत्र-पत्रिकाएँ काफी योगदान देती है। आज सम्पूर्ण विश्व ने बाल-पत्रकारिता के क्षेत्र में आशातीत सफलता प्राप्त की है।

डॉ. श्री कृष्ण चन्द्र तिवारी बाल-पत्रकारिता का प्रारंभ 'बाल-दर्पण' (सन् 1882) से मानते है। भाषा और दृष्टि की वजह से इसका इतना अधिक महत्त्व नहीं है, किन्तु यह अपना ऐतिहासिक अस्तित्व तो रखती ही है। सन् 1902 में 'आर्य बाल हितैषी' का इलाहाबाद से प्रकाशन हुआ। जनवरी, सन्

1917 में 'बाल सखा' का प्रारंभ भी इलाहाबाद से ही इंडियन प्रेस से प्रारंभ हुआ। इसके प्रथम संपादक पं. बद्रीनाथ भट्ट थे। 'बाल सखा' का प्रकाशन लगभग 53 वर्षों तक हुआ। सन् 1926 में आचार्य रामलोचन शरण ने 'बालक' पत्रिका का श्री गणेश किया। यह पटना से प्रकाशित होती रही है।

द्विवेदी युग में पटना से पं. जयनाथ मिश्र के संपादन में चुन्नु-मुन्नु का प्रकाशन बाल-पत्रिकाओं में अपना अलग ही महत्त्व रखता है। 'किशोर' का प्रकाशन पटना से ही बाल-शिक्षा समिति द्वारा किया गया। इसके प्रथम संपादक पं. रामदरहा मिश्र थे, बाद में देव कुमार मिश्र इसके संपादक बने। यह पत्र लगातार 29 वर्षों तक प्रकाशित हुआ। हिन्दी भाषा चेन्नई प्रांत से हिन्दी में 'चंदामामा' (सन् 1958) तथा 'गुड़िया' (सन् 1973) निकली। चंदामामा के संपादक चक्रपाणि जी तथा गुड़िया की संपादिका श्रीमती विजया है।

भारत में सबसे पुरानी व उल्लेखनीय पत्रिका थी -'शिशु'। यह करीब 35 वर्षों तक चली। इसका कवर तिरंगे के कारण आकर्षण का केन्द्र होता था। पं. रामनरेश त्रिपाठी ने इलाहाबाद से 'वानर' निकाला जिसमें बच्चों के लिए रोचक सामग्री रहती थी। जयपुर से भी कृष्ण बिहारी सहल के संपादन में भी 'वानर' नामक पत्रिका प्रकाशित हुई। लेकिन इसे अधिक महत्त्व नहीं मिला। मास्टर बलदेव प्रसाद और जहरबख्श जी के प्रयत्नों से सागर (मध्यप्रदेश) से 'बच्चों की दुनिया' मासिक का प्रकाशन हुआ। इसकी सामग्री सुरूचि और पठनीय थी। स्वतंत्रता के पश्चात् बाल-पत्रकारिता का तीव्र गति से विकास हुआ। भोपाल और इंदौर से 'बच्चों की दुनिया' और 'बच्चों का अखबार' साप्ताहिक निकला। इसके बाद 'पराग', नंदन, बाल-भारती, मुकुल, जीवन-शिक्षा, शेर सखा, रानी बिटिया, वैज्ञानिक बालक मिलिन्द आदि पत्रिकाएँ निकली।

बाल-भारती का प्रकाशन भारत सरकार विभाग ने किया। इस पत्रिका में बच्चों के लिए रोचक व नई कहानियाँ थी ताकि वह पढ़ने के लिए प्रोत्साहित हो सके। जयपुर से रामेश्वर 'अशांत' के संपादन में 'मुकुल' मासिक निकला लेकिन आर्थिक कारणों के चलते यह जल्दी ही बंद हो गई। वाराणसी से जीवन शिक्षा प्रकाशित हुई जिसके संपादक तरुण भाई थे। लगभग 15 वर्षों तक प्रकाशित रहने के बाद यह भी अतीत का हिस्सा बन गई। शंभुप्रसाद श्रीवास्तव ने कलकत्ता से 'शेर बच्चा' नाम से नवम्बर सन् 1964 में एक मासिक पत्रिका निकाली। कालांतर में इसका नाम 'शेर सखा' कर दिया। इसके विशेषांक काफी लोकप्रिय रहे। वाराणसी से 'रानी बिटिया' का प्रकाशन

हुआ, जिसके संपादक शिवनारायण उपाध्याय थे। इस पत्रिका में कहानियों के अतिरिक्त सिलाई, बुनाई, कढ़ाई, रसोई आदि के बारे में भी सामग्री दी जाती थी।

टाइम्स ऑफ़ इंडिया प्रकाशन की ओर से 'पराग' का प्रकाशन सत्यकाम विद्यालंकार के संपादन में मार्च, सन् 1958 से आरम्भ हुआ। बाद में इसके संपादक आनंद प्रकाश जैन ने इसे ऐतिहासिक महत्त्व का बना दिया। भारतीय बाल साहित्य के संरक्षण में रत्न प्रकाश जैन ने 'शील' के संपादन में 'मिलिन्द' का प्रकाशन सन् 1969 में दिल्ली प्रेस, नई दिल्ली ने किया प्रारंभ में यह मासिक था, किन्तु अब है पाक्षिक है। हिन्दुस्तान टाइम्स ने 'नंदन' का प्रकाशन किया जिसमें संपादक जय भारती जी भी रहे हैं। बाल- स्पूतनिक' रूसी दूतावास से हिन्दी में प्रकाशित होता है।

बाल हंस का प्रकाशन राजस्थान पत्रिका, प्रकाशन जयपुर ने सन् 1968 में किया। यह बच्चों की पाक्षिक पत्रिका है। इसके संपादक अनंत कुशवाह जी रह चुके हैं। इसके साथ ही सुप्रसिद्ध बाल- लेखक मनोहर वर्मा भी इस पत्रिका से जुड़े है, वे सहयोगी संपादक हैं। वर्तमान समय में बाल- पत्रकारिता का क्षेत्र विस्तृत होता ही जा रहा है क्योंकि हमारी शिक्षा पद्धति भी बाल केन्द्रित हो चुकी है। अतः पत्रकारिता का यह क्षेत्र अपनी प्रगति की ओर नियमित अग्रसर है।

6. फिल्मी पत्रकारिता : 'सामान्यतः चलचित्र का उपयोग मनोरंजन के लिए किया जाता है। इसकी आवश्यकता की अनुभूति तब होती है जब व्यक्ति थक जाता है, अवकाश के समय कुछ मनोरंजन चाहता है। चलचित्र उसके अवधान को आकर्षित करता है, यही चलायमान चित्र अपने कथानक में द्रष्टा को समेट लेता है। वस्तुतः द्रष्टा तन- मन से चित्र-पट में अपने को खो देता है। जो दृश्य या संवाद चलचित्र में दिखाई या सुनाई देता है, वे उस पर गहरा प्रभाव डालते है यह प्रभाव कभी क्षणिक होता है। कभी- कभी इसका प्रभाव स्थायी रूप से पड़ता है। मानव मन पर गहरा प्रभाव डालने की क्षमता के कारण चलचित्र जन-संचार का सर्वाधिक महत्वपूर्ण माध्यम है।

चलचित्र में विज्ञान की शक्ति और कला का सौन्दर्य है जो मस्तिष्क को खाद्य देती है और हृदय को आन्दोलित करती है। चित्रपट अभिव्यक्ति का सर्वाधिक प्रभावशाली माध्यम है, जो किसी घटना या विचार को मनोरम ढंग से प्रस्तुत करता है। राष्ट्रीय एकता, अछूतोद्वार, नारी- जागरण, अन्याय, शोषण, भाषावाद, क्षेत्रवाद, जातिवाद, सम्प्रदायवाद जैसे राष्ट्रीय हित के प्रश्नों पर जन-जन की चेतना को जागृत करने वाला माध्यम फिल्म ही

है।' वर्तमान समय में हमारी इंडस्ट्री भले ही दुनियाभर में अपनी पहचान स्थापित कर चुकी हो परन्तु फिल्मी पत्रकारिता अभी तक चटपटी, मसालेदार खबरों एवं गाॉसिप के अतिरिक्त और कुछ नहीं है।

हिन्दी में फिल्म पत्रकारिता की शुरूआत निर्माण के करीब बीस साल बाद हुई। सन् 1931 में जब बम्बई में आलमआरा में मूक कलाकारों ने बोलना शुरू किया तो लोग चैंक- उठे और लोगों पर फिल्म का जादू- चढ़ गया इसके कुछ समय बाद ही कुछ जागरूक लोगोॉ ने सन् 1932 में 'रंगभूमि' का प्रकाशन करके फिल्मी पत्रकारिता की शुरूआत की। इस पत्रिका के प्रथम सम्पादक श्री लेखराम थे। कुछ साल बाद ही इसका प्रकाशन रुक गया, मगर सन् 1941 में धर्मपाल गुप्ता ने इसका प्रकाशन फिर शुरू किया। सन् 1941 से लेकर आज तक 'रंगभूमि' नियमित प्रकाशति हो रही है। सन् 1932 में ही दिल्ली से ही 'नव चित्रपट' का प्रकाशन प्रारंभ हुआ, मगर उसकी बाद में अधिक जानकारी नही मिलती। रंगभूमि के बराबर टक्कर देने वाली पत्रिका 'चित्रपट' का प्रकाश सन् 1936 में दिल्ली में ऋषभचंद जैन के संपादन में हुआ। स्वतंत्रता के बाद सन् 1958 में उर्दू फिल्म पत्रिका 'शमा' ने हिन्दी में 'सुषमा' पत्रिका निकाली। हालांकि यह बाद में हिन्दी में प्रकाशित होने लगी, मगर उसका संपूर्ण कलेवर 'फिल्म' जैसा ही रह गया है।

इन्दौर के दैनिक 'नई दुनिया' ने हिन्दी फिल्म - पत्रकारिता में मील का पत्थर स्थापित किया। वर्ष सन् 1988, सन् 1989 और सन् 1990 में नई दुनिया के तीन फिल्म विशेषांक प्रकाशित किए सन् 1989 में एक और विशेषांक सरगम का सफर आया तथा सन् 1990 में तीसरा विशेषांक परदे की परियाँ। सन् 1992 में मध्यप्रदेश फिल्म विकास निगम ने हिन्दी में द्वैमासिक पत्रिका 'पटकथा' का प्रकाशन शुरू किया। राजस्थान के अजमेर से सन् 1974 में 'सिने' का भी प्रकाशन हुआ। इसके अलावा उर्वशी, रजनीगंधा, फिल्मी कलियाँ चित्रावली, रस नटराज, सिने समाचार, फिल्म संसार, युंग छाया मेनका, फिल्म रेखा, फिल्मसिटी, फिल्मी दुनिया, लेखा, मुवी जगत, पालकी व मायापुरी आदि प्रमुख पत्र-पत्रिकाओं का नियमित प्रकाशन होता रहा।

7. रेडियो पत्रकारिता : रेडियो को हम ध्वनि और शब्द के सामंजस्य का सर्वोॅाम साधन मान सकते है, रेडियो हमारी अभिव्यक्ति का एक आधुनिक रूप है जिसमें ध्वनि ही शब्द ही शक्ति है और शब्द का अर्थ है। रेडियो स्वास्थ्य, शिक्षा, कृषि, पर्यावरण, प्रबन्धन के क्षेत्रों में सूचनाओं के त्वरित प्रसारण द्वारा मानव जीवन में गुणात्मक परिवर्तन का आधार बन चुका है।

रेडियो के बारे में कुछ विद्वानों द्वारा इस प्रकार के विचार व्यक्त किये हैं- 'रेडिया बिना कागज और बिना दूरी का समाचार है।'' - लेनिन; 'यह तो एक अद्भुत चमत्कार है।'- महात्मा गाँधी।

ऐसा अद्भुत चमत्कार रेडियों, समाचार पत्रों के अस्तित्व को खतरे में डाल दिया था, उसका आविष्कार इतालवी इलेक्ट्रिकल इंजीनियर मारकोनी ने सन् 1895 में किया। प्रारम्भ में पत्र सम्पादकों ने हर तरह से रेडियो की उपेक्षा की, लेकिन इस आविष्कार के बाद यह भ्रम दूर हो गया जब पत्र - पाठकों की संख्या घटने के बजाय बढ़ गई। हालांकि टी. वी. के आविष्कार के बाद रेडियो पर भी वही खतरा मंडराने लगा लेकिन यह भ्रम भी कुछ दिन ही रहा क्योंकि टीवी के लिए प्रयुक्त इलेक्ट्रोनिक्स तरंगों द्वारा रेडियो का प्रसारण दूर- दराज के क्षेत्रों तक सुगम हो गया।

भारत में रेडियो प्रसारण की शुरूआत 23 जुलाई सन् 1927 को हुई थी। इसमें   निरंतर प्रयोजनशीलता जारी रही और यह वर्तमान युग में क्रांतिकारी स्वरूप में उभरकर एफ. एम. के रूप में अस्तित्व में आया है। कला, साहित्य, संस्कृति को हर व्यक्ति तक पहुँचाने में इसने अपनी महत्वपूर्ण भूमिका अदा की हैं। बडे गुलाम अली खाँ, पं. रविशंकर, गिरिजादेवी, बिस्मिल्लाह खाँ, मित्र बंधु जैसे संगीतज्ञ, सुमित्रानंदन पंत, फिराक गोरखपुरी इलाचन्द्र जोशी, भगवतीचरण वर्मा, अज्ञेय, अश्क, मजाज, पं. नरेन्द्र शर्मा जैसे साहित्यकारों ने आकाशवाणी को गौरवान्वित किया।

रेडियो पत्रकारिता मुद्रित पत्रकारिता से पृथक है। एक में समय- सीमा का महॅॅव है जबकि दूसरे में स्थान की उपलब्धता का दस मिनटों में प्रसारित समाचार बुलेटिन में अधिक से अधिक समाचार देना श्रोताओं की स्मरण शक्ति को चुनौती देना है। रेडियो पत्रकारों को एक ही साथ संवाददाता, संवाद लेखक और समाचार-सम्पादक के रूप में अपनी सशक्त भूमिका का निर्वहन करना पड़ता हैं। देश-विदेश के समाचारों के ढेर से सम्पादक को समाचार की विश्वसनीयता व समाचारों का चयन करना पड़ता है। समाचार-चयन के समय उसे समाचार की विश्वसनीयता समाचार की नवीनता का ज्ञान होना चाहिए। तथ्यपूर्ण लोक मंगलकारी सूचनाएँ ही रेडियो सम्पादकों के लिए वरण योग्य होती है। वे सनसनीखेज समाचारों से दूर रहते हैं। सुरुचिपूर्ण संवाद ही रेडियो समाचार-बुलेटिन का शृंगार होता है।

शीर्ष पंक्तियों को 'हेडलाइन्स' या 'मुख्य समाचार' कहा जाता है। इनमें समाचारों का निचोड़ होता है। शीर्ष पंक्ति वही लिख सकता है जो अत्यन्त मेधावी कुशल सम्पादक हो। उसकी विद्वता सीमित संक्षिप्त सार -लेखन में

निहित होती है, क्योंकि 'मितं च सारं च वचो हि वाग्मिता'। अनुभव अभ्यास और प्रशिक्षण के बल पर ही तीव्र बुद्धि वाले पत्रकार अत्यन्त चुस्त-दुरूस्त रूप में रेडियो हेतु समाचार सार प्रस्तुत कर सकते हैं। रेडियो पत्रकारिता के प्रमुख संसाधन निम्नलिखित है-1. आकाशवाणी 2. एफ.एम. रेडियो तरंग 3. बी.बी.सी.

8. ग्रामीण पत्रकारिता : हमारा देश गाँवों का देश है। आज भी उन गाँवों में मूलभूत सुविधाओं का अभाव है, जिसकी वजह है संचार की रिक्तता। दूद-दराज के गाँवों में नई चेतना और वैज्ञानिक विकास के स्वरों को केवल पत्रों के द्वारा ही पहुँचाया जाता था तथा कहीं-कहीं तो आज भी यही स्थिति है। उसी संदर्भ में प्रसिद्ध पत्रकार गणेशशंकर विद्यार्थी का कथन उचित प्रतीत होता है। "राष्ट्र महलों में नहीं रहता, प्रकृत राष्ट्र के निवास-स्थल वे अगणित झोंपड़े है जो गाँवों और पुरवों में फैले हुए खुले आकाश के देदीप्यमान सूर्य और शीतल चन्द्र और तारागण से प्रकृति का संदेश लेते है। इसीलिए राष्ट्र का मंगल और उसकी जड़ उस समय तक मजबूत नहीं हो सकती जब तक कि अगणित लहलहाते पौधों की जड़ों में जीवन का जल नहीं सींचा जाता।"

परम्परागत लोक कला, लोक संस्कृति के प्रचार, कुटीर उद्योग, ग्रामीण स्वास्थ्य, हरित और श्वेत क्रांति द्वारा गाँव के समग्र विकास हेतु समर्पित पत्रकारिता को ग्रामीण कहना समीचीन होगा। कुछ लोगों ने 'कृषि पत्रकारिता' को इसका पर्याय माना है। जबकि ऐसा उचित नहीं है। प्रवीण दीक्षित जी द्वारा लिखित 'जनमाध्यम और पत्रकारिता' में यह स्पष्टतः देखा जा सकता है- "हमारी अपनी मान्यता के अनुसार जो पत्रकार नियमित रूप से ग्रामीण समाज की सम-सामयिक आवश्यकता के अनुसार नियमित रूप से समाचार पत्र-पत्रिकाओं या रेडियो- टेलीविजन आदि जन-माध्यमों में अपना योगदान करते है, उन्हें हम ग्रामीण पत्रकार और उनके ऐसे कृतित्व की साकारता या सक्रियता को ग्रामीण पत्रकारिता की संज्ञा से अभिहित कर सकते हैं। जो ग्रामीण समाज की आवश्यकताओं के अनुरूप न होकर केवल कृषकों के हितों तथा लाभों तक सीमित होती है। उसे हम केवल कृषि पत्रकारिता कह सकते हैं।"

ग्रामीण इलाकों में बोलचाल की भाषा हिंदी है, क्षेत्रीय भाषा है और स्थानीय बोली है। ठेठ गाँव में अंग्रेजी पढ़ने और समझने वाले लोगों की संख्या तो न के बराबर ही है। इस कारण अंग्रेजी के राष्ट्रीय अखबार वहाँ बहुत कम बिकते हैं। शहरों में अंग्रेजी अखबारों के पाठक अधिक है, इसलिए वे वहाँ अधिक पढ़े जाते हैं। अंग्रेजी अखबार भी इसीलिए शहरी इलाकों की

खबरे अधिक छापते हैं क्योंकि प्रसार बनाए रखने के लिए इस इलाके में खबर छापना उनकी मजबूरी है। इसीलिए ग्रामीण समाचारों और वहाँ के पत्रकारों की उपेक्षा होती है। राजस्थान में राजस्थान पत्रिका, दैनिक भास्कर, दैनिक नवज्योति आदि समाचार पत्रों ने ग्रामीण पत्रकारिता के क्षेत्र में वहाँ की स्थानीय बोली और हिन्दी भाषा को खासा महत्त्व दिया। ग्रामीण क्षेत्र से सम्बन्धित लोक-सांस्कृतिक जीवन एवं दैनिक घटनाओं का विवरण तथा उससे सम्बन्धित योजनाओं के बारे में इन पत्र-पत्रिकाओं ने गाँवों में जागृति व चेतना का कार्य किया।

9. समाचार पत्रकारिता : समाचार पत्रकारिता से आशय है कि यह वह पत्रकारिता है जिसके माध्यम से हम देश-दुनिया में घटित घटनाओं, परिवर्तनों तथा नवीनीकरणों से हमें अवगत कराती है। समाचार शब्द का अर्थ ही सम् $ आचार से निकलता है जिसका शाब्दिक अर्थ है 'समान व्यवहार'। यानि कि निष्पक्ष रूप से घटनाओं का यथार्थ प्रस्तुतीकरण करने वाला। इसी संदर्भ में समाचार के लिए गाँधीजी के कथन भी पठनीय हैं - "समाचार पत्र का पहला उद्देश्य जनता की इच्छाओं, विचारों को समझना और इन्हें व्यक्त करना है। दूसरा उद्देश्य जनता में वांछनीय भावनाओं को जाग्रत करना है। तीसरा सार्वजनिक दोषों को निर्भयतापूर्वक प्रकट करना है।"

वर्ममान समय में समाचार पत्र दैनिक जीवन का प्रमुख अंग हो गया है। व्यक्ति सुबह उठते ही देश-दुनिया का समाचार जानना चाहता है, यहाँ तक कि कई लोगों की दिनचर्या उसी से निश्चित होती है, उनके कार्य का निर्धारण भी रहता है, विशेष रूप से बाजार एवं व्यवसाय से सम्बन्धित व्यक्ति विशेष का। यह बुद्धिजीवी पाठकों के लिए एक ऐसा दर्पण है जिसकी सहायता से वे विश्व की गतिविधि, स्वराष्ट्र के उत्थान-पतन तथा क्षेत्र-विशेष की ज्वलंत समस्याओं से सुपरिचित होते है। समाज का वास्तविक तापमापी (थर्मामीटर) तो समाचार पत्र ही है जिसमें सामाजिक वातारण का तापमान परिलक्षित होता है। यहाँ तक कि पत्रों को दूरबीन कहा जाए तो अतिशयोक्ति नहीं होगी क्योंकि वे भविष्य में होने वाली बहुत दूर-दूर की घटनाओं का आभास दे देते है। समाचार पत्र की महत्ता निम्नलिखित पंक्तियों से परिलक्षित होती है -

"ज्यों पारस लगि होत है, लोहा कनक समान।

त्यों पत्रन के पठन ते, मूर्ख होत मतिमान।।"

समाचार पत्रकारिता समाज का अन्तःकरण भी है और उसकी दैनिक घटनाओं का इतिहास भी। समाचार पत्रकारिता के मुख्य तत्त्व नूतनता,

सत्यता, सामीप्य, सुरूचिपूर्णता, वैयक्तिकता, इत्यादि हैं। समाचार पत्र-पत्रिकाओं का प्रकाशन दैनिक, द्विदैनिक, अर्धसाप्ताहिक, पाक्षिक, मासिक, द्विमासिक, त्रैमासिक, अर्द्धवार्षिक आदि अवधियों में होता है। समाचारों से सम्बन्धित प्रमुख हिन्दी पत्र-पत्रिकाएँ इस प्रकार है -राजस्थान पत्रिका, दैनिक नवज्योति, नई दुनिया, हिन्दुस्तान, नव भारत टाइम्स, जलते दीप, दैनिक भास्कर, जागरण, विश्वमित्र, पंजाब केसरी, आज, अमर उजाला, सन्मार्ग, देशबंधु, हमारा संदेश, प्रदीप, दैनिक हिन्दी मिलाप, नवजीवन, स्वतंत्र भास्कर आदि।

वर्तमान समय में अंगे्रजी का चाहे कितना ही बोलबाला क्यों न हो, परन्तु भारत में आज भी आम-आदमी से संचार एवं संवाद सम्बन्धों हेतु तथा उसको समाज की जानकारी से जोड़े रखने हेतु हिन्दी पत्रकारिता का महत्वपूर्ण स्थान है।

10. हास्य व्यंग्य पत्रकारिता : आज की इस भाग दौड़ भरी जिंदगी में मनुष्य उलझता ही चला जा रहा है। किसी न किसी समस्या पर वह अपने को असहाय महसूस करता है। इस मशीनरी युग की व्यस्त जीवन शैली में जब विवशताएँ मानवीय व्यक्तित्व को घेर लेती हैं तो वह तनाव से आक्रांत हो जाता है तब इस त्रासद परिवेश और व्यस्त जीवन की प्रश्नानुकूल स्थितियों से मुक्ति पाने के लिए मनुष्य मनोरंजन का सहारा लेता है। सिनेमा, खेलकूद, परस्पर हँसी-मजाक, ये सब हल्के -व्यंग्यपूर्ण पत्रकारिता के अंग है। स्वतंत्रता के बाद जिस तीव्र गति से पत्रकारिता का विकास हुआ है, उसमें शुद्ध और स्वस्थ मनोरंजन वाली हिन्दी पत्रकारिता की भूमिका महत्वपूर्ण है। मनोरंजन के रूप में देखी जाने वाली पत्रकारिता की अनिवार्यता भी बढ़ी है। एक सुखद जीवन के लिए भी हास्य-व्यंग्य की सामग्री से भरी पत्र-पत्रिकाओं को जीवन में स्थान देना जरूरी होता है। विनोद जीवन की आवश्यकता है और हास्य उस आवश्यकता की पूर्ति का एक साधन। चुटीले व्यंग्य में ऐसी क्षमता होती है कि वह चिन्तातुर मनुष्य को कुछ समय के लिए मानसिक राहत दे सकता है। हिन्दी प्रदीप सन् 1878 में पं. बालकृष्ण भट्ट के संपादन में निकला जिसमें टैक्स आदि पर स्यापे लिखे गए जो व्यंग्यात्मक है।

वर्तमान समय की जितनी भी दैनिक या साप्ताहिक पत्रिकाएँ निकलती हैं उनमें कहीं न कहीं हास्य-व्यंग्य को अवश्य स्थान दिया जाता है। इनका प्रकार हास-परिहास, व्यंग्य-विनोद, प्रश्नोत्तर, फुलझड़ी, चुटकुले, कहकहे आदि हो सकते हैं। धर्मयुग, साप्ताहिक हिन्दुस्तान, कादंविनी, इतवारी पत्रिका,

मायापुरी, लोटपोट, दीवाना आदि बहुत सी पत्र-पत्रिकाओं में हास्य-व्यंग्य से सम्बन्धित स्तम्भ आते हैं। होली हास्य-व्यंग्य का रंगीला त्यौहार है। लगभग सभी पत्र-पत्रिकाएँ इस अवसर पर विशेष रूप से हास्य-विनोद की सामग्री देते हैं। यह एक परम्परा-सी चल पड़ी है जो स्वस्थ पत्रकारिता है। द्विवेदी युग में 'मतवाला' हास्य इसका प्रसिद्ध साप्ताहिक निकला-सन् 1923 में कलकत्ता से महादेव प्रसाद सेठ के द्वारा। इसमें सम्पादक मण्डल में बाबू नवजादिक लाल श्रीवास्तव, निराला एवं शिवपूजन सहाय थे। मतबाला के संपादकीय के ऊपर दोहा छपता था-

'खीचों न कमानों को न तलवार निकालों,

जब तोप मुकाबिल है तो अखबार निकालों।''

सन् 1935 में कृष्णदेव प्रसाद गौड़ जी के संपादन में 'बेढ़व वाणी' पत्रिका का प्रकाशन प्रारम्भ हुआ जो पूर्ण रूप में हास्य-व्यंग्य की पत्रिका थी। इसके अलावा दैनिक पत्रों में तो कार्टून या व्यंग्य-चित्रों के द्वारा व्यंग्य विनोद प्रकाशित किये जाते रहे है। जिनमें कादम्बिनी में 'चुटकियाँ' किस्से खोजा फकीर के ह-हा, नंदन में 'चटपट' तेनालीराम, चीटू-मीटू आदि। 'नवनीत' में दो क्षण हँस ले, मुक्ता में शाबास, दास्तानें, दफ्तर में लड़कियाँ, ये शिक्षक, 'जाह्ववी' में अब थोड़ा हँस ले, चम्पक में 'देखो हँसन देना' 'सारिका' में कबीरा खड़ा बाजार में, 'साप्ताहिक हिन्दुस्तान' में ताल-बेताल, धर्मयुग में बैठे ठाले आदि हास्य व्यंग्य के प्रमुख स्तम्भ थे। इनके साथ ही लोटपोट, दीवाना तेज साप्ताहिक, 'मधु-मुस्कान' आदि पूर्णरूपेण हास्य व्यंग्य विनोद की ही पत्रिकाएँ थी। वर्तमान में राजस्थान पत्रिका का 'बात-करामात' स्तम्भ हास्य-व्यंग्य का प्रमुख स्तम्भ है। आगरा से प्रकाशित व्यंग्य यात्रा त्रैमासिक पत्रिका है। जिसके संपादक प्रेम जनमेजय जी है।

11. सर्वोदय पत्रकारिता : सर्वोदय यानि जो सभी को जागरूक करने या सभी का विकास करने का प्रयत्न करे ऐसी पत्रकारिता सर्वोदय पत्रकारिता कहलाती है। इस पत्रकारिता में सम्पूर्ण समाज के कल्याणकारी उत्थान की विचारधारा है। श्री भवानी प्रसाद मिश्र ने बापू जी और विनोबा जी की पत्रकारिता को सर्वोदय पत्रकारिता का नाम दिया है। उनके अनुसार कोई भी स्वस्थ पत्रकारिता सर्वोदय पत्रकारिता है। इसी संदर्भ में कुछ विद्वान जो ऐसी पत्रकारिता में संलग्न है, वह कुछ ऐसा समझते हैं -शब्द का सही उपयोग योग है।

और कल्याणकारी है योग की तरह।।

शब्द का गलत उपयोग भोग है।

और विनाशकारी है भोग की तरह।।

विल्हेम स्टीड का मत है कि सर्वोदयी पत्रकार खबर प्रकाशित करने में धैर्यवान होते है और खबर पर अपने ख्याल, विचार पेश करते समय मन में मलाल नहीं रखते हैं। गाँधीजी ने भी पत्र-प्रकाशन के औचित्य पर अपना विचार प्रकट किया कि- "मेरा ख्याल है कि ऐसी कोई भी लड़ाई जिसका आधार आत्मबल हो, अखबार की सहायता के बिना नहीं चलायी जा सकती। अगर मैंने अखबार निकाल कर दक्षिण अफ्रीका में बसी हुई भारतीय जमात को उसकी स्थिति न समझायी होती और सारी दुनिया में फैले हुए भारतीयों की दक्षिण अफ्रीका में क्या हो रहा है, इससे 'इण्डियन ओपिनियन' के सहारे अवगत न रखा होता तो मैं अपने उद्देश्य में सफल नहीं हो सकता था। इस तरह मेरा भरोसा हो गया कि अहिंसक उपायों से सत्य की विजय के लिए अखबार एक बहुत ही महत्वपूर्ण और अनिवार्य साधन है।" सर्वोदय पत्रकारिता में जनहित से जुड़े मुद्दों पर ध्यान दिया जाता है। समाज में नई चेतना लाने एवं दलित तथा शोषक वर्ग के उत्थान के लिए सर्वोदय पत्रकारिता एक सशक्त माध्यम है। इसी परिप्रेक्ष्य में 'यंग इंडिया', नवजीवन, हिन्दी नवजीवन तथा हरिजन पत्र का महत्वपूर्ण योगदान है। गीताप्रेस एवं विभिन्न धर्म संस्थाओं द्वारा विकसित धार्मिक और आध्यात्मिक पत्रकारिता को सर्वोदय पत्रकारिता का अंग मानना चाहिए।

गांधीजी और विनोबा भावे का सर्वोदय सिद्धान्त उपरोक्त पत्रिकाओं द्वारा भली-भांति फलीभूत हुआ। उनके ही प्रयत्नों के द्वारा सर्वोदय अभियान को एक नई प्रेरणा प्राप्त हुई। जिससे समाज में क्रान्तिकारी परिवर्तन हुए और समाज ने एक नयी दिशा में अपने कदम बढ़ाये। सर्वोदय पत्रकारिता ही इस दलित तबके के उदय का कारण बना, जिसने उनको नयी ताकत प्रदान की। सब को साथ लेकर तथा समान रूप से बिना किसी वर्ग-भेद के आगे बढ़ने की क्रांति या विचारधारा साकार हो सकी तो उसका सम्पूर्ण श्रेय सर्वोदयी पत्रकारिता को ही देना उचित होगा। सर्वोदयी पत्रकारिता यहीं पर आकर अपनी विराम स्थिति तक नहीं पहुँची अपितु वर्तमान समय में भी इसी पत्रकारिता के द्वारा समाज निरन्तर रूप से इस दिशा में प्रगति की ओर अग्रसर है।

वर्तमान समय में राजस्थान पत्रिका, दैनिक नवज्योति, दैनिक भास्कर, इंडिया टुडे, आउट लुक, प्रतियोगिता दृष्टि, अमर उजाला, जन-जागरण इत्यादि पत्र-पत्रिकाएँ सर्वोदय पत्रकारिता के पथ पर अभी भी अग्रसर है तथा

समाज को सामाजिक, आर्थिक, राजनीतिक, धार्मिक एवं आध्यात्मिक चेतना प्रदान करने का कार्य कर रही हैं।

12. संदर्भ पत्रकारिता : संदर्भ शब्द संस्कृत धातु 'वृभ' (बांधना या बुनना) में सम् उपसर्ग लगाकर बना है, जिसका अर्थ है- 'एक साथ बांधने वाला, संयोजित करने वाला, मिलने वाला, बुनने वाला। इन सब अर्थों का मूल तत्व है दो या अधिक वस्तुओं का संयोग।' दो वस्तुओं के मध्य संपर्क स्थापित करने के लिए प्रयुक्त सेवा या कार्य को अभिव्यक्त करने के लिए हिन्दी में संदर्भ सेवा शब्द का प्रयोग किया जाता है। संदर्भ सेवा को हम विषय का पूर्ण परिचय या ज्ञान भी कह सकते है। इस तरह पाठकों को अपने विषयों से परिचत होने के लिए यथा समय की जाने वाली व्यक्तिगत सेवा, उसके प्रश्न या समस्याओं को अच्छी तरह समझकर समाधान हेतु आवश्यक साहित्य उपलब्ध करना, सूचनाएँ एकत्रित कर प्रस्तुत करना, उनकी बौद्धिक कठिनाई को समझकर अपने मधुर व्यवहार से अपाठकों को भी पाठक बनाना, उनमें अध्ययन के प्रति अधिकाधिक रूचि उत्पन्न करना आदि बौद्धिक और अन्य वैयक्तिक सहायता को संदर्भ सेवा कहते हैं।

सन् 1876 ई. में प्रथम बार सैम्युल स्वेट ग्रीन नामक अमेरिकन पुस्तकाध्यक्ष ने पुस्तकालय सम्मेलन में पुस्तकाध्यक्षों तथा पाठकों के मध्य व्यक्तिगत संबंधों की आवश्यकता पर बल दिया। तब से 'संदर्भ सेवा' की विचारधारा तीव्र गति से आगे बढ़ी। संदर्भ सेवा के लिए सभी बडे-बड़े समाचार पत्र प्रतिष्ठानों में अपने पुस्तकालय होते हैं। एक कुशल शिल्पी की सहायता जिस प्रकार अच्छे उपकरण करते है, उसी प्रकार संदर्भ विभाग एक जागरूक पत्रकार की सहायता करता है। इस संदर्भ सेवा को संदर्भ पत्रकारिता भी कह सकते हैं, जिसका कार्य समाचारों, लेखों और टिप्पणियों के लिए सही तथ्य और आंकड़े उपलब्ध करना होता है।

संदर्भ सेवा की आवश्यकता के दो प्रमुख कारण रहे- 1. पुस्तकों का संग्रह और संगठन, 2. उनका संरक्षण और मांग किये जाने पर उन्हें प्रदान करना। संदर्भ सेवा के द्वारा उन प्रमुख कार्यों को किया गया। समाचार पत्र प्रतिष्ठानों में सूचना सामग्री के अतिरिक्त सम्बद्ध विषयों पर अधुनातन तथ्य प्रदान करने के कारण संदर्भ सेवा और सूचना प्रसारण सेवा समानार्थक हो गयी है। इससे स्पष्ट है कि संदर्भ पुस्तकालय अथवा संदर्भ सेवा किसी भी समाचार प्रतिष्ठान के लिए महत्त्वपूर्ण और आवश्यक है। इसी कारण द्वितीय श्रमजीवी पत्रकार वेतन बोर्ड ने समाचार पत्र प्रतिष्ठानों के संदर्भ-पुस्तकालय के पदाधिकारियों को भी पत्रकार के वर्ग में शामिल किया है और

उनका वेतनमान श्रमजीवी पत्रकारों के समतुल्य निर्धारित किया। डॉ. एस. आर. रंगनाथन के अनुसार "संदर्भ सेवा पुस्तकालय सेवा का सर्वोपरि एवं प्रमुख कार्य है। संदर्भ सेवा पुस्तकालय की धुरी के समान है, जिसके चारों ओर पुस्तकालय के अन्य कार्य-पुस्तक चयन, पुस्तक प्राप्ति, परिग्रहण, वर्गीकरण, सूचीकरण आदि घूमते रहते हैं। यह सभी कार्य संदर्भ सेवा प्रदान करने एवं उसे अधिक प्रभावशाली बनाने में सहायक होते हैं।

एक औसत संदर्भ विभाग में एक प्रशिक्षित पुस्तकालयाध्यक्ष या मुख्य संदर्भ अधिकारी, चार संदर्भ अधिकारी, दो दफ्तरी, एक आशुलिपिक और एक क्लर्क होना चाहिए। संदर्भ अधिकारी स्नातकोत्तर उपाधि और पुस्तकालय विज्ञान में डिप्लोमा के अलावा पत्रकारिता का अनिवार्य अनुभव रखने वाला होना चाहिए। यह अधिकारी समाचार पत्रों, पत्र-पत्रिकाओं को पढ़कर महत्त्वपूर्ण समाचारों और लेखों पर विषयानुसार चिह्न अंकित कर देता है। इन चिन्हों के आधार पर दफ्तरी सभी कतरनों को काटकर कागज पर चिपकाता है और सम्बन्धित फाइलों पर लगा देता है संदर्भ विभाग के कार्यों को निम्न आठ वर्गों में विभक्त किया जा सकता है-

1. कतरन सेवा, 2. संदर्भ ग्रन्थ, 3. लेख सूची, 4. फोटो विभाग, 5. पृष्ठभूमि विभाग 6. रिपोर्ट विभाग, 7. सामान्य पुस्तकें, 8. भंडार विभाग। संपादकीय विभाग समाचार पत्र प्रतिष्ठान का मस्तिष्क होता है तो संदर्भ विभाग इस मस्तिष्क का स्मृति कोष है। इन्हीं पत्रों में संपादकीय लेखों के लिए व्यवस्थित संदर्भ विभाग बहुत कम है।

13. टी. वी. पत्रकारिता : टी. वी. जिसे आज का बुद्धिजीवी वर्ग बुद्धु बक्सा कहकर दुत्कारता है, लेकिन वहीं बुद्धिजीवी टीवी पत्रकारिता से अछूते नहीं रह पाते क्योंकि वर्तमान समय में टीवी पत्रकारिता इलैक्ट्रोनिक मीडिया का सर्वोपरि साधन है, जिसके आकर्षण से कोई भी नहीं बच पाता। मीडिया के अन्दर टीवी की भूमिका संजीवनी की तरह है जिसने समाचार जगत में नये प्राण फूँक दिये है। पश्चिम के विकसित देशों में 'टीवीकारिता' सन् 1980 के दशक से ही मजबूत पक्ष के रूप में उभकर सभी के सामने आयी। भारत में दूरदर्शन की गुणवत्ता दर्शनीय थी किन्तु निजी टी. वी. चैनलों की मंजूरी के बाद ही सही अर्थों में टी. वी .पत्रकारिता में क्रान्ति का सूत्रपात हुआ। निजी समाचार चैनलों के बाने के बाद ही टी.वी. पत्रकारिता का क्षेत्र चुनौतीपूर्ण हुआ साथ ही टी.वी. पत्रकारों की संख्या भी बढ़ी। वर्तमान समय में तो टी.वी. पत्रकारिता के बिना कुछ कल्पना करना भी निरर्थक है। वह आज की युवा पीढ़ी में ही नहीं बल्कि पुरातन एवं नवीन दोनों पीढ़ियों में अपनी पैठ बना

चुकी है और उसने अपनी यथार्थता प्रमाणित भी कर दी है। हालांकि टीवी चैनलों की इस बाढ़ ने बहुत सी समस्याएँ पैदा कर दी है जो कि अपनी टीआरपी वैल्यू बढ़ाने के लिए किसी भी अराजकता तक पहुँच सकती है परन्तु इनकी उपयोगिता फिर भी प्रासंगिक ही है।

मैं विश्वास करता हूँ कि अच्छी पत्रकारिता, अच्छा टेलीविजन हमारे संसार को एक बेहतर जगह बना सकता है। - क्रिस्टिअनि एमनपावर

टीवी पत्रकारिता की प्रमुख समस्याएँ: दृश्य का अभाव, लागत की चिन्ता, समयबद्धता, गलाकाट प्रतिस्पद्धा, लगातार परिवर्तन, गुटबाजी व भेड़चाल है। टीवी पत्रकारिता में केवल स्वर या शब्दों से ही काम नहीं चल सकता उसके लिए उन्हीं शब्दों के उपयुक्त दृश्यों की भी आवश्यकता होती है। भेड़चाल की वजह से एवं टीआरपी वैल्यू की वजह से आज चैनल चाहे जैसी न्यूज शीघ्रातिशीघ्र दिखाने की होड़ में अधिकाधिक धनार्जन की होड़ में किसी भी हद तक पहुँच सकते हैं। अतः संसाधनों का प्रयोग करना चाहिए। प्रतिस्पद्धा के स्तर पर इन्हें गुणवत्ता की तरफ ध्यान देना होगा क्योंकि प्रतिस्पद्धा आसमानी नहीं जमीनी होनी चाहिए। जरूरत उड़ने की नहीं बल्कि जमकर काम करने की है। जो जमकर कार्य करेगा, जमीन से जुड़ेगा, निःस्वार्थ भाव से जनहित कार्य में संलग्न होगा उसे प्रतिस्पद्धा के क्षेत्र में उतरने की आवश्यकता ही नहीं पड़ेगी, दर्शक व श्रोता स्वयं ही उसे प्रथम पायदान पर बिठा देगे, अतः उन्हें अपनी गुणवत्ता को सुधारना चाहिए।

टीवी पत्रकारिता के क्षेत्र में कुशल प्रबंधक जो राजनीति या व्यावसायिक घरानों के साथ सम्बन्ध स्थापित न करके स्वविवेक से निष्पक्ष एवं निर्भीक निर्णय ले सके, ऐसे लोगों को स्थान देना चाहिए। आज न जाने कितने समाचार चैनलों पर मिली भगत का आरोप साबित हो चुका है, ऐसी टीवी पत्रकारिता से बचने की आवश्यकता है। टीवी पत्रकारिता में वर्तमान में एनडीटीवी, एवीपी न्यूज, जी न्यूज, आज तक, इंडिया टीवी, आदि अनेक हिन्दी समाचार चैनलों ने अपना स्थान मजबूत कर लिया है। साथ ही खेल समाचार, व्यावसायिक क्षेत्र के समाचार, सामयिक समाचार आदि पर भी अपनी पकड़ मजबूत कर ली है। टीवी पत्रकारिता का भविष्य भी उज्ज्वल है, हमें इस दिशा में और मजबूती के साथ आगे कदम बढ़ाने होंगे।

14. वेब पत्रकारिता : इंटरनेट के जरिये इंटरनेट पर होने वाली पत्रकारिता को हम वेब पत्रकारिता या साइबर पत्रकारिता कहते हैं। इस पत्रकारिता का क्षेत्र असीमित हैं क्योंकि इसमें कागज, स्याही, धन और समय की बड़ी बचत होती है। इसके अलावा इसका सबसे बड़ा फायदा यह है कि यह वास्तव में

एक अन्तर्राष्ट्रीय सार्वजनिक संचार माध्यम है। इसमें हम दुनिया के किसी भी कोने में बैठकर त्वरित समाचार प्राप्त कर सकते है, इसमें न तो प्रकाशक की और न ही पत्र-वितरक की आवश्यकता है। यह जैसी भी है, सबके लिए है और हर वक्त है। इस क्षेत्र में आजादी की संभावना सर्वाधिक है हालांकि उससे अराजकता भी उतनी ही हो सकती है, क्योंकि इस पर नियंत्रण आसान नहीं है। यह प्रिन्ट और इलेक्ट्रोनिक मीडिया दोनों को समेटे हुए है। इसमें पाठक या दर्शक की भागीदारी किसी भी अन्य माध्यम की तुलना में ज्यादा होती है और संभव है।

वल्ड वाइब वेब कम्प्यूटरों का एक ऐसा नेटवर्क है जो आप्टीकल फाइबर और सिलिकन चिप्स के दो बुनियादी माध्यमों से जुड़ा है और एक मानक भाषा से सम्बन्ध रखता है। वेब पत्रकारिता के संदर्भ में गाॅय एम्स का यह विचार इंटरनेट की महत्ता को पुष्ट करता है। उनका कथन है - "दुनिया में तीन तरह की मौत होती हैं-दिल की मौत, दिमाग की मौत और नेटवर्क पर न होने की मौत।

वेब पत्रकारिता में गूगल और याहू जैसे सर्च इंजनों के आने के बाद एक नयी क्रांति हुई। सन् 2008 में गूगल सर्च ने एक लाख करोड़ अद्वितीय यूआरएल खोज लिए थे। वर्तमान में इसकी संख्या बहुत अधिक हो चुकी है। आज फेसबुक, माईस्पेस, टाइमवार्नर, माइक्रोसाॅफ्ट और ईबे के अतिरिक्त बहुत सी अन्य वेबसाइटों ने इस मशाल को प्रज्वलित रखा है। भारत में वर्तमान में सर्वाधिक इंटरनेट उपभोक्ता है। सोशल साइट्स, फेसबुक, व्हाॅट्सअप, ट्विटर आदि ने तो विश्व भर के प्रसिद्ध बुद्धिजीवियों को भी अपनी तरफ आकर्षित किया है। आज इन साइट्स के द्वारा यह लोग अपने विचारों को विश्वव्यापी मंच पर रख पा रहे हैं तथा युवा पीढ़ी उनसे प्रेरित होकर उसमें अपनी सहभागिता निभा रही है यह सब वेब पत्रकारिता की ही देन है।

भारत के प्रधानमंत्री नरेन्द्र मोदी जी ने तो वर्तमान में इसकी प्रासंगिकता को विश्व स्तर पर साबित भी कर दिखाया है। आज किसी भी क्रांति या कहें कि वैचारिक क्रांति को सर्वव्यापी होने में महीनों नहीं बल्कि चंद सैकण्ड लगते है और इसका श्रेय वेब पत्रकारिता को ही जाता है। वैश्विक मंच पर वेब पत्रकारिता ने अपना स्थान प्रमाणित कर दिया हैं। हालांकि इसमें भी कुछ समस्याएँ है लेकिन यदि उन पर भी सही नियंत्रण रखा जावे तो यह समाज में मंगलकारी परिवर्तन लाने में केवल असरकार होगी अपितु सामाजिक चेतना के संदर्भ में सर्वोपरि माध्यम का कार्य करेगी।

हमें इन वेबसाइट्स पर कुछ हद तक नियंत्रण रखना होगा। संसाधनों की सीमितता को भी कम करना होगा बासी खबरों को दूर रखना होगा व इन पर जनमानस की प्रतिक्रियाओं को ध्यान में रखना होगा तभी यह विश्व समाज के लिए शुभकारी एवं कल्याणकारी होगी।

15.पीत पत्रकारिता : पुरातनकाल में गीता, बाइबल, कुरान बनकर पत्रकारिता ने जन-जन को जगाया, स्वतंत्रता, समानता, बन्धुत्व को बढ़ाया वहीं अब कुछ कलियुगी पत्रकार दुराचार, सेक्स, लेग, पैग, एग, झूठ, फरेब की आँधी बहा रहे है। जिस पत्रकारिता में सभी तथ्य पी लिये जाते हैं, सच्चाई से दूर कल्पना पर आधारित पत्रकारिता ही पीत पत्रकारिता है। भारतीय संस्कृति में पीला शुभ, ब्रह्मचर्य, मंगल का प्रतीक है जबकि पत्रकारिता में पीला मनगंढ़त, भ्रमोत्पाद प्रतिष्ठाविहीन क्रियाकलाप है।

'जख्म तलवार के गहरे भी हो, मिट जाते है,

लफज तो दिल में उतर जाते है, भालों की तरह।'

उपरोक्त पंक्तियाँ पीत पत्रकारिता सकारात्मक पक्ष का समर्थन करती है। पत्रकारिता में जो कुछ भी गलत घटित होता है, उसको पीत पत्रकारिता का नाम दिया जाता है। पत्रकारिता की मान-मर्यादा, मूल्यों, उसूलों और उद्देश्यों से बाहर जाने वाली पत्रकारिता ही पीत पत्रकारिता कहलाती है। इसकी जड़े सबसे पहले अमेरिका में ही लगीं और जोसेफ पुलित्जर ने इसको बढ़ावा दिया है। सन् 1893 ई. में उसने अपने समाचार पत्र 'दी वर्ल्ड' को रंगीन और आकर्षक बना दिया जिससे उसकी संख्या धड़ाधड़ बढ़ने लगी। 'दी वर्ल्ड' में एक गोल-मटोल ढीले कपडे पहने हुए बिना दांतों वाले लड़के की तस्वीर को एक कार्टून के रूप में पेश कर दिया। बच्चे के कपड़ों को गोल पीले धब्बों में पेश किया गया और यह बच्चा 'जेलोकिड्ज' के रूप में बहुत चर्चित हुआ। इस बच्चे को सन.सनीखेज और उत्तेजनापूर्ण पत्रकारिता का प्रतीक बना दिया गया। यह पत्रकारिता, पीत पत्रकारिता के रूप में जानी जाने लगी। पुलित्जर ने अपने समाचार पत्र के प्रसार के लिए अनेक ढंग-तरीकों को अपनाया जो पत्रकारिता की मर्यादा और कदरों-कीमतों के विरूद्ध थे। उसकी इस पटरी से उतरी पत्रकारिता ने पीत पत्रकारिता की बुनियाद रखी।

ओस्बार्ड गैरीसन विलार्ड ने पीली पत्रकारिता को 'गटर पत्रकारिता' की संज्ञा दी थी जबकि चार्ल्स डायना ने 'येलो प्रेस' की संज्ञा दी है। पीत पत्रकारिता में समाचार पत्र, सनसनीखेज पत्रकारिता को बढ़ावा देते हैं। शीघ्रातिशीघ्र प्रसिद्धि पाने के लिए टेढ़े-मेढ़े हथकण्डों का प्रयोग कर दिया जाता है। घटिया और मसालेदार समाचारों की प्रमुखता दी जाती है और

अश्लील तस्वीरों का सहारा लिया जाता है। पीत पत्रकारिता ऐसी विचित्र पत्रकारिता है जिसमें और सभी तत्त्व होते है परन्तु उसकी आत्मा ही नहीं होती। व्यापार और शोहरत की अंधी दौड़ में पीत पत्रकारिता आज पूरी तरह से छाई हुई है। अब तो पीली पत्रकारिता पूर्णरूपेण पत्रकारिता का रूप ग्रहण कर चुकी है। अब तो मीडिया की ओर से भारी सनसनी पैदा की जाती है, जो कई बार महज अफवाह निकलती है। जिसके लिए चैनल अफसोस जता कर अपनी गलती मानकर पल्ला झाड़ लेते हैं। यह पत्रकारिता वर्तमान में ब्लैकमेलिंग का साधन बन चुकी है। गुपचुप तरीकों से वीडियों क्लिफ तैयार कर सफेदपोश गुनहगार से मीडिया के सरताजों द्वारा रूपये मांगे जाते हैं तथा रूपये न देने पर वीडियों को सार्वजनिक करने की धमकी दी जाती है। सौदा तय हो जाने पर उस घटना को गलत कहकर नकार दिया जाता है।

भारत में तरूण तेजपाल जैसे पत्रकार भी है जिन्होंने तहलका डॉ.टकॉम पर अपना पहला वीडियो उजागर कर सनसनी फैला दी, जिसमें उन्होंने पत्रकारिता की सारी हदों को पार कर लिया था। इसके बाद सांसद-खरीद प्रकरण तथा अन्य कई राजनेताओं के कॉलगर्ल आदि के साथ के सम्बन्धों को मसालेदार बनाकर प्रस्तुत किया गया है। समाचारों को बिकाऊ माल की तरह लिया जा रहा है। पत्रकारों की बौद्धिकता, सामाजिक जागरूकता में हिस्सा डालने के स्थान पर अखबारी व्यापार का हिस्सा बन गई है जो व्यापार को बढ़ाने के लिए भिन्न-भिन्न तरीकों का पता लगा रही है। मीडिया का सारा जोर पाठक और दर्शक बढ़ाने और विज्ञापन एकत्र करने पर लगा हुआ है। इसी कारण देश के प्रति मीडिया की जिम्मेदारी पीछे छूट गई है। मीडिया का यह पतन पूंजीवाद के विकास के साथ जुड़ा है। अगर समय रहते मीडिया पर नकेल नहीं कसी गई तो शायद यह पत्रकारिता देश का भला करने के बजाय काफी भयावह हो जायेगी। अतः हमें पीत पत्रकारिता से जुड़े पत्रकारों की जवाबदेही तय करनी पडेगी ताकि यह पत्रकारिता समाज के हित में हो।

इस प्रकार पत्रकारिता के विविध आयामों को उपरोक्त क्रम में अध्ययन करने पर हम निष्कर्षतः यह समझ सकते हैं कि पत्रकारिता का स्वरूप काफी व्यापक है। पत्रकारिता की पहुँच जीवन के प्रत्येक क्षेत्र पर है, जिसको हम विविध रूप में पहचानते हैं। आधुनिक पत्रकारिता के इस तकनीकी युग में मीडिया का आयाम निरंतर प्रसारित हो रहा है। उसके तरीके बदल रहे हैं। जैसे-जैसे मानव तकनीकी की तरफ बढ़ रहा है, उसी प्रकार पत्रकारिता का दायरा भी बढ़ता जा रहा है और वह काफी पैनापन लिए नजर आ रही है जो कि समाज एवं देश के लिए शुभदायी है। पत्रकारिता का यह स्तर अभिशाप

न बनने पाये ऐसे प्रयासों की हमें आवश्यकता है। हिन्दी पत्रकारिता में हो रही निरंतर वृद्धि आमजन के लिए वरदान साबित होगी, यह अपेक्षणीय है।

संदर्भ सूची :

1. श्रीवास्तव, डॉ. संदीप कुमार, पत्रकारिता: एक परिचय, जयभारती प्रकाशन, इलाहाबाद, द्वितीय संस्करण, 2009, पृ. 63

2. जोशी, डॉ. (श्रीमती) सुशीला, हिन्दी पत्रकारिता: विकास और विविध आयाम, राजस्थान हिन्दी ग्रन्थ अकादमी, जयपुर, पंचम संस्करण, 2006, पृ. 2

3. तिवारी, डॉ. अर्जुन, पत्रकारिता, विश्वविद्यालय प्रकाशन, वाराणासी, 2010, पृ.11

4. श्रीवास्तव, डॉ. संदीप कुमार, पत्रकारिता: एक परिचय, जयभारती प्रकाशन, इलाहाबाद, द्वितीय संस्करण, 2009, पृ. 64

5. तिवारी, डॉ. अर्जुन, जनसंचार और हिन्दी पत्रकारिता, जयभारती प्रकाशन, इलाहाबाद, संस्करण-2012, पृ. 129

6. जोशी, डॉ. (श्रीमती) सुशीला, हिन्दी पत्रकारिता: विकास और विविध आयाम, राजस्थान हिन्दी ग्रन्थ अकादमी, जयपुर, पंचम संस्करण, 2006, पृ 1

7. श्रीवास्तव, डॉ. संदीप कुमार, पत्रकारिता: एक परिचय, जयभारती प्रकाशन, इलाहाबाद, द्वितीय संस्करण, 2009, पृ. 63

8. श्रीवास्तव, डॉ. संदीप कुमार, पत्रकारिता: एक परिचय, जयभारती प्रकाशन, इलाहाबाद, द्वितीय संस्करण, 2009, पृ. 63

9. जोशी, डॉ. (श्रीमती) सुशीला, हिन्दी पत्रकारिता: विकास और विविध आयाम, राजस्थान हिन्दी ग्रन्थ अकादमी, जयपुर, पंचम संस्करण, 2006, पृ. 2

10. कुलश्रेष्ठ, डॉ. विजय, हिन्दी पत्रकारिता और सर्जनात्मक लेखन, राजस्थान हिन्दी ग्रन्थ अकादमी, जयपुर, प्रथम संस्करण-2007, पृ. 1

11. वही, पृ. 3

12. जैन, डॉ. रमेश कुमार, हिन्दी पत्रकारिता का आलोचनात्मक इतिहास, हंसा प्रकाशन, जयपुर, प्रथम संस्करण सन् 1987, पृ. 3

13. कुलश्रेष्ठ, डॉ. विजय, हिन्दी पत्रकारिता और सर्जनात्मक लेखन, राजस्थान हिन्दी ग्रन्थ अकादमी, जयपुर, प्रथम संस्करण-2007, पृ. 2

14. कुलश्रेष्ठ, डॉ. विजय, हिन्दी पत्रकारिता और सर्जनात्मक लेखन, राजस्थान हिन्दी ग्रन्थ अकादमी, जयपुर, प्रथम संस्करण-2007, पृ. 2

15. कुलश्रेष्ठ, डॉ. विजय, हिन्दी पत्रकारिता और सर्जनात्मक लेखन, राजस्थान हिन्दी ग्रन्थ अकादमी, जयपुर, प्रथम संस्करण-2007, पृ. 2

16. कुलश्रेष्ठ, डॉ. विजय, हिन्दी पत्रकारिता और सर्जनात्मक लेखन, राजस्थान हिन्दी ग्रन्थ अकादमी, जयपुर, प्रथम संस्करण-2007, पृ. 2

17. कुलश्रेष्ठ, डॉ. विजय, हिन्दी पत्रकारिता और सर्जनात्मक लेखन, राजस्थान हिन्दी ग्रन्थ अकादमी, जयपुर, प्रथम संस्करण-2007, पृ. 2

18. तिवारी, डॉ. अर्जुन, जनसंचार और हिन्दी पत्रकारिता, जयभारती प्रकाशन, इलाहाबाद, संस्करण-2012, पृ. 120

19. कुलश्रेष्ठ, डॉ. विजय, हिन्दी पत्रकारिता और सर्जनात्मक लेखन, राजस्थान हिन्दी ग्रन्थ अकादमी, जयपुर, प्रथम संस्करण-2007, पृ. 2

20. कुलश्रेष्ठ, डॉ. विजय, हिन्दी पत्रकारिता और सर्जनात्मक लेखन, राजस्थान हिन्दी ग्रन्थ अकादमी, जयपुर, प्रथम संस्करण-2007, पृ. 2

21. कुलश्रेष्ठ, डॉ. विजय, हिन्दी पत्रकारिता और सर्जनात्मक लेखन, राजस्थान हिन्दी ग्रन्थ अकादमी, जयपुर, प्रथम संस्करण-2007, पृ. 2

22. कुलश्रेष्ठ, डॉ. विजय, हिन्दी पत्रकारिता और सर्जनात्मक लेखन, राजस्थान हिन्दी ग्रन्थ अकादमी, जयपुर, प्रथम संस्करण-2007, पृ. 2

23. कुलश्रेष्ठ, डॉ. विजय, हिन्दी पत्रकारिता और सर्जनात्मक लेखन, राजस्थान हिन्दी ग्रन्थ अकादमी, जयपुर, प्रथम संस्करण-2007, पृ. 2

24. कुलश्रेष्ठ, डॉ. विजय, हिन्दी पत्रकारिता और सर्जनात्मक लेखन, राजस्थान हिन्दी ग्रन्थ अकादमी, जयपुर, प्रथम संस्करण-2007, पृ. 2

25. गोदरे विनोद, हिन्दी पत्रकारिता स्वरूप एवं संदर्भ, वाणी प्रकाशन, नई दिल्ली, द्वितीय संस्करण 2008 पृ. 16

26. तिवारी, डॉ. अर्जुन, आधुनिक पत्रकारिता, विश्वविद्यालय प्रकाशन, वाराणासी, पृ. 2

27. जोशी, डॉ. (श्रीमती) सुशीला, हिन्दी पत्रकारिता: विकास और विविध आयाम, राजस्थान हिन्दी ग्रन्थ अकादमी, जयपुर, पंचम संस्करण, 2006, पृ 1

28. जोशी, डॉ. (श्रीमती) सुशीला, हिन्दी पत्रकारिता: विकास और विविध आयाम, राजस्थान हिन्दी ग्रन्थ अकादमी, जयपुर, पंचम संस्करण, 2006, पृ 1

29. पाटिल डॉ. पदमा, हिन्दी पत्रकारिता स्वरूप, आयाम और संभावना, पृ. 33

30. जोशी, डॉ. (श्रीमती) सुशीला, हिन्दी पत्रकारिता: विकास और विविध आयाम, राजस्थान हिन्दी ग्रन्थ अकादमी, जयपुर, पंचम संस्करण, 2006, पृ 16

31. तिवारी, डॉ. अर्जुन, आधुनिक पत्रकारिता, विश्वविद्यालय प्रकाशन, वाराणासी, पृ. 103

32. उपाध्याय ज्ञानेष, पत्रकारिता, आधार प्रकार और व्यवहार, राजस्थान हिन्दी ग्रन्थ अकादमी, जयपुर, प्रथम संस्करण 2011, पृ. 47

33. उपाध्याय ज्ञानेष, पत्रकारिता, आधार प्रकार और व्यवहार, राजस्थान हिन्दी ग्रन्थ अकादमी, जयपुर, प्रथम संस्करण 2011, पृ. 4

34. तिवारी, डॉ. अर्जुन, आधुनिक पत्रकारिता, विश्वविद्यालय प्रकाशन, वाराणासी, पृ. 14

35. जोशी, डॉ. (श्रीमती) सुशीला, हिन्दी पत्रकारिता: विकास और विविध आयाम, राजस्थान हिन्दी ग्रन्थ अकादमी, जयपुर, पंचम संस्करण, 2006, पृ. 10

2. राजस्थान में हिन्दी पत्रकारिता: उद्भव और विकास

भारतवर्ष में हिन्दी पत्रकारिता का प्रारम्भिक युग वस्तुतः सन् 1826 में 'उदन्त मार्तण्ड' के प्रकाशन से प्रारम्भ होकर सन् 1885 में दैनिक 'हिन्दोस्थान' के जन्म तक माना जाता है1 किन्तु इस संदर्भ में राजस्थान की स्थिति का आकलन करते समय यह आश्चर्यजनक किन्तु कटु सत्य सामने आता है कि जब बंगाल, बिहार और उत्तर प्रदेश में हिन्दी पत्रों की संख्या बराबर बढ़ रही थी और हिन्दी पत्रकारिता आधी शती के ऐतिहासिक दौर से गुजर चुकी थी ऐसे में राजस्थान में हिन्दी पत्र-पत्रिकाएँ अपने उन्मेष के प्रथम चरण में ही थी तथापि उस युग में जब रियासती राजपत्र फारसी बहुल उर्दू में सामग्री प्रकाशित कर रहे थे, राजस्थान जैसे प्रदेश से स्वल्पतम् परिमाण में भी हिन्दी पत्रों का प्रकाशन होना निस्संदेह महत्वपूर्ण था।2

विभिन्न राष्ट्रीय आंदोलनों की राजपूताना की रियासतों में गूँज एवं पत्रकारिता के उद्भव की पृष्ठभूमि राजस्थान में श्री विजयसिंह पथिक, माणिक्यलाल वर्मा, रामनारायण चैधरी, जयनारायण व्यास आदि सशक्त और तेजस्वी नेताओं के नेतृत्व में प्रषस्त हो रही थी और मेवाड़, शेखावाटी, हाड़ौती आदि क्षेत्रों में जो आंदोलन चलाए जा रहे थे वे ग्रामीण क्षेत्रों में राजनीतिक जागृति के आधार थे। शहरी क्षेत्रों में जिन आंदोलनों का प्रभाव था उनमें महर्षि दयानन्द द्वारा चलाया गया आर्य समाजी आन्दोलन सर्वप्रमुख था, जिसका आधार स्वदेशी, स्वभाषा, स्वधर्म एवं स्वराज्य था। बंगाल विभाजन के प्रति आक्रोश के कारण उभरे क्रांतिकारी आंदोलन और गाँधीजी द्वारा संचालित विभिन्न आंदोलनों का प्रभाव भी यहाँ दृष्टिगत हुआ। परिणामस्वरूप तत्कालीन निरंकुश एवं शोषक व्यवस्था के विरुद्ध प्रतिक्रिया हुई तथा उत्तरदायी शासन की माँग हुई।3

अत्याचार, शोषण का सूत्रधार अंधविश्वास एवं अज्ञानता ही है। समाचार-पत्रों ने अन्याय के विरूद्ध लोगों को खड़ा करने में बड़ी मदद की। बिजौलिया में किसानों पर किये गये अत्याचारों का वर्णन गणेशशंकर विद्यार्थी के "प्रताप" पत्र के माध्यम से समस्त उत्तरी भारत में फैल गया। राजस्थान में विजयसिंह पथिक, रामनारायण चैधरी, जयनारायण व्यास आदि नेताओं ने समाचार-पत्रों को जन-जागरण का उत्तम माध्यम बनाया। उन्होंने स्वयं समाचार-पत्रों का संपादन व कुछ पत्रिकाएँ प्रकाशित करना शुरू किया।4

पत्रकारिता का मूल उद्देश्य समाज में जनजागृति का प्रसार करना ही है। इसी संदर्भ में भारत में पत्रकारिता का सूत्रपात हुआ, भारतीय पत्रकारिता की

यह यात्रा कई कालखण्डों व विभिन्न प्रकार की धाराओं की सहगामी रही है। इन्हीं कालखण्डों व धाराओं का विस्तृत वर्णन यहाँ किया गया है।

पत्रकारिता की ब्रिटिश धारा

ब्रिटिश सरकार कलम की तेजधार व क्रान्तिकारी संपादकों के तेवरों को अच्छी तरह समझ गई थी वह सन् 1857 में अखबारों की भूमिका से भी परिचित थी। सरकार जानती थी कि आने वाले समय में अख़बार खतरा साबित हो सकते है विशेषकर हिन्दी व क्षेत्रीय अखबार, इन पर दबाव बनाने के लिए सन् 1878 में वर्नाक्यूलर प्रेस एक्ट बनाया गया। इस एक्ट के तहत संपादकों पर भारी जुर्माने व जेल भेजने की कार्यवाही ने जोर पकड़ा लेकिन उसी रफ्तार से पत्रकारों व अखबारों की संख्या में भी वृद्धि होती चली गई। सन् 1881 में विष्णुशास्त्री व बाल गंगाधर तिलक ने 'केसरी' व 'मराठा' का प्रकाशन शुरू किया। सन् 1884 में हरिशचन्द्रिका, स्वराज्य तथा मदन मोहन मालवीय के संपादन में सन् 1885 में 'हिन्दोस्थान' प्रकाशित हुआ। उस समय पत्र पत्रिकाओं का प्रकाशन व संपादन करना काटों की सेज से कम नहीं था। 'स्वराज्य' के संपादक पद के लिए हुआ यह विज्ञापन इस बात को सिद्ध करने के लिए पर्याप्त है-"चाहिए स्वराज्य के लिए एक संपादक, वेतन-दो सूखी रोटीयां, एक गिलास ठंडा पानी और प्रत्येक संपादकीय के लिए दस साल जेल।"

ब्रिटिश हुकूमत से भारत को आजाद करवाने के पवित्र काम में जहाँ एक ओर अहिंसावादी आन्दोलनकारियों, क्रान्तिकारियों, कवियों ने अपने प्राणों की परवाह न करते हुए सर्वस्व लगा दिया वहीं हिन्दी पत्रकारिता ने भी आजादी की अग्निशिखा को अनवरत प्रज्वलित रखने में अपनी सक्रिय भूमिका का निर्वाह किया। "पत्रकारों के पैरों के छालों से इतिहास लिखा जाता है" महादेवी वर्मा के द्वारा कहे गए वाक्य का एक-एक शब्द स्वतंत्रता आन्दोलन में पत्रकारों की भूमिका को स्पष्ट करता जान पड़ता है। स्वाधीनता संग्राम का अर्थ राजनीतिक क्षेत्र में विदेशी साम्राज्य से मात्र सशक्त टक्कर लेना ही नहीं था बल्कि जनसाधारण को इस संग्राम के लिए प्रेरित करना भी था और इसी अहम् कार्य को अंजाम दिया पत्रकारिता ने। पत्रकारों ने अपनी कलम के बल पर ऐसा माहौल तैयार किया कि सारा देश एक होकर अंग्रेजी सरकार के शोषण, अन्याय और दमनकारी नीतियों का विरोध करने के लिए एक साथ खड़ा हो गया। अकबर इलाहाबादी की पंक्तियाँ-'खींचों न कमानों को, न तलवार निकालो, जब तोप मुकाबिल हो, तो अखबार निकालो' ने सारे देश में एक ऐसी लहर पैदा की कि हर कोने से समाचार पत्र व पत्रिकाओं का

प्रकाशन शुरू हो गया किसी संकट की परवाह किए बिना देशप्रेमियों ने हिन्दी समाचार पत्रों का प्रकाशन एक मिशन के रूप में शुरू किया। अंग्रेजों की कठोर नीतियों व धन के अभाव के कारण पत्र बन्द भी होते रहे लेकिन नए पत्रों का प्रकाशन नहीं रुका। हिन्दी में प्रकाशित होने वाले समाचार पत्रों ने सम्पूर्ण देश को एक सूत्र में बांधने का कार्य किया इसकी शुरूआत 'उदन्त मार्तन्ड' से मानी जाती है जो कि 30 मई सन् 1826 को कलकत्ता के कोलू टोला मोहल्ले से पं. युगल किशोर शुक्ल के संपादन में प्रारम्भ हुआ, इस साप्ताहिक पत्र कुछ ही वर्ष ही चल पाया और इसका अन्तिम अंक 4 दिसम्बर सन् 1827 को प्रकाशित हुआ, वहीं राजा राममोहन राय ने जनता की दुर्दशा और संकटों को जनता की भाषा में अभिव्यक्त करने के लिए 10 मई सन् 1829 को कलकत्ता से 'हिन्दू हेराल्ड' का प्रकाशन शुरू किया जिसके 'बंगदूत' नाम से बंगला, हिन्दी और फारसी में तीन संस्करण अलग से प्रकाशित होते थे लेकिन यह अखबार भी शीघ्र ही बंद हो गया, 28 जनवरी सन् 1830 को 'संवाद प्रभाकर' पत्र का प्रकाशन शुरू हुआ इस पत्र ने बंकिम चंद चटर्जी जैसे लेखक को स्थापित करने में अहम् भूमिका निभाई इस पत्र ने ईस्ट इण्डिया कम्पनी का जमकर विरोध किया। इसी क्रम में राजा शिवप्रसाद सितारे हिन्द की मदद से गोविन्द रघुनाथ धत्ते ने सन् 1845 में 'बनारस अखबार', प्रेम नारायण ने इंदौर से 6 मार्च सन् 1848 को 'मालवा अखबार', सन् 1850 में तारामोहन मैत्रेय ने काशी से 'सुधाकर पत्र', सन् 1852 में 'बुद्धि प्रकाश', सुधावर्षण, धर्मप्रकाश, प्रजाहित, ज्ञान प्रकाश आदि पत्र प्रकाशित हुए। इसी बीच हिन्दी उर्दू अखबार का प्रकाशन शुरू हुआ इसने अंग्रेजी हुकूमत के विरोध के लिए सीधे-सीधे माहौल तैयार किया दण्ड रूप में इसके संपादक मौलाना अब्दुल को तोप से बांध कर उड़ा दिया गया। अंग्रेजों के इस अमानवीय व्यवहार ने संपादकों में नए जोश का संचार किया सन् 1857 में पयामे आजादी का प्रकाशन शुरू हुआ इस अखबार ने प्रथम स्वतंत्रता संग्राम में अहम् भूमिका अदा की इसीलिए इसे जंगें आजादी का अखबार भी कहा जाता है। पयामे आजादी के अंक में स्वतंत्रता संग्राम की अगवानी करने वाले मुगल सम्राट बहादुरशाह जफ़र के फरमान व आजादी का झण्डा गीत प्रकाशित करने को जुर्म करार देते हुए संपादक को फांसी पर लटका दिया गया।

पत्रकारिता की भारतीय धारा

जिस समय अंग्रेजी पत्र पत्रिकाओं का बोलबाला था उस समय राष्ट्रीय चेतना की आवश्यकता थी। राष्ट्रीय चेतना के लिए हिन्दी जनमानस के भाषा

के रूप में आवश्यक थी क्योंकि अंग्रेजी पत्रों के माध्यम से उच्च शिक्षित वर्ग ही जागरूक हो सकता था जिनकी संख्या गिनी चुनी थी जबकि आजादी की अलख जगाने के लिए हिन्दी पत्रों के द्वारा अधिकांश लोगों को जागरुक किया जा सकता था। अतः इस उद्देश्य की पूर्ति हेतु पत्रकारिता की भारतीय धारा का इसमें अपना योगदान देना अति आवश्यक था। यह सर्वविदित है ही कि इसी क्रम में सर्वप्रथम उदन्त मार्तण्ड ने शुरुआत की जिसका उदय भारतीय पत्रकारिता के लिए शुभदायक एवं सकारात्मक रहा।

भारत के प्रमुख समाचार-पत्र-उदन्त मार्तण्ड, बंगदूत

30 मई, सन् 1826 को हिन्दी के प्रथम समाचारपत्र 'उदन्त मार्त्तण्ड' का देवनागिरी लिपि में बंगाल से प्रकाशन हुआ था। इस प्रकार हिन्दी के इस प्रथम समाचारपत्र का प्रकाशन हिन्दी भाषा-भाषी क्षेत्र से बाहर शुरू हुआ था। पं. युगल किशोर ने इस पत्र को जन्म दिया था। यह समा.चारपत्र साप्ताहिक था। यह प्रत्येक मंगलवार को प्रकाशित होता था। 4 दिसम्बर, सन् 1827 को यह समाचारपत्र बन्द हो गया था।5 उदन्त मार्तण्ड के बाद कोलकाता से ही द्वितीय उल्लेखनीय पत्र राजा राममोहन राय द्वारा सम्पादित हिन्दू हेराल्ड था जो बंगला, फारसी, अंग्रेजी व हिन्दी में निकला और जो बंगदूत के नाम से जाना जाता है। यह पत्र 10 मई, सन् 1829 को प्रकाशित हुआ। यह पत्र साप्ताहिक था। इसके सम्पादक नीलरतन हालदार थे। बंगदूत की उम्र थोड़ी थी पर उदन्त मार्तण्ड से अधिक थी।6

समाचार सुधावर्षण

सुधावर्षण-सिपाही-विद्रोह के समय तक सिर्फ बंगाल को छोड़कर देश के किसी भी भाग से कोई भी दैनिक समाचारपत्र नहीं निकलता था। बंगाल से जो दैनिक समाचारपत्र निकलते थे, उनमें से एक हिन्दी का भी था। उसका नाम था, समाचार सुधावर्षण। इसका पहला अंक सन् 1854 में निकला था और जैसे-तैसे वह सन् 1968 तक प्रकाशित होता रहा। इसके सम्पादक थे, श्याम सुन्दर सेन। यह द्विभाषी पत्र था- आधा हिन्दी और आधा बँगला में।7

13 जनवरी, 1879 ई. से प्रकाशित 'सार सुधानिधि' भी बहुत समय तक प्रकाशित नहीं हुआ था। इसके सम्पादक थे, पं. सदानन्द भिक्षु। अपने समय का निर्भीक समाचारपत्र 'अल्मोड़ा अखबार' अप्रैल सन् 1871 से शुरू हुआ था, जिसके पहले सम्पादक थे पं. बुद्धिवल्लभ पन्त। यह पत्र आरम्भ से ही बेबाक समीक्षा और विरोध का पत्र माना जाता था। पत्र ने अपने को साप्ताहिक और पाक्षिक रूप में 47 वर्षों तक जिन्दा रखा था। इस अवधि

तक 'अल्मोड़ा अखबार' कई जिन्दादिल और सशक्त सम्पादकों को जन्म दे चुका था। अन्तिम सम्पादक बद्रिदयाल पाण्डेय ने तो अपने सम्पादकीय में अँग्रेज अधिकारियों और जिला अधिकारियों पर प्रखर चोट की थी। इसके निष्पक्ष और निर्भीक रुख को देखकर अँग्रेज अधिकारी काँप उठे थे। अँग्रेज सरकार सजग रहने लगी और अन्त में इसे भी प्रतिबन्धित कर दिया गया था।8

अजमेर में सन् 1882 से मुराद अली 'बीमार' के सम्पादन में हिन्दी-उर्दू के मिले-जुले साप्ताहिक 'राजपूताना गजट' का प्रकाश हुआ था। बीमार साहब एक साहसी सम्पादक थे, जिन्हें अपने सम्पादकीय के कारण जेल जाना पड़ा था। अजमेर से ही प्रकाशित 'राजस्थान पत्रिका' को भी अपने सम्पादकीय के कारण जयपुर के दीनानाथ को क्रोध झेलना पड़ा था। यह समाचारपत्र सन् 1814 ई. में निकला था।9

सन् 1909 में महामना मदनमोहन मालवीय ने इलाहाबाद से 'लीडर' आरम्भ किया था। यह दैनिक समाचारपत्र अन्तर्राष्ट्रीय समाचारपत्र का श्रेय पाता रहा। सन् 1918 में पटना से 'सर्च लाइट' का प्रकाशन हुआ था। इसकी स्थापना सच्चिदानन्द सिन्हा ने की थी, जिन्होंने कालान्तर में 'इण्डियन नेशन' का भी प्रकाशन किया था। सन् 1920 में काशी से हिन्दी दैनिक 'आज' का प्रकाशन आरम्भ हुआ था। बाद में चलकर यह समा.चारपत्र सम्माननीय स्थान बनाने में सफल रहा किन्तु आज उसकी स्थिति दयनीय बनी हुई है। सम्प्रति, 'आज' वाराणसी, कानपुर, इलाहाबाद, गोरखपुर आदि कई स्थानों से प्रकाशित होता है। सन् 1922 में 'आनन्द बाजार पत्रिका' अँगरेजी दैनिक का शुभारम्भ हुआ था। दशरथ प्रसाद द्विवेदी ने सन् 1919 में गोरखपुर से 'स्वदेश' का प्रकाशन आरम्भ किया था। वह भी निरन्तर व्यवस्था की आलोचना करते रहे। अन्त में, सरकारी आक्रोश के फलस्वरूप सन् 1939 में यह समाचारपत्र बन्द हो गया था और द्विवेदी को जेल की सजा हुई। पुरुषोत्तम   विजय के सम्पादन में नवम्बर, सन् 1939 से दैनिक 'नवजीवन' का प्रकाशन प्रारम्भ हुआ था। मध्य भारत का यह समाचारपत्र सन् 1918 महीने तक प्रकाशित होता रहा। इसकी सम्पादकीय की निर्भीक ता का अन्दाजा इसी से लगाया जा सकता है कि अँग्रेजी सरकार ने इसकी फाइलों और प्रेस तक को नीलाम कर दिया था। मध्य-भारत के ही दूसरे हिन्दी दैनिक 'दैनिक किसान' की सन् 1941 के प्रकाशन के डेढ़ वर्षों बाद ही फाइलें अँग्रेज सरकार द्वारा जब्त कर ली गयी थीं।

सन् 1922 में प्रकाशित 'नवीन राजस्थान' तो इतना तेज निकला कि

क्रमशः सभी रियासतों में इसके प्रवेश पर प्रतिबन्ध लगा दिया गया था। राजा महेन्द्र प्रताप द्वारा प्रकाशित क्रान्तिकारी समाचारपत्र 'तरुण राजस्थान' में प्रकाशित शोभालाल गुप्त के एक आलेख पर उन्हें एक वर्ष की सजा हुई थी।10 रियासत के विरुद्ध खबरों को छापने के कारण बीकानेर से निकलने वाले 'दीनबन्धु' को भी बन्द कर देना पड़ा था। वासुदेव शर्मा ने सन् 1941 में जयपुर से 'राजस्थान टाइम्स' नामक एक साप्ताहिक का प्रकाशन आरम्भ किया था। यह भी प्रतिबन्धित हो गया था। पुनः प्रकाशन के लिए पुनः सेंसर का प्रस्ताव रखा गया था किन्तु शर्मा ने इसे अपमान.जनक स्थिति बताते हुए अस्वीकार कर दिया था। सेंसर के प्रति उस समय के पत्रकारों में कितनी जागरूकता थी, यह इसी से स्पष्ट है।11 जयपुर से ही प्रकाशित श्यामलाल वर्मा के 'जयपुर समाचारपत्र' को भी 31 जनवरी, सन् 1943 को प्रतिबन्धित कर दिया गया था। उन्हें 6 माह की जेल की सजा हुई थी और छूटते ही 'देश-निष्कासन' का आदेश जारी किया गया था। सितम्बर, सन् 1934 में 'फ्री प्रेस ऑफ इण्डिया' ने, जिनका एक अँग्रेजी दैनिक समाचारपत्र 'इण्डियन एक्सप्रेस' पहले से ही निकलता था, तमिल-भाषा का भी एक दैनिक 'दिनमणि' निकाला था। टी. एस. चो.कलिंगम इसके सम्पादक थे। जोधपुर में सुमनेश जोशी का 'दैनिक रियासत' कुछ दिनों बाद ही राजकोप का शिकार हो गया था। अभिन्न हरि और तारकेश्वर शर्मा द्वारा आगरा से प्रकाशित 'गणेश' को भी राजकोप के कारण बन्द कर देना पड़ा था। जोशी और अचलेश्वर प्रसाद शर्मा ने जोधपुर के महाराज के सम्बन्ध में एक सनसनीखेज रिपोर्ट प्रकाशित की थी, जिसके लिए उन्हें अमानवीय यातनाएँ दी गयी थीं।12 हरेन्द्र शर्मा ने 12 अप्रैल, सन् 1947 से 'नया जमाना' का प्रकाशन आरम्भ किया था लेकिन बारहवें अंग के बाद ही वह बन्द हो गया। सरकार और प्रकाशन के विरोध में आवाज उठाने के आरोप में बहुत पहले राजा राममोहन राय का 'बंगदूत' (प्रकाशन-अवधि 10 मई, सन् 1829) भी बन्द कर दिया गया।

स्वतन्त्रता मिलने के पश्चात् हिन्दुस्तान में पत्र-पत्रिकाओं की बाढ़ आ गयी थी। पूरे देश में पत्र-पत्रिकाओं की संख्या लाखों में है। हिन्दी दैनिक समाचारपत्र के रूप में 'नवभारत टाइम्स', 'हिन्दुस्तान', 'अमर उजाला', 'दैनिक जागरण', 'दैनिक भास्कर' आदि अँग्रेजी-दैनिक में 'दी हिन्दू', 'टाइम्स ऑफ इण्डिया', 'स्टेट्स मैन', 'इण्डियन एक्सप्रेस', 'हिन्दुस्तान टाइम्स' इकोनामिक्स टाइम्स आदि काफी आगे हैं। हिन्दी-पत्रिकाओं में 'कल्याण', 'इण्डिया टुडे', 'आउटलुक', 'अखण्ड ज्योति', 'सरससलिल' आदि प्रमुख हैं।13

25 जून, सन् 1975 को इन्दिरा सरकार ने आपातकाल की घोषणा कर दी थी तथा समाचारपत्रों और पत्रिकाओं पर सेन्सर लगा दिया था। भारतीय पत्रकारिता के इतिहास में यह सबसे बड़ा 'काला समय' था। इसके बावजूद पाञ्चजन्य, ऑर्गनाइजर, राष्ट्रधर्म, जाह्नवी, मदरलैण्ड, एवरीमेन्स तत्कालीन सरकार का विरोध करते रहे। कई निर्भीक और ईमानदार पत्रकारों को कारागार में ठूँस दिया गया था।14

यहीं से सच्चे मायने में शुरुआत हुई थी, 'खोजी पत्रकारिता' (इन्वेस्टिगेटिव जर्नलिज्म) की। पत्रकार अश्विनी सरीन ने बिहार से तथ्यों का उद्घाटित करने के उद्देश्य से लड़कियों को खरीदा था। यद्यपि उनका यह कृत्य वैधानिक नहीं था तथापि तथ्यों को उजागर करने के लिए वैसा करना अनुचित नहीं था। चर्बी के राज का पर्दाफाश किया था, महिला पत्रकार प्रभादुत्त की कुछ ही दिनों बाद हत्या कर दी गयी थी। अरुण शोरी ने इन्दिरा प्रतिभा-प्रतिष्ठान के ऊपर पड़े परदे की रस्सी खींची और गुनहगारों को नेपथ्य से बाहर किया ताकि लोग उन्हें खुली आँखों से देख सकें। 'स्टिंग ऑपरेशन' के दौरान देश की कई सांसदों को व्याभिचार करते हुए और रिश्वत लेते हुए रँगे हाथों पकड़ने का दृश्य दिखाया गया था, एक निजी टी.वी. चैनल पर।15 कुत्ता यदि इंसान को काट ले तो यह कोई समाचार नहीं है पर यदि इंसान कुत्तों को काट ले तो यह समाचार है। समाचारपत्रों का काम केवल ऐसी घटनाओं की जानकारी देना नहीं, जिनमें मानवीय अभिरुचि हो और किसी समस्या में ब©द्धिक और भावानात्मक रूप में शामिल हों बल्कि इससे कहीं अधिक हैं।

हाँ, प्रश्न है क्या समाचारपत्रों को वास्तव में, स्वतन्त्र और स्वाधीन बनाया जा सकता है? इसमें निश्चित रूप में सन्देह है क्योंकि आजकल समाचारपत्र बड़े-बड़े व्यापारियों के हाथों में हैं और ये आज 'उद्योग' बनकर रह गये हैं। अन्य सब उद्योगों की तरह इन्हें भी आज लाभ के उद्देश्य से चलाया जाता है और उन सभी तरीकों से चलाया जाता है, जो किसी उद्योग के विकास के लिए आवश्यक होते हैं। आज उस प्रकार की पत्रकारिता भी है, जिसे कीचड़ उछालनेवाली पत्रकारिता, पीत-पत्रकारिता अथवा अँगरेजी में 'येलो जर्नलिज्म' कहा जाता है। यही कारण है कि सही मायने में पत्रकारिता का उद्देश्य लेकर चलने वाले पत्र प्रायः पूर्णत सफल नहीं हो पाते।

जहाँ तक पत्रकारों पर किसी नियन्त्रण का प्रश्न है, हम यदि ध्यान से देखें तो लगता है कि पत्र-पत्रकारों को स्वतन्त्र होना चाहिए पर वे हैं नहीं क्योंकि स्वतन्त्र रहकर ही वे राष्ट्र की सच्ची सेवा कर सकते हैं। स्वतन्त्र

समाचारपत्र निश्चित रूप में लोकतन्त्र की शक्तियों को संघटित कर सकते हैं और उस प्रभाव तथा जोर को खत्म कर सकते हैं, जो लोगों को लोकतन्त्र के विमुख ले जाया करते हैं। यदि समाचार निष्पक्ष भाव से दिये जाएँ और इसी प्रकार पूर्वाग्रह से मुक्त होकर समस्याओं का विश्लेषण किया जाए तो इसमें जरा भी सन्देह नहीं कि लोगों को सही सोचने की आदत पड़ेगी। किसी भी लोकतन्त्रीय शासन-तन्त्र में जनता का सही सोचना परम आवश्यक है क्योंकि इसी से वे इस बात का निर्णय कर सकेंगे कि वे अपना मत किसको दें और सही सोचकर ही वे योग्य व्यक्तियों का चुनाव कर सकेंगे। सरकारी तन्त्र या संस्था एक तरह से स्वतन्त्र अस्तित्ववाली होती है और अपना संचालन करती हैं। ऐसी दशा में, लोगों का दायित्व बहुत बढ़ जाता है किन्तु वे अपने दायित्व को तभी निभा सकते हैं जब स्वयं उनके पास निर्वाह योग्य आवश्यक योग्यता हो।16

अठारहवीं शताब्दी के किसी कवि ने अज्ञान को बेशक 'आनन्द' माना हो किन्तु लोकतन्त्र में अपने कर्तव्यों के अज्ञान या राजनीतिक स्थितियों के अज्ञान से निसन्देह लोकतन्त्रीय ढाँचा चरमरा जायेगा। यदि लोगों को सही और सच्ची जानकारी ही नहीं मिलेगी तो फिर वे अपने अधिकार कर्तव्यों के लिए कैसे लड़ सकेंगे। दूसरे, जिन लोगों के हाथों में सत्ता रहती है, उनकी भूख कभी घटती नहीं है। वे अधिकाधिक सत्ता हथियाने की कोशिश में रहते हैं। पाश्चात्य विद्वान बर्टेण्ड रसेल का कहना ठीक ही तो है सत्ता की भूख पूरी तरह तो कभी शान्त नहीं हो सकती।17 सत्ताधारियों को सत्ता से जुड़ी हुई नैतिकता सीखने को बाध्य करना कठिन है। अतः लोगों को सरकार और उसकी नीतियों पर बराबर आँख रखनी चाहिए। कहा गया है अनवरत च©कसी ही स्वतन्त्रता की कीमत है। च©कसी तभी रखी जा सकती है जबकि नागरिक सजग और सुजान हो।

समाचारपत्र ही ऐसे साधन हैं, जो लोगों को अपने देश या सरकार या संसार-भर में घटने वाली घटनाओं का निष्पक्ष मूल्यांकन और विश्लेषण दे सकते हैं। आज आर्थिक और राजनीतिक समस्याएं, फिर भले ही वे राष्ट्रीय हों या अन्तर्राष्ट्रीय, इतनी क्लिष्ट और पेचीदा हो गयी हैं कि उनकी पृष्ठभूमि और पेचीदगियों को सही-सही जानना बहुत आवश्यक हो गया है। केवल विशेषज्ञ सही जानकारी दे सकते हैं और वे विशेषज्ञ हैं सुलझे हुए और अनुभवी पत्रकार। वहीं सारी स्थितियों परिस्थितियों का बेलगाम जायजा लोगों को दे सकते हैं। ऐसे समाचारपत्र, जो किसी नीति विशेष से बँधे हुए हैं, कभी लोकतन्त्रीय शक्तियों को उन्नत नहीं कर सकते। इसी प्रकार समाचारपत्र चाहें

तो युद्ध की स्थिति पैदा कर दें चाहे तो शान्ति की। यही सच है कि लोगों के पास सूचना या जानकारी पाने का समाचारपत्रों के अलावा और कोई शक्त साधन है ही नहीं। वे यदि लगातार किसी सत्ता के विरोधी समाचार लोगों को देते रहें तो वे लोगों को विद्रोह के लिए भड़का सकते हैं। यदि वे लगातार किसी दूसरे राष्ट्र के बारे में ऐसी बातें लिखते रहें, जिनसे उसके प्रति दुर्भाव पैदा हो तो उस राष्ट्र के साथ युद्ध की स्थिति आसानी से पैदा हो सकती है। उदाहरण के लिए, पाकिस्तान अपनी जनता के मन को 'एक खास ढंग' से ढालने के लिए समाचारपत्रों का 'इस्तेमाल' करता रहा है। जब कभी पाकिस्तान के नेताओं ने अनुभव किया कि स्थिति उनके हाथ से निकल रही है तब उन्होंने अपनी जनता का ध्यान बँटाने के लिए यह प्रचार करना शुरू कर दिया कि भारत उन पर आक्रमण करने वाला है।18 इसी प्रकार पत्र-पत्रकारों के द्वारा शान्ति की भी स्थिति लायी जा सकती है। यदि समाचार लगातार लोगों को क्रोध और उत्तेजित भावनाओं पर मरहम लगाकर रचनात्मक रवैया अपनाते रहे तो संसार-भर में और राष्ट्रों के बीच शान्ति का वायुमण्डल तैयार हो सकता है।

राजस्थानी हिन्दी पत्रकारिता के विभिन्न चरण

इस भारतीय धारा में राजस्थान भी पीछे नहीं रहा। दिल्ली के अर्जुन समाचार पत्र के अनुसार अजमेर मेरवाड़ा को छोड़कर राजपूताना में 21 राज्य थे जिनमें सन् 19 बड़े स्वतंत्र राज्य थे तथा कुशलगढ़ में ठाकुर एवं लावा में जागीरी है। राजपूताना की लम्बाई, चैड़ाई 27059 वर्गमील एवं आबादी 1,12,25,712 थी। नवज्योति समाचार पत्र ने सन् 1938 के अन्त में लिखा है कि सन् 19 रियासतों का बंजर और रेतीला भूभाग जहां मुख्यतः राजा शासन करते हैं राजपूताना एजेंसी कहा जाता था। राजस्थान का यह परिचय तत्कालीन स्थिति का सही चित्रण है। राजस्थान में इन राजा, महाराजाओं व अंग्रेजी एजेंसियों के द्वारा जनता का शोषण किया जा रहा था उन पर निर्ममतापूर्वक अत्याचार जारी था। राजस्थान में पत्र पत्रिकाओं ने लोगों को जागरुक करने का कार्य किया जिसे विभिन्न चरणों के माध्यम से समझाया गया है। यहाँ पर राजस्थान के संदर्भ में विभिन्न चरण व उस समय की पत्र-पत्रिकाओं का उल्लेख निम्नलिखित है:-

प्रथम चरण और राष्ट्रीय आन्दोलन (सन् 1821-सन् 1867)

भारत में प्रेस की स्थापना ईसाई धर्म प्रचार हेतु कोलाकाता में हुई। दूसरा प्रेस गोवा में पुर्तगाली शासकों ने भी धर्म प्रचार के लिए ही लगाया था। मुद्रणालय के विकास से ही हिन्दी पत्रकारिता का अंकुरण एवं पल्लवन

हो सका। यह भारतेंदु हरिश्चन्द्र के आविर्भाव के पूर्व (जन्म सन् 1850 ई.) का काल था, जब हिन्दी समाचारपत्र 30 मई, सन् 1826 को पं. युगल किशोर शुक्ल के संपादन में उदंत मार्तंड का प्रकाशन कोलकाता से आरम्भ हुआ। पं. युगल किशोर शुक्ल ने उदंतमार्तंड की पहली पंक्ति में संपादकीय टिप्पणी में अपना उद्देश्य स्पष्ट किया था कि हिन्दुस्तानियों के हितार्थ इस पत्र का प्रकाशन हुआ है। यह संपादकीय वक्तव्य हिन्दी पत्रकारिता की आदि प्रतिज्ञा कही जा सकती है। इस महती प्रतिज्ञा को पूरी करने के लिए पुराने पत्रकारों को विपरीत संपादकीय तेवर के कारण उदंत मार्तण्ड 11 सितम्बर, सन् 1828 ई. को बंद करा दिया गया।19

यह स्मरणीय होगा कि हिन्दी पत्रकारिता के अंकुरण के पूर्व की ब्रिटिश सत्ताकाल में कोलकाता से ही भारतीय पत्रकारिता अंग्रेजी भाषा में 29 जनवरी, सन् 1780 में ही बंगाल गजट या कलकत्ता जनरल एडवर्टाइजर अंग्रेज जेम्स ऑगस्ट हिकी के सम्पादन में प्रकाशित हुआ था जिसके माध्यम से हिकी ने पहले अंक में ही मन और आत्मा की स्वतंत्रता का आग्रह प्रकट किया था। हिकी ने हेस्टिंग्स सरकार की गजट या हिकीज गजट द्वारा पत्रकारिता की उज्ज्वल परम्परा की भित्ति की पहली ईंट रखी तथा अपने निर्भीक आचरण के लिए अंग्रेज सरकार के कोपभाजन का कारण बने तथा जेल जाना पड़ा।

हिन्दी का प्रथम दैनिक समाचार सुधावर्षण सन् 1854 में श्यामसुंदर सेन के संपादन में कोलकाता से प्रकाशित हुआ। यह रविवार को छोड़ कर प्रतिदिन प्रकाशित होने वाला जातीय स्वाभिमान का प्रहरी पहला द्विभाषी (हिन्दी बांग्ला) दैनिक था। इस प्रथम दैनिक पत्र की मुद्रा अन्याय के प्रतिरोध के रहने के कारण संपादक श्याम सुन्दर सेन पर ब्रिटानिया की स्थानीय सरकार (कम्पनी सरकार) ने राजद्रोह का मुकदमा भी चलाया था। समाचार सुधावर्षण दैनिक एवं उसके संपादक तत्कालीन सुधार सम्बन्धी सारे उपक्रमों के समर्थक नहीं थे। संदेह नहीं है कि श्यामसुंदर सेन ने दैनिक पत्र में खड़ी बोली का प्रयोग करके हिन्दी के प्रभाव, उसकी शक्ति एवं हिन्दी भाषा भाषियों की श्रेष्ठता स्थापित करने का साहस दिखाया था। समाचारपत्रों पर प्रहार करते हुए 13 जून सन् 1847 के प्रेस सम्बन्धी कानून 'गैगिंग एक्ट' बनाया गया और उनकी स्वतंत्रता कुंठित कर दी गई।

प्रथम स्वतंत्रता आंदोलन सन् 1857 की विफलता के बाद भारत की सत्ता कंपनी सरकार के हाथों से निकल कर ब्रिटिश पार्लियामेंट के हाथ चली गई, फिर भी सरकारी व्यवहार में नीतिपरक परिवर्तन का अभाव रहा।20

बंगाल पत्रकारिता के क्षेत्र में अग्रणी अवश्य था, किन्तु इसी अवधि में भारतीय पत्रकारिता के इस पल्लवन काल में मुंबई और चैन्नई के मद्रास कूरियर, मद्रास गजट, बांबे हैराल्ड, बांबे कूरियर बांबे, गजट आदि का प्रकाशन आरम्भ हो चुका था। ये लगभग 15 पत्र अंग्रेजी भाषी थे और इनके संपादक भी प्रायः अंग्रेज ही थे। देशी भाषा या भाषाई पत्र के रूप में पहला मासिक पत्र दिग्दर्शन सन् 1818 में श्रीरामपुर बैपटिस्ट मिशन से आरम्भ हुआ था जो बंगला भाषा में था। इसके आठ वर्ष बाद ही उदंत मार्तंड प्रकाशित हुआ था।21

इसी समय कोलकाता से हरुचंद्र राय थे। इसके बंद होने के कुछ दिन बाद जोशुआ मार्शमैन श्रीरामपुर से ही दूसरा पत्र 'समाज दर्पण' निकाला जो अधिक समय तक प्रकाशित होता रहा इसका उत्तर देने के लिए ही बंगला भाषा में संवाद कौमुदी का प्रकाशन होता रहा। गजट और संवाद कौमुदी के पीछे राममोहन राय थे, क्योंकि उनके मित्र ही इनके प्रकाशक और संपादक थे। सन् 1822 में राजा राममोहन राय ने ब्रह्य समाज की स्थापना के बाद फारसी पत्र 'मीरातुल अखबार' निकाला जिसे लार्ड एडम के कारण बंद करना पड़ा। इसी समय इजमा लाइसेंस समाप्त कर दिया। इसी पत्र को भी मुस्तैन ने चलाना चाहा, पर ब्रितानी सरकार ने अनुमति प्रदान नहीं की। फारसी में प्रकाशित होने वाले जामे जहांनुमा और शमशुल अखबार के डाकघर की सुविधाएँ अनुमत की गई, परंतु उदंत मार्तंड को नहीं दी गई।

इसी अवधि में मुंबई से गुजराती मुंबई समाचारपत्र आरंभ हुआ। राजा राममोहन राय ने अंग्रेजी के बांग्ला हैराल्ड के साथ उसे फारसी में भी प्रकाशित कराया। अंग्रेजी बांग्ला हैराल्ड के संपादक राबर्ट मॉटगुमरी मार्टिन थे और बंगदूत के संपादक नील रत्न हाल्दार थे। मुंबई समाचार (मुंबई) सन् 1832 से दैनिक हो गया। लेकिन इससे पहले सन् 1830 में मुंबई वर्तमान और सन् 1831 में जामे जामशेद प्रकाशित हुए। मुंबई से अंग्रेजी पत्र इरिस भी निकलना आरंभ हुआ। इसी अवधि में चेन्नई से तमिल और तेलुगु समाचार पत्र प्रकाशित हुए।

उल्लेखनीय हैं कि ब्रितानिया सरकार के प्रतिबंधों और कानूनी दबावों के बाद भी उत्तर भारत में हिंदी उर्दू के समाचारपत्रों का बहुल प्रसार हुआ। इसके साथ ही गुजराती और मराठी भाषाओं में महाराष्ट्र से भी समाचारपत्र प्रकाशित हुए। सन् 1832 में 'बंबई दर्पण' बाल शास्त्री जामेकर के संपादन में अंग्रेजी व मराठी भाषा में आरंभ हुआ। फिर उन्होंने सन् 1840 में मराठी दिग्दर्शन का प्रकाशन किया। ज्ञान प्रकाश का प्रकाशन वर्ष सन् 1849 में मुंबई से ही हुआ।

भारतीय स्वतंत्रता के पहले संग्राम से पूर्व द्वारिकानाथ ठाकुर द्वारा जनजागृति प्रसार से प्रेरित होकर सन् 1853 में प्रकाशक गिरीशचंद्र घोष ने हरिश्चंद्र मुखर्जी के संपादन में हिन्दू पैट्रिएट आरम्भ किया जिसमें सन् 1861 में मनमोहन घोष का नीलदर्पण नाटक प्रकाशित कर दिया था, जिसमें निलहा गोरों के अत्याचारों के विरुद्ध आंदोलन हो जाने के कारण संपादक मुखर्जी के विरुद्ध मानहानि का मुकदमा चलाया गया। द्वारिकानाथ विद्याभूषण के संपादन में सोमप्रकाश का प्रकाशन हुआ। जो देशी भाषा पत्र कानून के बन जाने के बाद बंद करना पड़ा। राजस्थान में पत्रकारिता के इस आविर्भाव काल में मुख्यतः सरकारी सूचना बहुल सामग्री से परिपूर्ण राजकीय राजपत्रों और दूसरे कुछ ऐसे जनाश्रित पत्रों का जन्म हुआ, जिनकी सामग्री मुख्यतः सुधारवादी होती थी और थोड़ी बहुत मनोरंजनपूर्ण सामग्री का समावेश होता था।22 भारत में पहला समाचार पत्र यद्यपि सन् 1780 में प्रारम्भ हुआ जबकि राजपूताना में इसके उनहत्तर वर्ष बाद सन् 1849 में कोई पत्र निकला।23 भरतपुर के शासक ने शासन की ओर से उर्दू एवं हिन्दी में द्विभाषी पत्र 'मजहरूल सरूर' सन् 1849 में प्रकाशित किया। इस मासिक पत्र को राजपूताना का सर्वप्रथम पत्र माना जाता है।24

सन् 1856 में जयपुर से हैडमास्टर कन्हैयालाल के सम्पादन में एक द्विभाषी पत्र 'रोजतुल तालीम' अथवा 'राजपूताना अखबार' प्रकाशित हुआ।25 इसमें शिक्षाप्रद समाचारों के साथ-साथ मनोरंजनात्मक विषय भी छपते थे। पत्र में विज्ञापन भी दिये जाते थे, जिनका मूल्य दो आने प्रति पंक्ति निर्धारित किया गया था।26 अजमेर से सन् 1861 में 'जगलाभ चिन्तक' तथा सन् 1863 में 'जगहित कारक' का प्रकाशन शुरु हुआ। ये पत्र पूर्णतः हिन्दी में निकलते थे एवं इनकी भाषा तत्कालीन हिन्दी के विकासमान स्वरूप को प्रतिबिंबित करती थी।27

जोधपुर दरबार की ओर से सन् 1864 में 'जोधपुर गवर्नमेन्ट गजट' शुरू हुआ। जोधपुर से ही सन् 1866 में 'मारवाड़ गजट' शुरु हुआ। इसी वर्ष जोधपुर में उर्दू में 'मुहिबे मारवाड़' तथा हिन्दी में 'मरुधर मित्र' शुरु हुए।28 'मारवाड़ गजट' जोधपुर महाराजा तख्त सिंह के काल में शुरु हुआ, इस अखबार के प्रबंधकर्त्ता बाबू हीरालाल थे। यह अखबार न केवल सरकारी सूचनाएँ प्रकाशित करता था, अपितु कांग्रेस की गतिविधियों पर भी टीका-टिप्पणी करता था।29

स्वतन्त्र भारत समाचार पत्र ने लिखा कि, इन संधियों के माध्यम से ब्रिटिश सरकार ने रियासतों को अपना गुलाम बनाया और इन्हीं संधियों   के

माध्यम से ब्रिटिश सरकार रियासतों पर शासन करती है। इन संधियों का मनमाना प्रयोग किया है अपनी आवश्यकतानुसार विभिन्न संधियों से अलग अलग सिद्धांतों को चुनकर सभी रियासतों पर लागू किया भले ही वे अपनी संधियों से संबंधित हो या नहीं हो। तरुण राजस्थान समाचार पत्र ने लिखा यद्यपि ब्रिटिश सरकार ने स्पष्ट स्वीकार किया कि वह रियासतों के आन्तरिक मामलों में हस्तक्षेप नहीं करेगी लेकिन ब्रिटिश सरकार ने संधियों का मनमाना अर्थ लगाते हुए प्रशासन की खराबी कुशासन उत्तराधिकारी का प्रश्न अंग्रेज अधिकारियों की नियुक्ति आदि का बहाना लगते हुए निर्बाध रूप से रियासतों के आन्तरिक मामलों में हस्तक्षेप किया। इसी हस्तक्षेप का परिणाम था कि देशी नरेश ब्रिटिश सरकार से असन्तुष्ट हो गये और इन्हीं असन्तुष्ट नरेशों ने सन् 1857 के महान संग्राम में अपना अमूल्य योगदान देते हुए ब्रिटिश शासन को हिला दिया। लेकिन अधिकांश देशी रियासतों के शासकों ने सन् 1857 के संग्राम में राष्ट्रीय शक्तियों का साथ न देकर ब्रिटिश सरकार का साथ दिया। बीकानेर का शासक सरदार सिंह तो गदर में अंग्रेजों की सहायता के लिये सबसे अग्रणी था, जयपुर के महाराज रामसिंह, मेवाड़ में महाराणा स्वरूप सिंह, बांसवाड़ा के महारावल लक्ष्मणसिंह, डूंगरपुर के महारावल उदयसिंह द्वितीय, टोंक के नवाब वजीर खां, भरतपुर के महाराज जसवन्त सिंह, धौलपुर के महाराज भगवन्त सिंह, करौली के महाराज मदनपाल, जोधपुर के महाराज तख्तसिंह आदि ने ब्रिटिश सरकार को पूर्ण सहयोग दिया। इसी का परिणाम था कि अगस्त सन् 1947 तक भारत में ब्रिटिश हुकूमत कायम रही। प्रथम चरण-सन् 1821-सन् 1867 की कुछ प्रमुख पत्र-पत्रिकाएं इस प्रकार थी-

पत्र-पत्रिका का नाम	प्रकाशन सन्	प्रकाशन स्थान
मजहरूल सरूर	सन् 1849	भरतपुर
रोजतुल तालीम	सन् 1856	जयपुर
जगलाभ चिन्तक	सन् 1861	अजमेर
जगहितकारक	सन् 1863	अजमेर
जोधपुर गवर्नमेन्ट	सन् 1864	जोधपुर
मारवाड़ गजट	सन् 1866	जोधपुर
मरूधर मित्र	सन् 1866	जोधपुर

द्वितीय चरण और भारतेन्दु युग (सन् 1868 से सन् 1900)

भारतेंदु ने कविवचनसुधा मासिक के माध्यम से हिन्दी भाषा का परिष्कार और खड़ी बोली हिन्दी गद्य को व्यवस्थित स्वरूप दिया। उन्होंने

इस मासिक द्वारा हिंदी की विविध विद्याओं निबंध यात्रावृत्त, हास्य व्यंग्य राजकाज की भाषा के स्वरूप राजनीतिक चेतना जगाने तथा अंग्रेजी सत्ता का मूलोच्छेद कर परतंत्रता समाप्त करने का आह्वान भी किया था। अतः पत्रकारिता के क्षेत्र में भी यह नवजागरण काल कहा जा सकता है।

हिन्दू पैट्रिएट के संस्थापक गिरीशचंद्र घोष ने सन् 1868 में बंगाली साप्ताहिक निकाला। इसके दूसरे संपादक सुरेन्द्रनाथ बनर्जी को एक माह की कैद की सजा सुनाई गई। मासिक का संपादन एवं प्रकाशन आरम्भ किया तब उनकी आयु सत्रह वर्ष थी। इस मासिक का दूसरा अंक सन् 1871 में यानी तीन वर्ष बाद ही प्रकाशित हो सका। भारतेंदु ने इस मासिक का संपादन सन् 1875 तक यानी मासिक के सातवें खंड तक किया। उसके बाद संपादन धड़फले ने सन् 1885 तक किया लेकिन इस मासिक में भारतेंदु की आत्मा नहीं रह गई थी। नवजागरण काल जहां हिन्दी पत्रकारिता के लिए राष्ट्रीय जागरण स्वदेश प्रेम मुद्रण कला के विकास तथा अंग्रेजी साहित्य के सम्पर्क से स्वतन्त्रता आंदोलन का अंकुरण काल कहा जा सकता है, वहीं लार्ड मेयो (सन् 1869-72), लार्ड नार्थब्रुक (सन् 1876-76), लार्ड लिटन (सन् 1876-80), लार्ड रिपन (सन् 1880-84) के कार्यकाल में भारतीय नेतृत्वकर्ता पत्रकारों तथा समाज सुधारकों के साथ राष्ट्रीय चेतना के प्रेरकों का काल भी था।

हिंदी पत्रकारिता के इस दूसरे चरण में भारतेंदु हरिश्चंद्र के पत्रकार व्यक्तित्व की भूमिका का स्मरण किए बिना पत्रकारिता के इतिहास को समझ पाना मुश्किल है। भारतेंदु की स्वदेशी चेतना का परिचय 23 मार्च सन् 1874 के कविवचनसुधा अंक में प्रकाशित प्रतिज्ञा पत्र से जानी जा सकता है। इस प्रतिज्ञा पत्र में स्वदेशी वस्त्र पहनने का उल्लेख था। भारतेंदु अपने पत्रों और समाज के मंच से देश की अस्मिता जगाने का कार्य कर रहे थे। भारतेंदु के स्वदेशी अभियान को दूसरे हिन्दी के कृती पत्रकार अपने पत्रों के माध्यम से समृद्ध कर रहे थे तथा स्वदेश की दुर्दशा का निवारण करने के लिए प्रतिबद्ध थे। हिन्दी पत्रकारिता के सामने कठिनाइयों का अम्बार था, क्योंकि ब्रितानिया सरकार यह भली प्रकार जानती थी कि समाचारपत्र संचार का अप्रतिम साधन है और वे आम जनता को उसके प्रतिकूल बनाने में अग्रणी हो सकते हैं। लार्ड केनिंग का भारत में कार्यकाल कम अवश्य रहा, पर उसने ईस्ट इंडिया के आधिपत्य को समाप्त कर भारत पर विक्टोरिया का शासन सन् 1858 में लागू कर दिया। उक्त स्थिति में प्रेस पर अंकुश लगाने वाले पूर्व वाले पूर्व कानून भी निरस्त हो गए। सन् 1857 के असफल स्वतंत्रता

आंदोलन के बाद भारत में जागरुकता आ चुकी थी। समाचारपत्र ब्रितानिया सरकार की आलोचना में प्रखर हो रहे थे। इस आलोचना को रोकने हेतु ब्रितानिया सरकार ने भारत में सन् 1878 में देशी भाषा समाचारपत्र कानून लागू कर दिया। यह कानून भारत के तत्कालीन वाइसराय लार्ड लिटिन ने आरंभ किया था।

देशी भाषा समाचार कानून, सन् 1878 के अनुसार- भारतीय भाषा के किसी पत्र को जिले का कोई मजिष्ट्रेट या प्रेसीडेंसी का पुलिस कमिशनर प्रकाशक तथा मुद्रक को कोई भी आदेश दे सकता था और यदि वह मुचलका दे कि विशेष प्रकार की सामग्री नहीं छापेगा और यदि वह चाहे तो जमानत भी मांग सकता था और यदि किसी छपी सामग्री को आपत्तिजनक समझे तो जमानत जब्त कर सकता था। प्रकाशक इस आदेश की अपील नहीं कर सकता था। उस कानून का बड़ा विरोध हुआ और जब लार्ड लिटिन यूरोप लौट गए तो उनके स्थान पर आए लार्ड रिपन ने यह कानून निरस्त कर दिया।30 वर्ष सन् 1868 में बंगाल के जयसौर के अमृतबाजार गांव से बांग्ला अंग्रेजी में साप्तहिक पत्र अमृत बाजार पत्रिका आरम्भ हुआ। इसके संपादक शिशिर कुमार घोष और मोतीलाल घोष थे जो अंग्रेज सरकार के घोर विरोधी थे। इसी अवधि में कोलकाता से स्टेटमैन भी आरम्भ हुआ। केशवचंद्र सेन की सिफारिश पर दयालसिंह मजीठिया के लाहौर से ट्रिब्यून पत्र निकाला जिसके संपादक कालीनाथ राय थे और उन्हें केशवचंद सेन ने ही भेजा था।

भारतेंदु हरिश्चंद्र की हरिश्चंद्र चंद्रिका के सहयोग और संयुक्त संपादन में विद्यार्थी सम्मिलित हरिश्चंद्र चंद्रिका मोहन चंद्रिका का प्रकाशन सन् 1880 में उदयपुर से आरम्भ हुआ। इसके पश्चात् 'राजस्थान गजट' सन् 1853 में प्रकाशित हुआ। संचार साधनों के अभाव, सांमती दमन चक्र एवं अशिक्षा के कारण राजस्थान में पत्रकारिता अल्पजीवी होते हुए भी अपनी वीरोचित भूमिका के लिए महत्वपूर्ण मानी जा सकती है। इस काल यानी नवजागरण काल के इन पत्रों में साहित्य और राजनीति की प्रमुखता रही थी और अन्यायपूर्ण विषयों पर भी संपादक की सजग दृष्टि बनी रहती थी। वास्तव में इन पत्रों का एकमात्र उद्देश्य सामाजिक कलुष प्रक्षालन और जातीय उन्नयन ही था और उसके लिए स्वदेश का भावोद्दीपन अनिवार्य समझा जा चुका था।

उक्त नवजागरण काल के अंतिम चरण में एक विशेष कार्य हुआ। सन् 1885 में मुंबई में भारतीय राष्ट्रीय कांग्रेस का जन्म सर ह्यूम और ऐनी बेसेंट के सद्प्रयासों से हुआ। बंगाली के संपादक सुरेंद्रनाथ बनर्जी पहले ही

राष्ट्रीय विचारों के देशवासियों को एक मंत्र पर लाने का काम कर चुके थे। मुंबई में आयोजित अखिल भारतीय कांग्रेस द्वारा आहूत अधिवेशन में समाचारपत्रों के संपादक और प्रतिनिधियों को ही प्रतिनिधियों के रूप में सम्मिलित किया गया था।31 उदयपुर से सन् 1869 में 'उदयपुर गजट' का प्रकाशन प्रारम्भ हुआ। यह पत्र हिंदी में था। सन् 1879 में मेवाड़ शासक सज्जन सिंह के नाम से यह पत्र 'सज्जन कीर्ति सुधाकर' के नाम से निकलने लगा।32 'जयपुर गजट' सन् 1878 में जयपुर से निकलना प्रारम्भ हुआ।33 इसी दौरान अजमेर से 'राजस्थान ऑफिशियल गजट' के नाम से भी एक पत्र निकला।34

राजस्थान अथवा तत्कालीन राजपूताना में राजस्थान राज्य निर्माण से पूर्व उन्नीय देशी रियासतों में अनेक प्रतिबंधों के रहते हुए भी पत्रकारिता पांव पसार चुकी थी। कहा जाए तो पत्रकारिता का उन्मेष राजपूताना लोक शिक्षण के निमित ही हुआ था। सन् 1845 में भरतपुर से प्रकाशित मासिक मजहरूल सरूर पहला पत्र था। बाद में जितने भी समाचारपत्र प्रकाशित हुए वे जनचेतना से संबंधित रहे। राजाओं की प्रेरणा और उनकी छत्र छाया में पत्रकारिता के नव जागरण काल के अंतिम चरण में जन जागरण और स्वतंत्रता का शंखनाद करने की दिशा में निम्नलिखित पत्र-पत्रिकाओं का प्रकाशन होने लगा था।

द्वितीय चरण (सन् 1868-सन् 1900) के प्रमुख पत्र एवं पत्रिकाएं इस प्रकार हैं।35-

पत्र-पत्रिका का नाम	प्रकाशन सन्	प्रकाशन स्थान
उदयपुर गजट	सन् 1869	उदयपुर
विद्यार्थी सम्मिलित हरिश्चन्द्र पत्रिका	सन् 1881	नाथद्वारा
मोहनचंद्र चंद्रिका	सन् 1881	नाथद्वारा
सज्जनकीर्ति सुधाकर	सन् 1879	उदयपुर
जयपुर गजट	सन् 1878	जयपुर
सद्धर्म स्मारक	सन् 1883	नाथद्वारा
सद्धर्म प्रचारक	सन् 1883	नाथद्वारा
सदाचार मार्तण्ड	सन् 1884	जयपुर
भारत मार्तण्ड	सन् 1889	जयपुर
राजपूताना टाइम्स/ राजस्थान पत्रिका	सन् 1885	अजमेर

राजपूताना हेराल्ड	सन् 1885	अजमेर
राजपूताना गजट	सन् 1885	अजमेर
राजस्थान समाचार	सन् 1889	अजमेर
सर्वहित	सन् 1890	बूंदी
देश हितैषी	सन् 1882	अजमेर
बीकानेर राजपत्र	सन् 1887	बीकानेर
कायस्थ व्यवहार	सन् 1884	फतहपुर

तृतीय चरण और तिलक युग (सन् 1900 से सन् 1920)

भारतेंदु या पूर्वक्रांति काल (सन् 1900-सन् 1920)- हिन्दी पत्रकारिता के इतिहास का महत्वपूर्ण चरण यही था जब अखिल भारतीय कांग्रेस की स्थापना हुई तो उसमें प्रतिनिधि के रूप में प्रायः सभी भारतीय पत्रों के प्रमुख संपादक या उनके प्रतिनिधि ही आमंत्रित किए गए थे, और वे मुंबई अधिवेशन के मात्र दर्शक थे, रिपोर्टर नहीं। इसके पीछे कारण भी था कि अखिल भारतीय कांग्रेस के संस्थापक सदस्य यह मानते थे कि ये वे लोग हैं, जिन्होंने प्रारंभ में भारतीय स्वतंत्रता के लिए कार्य किया और उनमें से जो आज भी जीवित हैं, वे उसी कार्य के लिए अभी भी लगे हुए हैं।

इतिहास साक्षी है कि स्वतंत्रता प्राप्ति के लिए जब भारतवासियों को जागृत किया गया तो ब्रितानिया सरकार द्वारा उन्हें जागृत करने वालों और जागृत होने वालों का उत्पीड़न किया गया। ऐसी स्थिति में बर्बर ब्रिता.नियाई शासकों को हतप्रभ करने के लिए भारतीयों को क्रांति का मार्ग अपनाना पड़ा। इसीलिए हिन्दी पत्रकारिता का यह दौर सन् 1885 से लेकर सन् 1900 ई. को पूर्ण क्रांतिकाल के रूप में देखने का प्रयास किया गया है।

इस पूर्व क्रांतिकाल में काला कांकर के राजा रामपाल सिंह द्वारा सन् 1865 में हिन्दोस्तान दैनिक का प्रकाशन आरंभ हुआ। पूर्व क्रांतिकालीन पत्रकारिता का यह प्रथम दैनिक था, जबकि नव जागरण काल का प्रथम दैनिक समाचार सुधावर्षण था। इस राष्ट्रवादी दैनिक पत्र के संपादकों में   पं. मदन मोहन मालवीय के अतिरिक्त अमृत लाल चक्रवर्ती, शशिभूषण चटर्जी, प्रतापनारायण मिश्र, बालमुकुंद गुप्त, गोपालराम गहमरी आदि थे। इस पत्र में भारतवासियों के संस्कृति एवं स्वदेश के प्रति जागरुक बनाया।36 सन् 1890 में   अमृत लाल चक्रवर्ती के संपादन में हिंदी बंगवासी पत्र आरंभ हुआ जो हिंदी के वरिष्ठ पत्रकारों का प्राथमिक विद्यालय सिद्ध हुआ। यद्यपि पत्र की नीति प्रगतिशील न होने के कारण पराड़कर, बाल मुकुंद गुप्त, अंबिका प्रसाद वाजपेयी को अपने उग्र राष्ट्रवादी चिंतन के कारण पत्र से अलग होना

पड़ा।37

इस क्रांतिकालीन पत्रिका के क्षेत्र में गिरीशचंद्र घोष द्वारा स्थापित बंगाली के संपादक सुरेन्द्रनाथ बनर्जी की भूमिका को भुलाया नहीं जा सकता। उन्होंने बंगाली को अपनी निर्भीकता का प्रतीक बना दिया था। न्यायालय के विरुद्ध उनकी जोरदार टिप्पणी के कारण उन्हें एक माह की कैद हो गई और उनके संपादित पत्र बंगाली की प्रतिष्ठा व्यापक हो गई। सुरेन्द्रनाथ बनर्जी ने घूम घूम कर राष्ट्रीय संगठन बनाया तथा चैन्नई में उसका सत्रह सदस्यीय गठन भी सन् 1884 में हो गया। वे अखिल भारतीय कांग्रेस के प्रथम मुंबई अधिवेशन में सम्मिलित नहीं हो पाए थे। परन्तु जब सन् 1886 में भारतीय राष्ट्रीय कांग्रेस के चुने हुए प्रतिनिधियों का प्रथम अधिवेशन हुआ तो बैनर्जी उसके स्वागताध्यक्ष रहे और बंगभग विरोधी आन्दोलन तक या सूरत में कांग्रेस के विभाजन से पूर्व तक वे कांग्रेस के बड़े नेता के रूप में उभरे। कांग्रेस के उन्नायकों और मुंबई अधिवेशन में सम्मिलित होने वाले अंग्रेजी पत्र इंडियन मिरर के संपादक नरेंद्रनाथ सेन थे, जिन्हें केशवचंद्र सेन का समर्थन प्राप्त था और उनका सुलभ समाचार भी इंडियन मिरर के मुद्रणालय में ही छपता था। पूर्व क्रांतिकाल में नागरी प्रचारिणी पत्रिका (सन् 1897) तथा सरस्वती (सन् 1900) ने अपना साहित्यिक स्वरूप बनाए रख कर जागरण का संदेश प्रसारित करने का कर्तव्य निर्वहन किया।38

अखिल भारतीय कांग्रेस के गठन से पूर्व ही लोकमान्य तिलक ने केसरी और मराठा समाचारपत्र आरंभ कर दिए थे जिनकी भूमिका निश्चित ही क्रान्तिकारी थी। तिलक को दो बार उनके अग्र लेखों के लिए मांडले जेल भेजा गया। विपिनचंद्र पाल का संबंध बांग्ला पत्र वंदेमातरम् से था, पर अंग्रेज सरकार ने उन्हें क्रांतिकारी पत्र युगांतर से सम्बद्ध माना, क्योंकि उसके संपादक का नाम उन्होंने नहीं बताया। अतः उन्हें सजा दी गई। लाला लाजपत राय को भी, वंदेमातरम् पंजाब केसरी और पीपुल जैसे पत्रों से केवल पंजाब में ही नहीं, अपितु सारे देश में राजनीतिक चेतना फैलाने के कारण देश निकाला दे दिया। युगांतर का संपादन स्वामी विवेकानंद के छोटे भाई भूपेंद्रनाथ दत्त करते थे। लेकिन अंग्रेज सरकार यही मानती थी कि क्रांतिकारी वारींद्र कुमार घोष के भाई अरविंद घोष हैं। श्री घोष ने "कर्म योगिनी" नामक पत्र निकालने के कारण पुलिस का अंकुश कसा। सुंदरलाल और शांतिनारायण भटनागर के सहयोग से इलाहाबाद से 'स्वराज्य' पत्र आरम्भ हुआ जिसके आठों संपादकों को एक के बाद एक सजा दी गई। 'इंकलाब' साप्ताहिक के संपादक को मुकदमा चलाकर तीस वर्ष के लिए

कालापानी की सजा दी गई।

राजस्थान की रियासतों के दमन चक्रों के बीच भी हिंदी पत्रकारिता को जीवन मिलता रहा है। सदाचार मार्तंड (जयपुर सन् 1885) यद्यपि धार्मिक और सुधारवादी स्वर लिए हुए था। राजस्थान समाचार (अजमेर सन् 1888), व अन्य समाचार पत्रों ने भी गौरांग सरकार की दमन नीति का खुला विरोध किया। संचार साधनों के अभाव और अशिक्षा के कारण राजस्थान के पत्र यद्यपि अल्पजीवी थे, परंतु राजस्थान के स्वतंत्रता आंदोलन को हवा देने में पीछे नहीं थे। रियासतों की सीमाओं में लगाए गए प्रतिबंधों के कारण समाचार पत्रों का प्रवेश प्रतिबंधित भले ही किया गया जाता था, पर किसी न किसी प्रकार से रियासतों की सीमा में प्रविष्ट हो ही जाते थे।

राजस्थान में पत्रकारिता विषयक योगदान की सराहना इसलिए की जानी चाहिए कि राजस्थान (राजपूताना तत्कालीन) की रियासतें समाचारपत्र के प्रकाशन और बाहर से प्रकाशित समाचारपत्रों को अपनी रियासतों में प्रवेश नहीं देना चाहती थी। स्वातन्त्रयोत्तर काल की विषम परिस्थितियों में राजस्थान के स्वतंत्रता सेनानियों विशेष कर प्रजामंडल के सदस्यों ने पत्रकारिता के माध्यम से राजपूताना में स्वतंत्रता आन्दोलन को जमाया तथा सामंती विरोध के स्तर पर ही अंग्रेजी सत्ता का विरोध भी किया। बाल गंगाधर तिलक के 'मराठा केसरी' के सहकर्मी 'राजस्थान केसरी' को अर्जुन लाल सेठी, केसरीसिंह बारहठ तथा रामनारायण चैधरी ने प्राण प्रदान किए।

तृतीय चरण (सन् 1900-सन् 1920) के प्रमुख पत्र एवं पत्रिकाएं इस प्रकार हैं-

पत्र-पत्रिका का नाम	प्रकाशन सन्	प्रकाशन स्थान
समालोचक	सन् 1901	जयपुर
परोपकारी	सन् 1901	अजमेर
अनाथ रक्षक	सन् 1902	अजमेर
भारत सर्वस्व	सन् 1905	जयपुर
सौरभ	सन् 1920	झालरापाटन
भरतपुर गजट	सन् 1911	भरतपुर
दधिमती	सन् 1911	जोधपुर
धौलपुर गजट	सन् 1914	धौलपुर
हिन्दी साहित्य ग्रन्थावली	सन् 1915	आबूरोड
निबंध माला	सन् 1915	भरतपुर

श्री वैष्णव	सन् 1916	अजमेर
मेरवाडा गजट	सन् 1918	अजमेर
युगांतर	सन् 1918	अजमेर
राजस्थान केसरी	सन् 1920	वर्धा (महाराष्ट्र)
राजस्थान संदेश	सन् 1920	अजमेर

चतुर्थ चरण और क्रांतिकाल-गाँधी युग (सन् 1920 से सन् 1947)

इस क्रांतिकालीन पूर्व स्वातंत्र्यकालीन पत्रकारिता के क्षेत्र में जयपुर के क्षेत्र में जयपुर (राजस्थान) से पं. चंद्रधर शर्मा गुलेरी के संपादन में 'समालोचक' नामक साहित्यिक पत्रिका का प्रकाशन आरंभ हुआ तो तीसरे वर्ष बंद हो गई। गया से सन् 1903 में 'लक्ष्मी' का प्रकाशन आरम्भ हुआ जिसके प्रथम संपादक गोरे लाल मंजु और सुशील थे। बाद में लाला भगवान दीन इसके अवैतनिक संपादक बने।

उपर्युक्त दैनिक एवं साप्ताहिकों ने जहां राष्ट्रीय स्वतंत्रता संग्राम में जन चेतना अभियान में अपनी महती भूमिका का निर्वाह किया है, वहीं कुछ ऐसे समाचारपत्रों की भूमिका भी राष्ट्रीय आंदोलन को बल देने से पीछे नहीं थी, जो अपनी समर्थता एवं सशक्तता से जन चेतना जगाने में यत्नशील रहे। चैन्नई का हिंदू और स्वराज्य मुम्बई का बाम्बे क्रानिकल, बाम्बे सेंटिनल, गुजराती जन्म भूमि, मराठी काल और नवाकाल दिल्ली का हिंदूस्तान टाइम्स, श्रद्धानन्द स्वामी का विजय, अर्जुन, वीर अर्जुन, मालवीय द्वारा स्थापित नवयुग और हिंदुस्तान, आगरा का सैनिक, कानपुर का प्रताप और वर्तमान, गोरखपुर का स्वदेश पटना का नवशक्ति, कोलकाता का भारत मित्र मतवाला और विशाल भारत, लाहौर का उर्दू मिलाप और उर्दू प्रताप तथा हिंदी मिलाप, वीरभारत, राजस्थान का राजस्थान, तरुण भारत, मध्यप्रदेश का कर्मवीर, स्वराज्य और उड़ीसा का समाज, ऐसे उल्लेखनीय नाम रहे हैं, जिनके संचालक संपादकों ने दैहिक, आर्थिक और मानसिक कष्ट भोगकर भी पत्रकारिता से जन चेतना के विकास में बहुत बड़ा योगदान किया है।

स्वातंत्र्य पूर्व क्रांतिकाल में मोहनदास करमचंद गांधी और पत्रकारिता संबंधी योगदान को विस्मृत नहीं किया जा सकता। वे स्वयं अहिंसा मार्गी, स्वतंत्रता संग्राम के सेनानी और गांधी सिद्धातों के प्रबल पोषक पत्रकार रहे हैं। उनके पास पत्रकारिता हेतु धनराशि कभी संचित नहीं थी लेकिन कुछ घरानों में महात्मा गांधी की पत्रकारिता परक व्यक्तित्व को विकसित बने रहने के लिए अर्थ संयोजन किया। जहाँ एक ओर क्रांतिकालीन पत्रकारिता अंग्रेजों के सत्ताहीन बनाने के लिए, क्रांति का आह्वान कर रही थी और

सर्वत्र जन आंदोलन के विस्तार में सक्रिय थी, वहीं महात्मा गांधी की पत्रकारिता ने असहयोग और अहिंसक आंदोलन की भूमिका के विस्तार हेतु पत्रकारिता को माध्यम बनाया था।

गांधी जी ने रोलेट एक्ट के विरोध में बिना रजिस्ट्रेशन के ही 7 अप्रैल, को मुंबई से सत्याग्रह साप्ताहिक का प्रकाशन आरंभ्भ किया। मुंबई की होमरूल लीग ने महात्मा गांधी के कंधे पर यंग इंडिया साप्ताहिक का भार सौंपा और इसी प्रकाशन के अंतर्गत महात्मा गांधी ने गुजराती मासिक नवजीवन भी आरंभ्भ किया। उन्होंने भारत आने से पूर्व नेपाल प्रवास में अंग्रेजों के रंगभेद नीति के विरुद्ध वैचारिक आंदोलन का संचालन इंडियन ओपीनियन के प्रकाशन से आरंभ्भ किया। यह पत्र गुजराती, तमिल तथा हिंदी में निकलता था। भारत आकर नवजीवन हिंदी और गुजराती भाषा में और यंग इंडिया अंग्रेजी में प्रकाशित कराए।

सन् 1921 से आरंभ्भ हुए असहयोग आंदोलन से लेकर सन् 1930-31 तक के सविनय अवज्ञा आंदोलन में महात्मागांधी के इन पत्रों की बहुत ही महत्वपूर्ण भूमिका थी और यह स्वाभाविक भी था कि ब्रितानिया सरकार नित नए कानून बनाकर इन पत्रों को बंद करा देती थी, क्योंकि महात्मा गांधी कभी भी जमानत नहीं देते थे। बाद में उन्होंने अंग्रेजी में 'हरिजन' और हिन्दी में 'हरिजन सेवक' का तथा गुजराती में 'हरिबंधु' का प्रकाशन किया, जिनमें उनके विचार छपते थे, जो आंदोलन की भूमिका निर्वहन में महत्वपूर्ण स्थान रखते थे।

स्वातंत्र्य संग्राम की भूमिका में समाचारपत्रों के योगदान के स्तर पर पं मोतीलाल नेहरू ने लीडर समाचार पत्र की स्थापना की थी जिसके संपादक सी. चिंतामणि रहे। उनसे मोतीलाल नेहरू का नीति संबंधी विरोध होने पर उन्होंने बी. जी. होर्निमैन तथा सैयद हुसैन के संपादन में 'इंडिपेंडेंट' का प्रकाशन किया। बाद में पं. जवाहर लाल नेहरू ने उत्तर क्रांति काल में 'नेशनल हैराल्ड' (लखनऊ) का प्रकाशन किया, जो सन् 1941 में बंद हो गया। जो देश की स्वतंत्रता प्राप्ति के बाद ही आरंभ हो सका।39

इसी अवधि यानी स्वातंत्र्य पूर्व क्रांतिकालीन पत्रकारिता के क्षेत्र में सन् 1922 में नवजीवन साप्ताहिक (अजमेर) नवीन राजस्थान (प्रतिबंधित होने पर तरुण राजस्थान), राजस्थान ब्यावर/अजमेर (सन् 1923), त्यागभूमि (सन् 1927), जयपुर समाचार, लोकवाणी और अलवर पत्रिका (सन् 1930-सन् 1948), मीरा (सन् 1930), दैनिक प्रभात (सन् 1932) ने स्वतंत्रता के स्वर गुंजाए। इन पत्रों के संपादकों में शोभा लाल गुप्त, रामनारायण चैधरी,

जयनारायण व्यास को सजाएं भी हुई। प्रकाश (सन् 1939), हितैषी (सन् 1940), कल की दुनिया (जोधपुर, सन् 1940) अखण्ड मासिक, नवयुग (जयपुर) दीनबंधु (कोटा), अमर ज्योति (जयपुर), जयहिंद (जयपुर) जयध्वनि साप्ताहिक (जयपुर-सन् 1942), आजाद सैनिक (सन् 1942), युवक हृदय मासिक (सन् 1946), चम्बल जनवाणी साप्ताहिकों ने जन जन में राष्ट्रीय चेतना जगाई। मेवाड़ प्रजामंडल के स्वतंत्रता सेनानी चंद्रेश व्यास ने 15 अगस्त साप्तहिक (सन् 1947) स्वतंत्रता वर्ष में ही आरम्भ किया।40

चतुर्थ चरण (सन् 1920-सन् 1947) के प्रमुख पत्र एवं पत्रिकाएं इस प्रकार हैं-

पत्र-पत्रिका का नाम	प्रकाशन सन्	प्रकाशन स्थान
तरूण राजस्थान	सन् 1923	अजमेर
यंग राजस्थान	सन् 1929	अजमेर
प्रभात	सन् 1933	जयपुर
जयभूमि	सन् 1940	जयपुर
ग्राम समाचार	सन् 1928	झुंझुनू
जयध्वनि	सन् 1942	अजमेर
संस्कृत रत्नाकर	सन् 1904	जयपुर
पारीक	सन् 1943	अजमेर
चांदनी	सन् 1946	जयपुर
नवज्योति	सन् 1936	अजमेर
प्रजासेवक	सन् 1940	जोधपुर
त्यागभूमि	सन् 1928	अजमेर
प्रकाश	सन् 1939	जयपुर
हितैषी	सन् 1940	जयपुर
राजस्थान क्षितिज	सन् 1945	अलवर
नवीन राजस्थान	सन् 1921	अजमेर
लोकवाणी	सन् 1943	जयपुर
मीरा	सन् 1930	अजमेर
आगीवाण	सन् 1932	ब्यावर अजमेर
रियासती	सन् 1937	अजमेर
नवजीवन	सन् 1939	अजमेर
जैन जगत	सन् 1923	अजमेर

सुधारक	सन् 1932	जयपुर
राजस्थान संदेश	सन् 1933	जयपुर
गणेश	सन् 1934	झुंझुनू
विद्यार्थी जीवन	सन् 1926	जयपुर
मान सूर्योदय	सन् 1933	जयपुर
प्रचार	सन् 1942	जयपुर
आर्य मार्तण्ड	सन् 1923	अजमेर
जयपुर समाचार	सन् 1942	जयपुर
राजस्थान	सन् 1923	अजमेर

पंचम चरण वर्तमान युग (सन् 1947 से)

सन् 1947 में देश की स्वतंत्रता, भारत विभाजन की त्रासदी व सांप्रदायिक दंगों के कारण राष्ट्र जीवन में आए मूलभूत अंतर की उपेक्षा नहीं की जा सकती। पहले तो राजसत्ता अपनी हितरक्षार्थ सूचना समाचारों को दबाने की नीति पर चलती रही, लेकिन लोकतंत्र की स्थापना के बाद सरकार की आर्थिक विकास की नीति को सफल बनाने के लिए जनता को विकास प्रक्रिया में साझीदार बनाने की प्रेरणा देने तथा जनता को उसकी ही भाषा में विचार पहुंचाने के लिए आवश्यकता अनुभव की जाने पर समाचारपत्र को ही उपयुक्त माध्यम के रूप में स्वीकार किया। इसके साथ ही राष्ट्र निर्माण के महानतम कार्य की सफलता के लिए जनमत जगाने के लिए तथा राष्ट्र जीवन के विकास की दिशा में समाचार पत्रों और पत्रकारों की भूमिका को भुलाया नहीं जा सकता था। यही कारण है कि तत्कालीन आवश्यकताओं और अपेक्षाओं के अनुकूल विविध विषयों की पत्रिकाओं का प्रकाशन आकर्षक साज सज्जा से किया जाने लगा। अतः यह कहा जा सकता है कि समाचारपत्र के घरानों एवं संपादकों को स्वनीति कुछ भी रहे, एक राष्ट्रीय नीति के आदर्श पर उन्हें सहमार्गी बनने तथा पत्रकारों को राष्ट्र निर्माण की स्थिति को प्रमुखतः केन्द्र में रखकर ही सारी स्थितियों को देखने परखने के बाद समाचार लेखन में प्रवृत्त होने की अपेक्षा की गई।41

स्वतंत्रता के बाद पत्रकारिता लोकतंत्र के चैथे स्तंभ के रूप में उभरकर आई कारण यह था कि लोक और तंत्र भिन्न-भिन्न मार्गों पर चल रहा था। आवश्यकता थी लोकतंत्र को समाजवाद के मार्ग पर, धर्मनिरपेक्षता के अधार पर राष्ट्र जीवन का अंग बनाने की। राष्ट्र के प्रति दायित्व की भावना ही लोकतंत्र का आधारभूत अंग है। स्वतंत्रता प्राप्ति के बाद पत्रकारिता व्यवसाय भारतीय औद्योगिक प्रतिष्ठानों के हाथ आ गई है। यही कारण है कि

पत्रकारिता आज व्यवसाय या उद्योग की भांति संचालित होने लगी है।

इसके विपरीत जहां हिंदी समाचार दैनिक जागरण, नई दुनिया, नवभारत टाइम्स, आज देशबंधु भास्कर राजस्थान पत्रिका, अमर उजाला ने विभिन्न स्थानों से अपने संस्करण निकालना आरंभ किया है वे राष्ट्रीय स्तर पर पहचाने जाने लगे हैं। सरकार और नेतागण अंग्रेजी समाचार दैनिकों को राष्ट्रीय समाचारपत्र मानते हैं और हिंदी या अन्य भाषाओं में प्रकाशित होने वाले दैनिकों को भाषाई पत्रकारिता का स्तर देते हैं।

पंचम चरण (सन् 1947 से अब तक) के प्रमुख पत्र एवं पत्रिकाएं इस प्रकार है-

पत्र-पत्रिका का नाम	प्रकाशन सन्	प्रकाशन स्थान
नई चेतना	सन् 1950	बीकानेर
विजयी	सन् 1950	जयपुर
ज्योति	सन् 1950	जयपुर
राष्ट्रदूत	सन् 1951	जयपुर
मरूवाणी	सन् 1953	जयपुर
मरूभारती	सन् 1953	पिलानी
प्रेरणा	सन् 1953	जोधपुर
लोककला	सन् 1953	उदयपुर
सेनानी	सन् 1950	बीकानेर
राजस्थान पत्रिका	सन् 1956	जयपुर
राजस्थानी साहित्य	सन् 1954	उदयपुर
लहर	सन् 1957	अजमेर
मधुमती	सन् 1960	उदयपुर
कविता	सन् 1961	अलवर
वातायन	सन् 1961	बीकानेर
वाणी	सन् 1961	जोधपुर
कविताएँ	सन् 1961	जयपुर
सम्प्रेषण	सन् 1964	भरतपुर
ओर	सन् 1964	भरतपुर
सम्बोधन	सन् 1966	कांकरोली
अणिमा	सन् 1967	जयपुर
रंगायन	सन् 1967	उदयपुर

अकथ	सन् 1968	जयपुर
तटस्थ	सन् 1969	नीम का थाना, सीकर
रंगयोग	सन् 1969	जोधपुर
गंध	सन् 1990	लक्ष्मणगढ़, सीकर
चर्चा	9वें दशक	जोधपुर
एक और अंतरीप	सन् 1992	जयपुर
शेष	नब्बे के दशक	जोधपुर
अरावली उद्‌घोष	सन् 1998	उदयपुर
दैनिक भास्कर	सन् 1996	जयपुर
समय माजरा	सन् 2000	जयपुर
सुरूचि	सन् 2000	जयपुर
सुरभि	सन् 2000	जयपुर
प्रतिश्रुति	सन् 2001	जोधपुर
दिशाबोध	सन् 2005	जयपुर

हिन्दी दैनिकों और साप्ताहिकों के पास समाचार संकलन की निजी व्यवस्था जब नहीं हो पाती तो उन्हें अंग्रेजी समाचार समितियों से समाचार लेने की अनिवार्यता होती ही है। यदि इन हिंदी दैनिकों के पास अपने संवाददाता होते भी हैं तो वे गिने चुने स्थानों पर ही होते हैं। आज यह कहना अन्यथा नहीं है कि अंग्रेजी संवाददाताओं की तुलना में हिंदी सेवाओं के स्तर पर उचित सेवाएं प्रदान नहीं कर पा रही है। इतना होते हुए भी प्रादेशिक स्तर पर संचालित प्रकाशक घरानों के हिन्दी दैनिकों ने अपने ही प्रदेश के मुख्य नगरों से स्थानीय संस्करण और प्रदेश से बाहर अन्य प्रदेशों के प्रमुख नगरों से स्थानीय संस्करण प्रकाशित किए हैं। इस प्रकार वे अपनी पाठक संख्या बढ़ा रहे हैं। दैनिक समाचारपत्र हों, साप्ताहिक हों या अन्य सर्वाधिक पत्रिकाएँ राजनीतिक दलों के दबावों से त्रस्त भी रही हैं। ऐसे ही प्रयासों में अपने पत्रकारिता के दायित्वों की पूर्ति किए जाने में व्यस्त और तटस्थ समाचारपत्रों के साथ अन्य सभी समाचारपत्रों को भी आपातकाल का सामना करने के लिए बाध्य होना पड़ा तथा अंग्रेजी सरकार के समय में बने कानून के अनुसार जिला मजिस्ट्रेट को दिखाकर ही समाचार प्रकाशित करने के लिए बाध्य होना पड़ा। यह भारतीय संविधान में वर्णित अभिव्यक्ति की स्वतंत्रता का प्रहार था। केन्द्रीय सरकार ने आपात्काल लगाते हुए ऐसी

व्यवस्था भी की थी कि कोई भी समा.चारपत्र न्यायालय में वाद प्रस्तुत नहीं कर सकेगा।

समाचारपत्र आज समाचार संकलन तो करते ही है, परन्तु उससे भी अधिक समाचारपत्र उद्योग के रूप में ग्रहण कर मार्केटिंग के जरिए अपनी प्रसार संख्या बढ़ाना ही लक्ष्य बनाए हुए हैं। जबकि गुणवत्ता की दृष्टि से किसी भी समाचारपत्र का साधारण आकलन समाचार विचार और संपादकीय लेखों में व्यक्त विचारों के आधार पर ही होता है। इनमें से प्रत्येक की गुणवत्ता के मानदण्ड हैं। सही समाचारों के प्रकाशन की जरूरत सभी प्रकाशक स्वीकार करेंगे। किंतु पाठक के प्रति निष्ठा का भाव भी समाचारपत्र का मूल मंत्र होना चाहिए। लगता यह है कि आज पाठक के प्रति निष्ठा में कहीं न कहीं कुछ गिरावट आ रही है।42 आपातकाल के उपरांत समाचारपत्रों और कहें कि पत्रकारिता के क्षेत्र में विविध प्रकार की तकनीकी और समाचारिक स्तर पर परिवर्तन आए हैं। यह भी महत्वपूर्ण हैं कि देश का प्रशासनिक और राजनीतिक ढांचा भी समाचारों और अन्य संबंधित सामग्री को प्रभावित किए बिना नहीं रहता है। अतः सरकारी और राजनीतिक समाचारों के अर्थ भी उन्हीं के संदर्भों में लगाए जाते हैं। पाठक यह जनता है कि इस प्रकार के समाचारों की सत्यता किस समाचारपत्र में कितनी होती है। चूँकि राजनीति आज के जीवन का अभिन्न अंग बन गई है और सर्वाधिक रुचिपूर्ण सामग्री भी इसी क्षेत्र की मानी जाती हैं, अतः सत्यता की साख ही प्रत्येक समाचारपत्र की सामाजिक छवि बनाती है।

इसमें संदेह नहीं कि उसे समय के साथ स्थानीय समाचारपत्रों की आवश्यकता और पाठकों के समझने के स्तर पर ही अपनी प्रगति एवं उद्यमशीलता को बनाए रखना है तो इलेक्ट्रानिक माध्यमों से गहरी स्पर्धा में रहना भी अनिवार्य हो चला है। सूचनाओं का सामाजिक संदर्भ भी बनाए रखना है तथा ग्रामीण स्तर पर पत्रकारिता के प्रयोजन सिद्ध करने का प्रयास भी कहना है। पत्रकारिता से अब तक आशय मुद्रित माध्यम तक ही सीमित था लेकिन अब यह इलेक्ट्रानिक माध्यमों के विस्तार के साथ ही अपने नये कार्यक्षेत्र तक व्याप्त हो चुकी है और इस दृष्टि से दश्रोता (दर्शक-श्रोता-पाठक) तक पहुँचाने के लिए सभी मार्गों पर ध्यान देना भी अनिवार्य है।

ऐतिहासिक काल क्रम में सन् 1977 यानी आपातकाल के बाद राष्ट्रीय और प्रादेशिक तथा क्षेत्रीय स्तर पर जिस प्रकार पत्रकारिता का विकास आरंभ हुआ है, उसमें यह देखने में आया है कि जहां छठवें दशक तक प्रांतीय समाचारपत्रों के साथ स्थानीय स्तरों पर साप्ताहिकों की बहुल संख्या सामने

आती थीं, वहीं गत दो दशकों या यह कहें कि इलेक्ट्रानिक माध्यमों के व्यापक प्रसार के साथ, साप्ताहिकों की संख्या कम हो गई और पूर्व प्रचलित साप्ताहिकों में से अधिसंख्या दैनिक स्तर के चार पृष्ठीय से लेकर आठ पृष्ठीय दैनिकों में काया परिवर्तन कर गए हैं। इसके साथ ही प्रांतीय स्तर पर प्रकाशित होने वाले समाचारपत्रों ने अपने प्रसार में जिला स्तरीय संस्करणों या स्थानीय संस्करणों के प्रकाशन पर ध्यान देकर इलेक्ट्रोनिक दर्शक एवं श्रोता को पाठक बनाए रखने का प्रयास किया है।43 उल्लेखनीय यह भी है कि दैनिक समाचारपत्र संपादक विज्ञापन को भी एक प्रकार का समाचार मानते हैं। यह उनके द्वारा प्रकाशित किए जाने वाली विज्ञापन नीति का प्रसंस्करण तो कहा जा सकता है लेकिन अन्य साहित्यिक एवं सर्जनात्मक विधाओं को अपने दैनिकों और साप्ताहिकों से हटाए जाने के कारण ही क्या मार्केटिंग दल गठित कर अनेक प्रकार की प्रतियोगिताएं और भारी पुरस्कार की घोषणा कर अपने दैनिकों की प्रसार संख्या एक विशेष सीमा तक बढ़ा कर ए. बी. सी. की सूची में आने तथा सरकार द्वारा कागज की सुविधाएं जुटाने का प्रयास ही नहीं कहीं जा सकती। व्यावसायिकता की स्पर्धा में राष्ट्रीय समाचारपत्रों के नाम के बिकने वाले समाचारपत्रों द्वारा एक रुपये पचास पैसे प्रति पत्र तक की श्रेणी में जाने की आवश्यकता नहीं होती। एक सामान्य पाठक का विचार उपेक्षित नहीं किया जा सकता कि कम कीमत (एक रुपये पचास पैसे) पर समाचारपत्र की रद्दी कहीं दो रुपये पचास पैसे से क्रय किए गए दैनिक की रद्दी से अच्छा बाजार मूल्य दे जाती है क्योंकि राष्ट्रीय दैनिक पत्रों का कागज अच्छी श्रेणी का होता है। राष्ट्र, राज्य और प्रांतीय स्तर के दैनिक पत्रों का नाम गिनाने से पृष्ठों की संख्या अधिक बढ़ जाने के भय से कई दैनिक पत्रों का नामोल्लेख नहीं किया जा रहा है।

समाप्ति से पूर्व यह भी उल्लेखनीय है कि आज जहां संपादन कला में आधुनिकता बोध ने दैनिकों में कलात्मक चेतना का विकास किया है, वहीं बड़े पत्र घरानों के समाचारपत्रों के साथ साथ राजनीतिक दलों सामाजिक एवं धार्मिक संस्थाओं के अतिरिक्त सरकारों के प्रकाशनों को भी बल मिला है, और उन्होंने किसी न किसी रूप में पाठक को अपने अनुकूल बनाए रखने का प्रयास किया है। अनेक साप्ताहिकों ने दैनिक पत्रों की दौड़ में सम्मिलित होने के लिए सांध्य संस्करण का विकास मार्ग भी चयन किया तथा पहले से स्थापित समाचारीय दैनिकों के विज्ञापन क्षेत्रों एवं अधिकारों पर भी दांव लगाया है।44

स्वातंत्र्योत्तर काल में अपातकाल के बाद से अद्यतन काल तक की पत्रकारिता के संदर्भ में जहां माध्यमपरक अंतर देखा जा सकता है मुद्रित

माध्यमी पत्रकारिता रेडियो पत्रकारिता, टेलीविजन पत्रकारिता और केबल पत्रकारिता के रूप में   वहीं पत्रकारिता के विधागत भेदों को भी विस्मृत नहीं किया जा सकता। जिसमें, खोजी पत्रकारिता से लेकर शैक्षिक, खेल, युद्ध, सामाजिक, सांस्कृतिक, धार्मिक, राजनीतिक, नारी, बाल युवा वर्गीय पत्रकारिता की गणना की जा सकती है तो पीत पत्रकारिता के स्वरूप को भी नहीं नकारा जा सकता। आज जो पत्रकारिता विकसित हुई है उसमें जनजीवन के प्रति रुझान, दिखाई देता है, तो आंचलिकता का प्रभाव भी देखा जा सकता है। यही नहीं, पत्रकार या संवाददाता अपने क्षेत्र के समाचारों तक ही अपने को सीमित रख कर अपने पाठकों को निरंतर बनाए रखने के लिए अपने क्षेत्र के वैशिष्ट्य से परिचित कराने के लिए ऐतिहासिक संदर्भों, पुरातात्विक महत्वों और सांस्कृतिक एवं सामाजिकता बोध से संपन्न समाचारों से परिचित कराके जहाँ एक ओर अपनी बहुज्ञता का परिणाम देने में समर्थता दिखा रहे हैं तो कहीं अपने सहकर्मियों के लिए भी चुनौतियाँ पैदा कर रहे हैं।45

यही कारण है कि पत्रकारिता का क्षेत्र व्यावसायिक हो गया है, उसके कारण किसी क्षेत्र विशेष में बैठा संवाददाता समय-समय पर ऐसे विशेष पृष्ठ आयोजन में योग देता है, जो वहां के सामाजिक सांस्कृतिक, पुरातात्त्विक, ऐतिहासिक, राजनीतिक एवं लोकोत्सवों के विशेषोल्लेख के साथ करने लगे हैं जो किसी भी समाचार पत्र के लिए आय के स्रोत और स्थानीय जनजीवन से पत्र के निकट सम्पर्कों की व्याख्या करने में सफल होता है। आज पत्रकारिता क्षेत्र में सब कुछ अच्छा ही नहीं रह गया है। जो कुछ भी आपातकाल से पूर्व हुआ, उसे सत्ता जब असहनीय समझने लगी तो पत्रकारिता पर प्रतिबंधात्मक रूप से सत्ता या राजनीति हावी हो गई थी। आपातकाल समाप्त हो जाने के बाद पत्रकारिता क्षेत्र में कोई विशेष परिवर्तन आया हो या नहीं पर जो एक तटस्थ लेखक के समक्ष आ रहा है। वह पत्रकारिता के मूल्य ह्रास के रूप में देखा जा सकता है-

➢ राष्ट्रव्यापी या प्रांतव्यापी पत्रकारिता किसी विशेष या स्थानीय नेता की अनुगामिनी बनी है।

➢ व्यावसायिकता पर अधिक केंद्रित हो जाने के कारण पत्रकारिता के मूल्यों और नैतिक स्तर का ह्रास हुआ है।

➢ पत्रकारिता, सामन्यतः सामाजिक स्तर पर दलित वर्ग या बी.पी. एल. वर्ग की समस्याओं, उनकी आवासीय या जीविकोपार्जन की परिस्थितियों पर आंख बंद किए रही है।

➤ आंचलिक समस्याओं और कस्बों तथा नगर के विभिन्न तथा तंगहाली में रहने वाले वार्डस पर पत्रकारिता की दृष्टि नहीं जाती है, वे राजनेताओं के मुखापेक्षी होने लगे हैं।

➤ आर्थिक, वैज्ञानिक, शिक्षा, इंजीनियरी, सूचना तकनीकी विषयों का गहन विवेचन देकर आम पाठक के ज्ञान स्तर को बढ़ाने में पत्रकारिता अपना पूरा योगदान नहीं कर पायी है।

➤ सामान्य रूप से पत्रकारिता समाज के सभी वर्गों की पत्रकारिता नहीं बन पाई है। स्त्रियों, युवतियों और बालकों का पक्ष लेकर बहुत कम लिखा जा रहा है।

➤ पत्रकारिता चटखारे लेने वाले सामचारों का प्रकाशन करने में अधिक रूचि लेने लगी है। यौन शोषण, बलात्कार आदि के समाचार प्रथम पृष्ठ पर प्रकाशित किए जाने लगे हैं।

➤ भ्रष्टाचारी और समाज द्रोहियों की धमकियों और प्रभावों से पत्रकार और पत्रकारिता कहीं कलुषित हुए हैं।

➤ ज्वलन्त जनहित मुद्दों या भ्रष्टाचार उजागर सम्बन्धि मुद्दों पर पत्रकारों की हत्या जैसे दुष्कृत्य आम होते जा रहे हैं।

➤ विज्ञापन के लिए पत्र उन समाचारों से विमुख होने लगे हैं जो संबंधित उद्योगों या कंपनियों के हितों में बाधक बनते हैं।

➤ पीत पत्रकारिता सिर चढ़कर बोलने लगी है। विशेषकर स्थानीय पत्र तो इसमें पूरी तरह लिप्त हो चुके हैं।46

फिर भी पत्रकारिता का क्षेत्र ऐसा मंच है जहां जागरुक पत्रकार और पाठक समुदाय पत्रकारिता की व्यावसायिक वृत्ति पर हावी होकर अपने क्षेत्र विशेष की पत्रकारिता को श्रेणी क्रम दिलाकर अन्य दैनिक साप्ताहिकों के लिए उदाहरण बन सकता है।

निष्कर्ष : भारत में पहला समाचार पत्र सन् 1780 में प्रारम्भ हुआ जबकि राजपूताना (राजस्थान पूर्व में राजपूताना के नाम से जाना जाता था) में इसके उनहत्तर वर्ष बाद सन् 1849 में कोई पत्र निकला। यह कटु सत्य है कि जब बंगाल, बिहार और उत्तर प्रदेश में समाचार पत्रों की संख्या में निरन्तर वृद्धि हो रही थी एवं हिन्दी पत्रकारिता को भी लगभग आधी शती से ज्यादा का समय हो चुका था, उस समय तक राजपूताना में पत्रकारिता अपने प्रारम्भिक चरण में ही थी। राजपूताना का सर्वप्रथम पत्र 'मजहरूल सरूर' माना जाता है। यह द्विभाषी पत्र उर्दू और हिन्दी में सन् 1849 में भरतपुर से प्रकाशित होता था, इस पत्र की कोई प्रति उपलब्ध न होने के कारण

इसके स्वरूप के बारे में प्रामाणिक रूप से कुछ नहीं कहा जा सकता। फ्रेंच लेखक तासी ने अपने 'डिसकोर्सेज' में इसका केवल उल्लेख मात्र किया है। सन् 1856 में जयपुर से हैडमास्टर कन्हैयालाल के नेतृत्व में एक पत्र 'रोजतुल तालीम- अथवा 'राजपूताना अखबार' प्रकाशित किया गया। यह पत्र द्विभाषी थी। इस पत्र की आधी सामग्री हिन्दी में तथा आधी सामग्री उर्दू में प्रकाशित होती थी। इसके बाद राजपूताना में पत्रकारिता को थोड़ी गति प्राप्त हुई। विभिन्न रियासतों से कई समाचार पत्र निकलने लगे। सन् 1861 में अजमेर से 'जगलाभ-चिन्तक', वहीं सन् 1863 में 'जगहितकारक' का प्रकाशन हुआ। ये दोनों पत्र हिन्दी भाषा में प्रकाशित होते थे। जोधपुर दरबार की ओर से सन् 1864 में 'जोधपुर गवर्नमेंट गजट' शुरू हुआ। यह साप्ताहिक था एवं हिन्दी तथा अंग्रेजी, दोनों में निकलता था। सन् 1866 में जोधपुर से 'मारवाड़ गजट' का प्रकाशन प्रारम्भ हुआ। सन् 1868 में 'जयपुर-गजट', सन् 1869 में 'उदयपुर-गजट' का प्रकाशन प्रारम्भ किया गया। सन् 1876 में 'सज्जनकीर्तिसुधाकर' नामक साप्ताहिक पत्र का प्रकाशन तत्कालीन महाराणा सज्जन सिंह के संरक्षण में हुआ। उसके सम्पादक पं. बंशीधर वाजपेयी थे। सन् 1882 में अजमेर से 'देश हितैषी', सन् 1885 में जयपुर से मासिक 'सदाचार मार्तण्ड' प्रकाशित हुए। इन सभी पत्रों का मूल स्वर धार्मिक और समाज सुधार से प्रेरित था। लोकचेतना को प्रबुद्ध करने वाली विशुद्ध पत्रकारिता का प्रारम्भ सन् 1885 में मनीषी समर्थदान द्वारा प्रकाशित 'राजस्थान समाचार' के प्रकाशन से हुआ। राजपूताना में सन् 1849 में पहले पत्र 'मजहरूल सरूर' से लेकर सन् 1920 में 'राजस्थान केसरी' तक अनेक पत्र निकले, परन्तु इस दौर में बहुत सी पत्र-पत्रिकाओं ने जन-जागृति एवं कुप्रथाओं के विरोध में प्रयास किए, उनमें 'मारवाड़ गजट', 'राजपूताना हेराल्ड', 'राजपूताना गजट', 'राजपूताना समाचार', 'राजपूताना टाइम्स' एवं 'सर्वहित' प्रमुख थे। इन पत्रों ने लोकधर्मी पत्रकारिता की शुरूआत की एवं इनके ऐतिहासिक महत्व को नकारा नहीं जा सकता। राजपूताना में सन् 1920 के पश्चात् जो पत्र आरम्भ हुए वे स्वातंत्र्य भाव से ओत-प्रोत थे। उनका उद्देश्य सामाजिक, धार्मिक तथा राजनीतिक जागृति था। राजपूताना की राजनीतिक कमान उसके आंदोलन के प्रारम्भ से पत्रकारों के हाथ में रही। राजस्थान समाचार के प्रकाशन के पश्चात् राजपूताना में पत्रकारी क्षेत्र का निरन्तर विकास होता गया। कई साप्ताहिक एवं मासिक पत्रों का प्रकाशन प्रारम्भ हो गया। राजपूताना में गणेश शंकर विद्यार्थी के पत्र 'प्रताप' ने पत्रकारिता को सृदृढ़ आधार प्रदान किया एवं इस परंपरा को 'राजस्थान केसरी' ने आगे बढ़ाया। इसके पश्चात् 'नवीन राजस्थान', 'तरुण राजस्थान',

'राजस्थान', 'रियासती', 'त्यागभूमि', 'मीरां', 'प्रभा', 'आगीवाण', 'यंग राजस्थान', 'नवज्योति', 'प्रजा सेवक', 'नया राजस्थान', 'लोकवाणी', 'जयभूमि', 'प्रचार', 'अलवर पत्रिका', 'जयपुर समाचार' आदि पत्र निकले। राजस्थान में स्वाधीनता पूर्व हिन्दी पत्रकारिता का इतिहास कुछ अपवादों को छोड़कर प्रकारान्तर से स्वतंत्रता- संग्राम के लिए किये गये विभिन्न आन्दोलनों का इतिवृत्त प्रस्तुत करने, उन्हें सम्बल प्रदान करने और उनके प्रति जनचेतना को जागृत करने का ही इतिहास है। इन पत्रों में सामाजिक जागरण, राजनीतिक चेतना और सांस्कृतिक पुनरुत्थान की सामग्री प्रभूत परिमाण में प्रकाशित हुई। भले ही इन पत्रों में अधिकांश दीर्घजीवी नहीं हो सके, तथापि अपने अल्पजीवी होने और सीमित पाठक वर्ग के बावजूद उन्होंने स्वतंत्रता संग्राम काल में अपनी प्रभावी भूमिका अदा की। इसी कारण राजपूताना की हिन्दी पत्रकारिता का इतिहास स्वाधीनता आंदोलन का ही इतिहास है और यहां की राजनीति उसके आंदोलन की शुरूआत से ही पत्रकारों के हाथ में रही। एक पत्रकार ने कहा है 'समाचार पत्र जनता की संसद है, जिसका अधिवेशन सदैव चलता रहता है।' इस समाचार पत्र रूपी संसद का कभी सत्रावसान नहीं होता। जिस प्रकार संसद में विभिन्न प्रकार की समस्याओं पर चर्चा की जाती है, विचार-विमर्श किया जाता है, उसी प्रकार समाचार-पत्रों का क्षेत्र भी व्यापक एवं बहुआयामी होता है। पत्रकारिता तमाम जनसमस्याओं एवं सवालों से जुड़ी होती है, समस्याओं को प्रशासन के सम्मुख प्रस्तुत कर उस पर बहस को प्रोत्साहित करती है। इस प्रकार राजस्थान में हिन्दी पत्रकारिता का क्रमिक विकास हुआ।

संदर्भ सूची :

1. तिवारी, डॉ. अर्जुन, हिन्दी पत्रकारिता का वृहद् इतिहास, वाणी प्रकाशन, नयी दिल्ली, सन् 1997, पृ. 77

2. वही, पृ. 78

3. देवाई, डॉ. आदर्श, जनजागरण में हिन्दी पत्रकारिता, श्याम प्रकाशन, जयपुर, पृ. 23

4. सक्सेना, के.एस., राजस्थान में राजनीतिक चेतना एवं जनजागरण, राजस्थान हिन्दी ग्रंथ अकादमी, जयपुर, सन् 1972, पृ. 167

5. चड्ढा, सविता, नई पत्रकारिता और समाचार लेखन, तक्षशिला प्रकाशन, दिल्ली, सन् 1989, पृ. 124-125

6. पाटिल, डॉ. पद्मा, हिन्दी पत्रकारिता स्वरूप, आयाम और संभावना, पृ. 37

7. वही, पृ. 38

8. अगनानी, कन्हैया, पत्रकारिता के मूल सिद्धान्त, राजस्थान हिन्दी ग्रंथ अकादमी, जयपुर, सन् 1999, पृ. 79

9. वही, पृ. 80

10. अनुजा, डॉ. मंगला, भारतीय पत्रकारिता: नींव का पत्थर, मध्यप्रदेश हिन्दी ग्रंथ अकादमी, भोपाल, सन् 1996, पृ. 103

11. कौल, जवाहरलाल, हिन्दी पत्रकारिता का बाजारभाव, प्रभात प्रकाशन, संस्करण-सन् 2000, पृ. 130

12. वही, पृ. 131

13. वही, पृ. 132

14. गुप्ता, मोहन लाल, राजस्थान: जिलेवार सांस्कृतिक एवं ऐतिहासिक अध्ययन-भाग 1, नवभारत प्रकाशन, जोधपुर, सन् 2009, पृ. 16

15. गोस्वामी, प्रेमचन्द, पत्रकारिता के प्रतिमान, किशोर बुक डिपो, जयपुर, सन् 1977, पृ. 64

16. वही, पृ. 65

17. आचार्य दाऊदयाल, भारत के स्वतंत्रता संग्राम में बीकानेर का योगदान, चेतना प्रकाशन, बीकानेर, सन् 1997

18. गौतम, रूपचन्द, दलित पत्रकारिता के सामाजिक सरोकार, श्री नटराज प्रकाशन, नई दिल्ली, सन् 1980, पृ. 57

19. अनुजा, डॉ. मंगला, भारतीय पत्रकारिता: नींव का पत्थर, मध्यप्रदेश हिन्दी ग्रंथ अकादमी, भोपाल, सन् 1996, पृ. 142

20. वही, पृ. 159

21. तिवारी, डॉ. अर्जुन, हिन्दी पत्रकारिता का वृहद् इतिहास, वाणी प्रकाशन, नयी दिल्ली, सन् 1997, पृ. 81

22. वही, पृ. 235

23. पुरोहित, प्रकाश, राजस्थान में स्वतंत्रता संग्राम कालीन पत्रकारिता, पृ. 29

24. भटनागर, रामरतन, राइज एण्ड ग्रोथ ऑफ हिन्दी जर्नेलिज्म, पृ. 76

25. वाजपेयी, अम्बिका प्रसाद, समाचार पत्रों का इतिहास, पृ. 124

26. रोजतुल तालीम, 24 सितम्बर, सन् 1856 (प्रवेशांक)

27. भटनागर, रामरतन, राइज एण्ड ग्रोथ ऑफ हिन्दी जर्नेलिज्म, पृ. 77

28. वैदिक, वेदप्रताप, हिन्दी पत्रकारिता विविध आयाम, पृ. 164

29. गुप्त, बालमुकुंद, गुप्त निबंधावली, पृ. 361-365

30. जोशी, सुशीला, हिन्दी पत्रकारिता का आलोचनात्मक इतिहास, राजस्थान हिन्दी ग्रंथ अकादमी, जयपुर, सन् 1986, पृ. 240

31. वही, पृ. 241

32. मिश्र, कृष्ण बिहारी, हिन्दी पत्रकारिता (राजस्थानी आयोजन की कृति भूमिका), पृ. 17

33. वैदिक, वेदप्रताप, हिन्दी पत्रकारिता विविध आयाम, पृ. 165

34. चैधरी, आर.एन., गवर्नमेंट कॉलेज पत्रिका, अजमेर, सन् 1967, पृ. 36

35. वही, पृ. 106

36. वही, पृ. 242

37. तिवारी, डॉ. अर्जुन, हिन्दी पत्रकारिता का वृहद् इतिहास, वाणी प्रकाशन, नयी दिल्ली, सन् 1997, पृ. 88

38. सक्सेना, के.एस., राजस्थान में राजनीतिक चेतना एवं जनजागरण, राजस्थान हिन्दी ग्रंथ अकादमी, जयपुर, सन् 1972, पृ. 172

39. अगनानी, कन्हैया, पत्रकारिता के मूल सिद्धान्त, राजस्थान हिन्दी ग्रंथ अकादमी, जयपुर, सन् 1999, पृ. 93

40. मिश्र, कृष्ण बिहारी, हिन्दी पत्रकारिता (राजस्थानी आयोजन की कृति भूमिका), अखिल भारतीय मारवाड़ी युवा मंच, दिल्ली, सन् 1999, पृ. 37

41. दीक्षित, डॉ. सूर्यप्रसाद, भारतीय स्वतंत्रता और हिन्दी पत्रकारिता, बिहार ग्रंथ कुटीर, पटना, सन् 1989, पृ. 88

42. कौल, जवाहरलाल, हिन्दी पत्रकारिता का बाजारभाव, प्रभात प्रकाशन, संस्करण-सन् 2000, पृ. 161

43. जोशी, सुशीला, हिन्दी पत्रकारिता का आलोचनात्मक इतिहास, राजस्थान हिन्दी ग्रंथ अकादमी, जयपुर, सन् 1986, पृ. 228

44. अनुजा, डॉ. मंगला, भारतीय पत्रकारिता: नींव का पत्थर, मध्यप्रदेश हिन्दी ग्रंथ अकादमी, भोपाल, सन् 1996, पृ. 69

45. वही, पृ. 70

46. दास, राधाकृष्ण, हिन्दी समाचार पत्रों का इतिहास, काशी, सन् 1894, पृ.

3. जनचेतना का अर्थ, स्वरूप एवं राजस्थान में हिन्दी पत्रकारिता

हिन्दी पत्रकारिता को यह गौरव प्राप्त है कि वह न सिर्फ इस देश की आजादी की लड़ाई का मूल स्वर रही, बल्कि उसने हिन्दी को एक भाषा के रूप में रचने, बसने और अनुशासनों में बांधने का काम भी किया। हिन्दी भारतीय उपमहाद्वीप की एक ऐसी भाषा बनी, जिसकी पत्रकारिता और साहित्य के बीच अन्तर्संवाद बहुत गहरा था। लेखकों-संपादकों की एक बड़ी परंपरा इसीलिए हमारे लिए गौरव का विषय रही है। हिन्दी आज सूचना के साथ-साथ ज्ञान-विज्ञान के हर अनुशासन को व्यक्त करने वाली भाषा बनी है तो इसमें उसकी पत्रकारिता के योगदान को नकारा नहीं जा सकता। हिन्दी पत्रकारिता ने इस देश की धड़कनों को व्यक्त किया है, आंदोलनों को वाणी दी है और लोकमत निर्माण से लेकर लोकजागरण का काम भी बखूबी किया है।

जनचेतना अर्थात् जन-जन में जागृति। व्यक्ति सभी जागृत हैं लेकिन गलत काम या किसी गलत विचार धारा या कार्य में सबका साथ न देने के लिए लोगों को सत्यता बतायी जाये, उसे जन चेतना कहेंगे। गुलामी के समय आजादी की अलख जगाने वाली विचारधारा भी जन चेतना है। इसका सामान्य अभिधेयार्थ है-पत्रकार का कार्य, व्यवसाय नहीं अपितु लोगों में जागृति उत्पन्न करना है। उन्हें हकीकत बताना है। इसके अन्तर्गत समाचारों, लेखों, सूचनाओं आदि के संग्रह, संकलन एवं संपादन के कला की विवेचना भी रहती है। इस प्रकार पत्रकारिता केवल विशेष क्रिया ही नहीं अपितु ज्ञान की एक शाखा, अध्ययन की विद्या और जन चेतना संचार सम्बन्धित विद्या भी है। समय और समाज के सन्दर्भ में सजग रहकर नागरिकों में दायित्व-बोध, जन चेतना कराने की कला को पत्रकारिता कहते हैं।"1 राजस्थान की पत्रकारिता के इतिहास में 'त्यागभूमि' का प्रकाशन एक महत्वपूर्ण घटना मानी जाती है क्योंकि इस पत्रिका ने सन् 1927-28 में देश में जो नए राजनीतिक बदलाव हुए तथा सांस्कृतिक पुनर्जागरण हुआ, उसे स्वर देने में उल्लेखनीय कार्य किया।2 सामाजिक सुधारों के प्रति अपनी प्रतिबद्धता प्रकट करते हुए अपने प्रवेशांक में ही इसने लिखा-'सामाजिक कुरीतियों और दुर्बलताओं की यह पत्रिका दुश्मन होगी। दुर्व्यसनों, अश्लील और विलासिता तथा कामुकता को बढ़ाने वाले चित्रों, विज्ञापनों एवं पुस्तकों आदि के प्रचार का यह विरोध करेगी तथा समाज सुधार में सदा आगे कदम

बढ़ायेगी।''3

गीता में भी जगह-जगह पर 'शुभदृष्टि' का प्रयोग है। यह 'शुभदृष्टि' ही पत्रकारिता है, जिसमें गुणों को परखना तथा मंगलकारी तत्वों को प्रकाश में लाना सम्मिलित है। गांधी जी तो इसमें 'समदृष्टि' को महत्व देते थे। समाजहित में सम्यक् प्रकाशन को पत्रकारिता कहा जा सकता है। असत्य, अशिव और असुन्दर पर सत्यं, शिवं सुन्दरम् की शंखध्वनि ही जनचेतना हेतु पत्रकारिता है। श्री रामकृष्ण रघुनाथ खाडिलकर ने 'पत्रकला' और 'पत्रकार-कला' इन दोनों शब्दों का प्रयोग किया है। उनके अनुसार ''ज्ञान और विचार शब्दों तथा चित्रों के रूप में दूसरों तक पहुँचाना ही पत्रकला है।'' पहले पत्रकारिता का तात्पर्य समाचारों का संकलन तथा प्रसारण था परन्तु जैसे-जैसे समाचार-पत्रों में समाचार-प्रेषण, मुद्रण और वितरण के साधनों में वैज्ञानिक प्राविधिक और शिल्पगत उन्नति होती गई, पत्रकारिता का क्षेत्र विस्तृत होता गया। ''छपने वाले लेख, समाचार तैयार करना ही पत्रकारी नहीं रह गई अपितु आकर्षक शीर्षक देना, पृष्ठों का आकर्षक बनाव-ठनाव, जल्दी से जल्दी समाचार देने की प्रतिस्पर्धा में देश-विदेश के प्रमुख उद्योग-धन्धों के विज्ञापन प्राप्त करने की कला, सुन्दर छपाई और पाठक के हाथ में सबसे जल्दी पत्र पहुँचा देने की तत्परता, ये सब पत्रकला के अन्तर्गत आ गए।''4

महात्मा गांधी के शब्दों में ''पत्रकारिता एक सामाजिक धर्म है और वह समाज के स्वास्थ्य के लिए उसे लिखने की जरूरत नहीं परन्तु जो लिखा गया है उसे सही लिखने की जरूरत है।''5 सामान्यतः ''समाचार-पत्र प्रतिदिन छपते हैं और पढ़े जाते हैं इसलिए 'पत्रकारिता' शब्द के अर्थ में 'दैनदिन' की अर्थध्वनि व्यंजित है, किन्तु आज पत्रकारिता शब्द केवल 'समाचार-पत्रों' के संपादन-प्रकाशन तक ही सीमित नहीं है अपितु वह सूचना समाचार-जगत की सीमाओं का विस्तार, राजनीति, क्रीड़ा, व्यवसाय, साहित्य, ज्योतिष, चिन्तन आदि क्षेत्रों की असीम परिधियों में विकसित होकर 'दैनदिन' की सीमा से प्रायः मुक्त है। यद्यपि अध्ययन के एक विषय के रूप में 'पत्रकारिता' का विकास बीसवीं शताब्दी में विशेष रूप से हुआ और मुद्रण की सुविधा ने पत्र-पत्रिकाओं की संख्या में अपूर्व वृद्धि करते हुए उन्नीसवीं शताब्दी में ही पत्रकारिता के विकास की संभावनाओं का पथ प्रशस्त कर दिया किन्तु पत्र लेखन की कला निस्संदेह मानव सभ्यता के इतिहास-विकास की भांति अति प्राचीन है।''6

राजस्थान में जनचेतना का महत्त्व

राजस्थान के लोगों की स्थिति तत्कालीन ब्रिटिश भारत के अन्य प्रांतों से बदतर थी, क्योंकि यहाँ के लोग तीन स्तरों पर शोषण का शिकार हो रहे

थे। प्रथम स्तर पर सामंत थे, द्वितीय स्तर पर राजा-महाराजा एवं तृतीय स्तर पर अंग्रेज। इसलिए राजस्थान के स्वाधीनता सेनानियों को दोहरी लड़ाई लड़नी पड़ी। एक ओरउन्हें राजाओं के अत्याचार, अनाचार, आर्थिक शोषण और कुशासन के विरुद्ध जिहाद छेड़ना पड़ा तो दूसरी ओर उन्हें अंग्रेजी सत्ता के विरुद्ध भी विद्रोह का उद्घोष करना पड़ा।7 तत्कालीन निरंकुश एवं शोषक व्यवस्था के प्रतिक्रिया स्वरूप जितने भी सामाजिक, धार्मिक, आर्थिक एवं राजनीतिक सुधार आन्दोलन हुए, उन आन्दोलनों के लिए वैचारिक पृष्ठभूमि तैयार करने और उनके लिए राष्ट्रीय चेतना की भावना के विकास में तत्कालीन समय में प्रकाशित विभिन्न समाचार पत्रों ने महत्वपूर्ण भूमिका का निर्वाह किया।

राजनीतिक चेतना

किसी भी देश के लोकतंत्र के लिए व उस लोकतंत्र की सुरक्षा के लिए राजनीतिक चेतना का होना अति आवश्यक है। राजनीतिक चेतना से आशय यही है कि समाज राज की नीतियों के प्रति जागरुक रहे व समाज के लिए राज यानि की शासक वर्ग की कौनसी नीति सही है और कौनसी गलत, इसका भलीभाँति विचार कर सके। अंग्रेजी सरकार के प्रति इसी राजनीतिक जागरुकता ने सकल भारत भूमि को एकता रूपी धाँगे में पिरो दिया था और एक नई क्रान्ति का सूत्रपात किया था। वर्तमान राजस्थान के लिए पहले किसी एक नाम का प्रयोग इसकी ऐतिहासिक पृष्ठभूमि में नहीं पाया जाता। प्राचीन तथा मध्य युग में राजस्थान के अलग-अलग प्रदेशों के भिन्न-भिन्न नाम थे और कुछ विभाग अन्य प्रदेशों के अन्तर्गत आते थे। वर्तमान बीकानेर तथा जोधपुर के जिले जांगल देश कहलाते थे। कहीं-कहीं इसका नाम 'कुरू जांगल' और 'माद्रेय जांगल' भी मिलता है। इसी क्षेत्र के साथ कुछ अन्य पश्चिमी क्षेत्र जुड़कर मारवाड़ कहलाया।8 इस प्रकार पूर्व राजपूताना का पश्चिमी क्षेत्र मारवाड़ कहलाता है।

श्री विजय सिंह पथिक के संपादन में सन् 1920 में वर्धा से 'राजस्थान केसरी' नामक पत्र निकाला जाने लगा।9 राजस्थान में राजनीतिक पत्रकारिता का आरम्भ हम सन् 1919 से मान सकते है जब सन् 19 दिसम्बर सन् 1919 को दिल्ली में 'राजपूताना-मध्य भारत सभा' की स्थापना रियासतों में उत्तरदायी शासन की मांग को पूरा कराने तथा कांग्रेस की गतिविधियों से अपने को संबद्ध करने के उद्देश्य से की गई।10 बाल गंगाधर तिलक जी के 'मराठा' व 'केसरी' के सहधर्मी इस पत्र ने राजस्थान और मध्य भारत की जनता के अभाव-अभियोगों, उनकी पीड़ाओं और दमन की कथाओं को जनता के सामने प्रस्तुत कर उनके विरुद्ध जनमत के निर्माण का महती कार्य किया।

'राजस्थान केसरी' ने 'देशी राज्यों का पोल खाता' शीर्षक से संपादकीय टिप्पणियों में गाँधीजी के सत्याग्रह का हवाला देते हुए रियासती राज्यों के अधिकारियों, कर्मचारियों की मनोवृत्ति पर प्रहार करते हुए उन्हें अपना रवैया बदलने की सलाह दी एवं लोगों में जागृति के प्रयास किए।11 ब्रिटिश सरकार हरिजन सेवा के कार्यों को भी सन्देह की दृष्टि से देखती थी। वह देशी रियासतों के शासकों को यह समझा रही थी कि कांग्रेस तथा प्रजामण्डल वाले हरिजन सेवा की आड़ में राजनीतिक आन्दोलन चलाना चाहते हैं। सन् 1937 ई. में हरिजन सेवक संघ के मुख्यालय को अजमेर से जयपुर स्थानान्तरित कर दिया गया और संघ की अनेक जगह शाखाएँ खोली गई।

गुर्जरों के बाद मारवाड़ का दक्षिणी भाग चावड़ों के अधिकार में रहा था। कलचुरी संवत् 490 (वि.सं. 796) के (लालदेश) सोलंकी शासक पुलकेशीन के दानपत्र से प्रकट होता है कि उस समय के पूर्व ही अरब लोगों की चढ़ाई से चावड़ों का राज्य नष्ट हो गया था। फारसी के 'फतहुल बुलदान' नामक इतिहास से ज्ञात होता है कि खलीफा हशाम के समय सिंध के शासक जुनैद की सेना ने मारवाड़ और भीनमाल पर चढ़ाई की थी।12 इसके विपरीत डॉ. ओझा के अनुसार सिंध एवं गुजरात पर हर्ष का प्रभाव था इसलिये उनके मध्य में स्थित मारवाड़ हर्ष के प्रभाव में रहा होगा। अतः हर्षवर्द्धन ने चावड़ों को अपने अधीन किया।13 हरिशचन्द्र के चार पुत्रों भोगलभट्ट, कक्कुक, राज्जिल और दद्द ने मण्डोर राज्य जीत कर अपने अधीन किया। राज्जिल के पुत्र नरभट्ट ने 'पेल्ला-पेल्लि' का विरुद धारण किया। नरभट्ट के पुत्र नागभट्ट ने मेदान्तक (मेड़ता) को अपनी राजधानी बनाया। उसके वंशज सिलुक के वल्ल (जैसलमेर) के भाटी देवराज को पराजित कर अपने राज्य की सीमा निर्धारित की। उसके बाद जोहता, भिल्लादित्य तथा कक्क मण्डोर की गद्दी पर बैठे कनक ने भीनमाल तथा कन्नौज के प्रतिहार शासकों की सहायता की। भीनमाल के नागभट्ट प्रथम को कक्क ने बंगाल विजय में सहायता दी।14 बिलाड़ा तहसील के बुचकला गाँव से ई. 816 का एक शिलालेख मिला है जिसमें भीनमाल के प्रतिहार राजा वत्सराज को 'परमभट्टारक महाराजाधिराज परमेश्वर श्री वत्सराज' कह कर पुकारा गया। कुमारपाल का वि.सं. 1209 का एक लेख पाली के सोमेश्वर के मन्दिर में भी लगा मिला है। इसी प्रकार विक्रम संवत् 1218 के किराड़ू से प्राप्त लेख से वहाँ भी सोलंकी शासकों का आधिपत्य ज्ञात होता है।15 मारवाड़ में दहिया वंश (दधिचिक) वंश ने भी कुछ स्थानों पर शासन किया। परबतसर स्थित किणसरिया के कैवाय माता मंदिर में इस वंश के विक्रम संवत् 1056 एवं वि.सं. 1300 के अभिलेख मिले है।

प्रख्यात राठौड़ वंश के आगमन से पूर्व तक मारवाड़ में विभिन्न राजपूत राजवंशों ने शासन किया। संवत् 1213 राठौड़ भुवणि के पुत्र सलखा के स्मारक लेख से होता है।16 डॉ. ओझा ने इसका विरोध करते हुए इन्हे बदायूँ के राठौड़ों के वंशज माना है।17 राव सीहा की संवत् 1330 में पाली में मृत्यु हो गई, जिसके बाद उसका पुत्र आसयान शासक बना। विक्रम संवत् 780-800 तक मारवाड़ के भीनमाल, अजमेर आदि स्थानों पर अरब के खलीफा हशाम की तरफ से जुनैद ने आक्रमण किये। विक्रम संवत् 1082 में जिस समय महमूद गजनवी ने सोमनाथ पर चढ़ाई की थी, उस समय वह नाडोल की तरफ से होता हुआ उधर गया था। अजमेर से नाडोल और पाली की तरफ होती हुई गई थी और वहाँ के लोग उसके डर से किले को खाली कर भाग खड़े हुए थे।18

राजस्थान की रियासतों में बहुत कम लोगों में, केवल बुद्धिजीवियों एवं आधुनिक शिक्षा प्राप्त राष्ट्रप्रेमियों में, ही राजनीतिक जागृति की भावना का संचार हो पाया। सामान्य जनता इस लहर से भी अछूती ही रही। जोधपुर रियासत में राजनीतिक जागृति का सूत्रपात सन् 1905 ई. के बंगाल विभाजन तथा उसकी प्रतिक्रिया स्वरूप हुए स्वदेशी आन्दोलन के साथ हुआ। राष्ट्रीय कांग्रेस ने भी हरिपुरा अधिवेशन से ही रियासती जनता के संघर्ष के साथ अपने को जोड़ने का निर्णय किया।19 किन्तु इससे भी पूर्व रियासत में राजनीतिक चेतना के सृजन का श्रेय महर्षि दयानन्द सरस्वती और उनके द्वारा स्थापित संस्था 'आर्य समाज' को ही जाता है।20

शिक्षित वर्ग ने भाषणों, लेखों, जुलूसों तथा सार्वजनिक सभाओं द्वारा जनता में राजनीतिक चेतना का प्रसार किया और उसे नागरिक अधिकारों तथा उत्तरदायी शासन की स्थापना हेतु संघर्ष करने की प्रेरणा एवं क्षमता प्रदान की। जन आन्दोलनों का नेतृत्व करते हुए सतत संघर्ष में विविध यातनाएँ सही और बलिदान किए। इस प्रकार लोकतन्त्र के संरक्षक एवं पोषक के रूप में मध्यम वर्ग का जननेतृत्व प्रतिष्ठित हुआ। ऐसे नेताओं की गौरवमयी श्रृंखला में उल्लेखनीय हैं- श्री जयनारायण व्यास, श्री हीरालाल शास्त्री, श्री गोकुलभाई भट्ट, श्री माणिक्यलाल वर्मा, श्री जमनालाल बजाज प्रभृति अनेक नेता।21

पाश्चात्य शिक्षा के प्रसार से भारत में राजनीतिक जागृति उत्पन्न हुई और शिक्षित भारतीयों में राष्ट्रीयता, देशभक्ति, लोकतन्त्र तथा नागरिक अधिकारों की प्राप्ति के लिए संघर्ष की भावना जागी। आधुनिक पाश्चात्य शिक्षा और राजनीतिक घटनाचक्र के प्रभाव से भारतीय समाज में एक प्रबुद्ध राष्ट्रप्रेमी मध्यम वर्ग का उदय हुआ और इस मध्यम वर्ग के नेतृत्व में ही

भारत का व राजस्थान का स्वाधीनता आन्दोलन चलता रहा।

सन् 1905 ई. के रूस-जापान युद्ध में रूस जैसे विशाल देश पर एशियायी राष्ट्र जापान की विजय ने भारतीय जनता के मानस में गर्व की अनुभूति उत्पन्न की। इसी प्रकार सन् 1911 ई. में सनयात सेन के नेतृत्व में हुई चीन की क्रान्ति ने भी भारतीयों को लोकतन्त्र के लिए संघर्ष की प्रेरणा दी। ब्रिटिश शासन की अपेक्षा देशी रियासतों में राजनीतिक चेतना का विकास बहुत धीमी गति से हुआ, क्योंकि यहाँ निष्ठावान, सक्षम एवं प्रेरणादायक नेतृत्व उन्नीसवीं शताब्दी के अन्त तक विकसित नहीं हुआ। किन्तु इस कमी की पूर्ति बहुत सीमा तक महर्षि दयानन्द सरस्वती के राजस्थान में आगमन एवं उद्बोधन से हुई। राजस्थान की रियासतों की जनता की सामाजिक, धार्मिक एवं राजनीतिक जागृति में स्वामी दयानन्द सरस्वती एवं उनके आर्य समाज का महत्वपूर्ण योगदान रहा।22 स्वामीजी एक महान् धर्म एवं समाज सुधारक ही नहीं, भारत के नवजागरण के प्रवर्तक थे। आधुनिक भारत के वे महान् राष्ट्रीय नेता एवं विचारक थे जिन्होंने देश के समक्ष सर्वप्रथम स्वराज्य की स्पष्ट अवधारणा प्रस्तुत की।23 वैदिक संस्कृति की महत्ता का प्रतिपादन कर उन्होंने भारतीय राष्ट्रीयता के स्वरूप की व्याख्या की और स्वभाषा, स्वधर्म, स्वदेशी एवं स्वराज्य को राष्ट्रीयता का अनिवार्य तत्व बताया।24

महाराजा जसवन्तसिंह सन् 1883 में विलासी, वेश्यागामी तथा चापलूसी पसन्द थे और उनके दरबार में षड्यन्त्र होते रहते थे। जोधपुर के राजपुरुषों में महाराजा प्रतापसिंह चरित्रवान, तेजस्वी व्यक्ति थे जो राज्य के प्रधानमंत्री के रूप में कार्यरत थे। वे महर्षि की उदार, प्रगतिशील राष्ट्रीय शिक्षाओं से अत्यन्त प्रभावित हुए। मुख्य प्रशासक महाराजा प्रतापसिंह ने महर्षि दयानन्द की शिक्षा एवं प्रेरणा से ही राज्य में शासन सुधार की अनेक महत्वपूर्ण योजनाओं को क्रियान्वित किया। सरकारी कार्यालयों में हिन्दी का प्रयोग, सैनिकों की वर्दियों में खादी का प्रयोग आदि प्रमुख हैं।25 राज्य की राजभाषा फारसी मिश्रित उर्दू के स्थान पर देवनागरी लिपि में लिखी हिन्दी को घोषित कर दिया। इस आदेश का मूल राजस्थानी पाठ इस प्रकार है- '22 ही परगना में लिखावट कर दी जो सो फारसी री कार्रवाई नहीं करे हिन्दी री कार्रवाई करे। ने जिण में फारसी रा हरफ नहीं लिखे।'' अर्थात् रियासत के 22 परगनों को लिखित में आदेश दिया जाए कि वहाँ फारसी में राज्य की कार्यवाही न हो, बल्कि हिन्दी में हो, हिन्दी में भी फारसी के अक्षरों का प्रयोग न किया जावे।26

इसी प्रकार सेना तथा अन्य कर्मचारियों को स्वदेशी खादी के वस्त्र

धारण करने के भी आदेश दिए गए। निस्सन्देह महर्षि की स्वदेशी के प्रयोग की शिक्षा का राज्य प्रशासन में क्रियान्वयन एक क्रान्तिकारी घटना थी जिससे मारवाड़ की जनता में राजनितिक चेतना के प्रसार को बल मिला। सन् 1919 ई. में जब उन्होंने स्वामी श्रद्धानन्द को दिल्ली में चांदनी चैक में अपार जनसमूह का नेतृत्व करते हुए राॅलेट एक्ट का विरोध करते देखा तो उनके हृदय में भी राष्ट्र की स्वाधीनता के लिए संघर्ष करने की इच्छा बलवती हो उठी।27 आर्यवीर दल के प्रमुख संचालक श्री बाल दिवाकर हंस की लोकपरिषद् के आन्दोलनों में उल्लेखनीय भूमिका रहीं। भारत के क्रान्तिकारी आन्दोलन ने राजस्थान में भी क्रान्तिकारी गतिविधियों को प्रोत्साहन दिया। राजस्थान में अलग-अलग क्षेत्रों में तीन क्रान्तिकारी गुट सक्रिय थे। एक गुट श्री अर्जुनलाल सेठी के नेतृत्व में जयपुर क्षेत्र में सक्रिय था। दूसरा गुट श्री केसरीसिंह बारहठ के नेतृत्व में कोटा क्षेत्र में कार्य कर रहा था। तीसरे गुट का नेतृत्व खरवा के राव गोपालसिंह तथा ब्यावर के श्री दामोदरदास राठी कर रहे थे और वह अजमेर-ब्यावर क्षेत्र में सक्रिय था। राजस्थान के इन क्रान्तिकारियों को सुप्रसिद्ध क्रान्तिकारी श्री श्यामजी कृष्ण वर्मा से भी प्रेरणा एवं मार्गदर्शन मिल रहा था।28

बीसवीं शताब्दी के प्रथम दशक में उत्तरी भारत में 'अभिनव भारत' नामक क्रान्तिकारी संस्था बहुत सक्रिय थी। उस संस्था से लाला हरदयाल, श्री रासबिहारी बोस तथा श्री शचीन्द्र सान्याल जैसे महान् क्रान्तिकारी सम्बद्ध थे। इस क्रान्तिकारी संस्था ने देश में सशस्त्र क्रान्ति करने के उद्देश्य से राजपूताने के राजाओं, सामन्तों तथा रियासती सेनाओं में क्रान्तिकारी विचारधारा का प्रचार करने की योजना बनाई। क्रान्तिकारी संस्था 'अनुशीलन समिति' से सम्बन्धित श्री विष्णुदत्त त्रिवेदी नामक क्रान्तिकारी मारवाड़ के ग्रामीण क्षेत्र में सक्रिय था।29

सन् 1920 का वर्ष ऐतिहासिक महत्ता का वर्ष था। इस वर्ष गाँधीजी ने राष्ट्रीय कांग्रेस का नेतृत्व ग्रहण किया और उन्होंने कांग्रेस को जन-आन्दोलन में परिणत कर देश की राजनीति को नया मोड़ दिया। वस्तुतः भारतीय राजनीति में गाँधीयुग का शुभारम्भ एक नये युग का सूत्रपात था। प्रथम विश्व युद्ध की समाप्ति पर भारतीय जनता ब्रिटिश सरकार से औपनिवेशिक स्वराज्य की अपेक्षा कर रही थी। किन्तु सन् 1919 ई. के मान्टेग्यू चेम्सफोर्ड सुधार अधिनियम के अन्तर्गत केवल प्रान्तों में द्वैध शासन लागू किया गया जो अव्यावहारिक तथा लोकतांत्रिक सिद्धान्त के विपरीत था। नगरों में हड़ताल हुई, जुलूस निकाले गए, व्यापक प्रदर्शन हुए और इस कानून को वापस लेने की माँग की गई। पंजाब प्रान्त में रोलेट एक्ट का बहुत ही व्यापक स्तर पर

उग्र विरोध हुआ।

13 अप्रैल, सन् 1913 ई. को अमृतसर के जलियांवाला बाग में रॉलेट एक्ट के विरोध में एक विशाल सार्वजनिक सभा शान्तिपूर्वक हो रही थी। जनता पूर्णतः शस्त्रविहीन और अहिंसक थी तथा भीड़ में बहुत सी स्त्रियाँ और बच्चे भी थे। अचानक एक अंग्रेज अफसर जनरल डायर सैनिकों के साथ आया और उसने अपने सैनिकों को शान्तिप्रिय अहिंसक भीड़ पर मशीनगनों से गोली वर्षा करने का आदेश दिया। गोली चलाने से पूर्व भीड़ को तितर बितर होने के लिए भी चेतावनी नहीं दी गई। सैकड़ों निर्दोष लोग मारे गए। सारे देश में इस बर्बर पाशविक नरसंहार के विरुद्ध तीव्र प्रतिक्रिया हुई। पंजाब में जन-विद्रोह का दमन करने के लिए सरकार को मार्शल लॉ लगाना पड़ा। जलियांवाला बाग में हुए इस हत्याकाण्ड के कारण सम्पूर्ण देश में ब्रिटिश विरोधी वातावरण व्याप्त हो गया और राजस्थान भी इसका अपवाद नहीं रहा। राजस्थान के विभिन्न नगरों में इस हत्याकाण्ड के विरुद्ध प्रदर्शन हुए। जमनालाल बजाज ने ब्रिटिश सरकार के प्रति अपना आक्रोश प्रकट करते हुए अंग्रेज सरकार द्वारा प्रदत्त 'रायबहादुर की पदवी' को लौटा दिया। जोधपुर में श्री भंवरलाल सर्राफ ने तिरंगा झण्डा फहराने का साहस दिखाया। बीकानेर में श्री मुक्ताप्रसाद वकील ने अन्य सहयोगियों के साथ विदेशी कपड़ों की होली जलाई और शुद्ध खादी वस्त्र पहनने की शपथ ली।30 12 मार्च, सन् 1930 ई. को गाँधीजी ने नमक कानून का उल्लंघन कर अपनी गिरफ्तारी दी और इसके साथ ही सारे देश में सविनय अवज्ञा आन्दोलन प्रारम्भ हो गया।

ब्रिटिश सरकार देशी राज्यों के शासकों को अपना विश्वसनीय मित्र मानने लगी और उसका चिन्तन एवं नीतियाँ केवल राजाओं के हित साधन तक सीमित रही। सरकार ने 7 करोड़ रियासती जनता के मूल अधिकारों एवं हितों की रक्षा के लिए कुछ भी नहीं किया। 7 करोड़ रियासती जनता में से एक भी जन प्रतिनिधि को इन दोनों गोलमेल सम्मेलनों में आमंत्रित नहीं किया गया। सम्मेलन में बीकानेर के महाराजा गंगासिंह ने, जो राजाओं के प्रमुख प्रतिनिधि थे, भारत की प्रस्तावित संघ परिषद् या संसद में रियासतों की जनता के चुने हुए प्रतिनिधियों को लिए जाने की माँग का तीव्र विरोध किया। उन्हें उच्च प्रशासनिक पदों पर नियुक्त किया जाता था और स्थानीय प्रतिभा की पूर्णतः अवहेलना की जाती थी।31 मध्यम वर्ग के राजनीतिक नेतृत्व के उदय के साथ बीसवीं शताब्दी के तृतीय दशक के प्रारम्भ में एक नए युग का सूत्रपात हुआ। एक दूरदर्शी प्रबुद्ध राजनेता की तरह श्री जयनारायण व्यास ने सार्वजनिक रूप से यह उद्घोष किया कि, 'अब राजाओं तथा सामन्तों का युग समाप्त होने जा रहा है।' उन्होंने जागीर-उन्मूलन तथा

रियासतों में उत्तरदायी शासन की स्थापना का नारा बुलन्द किया। सन् 1921 में कांग्रेस के अहमदाबाद अधिवेशन के बाद 'राजस्थान सेवा संघ' की स्थापना हुई। संघ ने बिजौलिया तथा बेगूं किसान आन्दोलनों का तथा सिरोही में भील आन्दोलन का मार्गदर्शन किया। संघ ने बूंदी, सिरोही तथा उदयपुर में आन्दोलनकारियों पर हुए पुलिस अत्याचारों का भण्डाफोड़ किया। संघ के 'राजस्थान केसरी' नामक समाचार पत्र ने संघ की विभिन्न गतिविधियों को उजागर किया। संघ के माध्यम से राजस्थान की रियासतों की जनता में राजनीतिक चेतना विकसित हुई और अंग्रेज सरकार संघ की गतिविधियों से सशंकित हुई। किन्तु दुर्भाग्य से यह महान् संस्था अपने पदाधिकारियों एवं सदस्यों के बीच मतभेद के कारण सन् 1928 ई. तक पूर्णतः निष्प्राण हो गई।32

28 दिसम्बर, सन् 1918 को दिल्ली कांग्रेस अधिवेशन के अवसर पर आपसी विचार-विमर्श के पश्चात् श्री विजयसिंह पथिक, श्री चान्दकरण शारदा, श्री जमनालाल बजाज, श्री गणेश शंकर विद्यार्थी, श्री गोविन्ददास (जबलपुर), श्री अर्जुनलाल सेठी (जयपुर), श्री केसरीसिंह बारहठ व स्वामी नृसिंहदेव ने 'राजपूताना मध्यभारत सभा' नामक राजनीतिक संस्था की स्थापना की। इसका उद्देश्य राजपूताना के देशी राज्यों में राजनीतिक चेतना उत्पन्न करना तथा जहाँ उत्तरदायी सरकार की स्थापना की पृष्ठभूमि तैयार करना था। वहीं इस संस्था का प्रयास देशी राज्यों के निवासियों को अधिक से अधिक संख्या में राष्ट्रीय कांग्रेस के सदस्य बनाना भी था। इस संस्था का कार्यालय अजमेर में था।33 इस सभा का दूसरा अधिवेशन कांग्रेस अधिवेशन के साथ ही दिसम्बर, सन् 1919 ई. में अमृतसर में हुआ। मार्च, सन् 1920 में पुनः इसका अधिवेशन अजमेर में श्री जमनालाल बजाज की अध्यक्षता में हुआ।34 दिसम्बर, सन् 1920 में इसका चैथा अधिवेशन भारतीय राष्ट्रीय कांग्रेस के अधिवेशन के साथ ही नागपुर में हुआ।35 आरम्भ में इस सभा ने देशी रियासतों के शासकों का प्रत्यक्ष विरोध नहीं किया और केवल जागीरदारों तथा बड़े सरकारी अधिकारियों के कार्यों की ही आलोचना की। यह सभा प्रशासन की दोषपूर्ण नीतियों और कार्यों का विरोध करती थी।

राजनीतिक जागृति के उस दौर में जब शीर्ष क्रांतिकारी रासबिहारी बोस ने जापान से देशवासियों को आजादी की लड़ाई के लिए आह्वान करते हुए जो संदेश भेजा उसे 'यंग इंडिया' ने प्रकाशित किया। उस संदेश वाले पत्र को 'नवीन राजस्थान' ने 'यंग इंडिया' से साभार ज्यों का त्यों अपने अंक में प्रकाशित किया ताकि राजपूताना की जनता उस महान् क्रांतिकारी के विचारों से अवगत हो सके।36 राजनीतिक चेतना जागृत करने में 'नवीन राजस्थान'

के प्रभाव का परिमाण कितना बढ़ गया था, इसका अनुमान इसके दूसरे वर्ष के प्रथम अंक में लिखे अग्रलेख से हो जाता है, जो इस प्रकार है-"सत्ताधारी इतने चौंके क्यों हैं? इसीलिए न कि राजस्थान रूपी परतंत्रता के महाघमासान में स्वतंत्रता की अग्नि प्रज्जवलित हो गई है-बिजोलिया से निकली हुई आह की चिंगारी ने सारे राजस्थान की सुप्त शक्तियों को जागृत कर दिया है। 'किसान संदेश' ने शास्त्री सरकार के कार्यों का लेखा-जोखा प्रस्तुत करते हुए निष्कर्ष के रूप में शास्त्री मंत्रिमण्डल के कार्यों की जांच की मांग की तथा शास्त्री मंत्रिमण्डल से राजस्थान को बचाने का आह्वान किया।37

सामाजिक चेतना

समाज में प्रचलित रूढियों व कुरीतियों के विरुद्ध चेतना जाग्रत करना ही सामाजिक चेतना कहलाती है। सदियों से चली आ रही रूढ़िवादी प्रथाओं और अन्ध-विश्वासों ने राजस्थान की धरती में गहरी जड़े जमा ली थीं। पर्दा-प्रथा, सती-प्रथा, बाल-विवाह, स्त्री अशिक्षा आदि अनेक अनिष्टकारी कुरीतियों ने समाज के अधिकतर लोगों को, विशेषकर स्त्रियों को शुद्ध हवा में श्वास लेने का मौका ही नहीं दिया। अतः एक राष्ट्र का प्रत्यय समझने, राष्ट्रीयता की भावना जगाने तथा राजनीतिक चेतना उत्पन्न करने के लिए पहली आवश्यकता थी सामाजिक पुनरूत्थान करने की। ऐसे आन्दोलनों में यहां आर्य समाज का प्रभाव सबसे अधिक रहा। आर्य समाज आन्दोलन में नारी शिक्षा, नारी की समानता, अछूतोद्धार आदि में अपना अमूल्य योगदान किया। छूआछूत मिटाने के लिए गांधीजी द्वारा चलाये गये आन्दोलनों का असर भी राजस्थान में पड़ने लगा। राजस्थान के कोने-कोने में चल रही इन हलचलों को समसामयिक पत्र-पत्रिकाओं ने न केवल प्रखर वाणी दी वरन् अपना सतत सहयोग भी दिया। समाजोत्थान की इन घटनाओं को समाचारों, लेखों आदि के माध्यम से जनता तक पहुंचाया।

यद्यपि यहाँ अधिकांश जनता अशिक्षित थी, परन्तु समाचार पत्रों ने अपनी प्रचारात्मक भूमिका निभाने में कोई कसर नहीं छोड़ी। न केवल सामाचारों वरन् अनेक लेखों द्वारा इन पत्रों ने समाज में व्याप्त कुरीतियों और अन्धविश्वासों को अपने ढंग से समझाने और उन्हें दूर करने में महत्वपूर्ण भूमिका का निर्वहन किया।

देश की कुप्रथाएँ

दुराचार, अन्याय देश में, नित दिन बढ़ता जावे छै।
अन्धकार में डूबे प्राणी, जरा नहीं भय खावे छै।।
खरी कुमाई माता पिता की, खूब उड़ाई जावे छै।
तिरिया तो कपड़ा ने तरसे, वैश्या मौज उड़ावे छै।।

बच्चा ने नहीं मिले मिठाई, मोड्यानेर खुंबावे छै।
विधवा ब्याह तो नहीं करे, पर गर्भा नित्य गिरावे छै।।
जीता ने तो सुख नहीं देवे, मर्या रो मोसर गावे छै।
टाबर बेचे, कपड़ा बेचें, आंखर रोज लगावे छै।।
दूध मलाई, भोजन छोड्यो, दारू पीवा जावे छै।
निजी देश का कपड़ा छोड्यो, परदेशी बपरावे छै।38

राजस्थान में सामाजिक कुरीतियों की तरफ लोगों का ध्यान आकृष्ट कर उनके विरुद्ध जनमत का निर्माण करने में अजमेर से प्रकाशित पत्रिका 'मीरां' का महत्वपूर्ण योगदान रहा है। इसका प्रकाशन सन् 1930 में श्री जगदीश माथुर, 'दीपक' ने प्रारम्भ किया था।39 पत्रिका के 22 दिसम्बर, सन् 1945 के अंक में 'वैश्या से भी हीन अधिकार नारी' शीर्षक से एक खबर छपी है जिसमें राजस्थान में दासियों की दुरावस्था पर श्रीमती सुचिता कृपलानी ने लिखा है -

'वैश्या से भी हीन अधिकार नारी'

(राजस्थान में दासियों की दुरावस्था पर श्रीमती सुचिता कृपलानी)

राजपूताना के हालात पर 'नवीन राजस्थान' ने अपनी बेबाक संपादकीय टिप्पणियों से न केवल प्रहार किए वरन् जनसाधारण को जाग्रत करने का भी प्रयास किया। पत्र ने 'आरक्षित राजस्थान' शीर्षक से अपने संपादकीय में लिखा कि अंग्रेजों की रक्षात्मक मित्रता से राजस्थान को उसी तरह कमजोर, निकम्मे और विकारों के भंडारनाश पथगामी बना दिया है जैसे हिन्दू समाज की स्त्रियों को अधिक सुख पहुंचाने और पर्दे में बंद रखने की व्यवस्था ने स्त्रियों को आज संसार पर भार स्वरूप बना दिया है। दूसरे शब्दों में हम इन रक्षितों को उस तलवार की उपमा दे सकते हैं जो एक ठंडे कमरे में खुली रखी रहती हो और कभी उसे साफ करने के लिए इसलिए हाथ न लगाया जाता हो कि उसे कष्ट होगा और इस प्रकार जंग लगाकर नाष के निकट पहुंच गई हो। जरूरत है कि राजस्थानियों का ध्यान अपनी इस आरक्षित अव्यवस्था की ओर जाए और वे इससे अपने उद्धार का उपाय सोचें।40

'नवीन राजस्थान' ने अन्य मसलों पर भी ध्यान दिया। शेखावाटी में गरीब प्रजा पर जैसे-जैसे पैशाचितकता पूर्ण घोरतर अत्याचार हो रहे हैं उनको देख कर कौन मनुष्य होगा जो न पसीजेगा और अपने स्वजनों के पीड़ित होने का शोक न करता होगा। ऐसे गरीबों के लिए जो अति दुःखी हैं। शेखावाटी में पंचायत का संगठन होने की अतीव आवश्यकता है जिससे सत्याग्रह रूपी अस्त्र से इन पिशाचकर्मी जागीरदारों का प्राणप्रण से सामना किया जा सकें।41 'नवीन राजस्थान' ने रियासतों में बंदोबस्त जमीन के मुद्दे

पर भी काफी लिखा और अन्य पत्रों की खामोशी पर कटाक्ष किया कि रियासतों में प्रथम तो पत्र हैं ही नहीं जो किसी में सौभाग्य से हैं तो वे अपनी संपादन शैली के कारण इतने गिरे रहते हैं कि उनकी गिनती समाचर पत्रों में नहीं हो पाती।42 'नवीन राजस्थान' ने ब्रिटिश हुकूमत के खिलाफ अपना अभियान जारी रखा एवं कार्टून व्यंग्यों के जरिए जनसाधारण को ब्रिटिश सत्ता के खिलाफ आंदोलन के लिए जाग्रत करने का प्रयास किया।43 मारवाड़ रियासतों में जनसाधारण पर हो रहे अत्याचारों के खिलाफ आवाज मुखर करने में भी यह पत्र अग्रणी रहा। पत्र ने 'मारवाड़ रियासत की बर्बरता'44 शीर्षक से समाचार एवं संपादकीय टिप्पणियों के जरिए लोगों को वस्तुस्थिति से अवगत कराया। मारवाड़ में जो घटा उसे राक्षसी लीला45 शीर्षक से उजागर करते हुए यह बता दिया कि मारवाड़ में दौ सौ ब्राह्मण परिवार जेल में हैं तथा एक ब्राह्मणी भस्म हो गई तो पूरे राजपूताना में सनसनी फैल गई। तथा कस्तूरबा गांधी के समाज सुधार के लिए किए जा रहे प्रयासों को भी भरपूर स्थान दिया।46 'नीमूचाणा हत्याकाण्ड'47 का पत्र ने इतना सचित्र चित्रण किया कि समूचा देश इस बर्बरता से दंग रह गया एवं इस पत्र के माध्यम से राजपूताना की रियासतों को हालात जानने के लिए लोगों की जिज्ञासा में तीव्रता से वृद्धि हुई।

'तरूण राजस्थान' ने शाहपुरा में पैंतालीस गांव के नाई, खाती, कुम्हार और चमारों की बेगार तथा सामाजिक दुर्दशा48 और भरतपुर में बेगार के खिलाफ खुलकर लिखा। पत्र ने झालावाड़ के सत्तावन वर्षीय हनुमान प्रसाद कान्यकुब्ज द्वारा बारह वर्षीया बालिका के साथ विवाह का जमकर विरोध किया तथा लोगों को इस तरह के बेमेल विवाह के प्रति आगाह किया।49 सर सुखदेव के दिनों में 'सुखदेव शाही' के रंग दिखाते थे और अब जो राव राजा नरपत है तो 'नरपपतशाही' के रंग सामने आ रहे हैं।50 इस लेख के कारण व्यास पर राजद्रोह का मुकदमा चला एवं उन्हें छह वर्ष की सजा हुई।51

'यंग राजस्थान' ने मुख्यतः संपादकीय विचारों के जरिए जनजागृति के प्रयास किए। पत्र ने पहले ही अंक में अपना उद्देश्य स्पष्ट करते हुए लिखा- 'सभी पुरुष स्त्रियाँ समान रूप से पैदा हुए हैं और स्वतंत्रता उनका अहरणीय अधिकार है। सरकार का दायित्व है कि वह लोगों का जीवन, स्वतंत्रता एवं समृद्धि सुरक्षित करे और यदि वह इसमें विफल रहती है तो उसे समाप्त हो जाना चाहिए। इस संदर्भ में विचार करें तो वर्तमान में समूची राजनीति, आर्थिक तथा सामाजिक व्यवस्था त्रुटिपूर्ण है। 'यंग राजस्थान' ने राजपूताना के सामाजिक हालात पर निरंतर लिखा तथा समाचारों, लेखों एवं संपादकीय टिप्पणियों के जरिए जहां सामाजिक बुराइयों का विरोध किया, वहीं उन्हें दूर

करने के लिए लोगों में चेतना लाने का महती प्रयास भी किया। पत्र ने मारवाड़ में बड़े घर के लोगों के जुआ खेलने तथा उनके शराबखोरी एवं दुराचरण की जानकारी मिलने पर इसे 'सुसंस्कृत अपराध' बताते हुए सवाल किया कि इस तरह के अपराध करने वालों को कौन दंडित करेगा जबकि इसमें प्रशासन तथा कानून से संबद्ध लोग ही लिप्त हैं।52

'त्यागभूमि' ने राजस्थान की समस्याएं शीर्षक में लिखा- 'शासकीय दृष्टि से राजस्थान दो भागों में बंटा है-अंग्रेजी इलाका और देशी रियासतें। अंग्रेजी इलाका अजमेर-मेरवाड़ा बहुत छोटा और चारों ओर बड़ी-बड़ी रियासतों से घिरा हुआ है। इस कारण शासन के लिहाज से अलहदा होते हुए भी वहां के लोगों की मामूली हालात में कोई खास फर्क नहीं दिखाई देता। यों देखा जाए तो अंग्रेज हाकिमों की वह हमदर्दी स्वभावतः भारतीय जनता के साथ नहीं हो सकती जो देशी नरेशों की हो सकती है परन्तु देशी नरेशों की पराधीनता, स्वेच्छाचारी शासन प्रणाली तथा व्यक्तिगत सदाचार की कमी ने देशी राज्यों को प्रायः ब्रिटिश इलाके में सब तरह गया बीता बना रखा है। इससे प्रजाजन को कम कष्ट, कम हानि नहीं हो रही है। नरेशगण जो पतनमय जीवन बिता रहे हैं, सो तो अलग ही।' ऐसी अवस्था में राजस्थान की सबसे बड़ी कोई समस्या अगर हो सकती है तो वही है वही सारे भारत की एक मात्र समस्या 'स्वराज्य'। इसके बिना इस देश का कोई दुःख कम नहीं हो सकता। इसके लिए भारतवर्ष अपनी तरफ से प्रयत्न कर ही रहा है परन्तु इस महासमस्या के अंगभूत तथा प्रयत्नों की विविधता के कारण दूसरे प्रांतों की तरह राजस्थान के सामने भी इस समय कई समस्याएं खड़ी तो है जिन पर हमें विचार करना ही होगा यदि हम राजस्थान को आगे बढ़ाना चाहते हैं।53 जोधपुर में 'मारवाड़ी हितकारिणी सभा' की गतिविधियों पर शासन के दमन चक्र के कारण जब 'मारवाड़ यूथ लीग' नामक अन्य संगठन समान उद्देश्यों को लेकर आगे आया और उसने जन-जागृति के जो प्रयास किए उन्हें 'त्यागभूमि' ने पूरी सामर्थ्य से प्रचारित किया। मई सन् 1931 में जब कुछ युवकों ने जोधपुर के सर्राफा बाजार में ध्वजारोहण का प्रयत्न किया और उन पर पुलिस ने अत्याचार किए तो 'त्यागभूमि' ने इसका विरोध किया। इसी प्रकार ग्यारह जून को जब लीग के सचिव के नाम स्टेट कौंसिल ने यह निषेधाज्ञा जारी की कि आगामी तीन माह तक जोधपुर और उसके आसपास कोई सभाएं और जुलूस आयोजित न किए जाएं तो 'त्यागभूमि' ने इस प्रतिगामी कदम की भर्त्सना की।54 सामाजिक जागृति के इसी सन्दर्भ में पत्रकारिता के योगदान का अध्ययन यहाँ निम्नांकित बिन्दुओं के आधार पर किया जा रहा है-

- सामाजिक कुरीतियों पर प्रहार।
- नारी जागृति को स्वर।
- लोकहित के कार्यों को समर्थन।
- गाँधीजी द्वारा प्रेरित कार्यक्रमों को समर्थन।
- मानवतावादी एवं नैतिक मूल्यों की स्थापना के प्रयत्न।

राजपूताना के निवासी सामान्यतः अन्धविश्वासी, रूढ़िवादी एवं पुरातनवादी थे तथा समाज में अनेक कुरीतियाँ व्यापक रूप से व्याप्त थी। इनमें सती प्रथा, समाधि, डाकन प्रथा, कन्यावध, दास-दासी प्रथा, त्याग प्रथा आदि प्रमुख थी। समाज में स्त्रियों की स्थिति बड़ी दयनीय थी। उनमें पर्दा, निरक्षरता, बाल व अनमेल विवाह, बहुविवाह एवं लड़कियों के क्रय-विक्रय की स्थिति बनी हुई थी। विवाह व मृत्यु के अवसर पर लगभग सभी जातियों में अत्यधिक धन का व्यय होता था जिससे उन पर सदैव आर्थिक संकट बना रहता था।55

पाक्षिक पत्रिका 'आगीवाण' में प्रकाशित निम्न कविता का अवलोकन यहाँ प्रासंगिक है, जिसमें कवि पंडित गोपीलाल जी शर्मा ने देश में तत्कालीन समाज में व्याप्त बुराइयाँ एवं कुप्रथाओं पर चोट की है। 'देश की कुप्रथाएँ' नामक इस कविता में वे बड़ी निर्भीक वाणी में कहते है- इस पत्र में राजनीतिक समाचारों की प्रमुखता तो थी ही, साथ ही सामाजिक उत्थान के लिए किए जा रहे प्रयत्नों को भी स्थान दिया जाता था। 'वीर अर्जुन' दिल्ली ने भी राजस्थान में सामाजिक जनजागृति की दिशा में उल्लेखनीय कार्य किया। पत्र में प्रजामंडल के बारे में शिवकरण जोशी का बयान छपने से जोधपुर राज्य प्रशासन सकते में आ गया।56 इस बयान पर पुलिस महानिरीक्षक को प्रधानमंत्री के समक्ष स्पष्टीकरण देने की नौबत आ गई।57 पत्र ने अलग-अलग विषयों पर पूरे अंक प्रकाशित किए और उनके माध्यम से लोगों को प्रेरित करने का प्रयास किया। 'वीर अर्जुन' के कांग्रेस सरकार में शामिल हो या नहीं इस विषय पर58 प्रकाशित समग्र अंक से जनमत जागृति की दिशा में काफी सहायता मिली। 'वीर अर्जुन' जोधपुर सहित अन्य रियासतों में हो रहे दमन तथा चल रहे राजनीतिक-सामाजिक आंदोलनों के समाचार प्रमुखता के साथ तो प्रकाशित किए ही, उन पर अपने संपादकीय विचार भी प्रस्तुत किए।59

'त्यागभूमि' ने अपने मार्ग शीर्ष, संवत् 1984 के अंक में लिखा- 'सामाजिक समस्याएँ राजस्थान की प्रायः समान है। वैवाहिक कुरीतियाँ मारवाड़ी समाज में जितनी अधिक और गंभीरता के साथ है उतनी शायद और कहीं नहीं होंगी। बाल विवाह तो मानो हमारे पापों का फल ही हमारे

सर्वनाश के लिए ईश्वर ने भेजा है।"60 पत्रिका में प्रकाशित एक लेख के माध्यम से यह प्रमाणित करने का प्रयास किया गया है कि वैदिक काल में भी बाल-विवाह नहीं होते थे। लेख इस प्रकार है, जो पत्रिका के श्रावण सम्वत् 1986 के अंक में प्रकाशित हुआ था- "यजुर्वेद के मंत्रों से मालूम होता है कि लड़के और लड़कियों के विवाह उनके कार्यक्रम के अनुसार ही किये जाते थे। ऋग्वेद में ऐसी लड़कियों का कई जगह उल्लेख हुआ है, जो पिता के घर पर ही अविवाहित रहते हुए अधिक वय की हो गयी थी। इससे जाना जाता है कि वैदिक काल में भी लड़कियाँ पिता के घर पर, किसी भी कारण से क्यों ना हो, बड़ी हो जाती थी और ज्यादा उम्र तक अविवाहित बनी रहती थी।"61

त्यागभूमि के ही सम्वत् सन् 1985 के अंक में एक समाचार 'सरकार का रुख' नाम से प्रकाशित हुआ है जिसमें संवाददाता मुकुट अपनी इस टिप्पणी के साथ कि-'बाल-विवाह की प्रथा इतनी खराब, इतनी नाशक और इतनी हास्यास्पद है कि इसका शीघ्र रोका जाना आवश्यक है।' श्री हरविलास शारदा भी यह वक्तव्य देते हैं - "मैं इस बात को स्वीकार नहीं करता कि बाल-विवाह धर्म का अंग है लेकिन अगर हो, तो भी किसी को यह अधिकार नहीं है कि वह अपने को नरक में जाने से बचाने के लिए दूसरों का बचपन में ब्याह करके उनके जीवन को दुखमय बना दे। असेम्बली के ऊपर बड़ी भारी जिम्मेदारी है। इंग्लैण्ड और अमेरिका के लोगों की आँखें हमारे ऊपर लगी हुई हैं। वहाँ के बहुत से लोग साफ तौर पर कह चुके हैं कि जब तक हिन्दुस्तान में बाल-विवाह जैसी अन्याय की बातें होती हैं तब तक उसे स्वराज्य नहीं मिल सकता। अमेरिका के लोग यह देखने को उत्सुक हैं कि क्या डेढ़ सौ साल के शासन के बाद भी ब्रिटिश सरकार इस प्रकार के अत्याचार होने देती है?"62

पत्रिका ने अपने माघ सम्वत् 1986 के अंक में भी एक लेख 'बाल विवाह कैसे मिटे?' शीर्षक से प्रकाशित किया। जिसके माध्यम से इस सामाजिक कुरीति की तरफ लोगों का ध्यान आकृष्ट किया गया।63 बाल-विवाह के साथ ही पर्दा प्रथा भी तत्कालीन समाज की एक प्रमुख कुरीति थी। 'त्यागभूमि' ने इस प्रथा की तरफ ध्यान आकृष्ट करते हुए लिखा- 'राजपूताना में पर्दे की पराकाष्ठा उपहास की हद तक पहुँच गयी है। स्त्रियाँ स्त्रियों से घूंघट निकालती है। यह अजीब हालात इस दुनिया में देखे जाते हैं।"64 'तरुण राजस्थान' ने महात्मा गाँधी और राष्ट्र नायिका श्रीमती सरोजनी नायडू के उपदेश वाक्यों को पृष्ठ के मध्य 'बॉक्स' में प्रकाशित कर उनको और अधिक महत्वपूर्ण बना दिया है।65

सांस्कृतिक चेतना

किसी भी देश की संस्कृति भावी पीढ़ी को विरासत के रूप में प्राप्त होती है। पीढ़ी दर पीढ़ी संस्कृति का हस्तान्तरण होता है इस विरासत को सहेज कर रखने व बचाने के लिए समाज में जो चेतना जाग्रत की जाती है वह सांस्कृतिक चेतना कहलाती है। जब हम देशी राज्यों की प्रजा की स्थिति पर विचार कर, उन राज्यों के नरेशों से, उसकी तुलना करते हैं तो यही अनुभव होता हैं कि विश्व में कोई भी अन्य देश अंधाधुंध वैभव और निकृष्ट दरिद्रता का उससे अधिक विरोधाभास प्रकट नहीं कर सकता था।66 इन नरेशों को अपनी प्रजा के बारे में सोचने का समय ही नहीं था और वे अपना समय बड़े नगरों में मोटर, फर्नीचर, कपड़े, गहने, घोड़े, कुत्ते आदि को खरीदने में लगाते थे। वर्ष में चार माह वे यूरोप में लंदन व पेरिस जैसे नगरों में बिताते थे और वहाँ अपनी जनता का धन अपना विलासता पर खर्च करते थे।67 भारत सरकार के राजनीतिक विभाग के अतिरिक्त उन पर किसी का अंकुश नहीं था।68

19वीं सदी के धार्मिक और सामाजिक सुधार आन्दोलन का देशी नरेशों और रियासती जनता पर भी प्रभाव पड़ा। स्वामी दयानंद, स्वामी विवेकानन्द, बाल गंगाधर तिलक, अरविन्द घोष और श्याम जी कृष्ण वर्मा जैसे प्रमुख व्यक्ति देशी नरेशों के सहयोग और समर्थन के आकांक्षी थे। इस काल में देशी राज्यों की जनता की सहानुभूति भी अपने शासकों के साथ थी।69 ब्रिटिश भारत में राजनीतिक जागृति का देशी राज्यों पर भी प्रभाव पड़ा। राजपूताना में जागृति का दौर बंग-भंग और स्वदेशी आन्दोलन के बाद शुरू हुआ। उस काल में जापान द्वारा रूस की पराजय से भारतीयों का हौंसला बढ़ा और देश प्रेम की एक आंधी सी आ गई। राजपूताना भी उससे अछूता नहीं रहा, मगर यह लहर साधारण जनता को नहीं छू सकी, बल्कि कुछ व्यक्तियों पर ही इसका प्रभाव पड़ा।70 देशी राज्यों में शासन सुधार के लिए कोई भी आन्दोलन ब्रिटिश भारत की अपेक्षा अधिक कठिन था। ऐसा कोई भी आन्दोलन राजद्रोह माना जाता था।71 सामन्ती प्रभाव के कारण राजपूताना की सामाजिक व्यवस्था कुछ इस प्रकार ढली कि यहां कि जनता मानसिक रूप से राजा को ईष्वर का अवतार मान कर उसे पूजती रही।72 उस समय देशी राज्यों को जो सम्मान प्राप्त थी, वह स्वयं उनके अपने कार्यों से समाप्त हो गया।73 भारत में देशी राज्यों में एक समान प्रशासन नहीं था लेकिन एक बात सभी में समान थी-आलोचना को सहन करने की शक्ति किसी भी शासक में नहीं थी। किसी भी राज्य में प्रकाशन की, विचारों की अभिव्यक्ति की, व्यक्तिगत सुरक्षा की और संपत्ति के अधिकार की

स्वाधीनता नहीं थी।74 पढ़े लिखे जवानों में अपनी प्रतिभा की उपेक्षा से यह वर्ग रियासती शासकों से अत्यधिक क्रुद्ध था। उच्च पाश्चात्य शिक्षा प्राप्त यह स्थानीय वर्ग स्वतन्त्रता, समानता, राष्ट्रीयता एवं लोकतन्त्र की अवधारणाओं से तथा उन आदर्शों की प्राप्ति के लिए हुई विभिन्न क्रान्तियों के इतिहास से पूर्णतः अवगत था। अतः इसी मध्यम वर्ग से रियासती जनता के राजनीतिक नेतृत्व का आविर्भाव हुआ। इसी शिक्षित वर्ग ने रियासत में प्रचलित आर्थिक व्यवस्था एवं राजनीतिक व प्रशासनिक व्यवस्था में व्याप्त अनियमितताओं तथा दोषों को उजागर कर जनता में जागृति उत्पन्न की।

प्रशासन में फैले भ्रष्टाचार, नौकरशाही की क्रूरता व अकर्मण्यता एवं रियासती दमन की विभिन्न घटनाओं को तत्कालीन समय में प्रकाशित विभिन्न समाचार पत्रों ने न केवल अपनी वाणी दी अपितु इसके विरुद्ध एक जनमत का भी निर्माण किया। इन विभिन्न समाचार पत्रों में प्रतिबिंबित तात्कालिक शासन के स्वरुप का अध्ययन हम प्रस्तुत तीन शीर्षकों के अन्तर्गत करेंगे। सरकारी दमन चक्र ने राजनीतिक चैतन्य जागृत करने के इस प्रथम प्रयास को तो सदा के लिए बंद कर दिया परन्तु इसके पश्चात् निर्भीक साप्ताहिक पत्र 'नवीन राजस्थान' के प्रकाशन ने पत्रकारिता की ऐसी स्वस्थ परंपरा डाली जो आज तक अनेक दैनिक और साप्ताहिकों के रूप में निर्बाध गति से चल रही है। सन् 1905 ई. में लार्ड कर्जन द्वारा किए गए बंगाल के विभाजन के विरुद्ध तीव्र प्रतिक्रिया हुई। समस्त भारत में ब्रिटिश सरकार के विरुद्ध स्वदेशी आन्दोलन प्रारम्भ हो गया। भारतीय लोगों में विदेशी चीजों का बहिष्कार करने तथा स्वदेशी माल को अपनाने तथा राष्ट्रीय शिक्षा ग्रहण करने की भावना जागृत हुई। स्वदेशी वस्तुओं को अपनाने की यह प्रवृत्ति आगे जाकर गाँधीयुग में खादी उद्योग के विकास में अत्यधिक सहायक हुई। सन् 1919 ई. में अर्जुनलाल सेठी, ठाकुर केसरीसिंह बारहठ, श्री विजयसिंह पथिक, श्रीरामनारायण चैधरी और श्री हरिभाई किंकर ने महात्मा गाँधी के परामर्श पर वर्धा में 'राजस्थान सेवा संघ- की स्थापना की। सन् 1920 ई. में   इसे अजमेर स्थानान्तरित कर दिया गया। इसका उद्देश्य जनता की समस्याओं का निवारण करवाना था।

भारत में और विशेषतः ग्रामीण भारत में स्वदेशी आन्दोलन की सशक्त अभिव्यक्ति खादी के प्रचार-प्रसार के द्वारा ही हुई। यह कहना अतिशयोक्तिपूर्ण न होगा कि खादी का इतिहास भारतीय स्वतन्त्रता के इतिहास से जुड़ा हुआ है। महात्मा गाँधी ने समस्त अछूत वर्ग को 'हरिजन' कहकर पुकारा। उनकी मान्यता थी कि खादी, ग्रामसेवा तथा हरिजन सेवा, ये तीन अलग-अलग होते हुए भी एक ही है।75 हरिजनों के उद्धार के लिए सन्

1935 ई. में हरिजन सेवक संघ की स्थापना की गई। इसके अध्यक्ष श्री घनश्यामदास बिड़ला, महामंत्री श्री अमृतलाल ठक्कर तथा सहायक मंत्री प्रो. मलकानी नियुक्त हुए। संघ का प्रकाशन कार्यालय दिल्ली में रखा गया और दिल्ली से 'हरिजन सेवक' पूना से अंग्रेजी में 'हरिजन' और मुम्बई से गुजराती में 'हरिजन बन्धु' नामक प्रमुख साप्ताहिक समाचार पत्र निकाले गए।76 हरिजन सेवक संघ की प्रान्तीय स्तर पर भी स्थापना की गई। श्री घनश्यामदास बिड़ला ने श्री हरविलास शारदा को इस संघ की राजपूताना शाखा का अध्यक्ष और श्री रामनारायण चैधरी को महामंत्री नियुक्त किया।

अजमेर में 'राजस्थान सेवा संघ' की स्थापना के बाद सन् 1922 में इसेक मुख पत्र 'नवीन राजस्थान' का जन्म हुआ।77 इस पत्र का तेजी से प्रसार होने लगा तथा शीघ्र ही यह पत्र राजस्थान की मूक जनता की वाणी बन गया। इसका आदर्श वाक्य ही यह था -

यश वैभव सुख की चाह नहीं,

परवाह नहीं जीवन न रहे।

यदि इच्छा है तो यह है,

जग में स्वेच्छाचार दमन न रहे।78

श्री रामनारायण चैधरी ने सन् 1936 में साप्ताहिक 'नवज्योति' का प्रकाशन शुरु किया।79 इस पत्र ने राजस्थान के जन-जीवन को प्रतिबिंबित करने की दिशा में उल्लेखनीय प्रयत्न किए। इसने रियासती शासकों के शोषण, अत्याचार एवं निरंकुशता तथा नौकरशाही की मनमानी के विरुद्ध वाणी मुखर की।80 'नवज्योति' ने 'कांग्रेस और देशी राज्य' शीर्षक के अपने संपादकीय में रियासती जनता की कष्टप्रद स्थिति, राजाओं की निरंकुशता एवं जागीरदारों के अत्याचारों का वर्णन करते हुए अधिकारों एवं उत्तरदायी शासन के लिए शुरु हुए संघर्ष में कांग्रेस के समर्थन की आवश्यकता पर बल दिया।81 'नवज्योति' ने बीकानेर में सामन्ती शासन के अत्याचारों पर प्रकाश डालते हुए राजतंत्र की प्रताडना से निष्कासित बाबू मुक्ता प्रसाद और सामन्ती शासन के शिकार उदरासर गाँव की घटनाओं को प्रमुखता से प्रकाशित किया।82 इसने अपने 12 दिसम्बर, सन् 1938 के अंक में राजाओं की निरंकुशता को चित्रित करने वाले गाँधीजी के इन विचारों को प्रकाशित किया कि-"राजा प्रजा को अधिकार दे वरना वे खत्म हो जायेंगे। राजाओं को यह सलाह है कि वे निरंकुशता छोड़ दे एवं समय की गति को पहचानें।"83 'नवज्योति' ने जागीरदारी प्रथा को असामायिक बताते हुए इसके बारे में कई लेख प्रकाशित किए। पत्र ने श्रीचंद जैसलमेरी का लेख 'मारवाड़ के जागीरदार' प्रकाशित किया जिसमें जागीरदारों की मनोवृत्ति एवं वहाँ के लोगों के

कष्टप्रद जीवन का सजीव तथा मार्मिक वर्णन किया गया।84

सन् 1914 ई. के प्रथम विश्वयुद्ध में हजारों भारतीय सैनिक ब्रिटेन की ओर से लड़ने गए। जोधपुर राज्य के भी बहुत से सैनिक युद्ध के लिए भेजे गए थे। युद्ध की समाप्ति पर स्वदेश लौटने से पूर्व ये सैनिक युद्ध के दौरान राष्ट्रीयता और लोकतन्त्र के आदर्शों से अनुप्राणित हो चुके थे। सन् 1917 ई. में रूस में हुई बोल्शेविक क्रान्ति की घटना ने भी शिक्षित भारतीयों में राष्ट्रप्रेम, लोकतन्त्र तथा समाजवाद की भावनाएँ जगायीं।

नूतन वर्ष और प्रकृति का यह अभिनय नवीनता के नए उपासक और नव वर्ष को विशेष उत्सव के रूप में मनाने वाले राजस्थान के लिए एक विशेष संदेश रखता है। उसका संदेश है कि यदि तुम्हें वास्तव में अपनी वर्तमान अवस्था असह्य हो चुकी है, यदि अत्याचारों के धाराप्रवाही दृश्यों को देखते-देखते जी ऊब उठा है, यदि अपने भाइयों की वर्तमान दुरावस्था के कारण क्रोध और घृणा से तुम्हारा जी जल रहा है, यदि तुम किसी भी मूल्य पर नवीनता का स्वागत करने को तैयार हो तो नवीन वर्ष तुम्हारे द्वार पर उपस्थित है और तुम्हें उसका स्वागत करने का पूर्ण अधिकार है। सुख-भोगों और व्यक्तिगत इच्छाओं को विदा कर दिया जाय तथा सिर को हथेली पर रख लिया जाय। छिपे-छिपे घूंघट में रोने और गलियों में बाते करने से स्वतंत्रता नहीं मिलती। इस मार्ग में पुष्पों के सुकोमल गलीचे नहीं बिछे हैं, विषाक्त कांटों की दीवारें हैं। खुला हुआ राजपथ नहीं, दुर्गम वन पूर्ण पथ विहीन पौर्वात्य है और है जल, तृण, छायाविहीन धूप से जलते हुए मरुस्थल। इसमें ऊषा का शुभ्र निर्मल प्रकाश नहीं, स्वेच्छाचार का अंधकार है, अतः राजस्थानी युवकों, यदि तुम्हें माता की सेवा का सच्चा अनुराग है, इसके मंदिर का जीर्णोद्धार करना तुम अपना कर्तव्य समझते हो और नूतन वर्ष को वास्तव में एक सच्चे नवीनता के उपासक की भांति मनाना चाहते हो तो पूरे बल से हार्दिक उत्साह से और इन सब कठिनाइयों का सामना करने का निश्चय करके क्षेत्र में उतर पड़ो!!85 हम भारत की पूर्ण स्वाधीनता और रियासतों में शासकों के संरक्षण में उत्तरदायी सरकारों का गठन चाहते हैं। किसानों, श्रमिकों को सबसे पहले उनके अधिकार दिलाना तथा सामाजिक स्तर पर सभी को समान दर्जा दिलाना हमारा लक्ष्य है और हम चाहते हैं कि युवा शक्ति इस उद्देश्यों को पूरा करने के लिए हमारे साथ-साथ चले।86

साहित्यिक चेतना

साहित्य को हम समाज के आइने के रूप में देख सकते है। साहित्य पर परोक्ष व अपरोक्ष रूप में तत्कालीन समाज का प्रतिबिम्ब झलकता है। अतीत की घटनाओं व वर्तमान में हो रहीं घटनाओं व विचारधाराओं का प्रभाव

साहित्य में स्पष्टतः दृष्टिगत होता है। अपने साहित्य की विचारधाराओं व भाषा के प्रति समाज में जन जागरुकता लाना ही साहित्यिक चेतना कहलाती है। पत्रकारिता का उद्देष्य समाज में जनचेतना का विकास करना ही है। समाज के लिए जितनी आवश्यकता सामाजिक एवं राजनीतिक चेतना की है उतनी ही साहित्यिक चेतना भी अनिवार्य है। इसी संदर्भ में राजस्थान के कुछ प्रमुख पत्रों व उनमें साहित्यिक चेतना से सम्बन्धित सूचनाओं का उल्लेख किया गया है।

"एक अखबार जिसमें राजपूतानें देश के उत्तम नगरों का वृत्तान्त लिखा जावे, पाठशाला के छापेखाने से छपकर जारी हुआ करे, क्योंकि इन देशों की खबरें अन्य अखबारों में नहीं छपती हैं। इस हेतु इस अखबार का नाम राजपूताना अखबार स्थापना किया है, तो यह अखबार प्रथम तारीख, अक्टूबर महीने से जारी होगा। राजपूताने में राजपूताने देश में प्रधान नगर यथा जैपुर, जोधपुर, उदैपुर, कोटा, बूँदी, बीकानेर, जैसलमेर, अलवर, भरतपुर, अजमेर, सीकर, खेतड़ी इत्यादिक राजधानियों के वृत्तान्त तथा नवी-नवी वार्ता अन्य-अन्य देशन की व विलायतों की भी लिखी जावेग.ी।87"

पत्र के प्रथम वर्ष में चन्दा 9 रुपये, अर्द्ध वार्षिक 5 रुपये तथा माहवारी चैदह आने रखा गया था किन्तु 'बाद साल तमाम' के वार्षिक चन्दा 12 रुपये, अर्द्ध वार्षिक साढ़े पांच रुपये और महीने के साढ़े चैदह आने करने की घोषणा प्रथम अंक में ही कर दी गई थी।88 इस अखबार की सामग्री विविधतापूर्ण थी तथा इसमें शिक्षाप्रद समाचारों के साथ-साथ मनोरंजनात्मक विषय भी छपते थे। पत्र में विज्ञापन भी दिये जाते थे, जिनका मूल्य दो आने प्रति पंक्ति निर्धारित किया गया था।89 सन् 1861 में अजमेर से इस पत्र का प्रकाशन श्री सोहनलाल के सम्पादन में प्रारम्भ हुआ।90 सोहनलाल इससे पूर्व अपने मित्र अयोध्याप्रसाद के साथ 'खैरख्वाहे खलक' नाम से उर्दू का पत्र निकालते थे। यह पत्र मुख्यतः देश के अन्य भागों से प्रकाशित पत्रों की सामग्री तथा अंग्रेजी पत्रों की सामग्री के अनुवाद पर निर्भर रहता था।91 आर्य साहित्य मण्डल, अजमेर के संस्थापक श्री मथुरा प्रसाद शिवहरे ने सन् 1932 में मण्डल के ही तत्वावधान में 'वैदिक विज्ञान' मासिक का प्रकाशन किया। प्रो. विश्वनाथ विद्यालंकार इसके संपादक थे। दो वर्ष चलकर घाटे के कारण यह पत्र बन्द हो गया।92 'तरूण राजस्थान' की लोकप्रियता एवं उसके तीखे तेवर से घबराकर जोधपुर में भी उसके प्रवेश पर प्रतिबंध लगा दिया गया। 'द यंग राजस्थान' ने प्रतिबंध की सूचना देते हुए इसे पत्रकारिता की स्वतंत्रता पर कुठाराघात बताया और इस तरह की कार्रवाई का जबरदस्त विरोध किया।93 रोक लगने के बाद यह पत्र 'राजस्थान संदेश' के रूप में

पहुँचने लगा।94 राजस्थान केसरी, नवीन राजस्थान एवं तरूण राजस्थान के माध्यम से अपने पत्रकार कौशल तथा देशप्रेम की भावना से राजपूताना में ख्याति प्राप्त कर चुके रामनारायण चैधरी ने अंग्रेजी में पत्र निकालने का विचार किया ताकि अंग्रेजों और अंग्रेजी पढ़े-लिखे भारतीयों के बीच राजपूताना की रियासतों की जानकारी पहुंच सके। इसी विचार को दृष्टि में रखकर सन् 1929 में शोभालाल गुप्त की सहायता से 'यंग राजस्थान' नामक अंग्रेजी साप्ताहिक निकाला गया। सन् 1921 में कांग्रेस के अहमदाबाद अधिवेशन के पश्चात् राजस्थान सेवा संघ की स्थापना हुई।95 इससे सम्बन्धित तथा अन्य राजनीतिक गतिविधियों के प्रचार-प्रसार हेतु जिन पत्रों का प्रकाशन अजमेर से किया गया उनमें 'नवीन राजस्थान' अपना प्रमुख स्थान रखता है।96 इस दौर में 'राजस्थान', 'आगीवाण', 'नवज्योति', 'नजवीवन', 'प्रजा सेवक', 'जयभूमि', 'प्रचार', 'जयपुर समाचार', 'लोकवाणी', 'रियासती', 'नवयुवक संदेश' आदि के साथ ही राजपूताना के बाहर से निलने वाले पत्र-पत्रिकाओं, यथा 'स्टेटसमैन', 'हिन्दुस्तान', 'बांगे क्रॉनिकल', 'प्रिंसली इंडिया', 'टाइम्स ऑफ़ इंडिया', 'वीर अर्जुन', 'विश्वमित्र', 'आवाज', 'अखंड भारत', 'सैनिक', 'गणेश', 'अर्जुन' आदि ने राजपूताना की रियासतों में राजनीतिक-सामाजिक जनजागृति एवं आंदोलनों को संबल प्रदान करने की दिशा में महत्वपूर्ण एवं उल्लेखनीय योगदान दिया। 'प्रजा सेवक', 'नवज्योति', 'नवयुग संदेश' एवं ऐसे ही अन्य पत्र-पत्रिकाओं ने राजस्थान में आजादी की अलख जगाई एवं कुर्बानियां दीं। इन पत्रों ने एक ओर ब्रिटिश हुकूमत को टक्कर दी, दूसरी ओर राजे-रजवाड़े से लोहा लिया।97 इस दौर में पत्रकार जीवन में नए-नए लोग आए। उन्होंने विजयसिंह पथिक, रामनारायण चैधरी और जयनारायण व्यास की परंपरा को बनाए रखा।98 'तरूण राजस्थान' एवं 'सैनिक' में पत्रकारिता का प्रशिक्षण प्राप्त करने वाले अचलेश्वर प्रसाद शर्मा ने जोधपुर से सन् 1940 में साप्ताहिक 'प्रजा सेवक' शुरू किया। उस समय मारवाड़ लोक परिषद का आंदोलन अपने चरम पर था।99 आर्य समाज के पत्र 'आर्य मार्तण्ड' का ध्येय मुख्यतः समाज सुधार था तथापि यदा-कदा उसने राजनीतिक क्षेत्र से संबंधित सामग्री भी प्रकाशित की। जोधपुर से 1 सितम्बर सन् 1938 को शुरू हुआ साप्ताहिक पत्र 'मारवाड़ी समाचार' हालांकि राजभक्त तथा लोक परिषद विरोधी था, तथापि उसने लोक चेतना जागृति के लिए उल्लेखनीय कार्य किया। इस काल में पत्रों और उसके संपादकों का रियासतों में प्रवेश निषेध का क्रम भी जारी रहा परंतु इससे उनकी गति थमी नहीं।100

आर्थिक चेतना

देश या राज्य की समृद्धि व विकास उसके अर्थतंत्र पर ही निर्भर होता है। इसलिए उसके विकास के लिए आर्थिक चेतना का होना अति आवश्यक है। राजस्थान के एकीकरण से पूर्व राजपूताना में जोधपुर रियासत (मारवाड़ राज्य) सबसे बड़ी रियासत थी। उसका 83 प्रतिशत हिस्सा जागीरदारों के अधिकार में था और बाकी 17 प्रतिशत पर ही जोधपुर महाराजा का सीधा अधिकार था, जो खालसा कहलाता था। जोधपुर राज्य में 1300 से ज्यादा छोटे-बड़े जागीरदार थे जिनकी जागीरों में किसी प्रकार के कानून कायदे नहीं थे। पैदावार के 50 प्रतिशत के अलावा किसानों से अनेक तरह के अन्य कर (लाग-बाग) जागीरदार वसूल करते थे। इसके अलावा भी बेगार जो किसान को किसी भी समय जागीरदार की करनी पड़ती थी। इस पर किसान जिस जमीन को जोतता था, उस पर उसका कोई अधिकार नहीं था। जागीरदार जब चाहे, उसे बेदखल कर सकता था। इस तरह सबका अन्नदाता किसान स्वयं अन्न को तरसता था। उसके पास तन ढकने के लिये वस्त्र नहीं था तथा रहने के लिए मकान नहीं था। मारवाड़ सामन्तशाही ने उन्हें दीनता, हीनता और पराधीनता की बेड़ियों में जकड़ रखा था और वे किसानों के "भाग्यविधाता, ठाकुर यानि भगवान तथा अन्नदाता" बने हुए थे। कुल मिलाकर मारवाड़ में जागीरों में रहने वालों किसानों की हालत बड़ी दयनीय थी और अपने कमाये हुए प्रति रूपये में से उसे सिर्फ दो आने यानि 12 प्रतिशत मिलता था और 88 प्रतिशत हिस्सा जागीरदार उससे किसी न किसी रूप में छीन लेता था।101 आर्थिक बोझ से दबा किसान इस व्यवस्था को अशिक्षा और अज्ञानता की वजह से सहन करता आ रहा था। राजपूताना के राज्यों में 'लाटा' का प्रचलन अधिक था। किसान को 'लाटा' यानी बंटाई के समय अन्य कई प्रकार के 'नेग' एवं 'लाग' भी देने पड़ते थे।

राजस्थान में कृषकों से 'मलबा' और 'चैधर बाब' जैसे कर भी वसूले जाते थे। बंटाई के समय सहरणा, बलाई, पटवारी, पटेल, गमेत, कामदार, फौजदार, किलेदार आदि के नाम से भी लागतें वसूल की जाती थी। राजपूताना के राज्यों में कूंता प्रणाली भी प्रचलित थी। सैन्य खर्च के नाम पर वसूला जाने वाला कर 'खेड़ खर्च' या 'फौज खर्च' था।102 राजस्थान में 'चंवरी लाग' नाम से विवाह कर और विधवा के पुनर्विवाह पर 'कागली' या 'नाता' कर प्रचलित था। मारवाड़ में सीमा शुल्क, चुंगीकर, आयात-निर्यात कर, सामूहिक रूप से 'जकात' तथा सायर' के नाम से वसूले जाते थे।103

उद्योग-धंधे भी आर्थिक आधार के संबल थे और वे विकसित अवस्था में थे। रोजगार एवं संपन्नता की दृष्टि से राजपूताना के उद्योग-धंधों की

तीन श्रेणियां थी। पहली श्रेणी के उद्योग-धंधे स्थानीय जरूरतों की पूर्ति तक ही सीमित थे, यथा सूतली रस्सी, टाट पट्टी, काष्ठ उद्योग आदि। घरेलू धंधों के पतन के कारण ग्रामीणों के लिए कृषि कार्य से जीविक.ोपार्जन दूभर हो गया, ग्रामीण षिल्पकार भी कृषि को आजीविका का मुख्य साधन बनाने से दयनीय स्थिति आ गए थे और गरीबी के कारण ग्राम्य क्षेत्रों के जीवन स्तर में गिरावट आ गई थी।104

राजस्थान की राजनीतिक-सामाजिक एवं आर्थिक जनजागृति में जो योगदान प्रांत से प्रकाशित पत्र-पत्रिकाओं का रहा, वैसा ही इस दौर में 'राजस्थान', 'आगीवाण', 'नवज्योति', 'नजवीवन', 'प्रजा सेवक', 'जयभूमि', 'प्रचार', 'जयपुर समाचार', 'लोकवाणी', 'रियासती', 'नवयुवक संदेश' आदि के साथ ही राजपूताना के बाहर से निलने वाले पत्र-पत्रिकाओं, यथा 'स्टेटसमैन', 'हिन्दुस्तान', 'बांगे क्रॉनिकल', 'प्रिंसली इंडिया', 'टाइम्स ऑफ़ इंडिया', 'वीर अर्जुन', 'विश्वामित्र', 'आवाज', 'अखंड भारत', 'सैनिक', 'गणेश', 'अर्जुन' आदि ने राजपूताना की रियासतों में राजनीतिक- सामाजिक एवं आर्थिक जनजागृति एवं आंदोलनों को संबल प्रदान करने की दिशा में महत्वपूर्ण एवं उल्लेखनीय योगदान दिया।105

जोधपुर से निकलने वाले 'मारवाड़ी समाचार' ने कांग्रेस के निर्णय पर समूचे देश में मनाए गए स्वाधीनता दिवस पर अपने संपादकीय विचार प्रस्तुत किए, साथ ही सनातन धर्म प्रतिनिधि सभा पर पूरा अंक निकाला। इस विषय पर संपादकीय लिखे तथा लेख, कविताएं, समाचार एवं चित्र प्रकाशित किए।'106 "प्रजा सेवक" ने राजस्थान के आदि निवासी, देशी रियासतों की आर्थिक समस्याएं, राजा लोग जनता के सेवक बनें, आदि सरीखे लेख प्रकाशित किए।107 'नागरिकों से अपील' शीर्षक से लोगों में वितरित एक पेम्पलेट में किसानों को धोखेबाजों से सावधान रहने का आह्वान किया गया तथा 'जोधपुर की स्थिति पर प्रकाश' के तहत जयनारायण व्यास के वक्तव्य से अवगत कराया गया।108 साम्प्रदायिकता के खिलाफ जयनारायण व्यास ने एक पुस्तिका 'कम्युनलिस्ट आन द आफेंसिव इन राजपूताना' प्रकाशित कर जनसाधारण में वितरित की जिसमें अलवर के 'तेजप्रताप', उदयपुर के 'वीरभूमि' एवं 'क्षत्रियवीर' जोधपुर के 'हिन्दू सन्देश' एवं 'राष्ट्रपताका' के साम्प्रदायिक दृष्टिकोण की भर्त्सना करते हुए जनसाधारण को इनके प्रति सजग किया।109 अपने हकों के लिए संघर्ष करने हेतु नवचेतना या जागृति का उद्भव करके उन्हें अपने पैरों पर खड़ा करने का प्रयास जाट जाति के अग्रणीय किसान नेताओं ने किया।

वैसे समस्त राजपूताना के जाटों में एक व्यापक जागृति अक्टूबर, सन्

1925 ई. में पुष्कर में हुए अखिल भारतीय जाट महासभा के वार्षिक जलसे से हुई थी जिसकी अध्यक्षता भरतपुर के जाट महाराजा श्री कृष्णसिंह ने की थी। इस जलसे में यू.पी., पंजाब, दिल्ली के अलावा राजस्थान के हर कोने से जाट सम्मिलित हुए थे जिन्हें जाट महाराजा ने ऊपर उठने की प्रेरणा दी थी।110 मारवाड़ से भी बाबू गुल्लाराम चौधरी, चौधरी मूलचन्द नागौर, चौधरी भींयाराम सियाग और मास्टर धारासिंह सम्मिलित हुए थे। ये लोग पुष्कर में अन्य जाटों को देखकर अपनी दशा को सुधारने का हौंसला लेकर वापिस लौटे। इन्होंने मारवाड़ के किसानों की स्थिति पर विचार करके यह निष्कर्ष निकाला कि उनके पिछड़ेपन का मूल कारण अशिक्षा है। अतः तय किया कि सर्वप्रथम किसानों में शिक्षा के प्रति प्रेम पैदा किया जाय। इस हेतु मारवाड़ में जगह-जगह ''जाट बोर्डिंग हाऊस'' स्थापित किये जायें तथा बच्चों को निःशुल्क आवास की सुविधा के साथ योग्य विद्यार्थियों को छात्रवृत्ति प्रदान की जाय।111 इन छात्रावासों के अतिरिक्त पीपाड़, कुचेरा, रोल, लाडूनं, रतकुड़िया, जायल आदि स्थानों पर भी छात्रावास खोले गये तथा सरकारी सहायता, चन्दा व फीस इत्यादि से इनकी व्यवस्था की जाने लगी।112

सुधारक सभा द्वारा बालोतरा, नागौर, मेड़ता और परबतसर के पशु मेलों के अवसर पर भी जिसमें हजारों की संख्या में किसान एकत्र होते थे, भजन मण्डलियों व उपदेशकों द्वारा 8-10 दिनों तक बराबर कुरीतियों को छोड़ने हेतु खूब प्रचार कराया जाता था। पत्रों ने प्रगति विवरण भी प्रमुखता से प्रकाशित किए एवं प्रत्येक विकास की प्रत्येक गतिविधि को जनसाधारण तक पहुंचाया। 'राजस्थान' ने समाचार दिया कि श्रम विभाग के चार सौ कारखाने देखे, 404 साक्षरता केन्द्र खुले, 758 मील लंबी सड़कें बनी, जिन पर 62 लाख रूपये व्यय हुए तथा 57 लाख रूपए की लागत से नई इमारतें बनीं। इसी प्रकार केंद्रीय कानून के अन्तर्गत राजस्थान में श्रमिक न्यायालय स्थापित हुआ।113 यद्यपि प्रांत की समस्याएं उठाने और विकास कार्यों एवं विविध योजनाओं को प्रचारित करने में सभी पत्र आगे रहे तथापि प्रांत के साप्ताहिक 'नवज्योति' एवं दैनिक 'लोकवाणी' ने उल्लेखनीय भूमिका का निर्वाह किया। 'नवज्योति' ने समाचार दिए कि राजस्थान में गैस एवं तेल मिलने की संभावना है अतः भारत के भू-गर्भ विशेषज्ञों ने पश्चिमी राजस्थान में अन्वेषण कार्य प्रारंभ किया है, राजस्थान के विघटित सैनिकों के लिए गंगानगर के नहरी क्षेत्र में 25 हजार बीघा भूमि आवंटित की गई है एवं राजस्थान में दो अमेरीकी विशेषज्ञ भूगर्भ शास्त्री डॉ. जार्न तथा जार्ज स्टेंक्जक राजस्थान का छह सप्ताह का दौरा करेंगे और पानी एवं खनिज पदार्थों की खोज करेंगे।114

'नवज्योति' ने लिखा कि राजस्थान को केन्द्र से दो करोड़ रूपये सड़क निर्माण एवं एक करोड़ रूपए कुएं निर्माण के लिए प्राप्त हुए हैं वहीं ऐसे समाचार भी प्रमुखता से दिए कि राजस्थान में आवश्यकता वस्तुओं की समितियां स्थापित की गई हैं तथा राजस्थान सरकार ने विवाह के अवसर पर दहेज स्वरूप लड़कियों का दिया जाना और लिया जाना अवैध तथा भारत के संविधान की धाराओं के प्रतिकूल बताया है।115 राजस्थान में कृषकों से नाना प्रकार के कर जैसे मालबा व लाटा यानि बंटाई कई प्रकार के नेग आदि का भी इन पत्रों ने काफी विरोध किया। बेंगू और बिजोलिया के कृषक आन्दोलन इसी प्रकार की विरोधी प्रतिक्रिया थी। पत्र-पत्रिकाओं ने राजनीतिक जागरूकता के साथ आर्थिक क्षेत्र में जागीरदारों के अत्याचारों का भी खुलासा किया। पत्रों ने नए प्रांतों के भावी विकास योजनाओं को खूब प्रचारित किया। साथ ही आवश्यक सुझाव भी दिए। नए राज्यों के निर्माण के बाद रियासतों के शासकों के लिए पेंशन तय की गई। जिसमें जयपुर को 18 लाख, जोधपुर को 17 लाख, बीकानेर को 10 लाख आदि थे। जिसमें जोधपुर का विशिष्ट स्थान था। समाचार पत्रों ने आर्थिक नीतियों में धन निष्कासन संबंधी विचारों को जन-जन तक पहुंचाया व प्राकृतिक आपदाओं के समय में भी प्रशासन की बेरूखी व करों की सख्त वसूली को गलत बताते हुए इनका कड़ा विरोध किया। पत्र-पत्रिकाओं के योगदान व जागरूकता के कारण स्वतंत्रता प्राप्ति के पश्चात् सरकार की आर्थिक नीतियां, राहत कार्य जैसे रोजगार, गरीबी उन्मूलन, ऋण अनुदान आदि जनता को ध्यान में रखकर बनाये गये।

धार्मिक चेतना

साहित्य और संस्कृति से जुड़ा हुआ पहलू भारतीय धर्म और दर्शन का है। भारत हमेशा से ही धर्मप्राण ऋषि-मुनियों का देश रहा है। यहाँ विभिन्न धर्मों व सम्प्रदायों को मानने वाले मतावलम्बी हैं जो अपने धर्मों के प्रचार-प्रसार में रुचि रखते हैं। पत्रकारिता भी इस दिशा में अपवाद नहीं हो सकती। विभिन्न धर्मों से सम्बन्धित अनेक पत्र व पत्रिकाएँ तो निकलती ही हैं, साथ में सभी पत्र व पत्रिकाओं में धर्म व दर्शन से सम्बन्धित सामग्री मौजूद रहती है, परन्तु इन पत्रिकाओं का उद्देश्य अधिकांशतः व्यापारिक नहीं होता वरन् अपने धर्म और दर्शन का प्रचार करना होता है। हिन्दी के प्रथम पत्र 'उदन्त मार्तण्ड' से ही धर्म सम्बन्धी लेख प्रकाशित होने लगे और आज तक हो रहे हैं। धर्म सम्बन्धी पत्र-पत्रिकाओं में 'विधवा विवाह' पर सारगर्भित लेख 'मूर्ति-पूजा', 'छूआछूत', 'श्राद्ध', 'अवतारवाद' आदि का विरोध, मठाधीशों, साधुओं, पीड़ितों तथा धर्म का जामा पहनकर जाति व धर्म को कलंकित करने वालों के विरुद्ध सामग्री भी निहित रहती है। इन पत्रों में रामायण, गीता, महाभारत,

पुराण, वेद और उपनिषद्, कुरान, बाइबिल आदि की प्रेरक कथाएँ तो होती ही हैं, साथ ही ईश्वर-भक्ति, भगवन्नाम संकीर्तन का प्रचार, भक्ति, ज्ञान, वैराग्य, धर्म व सदाचार की शिक्षा देने वाले रोचक प्रसंग भी होते हैं।116 स्वतन्त्रता से पूर्व धर्म सम्बन्धी कई पत्रिकाएँ निकलती थीं जिनमें काशी से 'धर्म प्रचारक', 'गौर-सेवक', 'सनातन धर्म', 'गोरक्षण', मुम्बई से 'वेंकटेश्वर समाचार', दिल्ली से 'गोपाल' आदि प्रमुख हैं। सन् 1882 में काशी से अम्बिकादत्त व्यास ने 'वैष्णव पत्रिका' निकालकर धार्मिक पत्रिकाओं की शुरुआत की।117 काशी से अगस्त, सन् 1926 में श्रावण कृष्णा एकादशी को 'कल्याण' मासिक निकला। यह सबमें अनूठा तथा पूर्णतया शुद्ध आध्यात्मिक रंग में रंगा हुआ है और यह आज तक हिन्दू धर्म व दर्शन से सम्बन्धित सामग्री दे रहा है। इसके विशेषांक इतने प्रसिद्ध हुए हैं कि उन्हें कई बार पुनर्मुद्रित करना पड़ा है। इसके सूत्रधार हनुमान प्रसाद पोद्दार थे।

यद्यपि आजकल लोगों में दिनोंदिन धर्म के प्रति उदासीनता बढ़ रही है, पिछली पीढ़ी को छोड़कर नई पीढ़ी धर्म-कर्म का सम्बन्ध पाखण्ड और रूढ़ियों से जोड़कर उसे प्रति उपेक्षा दर्शाती है। आजकल व्यस्ततापूर्ण जीवन में जबकि मनुष्य को अपने काम से ही फुर्सत नहीं है तो वह धार्मिक क्रियाकलापों के लिए कहाँ से समय निकाल सकता है? फिर भी, इसके बावजूद धर्म से सम्बन्धित मुख्य पत्र व पत्रिकाएँ निकल रही हैं और विशेषतः पुरानी पीढ़ी के लोगों को अधिक रुचिकर लगती हैं। धार्मिक पत्र-पत्रिकाओं में निम्न पत्रिकाएँ प्रमुख हैं:- अखण्ड ज्योति, कल्याण, पुरोधा, ज्ञान-अमृत, आनन्द संदेश, ज्ञान शक्ति, ऋषि प्रसाद, गीत ज्योति, जिनवाणी, श्रमणोपासक, जहाज मंदिर, जिनागम, पाथेयकण, हिन्दू, गीताबोध, मीरां, सत्याग्रह, मधुसंचय, कादम्बिनी, धर्मयुग, धर्मवाणी आदि।118

शिक्षा चेतना

किसी भी विकसित समाज की आधारशिला उसका शिक्षित जनाधार होता है। अगर हमारा समाज शिक्षित है तो वह सुसभ्य एवं सुसंस्कृत भी होगा। अतः शिक्षा मेरुदण्ड के समान है। शिक्षा के द्वारा ही समाज में सामाजिक, सांस्कृतिक, साहित्यिक, धार्मिक व आर्थिक चेतना लाई जा सकती है। समाज से गरीबी दूर करनी हो या पुरानी कुरीतियों व अंधविश्वासों से छुटकारा दिलाना हो, यह सब शिक्षा चेतना द्वारा ही संभव है। राजस्थान में स्वतंत्रता संघर्ष का एक लम्बा इतिहास रहा। 19वीं सदी में मराठा-पिण्डारी लूटमार के बाद ब्रिटिश सत्ता स्थापित हो गई। नये परिवर्तन के साथ जनता और सत्ता के सम्बन्धों की प्रकृति व्यापक रूप से प्रभावित हुई। समाज

मुख्यतः दो भागों- एक मालिक और दूसरा सेवक में विभक्त हो गया। यह व्यवस्था पूर्व में प्रचलित सामाजिक व्यवस्था से भिन्न थी।119 19वीं सदी में समाज का बहुत बड़ा भाग राज, सामन्त और ब्रिटिश सर्वोच्चता के दबाव में घुटन महसूस कर रहा था। ऐसी स्थिति में लम्बे संघर्ष की प्रवृत्ति को पुनर्जागरण की आवश्यकता थी, जिसका सबसे सबल प्रेरक तत्व शिक्षा था, क्योंकि शिक्षा एक ऐसा तत्व है, जो कि मस्तिष्क को चिन्तन की ओर प्रेरित कर वैज्ञानिक दृष्टिकोण विकसित करता है। राजस्थान में स्वतंत्रता का बिगुल डूंगरजी, जवाहरजी द्वारा अंग्रेजी छावनी पर आक्रमण के साथ प्रारम्भ हो गया था, जिसकी प्रतिध्वनि सन् 1857 की क्रान्ति में सुनाई दी और 19वीं सदी के अन्त में मेवाड़ की प्रथम श्रेणी की जागीर बिजोलिया में किसान आन्दोलन के साथ स्वतंत्रता के संघर्ष के लिए राष्ट्रीय चेतना की धारा अनवरत बही, जो 30 मार्च, सन् 1949 में संयुक्त राजस्थान के निर्माण तक अबाध रूप से बही। इस मध्य सन् 1857-सन् 1949 तक के संघर्ष काल में संघर्ष की प्रकृति में बदलाव देखने को मिलता है। सन् 1857 की सैनिक क्रान्ति में सशस्त्र संघर्ष हुए लेकिन बाद में किसान आन्दोलन, प्रजामण्डल के नेतृत्व में अहिंसक आंदोलन चले। इन आंदोलनों के स्वरूप को प्रभावित करने में शैक्षणिक गतिविधियां एक सबल पक्ष था।

स्त्री-शिक्षा

संसार में यदि शान से जीवन बिताना जानते।

उत्कर्ष करना देश का कर्त्तव्य निज यदि मानते।

तो तिमिर से नारियों को तारना निज धर्म हो।

आलोक में लाकर उन्हें शिक्षित बनाना कर्म हो।।120

स्त्री शिक्षा विषयक मसले पर मासिक 'जैन गजट' ने भी लोगों का ध्यान आकृष्ट किया। इस संदर्भ में पत्र ने अपने जून, सन् 1904 के अंक में लिखा-'स्त्री शिक्षा कितनी आवश्यक है, इसे प्रकाशित करने की आवश्यकता नहीं है, क्योंकि हमारे वे जैनी बालक जिन्होंने एकमात्र श्री पद्मपुराण ही का स्वाध्याय किया है, धड़ल्ले के साथ कह उठेंगे कि स्त्रियाँ वैसे ही गुणों से भूषित होनी चाहिए जैसे कि पुरुष। प्राचीन काल में बालक-बालिकाएँ सब ही विद्या के भंडार से भरपूर रहते थे। गाड़ी बिना दो पहियों के नहीं चल सकती, इसी तरह गृहस्थ धर्म सुशिक्षित स्त्री और सुशिक्षित पुरुष के संयोग के बिना नहीं चल सकता-बेमेल जोड़ी ने न मालूम कितनों के घरों को तबाह कर डाला। बेमेल जोड़ी ने भारत को गारद कर दिया।''121 'नवज्योति' ने भी नारी जागरण के क्षेत्र में महत्वपूर्ण भूमिका का निर्वहन किया। पत्र ने बाल-बेमेल विवाह, दासता एवं नारी उत्पीड़न जैसी कुप्रथाओं का खुलकर विरोध

किया एवं इसके पक्ष में किए गए प्रयासों की प्रशंसा की। पत्र ने 'आज का राजस्थान' शीर्षक से अपने लेखों में बाल एवं बेमेल विवाह प्रथा का खुलकर विरोध किया।122 इसी संदर्भ में 'नवज्योति' ने राजकुमारी अमृत कौर का लेख 'राजस्थानी स्त्रियाँ क्या करें' प्रकाशित किया जिसमें स्त्रियों को सलाह दी गयी थी कि वे बाल-विवाह का विरोध करें, समाज सुधार पर खर्च करें, खादी अपनाएँ और महिला शिक्षा पर पूरा ध्यान दें।123 समाज में बढ़ रही गलत रीतियों और विद्वेषों को दृष्टि में रखते हुए और उसमें सुधार की कामना करते हुए राजस्थान के एक मात्र राजस्थानी भाषा के पाक्षिक पत्र 'आगीवाण' ने इस कविता से प्रारम्भ किया -

सच्चाई को छोड़ रास्तो, झूंठा बनता जावै छै।

बात-बात में लंडै लोगड़ा, मिथ्या ढोंग रचावै छै।।

चला-चला खोटी रीता ने कुल को नाम डुबावै छै।

बाने आगीवाण संभालन हर पखवाड़े जावे छै।।124

पत्र ने बड़ी रोचक और व्यंग्यात्मक भाषा में कोटा के सार्वजनिक जीवन में आये खालीपन और निरर्थकता को दर्शाया है। समाचार इस प्रकार है- 'अठे सार्वजनिक जीवन खूब पनप सके छै। कार्यकत्ताओं की भी कमी नहीं छै। पर अभाव छै मोटो और वा एक यो छै, गाढ़ा रहबा वाला लोगां को शिक्षा विभाग को आन्दोलन चाल्यो। अठी सूं बठी सूं, नाम सूं, गुमनाम सूं लेख निकल्या। कोटा में खुल्या तौर पर साफ कहबो लोग क्यूंनी चाहवे, पक्षा पक्षी कयूं राखै। कोटा को सार्वजनिक जीवन ई सू ही तो खराब हुयो।"125

राजस्थान जैसे पिछड़े प्रदेश में जहाँ शिक्षा की दशा काफी शोचनीय थी 'त्यागभूमि' ने शिक्षा की अनिवार्यता को प्रतिपादित किया 'जापान और भारत' शीर्षक से लेखक केशवकुमार ठाकुर ने अपने लेख में दोनों देशों की तुलना करते हुए भारत में शिक्षा के अप्रसार पर दुःख प्रकट किया है। वे कहते हैं-'भारतवर्ष की भाँति बालक और बालिकाओं की शिक्षा समस्या जापान में नहीं है। वहाँ पर उनकी शिक्षा के लिए राजकीय नियम है। जिनसे विवश होकर जापान के प्रत्येक बालक और बालिका को शिक्षा प्राप्त करनी पड़ती है। वहाँ पर बालक और बालिकाएँ समान रूप से समान संख्या में शिक्षा पाते है। किन्तु भारतवर्ष में यह बात नहीं है। अत्यन्त प्रयत्न करने पर बीस प्रतिशत बालक शिक्षा पाते हैं और बालिकाओं की संख्या दो प्रतिशत से अधिक नहीं है-यह हमारे देश की शिक्षा समस्या हैं।"126

शिक्षा प्रणाली में चेतना: 'क्या सचमुच अविद्या ने ही वर्तमान भारत की मानसिक दासता को पैदा नहीं किया। राजनीतिक स्वतंत्रता मन और हृदय की अन्दरूनी आजादी का बाह्य प्रकाश मात्र है और इस सच्चाई को

अब अनुभव किया जा रहा है कि नये राष्ट्र के निर्माण के लिए शिक्षा आवश्यक है। किसी भी जाति के निर्माण में शिक्षा का बड़ा असर होता है। इसके उद्देश्यों तथा आदर्शों से जाति की प्रतिभा को दबाना नहीं चाहिए, बल्कि प्रकट करना चाहिए।'127

'त्यागभूमि' के माघ, सम्वत् 1986 के अंक में 'मरुस्थल का आशाजनक शिक्षा केन्द्र' शीर्षक से छपी एक खबर में लेखक ने पिलानी में बिड़ला बन्धुओं द्वारा स्थापित एक शिक्षा केन्द्र की भूरि-भूरि प्रशंसा करते हुए लिखा-मरुस्थल का आशाजनक शिक्षा केन्द्र-'पिलाणी (शेखावाटी) में बिड़ला बन्धुओं द्वारा स्थापित और उन्हीं के दान से संचालित बिड़ला कॉलेज है। यद्यपि यह एक सरकारी विद्यापीठ से संलग्न कॉलेज है तथापि इसके संस्थापकों और संचालकों को इस बात के लिए चिन्तनशील और भरसक प्रयत्नशील देखा है कि यह शिक्षालय राष्ट्रीय भावों से एवं राष्ट्रीय जीवन से परिपूर्ण हो। बिड़ला बन्धुओं ने अपने दान से 7 लाख का ट्रस्ट रजिस्ट्री करवा दिया है। दो छात्रालय 200 विद्यार्थियों के निवास के निमित्त बन रहे हैं। कॉलेज में व्यायाम और खेलकूद की ओर विशेष ध्यान दिया जाता है।"128

शिक्षा की आदर्श व्यवस्था और देशीय भाषा को सम्मान दिलाने की दृष्टि से राजस्थान में समाचार पत्रों ने जनता में शिक्षा चेतना को जाग्रत करने में महत्वपूर्ण योगदान देते हुए लिखा है-"शिक्षा की नीति और शिक्षा के आदर्श में अवश्य परिवर्तन किया जाएगा और पराधीन देश की प्राचीन सभ्यता और प्राचीन संस्कृति को नष्ट करने का भरसक उद्योग किया जाएगा। राज्य करने वाला देश अपनी भाषा को प्रधानता देगा और पराधीन देश की भाषा या भाषाओं को गौण स्थान देगा। राज्य करने वालों की भाषा द्वारा जो शिक्षित होंगे उनका विशेष आदर प्रचलित होगा और उद्योग धन्धों का लोप होने से पराधीन देश निवासी और किसी कारण से नहीं तो आर्थिक विफलता के कारण ही विदेशियों की नौकरी के जाल में आदर के साथ फँसकर अपने आप को धन्य समझने लगेंगे।129 समाचार पत्रों का तो मूल उद्देश्य ही समाचार तथा तात्कालिक घटनाओं से पाठकों तक जनचेतना पहुँचाना है। वर्तमान में साहित्य ने नये आयाम व मानदण्ड अपना लिये हैं। आज का साहित्य केवल कहानी और उपन्यास तक ही सीमित नहीं रहा, वह नई-नई विधाओं में ढलकर सामने आया है।

निष्कर्षतः मनुष्य का मस्तिष्क सदैव जिज्ञासु वृत्ति का रहा है। इसी प्रवृत्ति से प्रेरित होकर मनुष्य यह जानने को उत्सुक रहता है कि उसके आसपास क्या घटित हो रहा है, क्यों घटित हो रहा है और जो कुछ घटित हो रहा है, उसका प्रभाव उसके अपने जीवन और कार्य-व्यापारों पर क्या होने

वाला है। उसे अपने स्वयं के तथा अपने परिचय-क्षेत्र के लोगों और स्थानों के विषय में ही जानने की उत्सुकता नहीं रहती, अपितु अपरिचित व्यक्तियों, स्थलों, नगरों और ग्रामों, यहां तक कि सात समुद्र पार बसे लोगों और देशों के जीवन की हलचल के बारे में भी वह जानना चाहता है। इसीलिए हर्बर्ट बूकर ने पत्रकारिता की व्याख्या करते हुए कहा है कि यह वह माध्यम है, जिसके द्वारा हम अपने मस्तिष्क में उस दुनिया के बारे में समस्त सूचनाएं संकलित करते हैं, जिसे हम स्वतः कभी नहीं जान सकते।

राजपूताना में सन् 1849 में पहले पत्र 'मजहरूल सरूर' से लेकर सन् 1920 में 'राजस्थान केसरी' तक अनेक पत्र निकले, परन्तु इस दौर में बहुत सी पत्र-पत्रिकाओं ने जन-जागृति एवं कुप्रथाओं के विरोध में प्रयास किए, उनमें 'मारवाड़ गजट', 'राजपूताना हेराल्ड', 'राजपूताना गजट', 'राजपूताना समाचार', 'राजपूताना टाइम्स' एवं 'सर्वहित' प्रमुख थे। इन पत्रों ने लोकधर्मी पत्रकारिता की शुरूआत की एवं इनके ऐतिहासिक महत्व को नकारा नहीं जा सकता। राजपूताना में सन् 1920 के पश्चात् जो पत्र आरम्भ हुए वे स्वातंत्र्य भाव से ओत-प्रोत थे। उनका उद्देश्य सामाजिक, धार्मिक तथा राजनीतिक जागृति था। राजपूताना की राजनीतिक कमान उसके आंदोलन के प्रारम्भ से पत्रकारों के हाथ में रही। 'राजस्थान समाचार' के प्रकाशन के पश्चात राजपूताना में पत्रकारी क्षेत्र का निरन्तर विकास होता गया। कई साप्ताहिक एवं मासिक पत्रों का प्रकाशन प्रारम्भ हो गया। राजपूताना में गणेश शंकर विद्यार्थी के पत्र 'प्रताप' ने पत्रकारिता को सुदृढ़ आधार प्रदान किया एवं इस परंपरा को 'राजस्थान केसरी' ने आगे बढ़ाया। इसके पश्चात् 'नवीन राजस्थान', 'तरुण राजस्थान', 'राजस्थान', 'त्यागभूमि', मीरां, 'प्रभा', 'आगीवाण', 'यंग राजस्थान', 'नवज्योति', 'प्रजा सेवक', 'नया राजस्थान', 'लोकवाणी', 'जयभूमि', 'प्रचार', 'अलवर पत्रिका', 'जयपुर समाचार' आदि पत्र निकले। राजस्थान में   स्वाधीनता पूर्व हिन्दी पत्रकारिता का इतिहास कुछ अपवादों को छोड़कर प्रकारान्तर से स्वतंत्रता-संग्राम के लिए किये गये विभिन्न आन्दोलनों का इतिवृत्त प्रस्तुत करने, उन्हें सम्बल प्रदान करने और उनके प्रति जनचेतना को जागृत करने का ही इतिहास है। इन पत्रों में सामाजिक जागरण, राजनीतिक चेतना और सांस्कृतिक पुनरूत्थान की सामग्री प्रभूत परिमाण में प्रकाशित हुई। भले ही इन पत्रों में अधिकांश दीर्घजीवी नहीं हो सके, तथापि अपने अल्पजीवी होने और सीमित पाठक वर्ग के बावजूद उन्होंने स्वतंत्रता संग्राम काल में अपनी प्रभावी भूमिका अदा की। इसी कारण राजपूताना की हिन्दी पत्रकारिता का इतिहास स्वाधीनता आंदोलन का ही इतिहास है और यहां की राजनीति उसके आंदोलन की शुरूआत से ही

पत्रकारों के हाथ में रही। एक पत्रकार ने कहा है 'समाचार पत्र जनता की संसद है, जिसका अधिवेशन सदैव चलता रहता है।'' इस समाचार पत्र रूपी संसद का कभी सत्रावसान नहीं होता। जिस प्रकार संसद में विभिन्न प्रकार की समस्याओं पर चर्चा की जाती है, विचार-विमर्श किया जाता है, उसी प्रकार समाचार-पत्रों का क्षेत्र भी व्यापक एवं बहुआयामी होता है। पत्रकारिता तमाम जन-समस्याओं एवं सवालों से जुड़ी होती है, समस्याओं को प्रशासन के सम्मुख प्रस्तुत कर उस पर बहस को प्रोत्साहित करती है। समाज जीवन के हर क्षेत्र में आज पत्रकारिता की महत्ता स्वीकारी जा रही है। आर्थिक, सामाजिक, राजनीतिक, विज्ञान, कला सब क्षेत्र पत्रकारिता के दायरे में हैं।

संदर्भ सूची :

1. पाटिल, डॉ. पद्मा एवं दिवाकर, डॉ. महेश, हिन्दी पत्रकारिता, पृ. 31

2. मेहता, पृथ्वी सिंह, हमारा राजस्थान, पृ. 476

3. त्यागभूमि, विजयादशमी, सम्वत् सन् 1984

4. खाडिलकर, रामकृष्ण रघुनाथ, आधुनिक पत्रकार कला, पृ. 2

5. पांडे, पीयूष, दैनिक जागरण; लेखबद्ध, 28.11.2009

6. पाटिल, डॉ.. पद्मा एवं 'दिवाकर', डॉ.. महेश, हिन्दी पत्रकारिता, पृ. 32

7. केला, भगवानदास, देशी राज्यों की जनजागृति, पृ. 46

8. भल्ला, एल.आर., राजस्थान रू एक विस्तृत अध्ययन, पृ. 3

9. राजस्थान केसरी, 26 दिसम्बर, सन् 1920

10. राठौड़, एल.एस., पोलिटिकल एण्ड कान्स्टीट्यूशनल डवलपमेंट इन   दी प्रिन्सली स्टेटस ऑफ़ राजस्थान, पृ. 40

11. वैदिक, वेदप्रताप, हिन्दी पत्रकारिता- विविध आयाम, पृ. 166

12. रेउ, पं. विश्वेश्वरनाथ, मारवाड़ का इतिहास, प्रथम भाग, पृ. 6-7

13. जी.एच. ओझा, जोधपुर राज्य का इतिहास, प्रथम खण्ड, पृ. 48

14. गुप्ता मोहनलाल, जोधपुर सम्भाग का जिलेवार सांस्कृतिक एवं ऐतिहासिक अध्ययन, पृ. 4

15. रेउ, पं. विश्वेश्वरनाथ, मारवाड़ का इतिहास, प्रथम भाग, पृ. 11-12

16. राठौड, गोविन्द सिंह, मारवाड़ की सांस्कृतिक धरोहर, पृ. 6-8

17. ओझा, जी.एच., जोधपुर राज्य का इतिहास, प्रथम खण्ड, पृ. 32

18. रेउ, पं. विश्वेश्वरनाथ, मारवाड़ का इतिहास, प्रथम भाग, पृ. 14-15

19. हरिजन, 26 फरवरी, सन् 1938; आर.एल. हाण्डा, हिस्ट्री ऑफ़ फ्रीडम

स्ट्रगल इन प्रिंसली स्टेट्स, पृ. 111-114; पट्टाभि सीता रम्मैया, हिस्ट्री ऑफ़ कांग्रेस, पृ. 78-80

20. पृथ्वीसिंह मेहता, हमारा राजस्थान, पृ. 279

21. एस. एन. मुखर्जी, 'साउथ एशियन अफेयर्स, नम्बर 2, ''द मूवमेण्ट फार नेशनल फ्रीडम इन इण्डिया'', आक्सफोर्ड, सन् 1966, पृ. 17; के. एम. पन्निकर, 'द सर्वे ऑफ़ इण्डियन हिस्ट्री', बम्बई, सन् 1957, पृ. 217-2सन् 18; वी.डी. माथुर, स्टेट्स पीपुल्स कान्फ्रेंस, पृ. 15-16; भगवानदास केला, पूर्वोक्त, पृ. 46, पृथ्वीसिंह मेहता, पूर्वोक्त, पृ. 356-57

22. सत्यकेतु विद्यालंकार, आर्य समाज का इतिहास, खण्ड-2, पृ. 407-409; वही, खण्ड-4, पृ. 681-688

23. भारत की राष्ट्रीयता के विकास में आर्य समाज की भूमिका के लिए द्रष्टव्य-पट्टाभि सीता रम्मैया, द हिस्ट्री ऑफ़ द इण्डियन नेशनल कांग्रेस, मद्रास, सन् 1936 पृ. 21; विपिनचन्द्रपाल, मेमायर्स ऑफ़ माई लाइफ एण्ड टाइम्स, खण्ड-2, पृ. 63-70; आर.सी. मजूमदार, हिस्ट्री ऑफ़ फ्रीडम मूवमेन्ट इन इण्डिया, खण्ड-1, पृ. 336; रोमांगोला, द लाइफ ऑफ़ रामकृष्ण, अल्मोड़ा, सन् 1944, पृ. 157-58

24. स्वराज्य की अवधारणा के लिए द्रष्टव्य, सत्यार्थ प्रकाश, 11 समुल्लास, दयानन्द सरस्वती, यजुर्वेद भाष्य मंत्र 36/24, 15/5; ऋग्वेदादि भाष्य भूमिका में स्वराज्य शब्द का प्रयोग, देखिए, सत्यकेतु विद्यालंकार, आर्य समाज का इतिहास, खण्ड 4, पृ. 74-77; स्वामी दयानन्द द्वारा नमक कर की आलोचना, द्रष्टव्य हरविलास शारदा, लाइफ ऑफ़ दयानन्द सरस्वती, पृ. 107; द टाइम्स ऑफ़ इण्डिया, 10 अप्रेल, सन् 1875

25. हकीकत बही नं. 31, पृ. 333, बही नं. 35, पृ. 55 व बही नं. 37, पृ. 25 व 222, राजस्थान आरकाइव्ज, बीकानेर; वनवार्ट, आर. बी. लाइफ ऑफ़ जनरल सर प्रतापसिंह, पृ. 193-94; सत्यकेतु विद्यालंकार, आर्य समाज का इतिहास, खण्ड-4, पृ. 684, वही, खण्ड-2, पृ. 413-414; जनार्दनसिंह गहलोत, राजपूताने का इतिहास, पृ. 66 व 224

26. दिनांक 12 मई, सन् 1884 का राज्यादेश सत्यकेतु विद्यालंकार के आर्य समाज का इतिहास, खण्ड-2, पृ. 416 पर उद्धृत है।

27. सत्यकेतु विद्यालंकार, आर्य समाज का इतिहास, खण्ड-4, पृ. 684

28. रामनारायण चैधरी, बीसवीं सदी का राजस्थान, पृ. 25-27

29. देवीलाल पालीवाल एवं अन्य द्वारा सम्पादित 'बारहठ केसरीसिंह व्यक्तित्व एवं कृतित्व' प्रथम खण्ड पृ. 22 व 24, रामप्रसाद व्यास,

पूर्वोक्त पृ. 302-3

30. रामप्रसाद व्यास, पूर्वोक्त, पृ. 311; के.एस. सक्सेना, पूर्वोक्त, पृ. 148, वी. पट्टाभि सीता रम्मैया, पृ. 222

31. भगवानदास केला, देशी राज्यों की जनजागृति, पृ. 46, पृथ्वीसिंह मेहता, पूर्वोक्त, पृ. 356-57, रामप्रसाद व्यास, पूर्वोक्त, पृ. 313

32. भगवानदास केला, देशी राज्यों की जनजागृति, पृ. 55-65; रामकरण चैधरी, बीसवीं सदी का राजस्थान, पृ. 59-60, तरुण राजस्थान, 2 मार्च, 30 मार्च, सन् 1924, तरुण राजस्थान, 16 नवम्बर, सन् 1924; देशी रियासतों में जनआंदोलन, पृ. 31; रघुवीरसिंह, पूर्व आधुनिक राजस्थान, पृ. 326

33. दुर्गाप्रसाद, राजपूताना मध्य भारत सभा रिपोर्ट (सन् 1937-38), पृ. 1; ....माथुर, पूर्वोक्त, पृ. 23; आर. पी. व्यास, पूर्वोक्त पृ. 309

34. रघुवीरसिंह, पूर्व आधुनिक राजस्थान, पृ. 324; वी.डी. माथुर, पूर्वोक्त, पृ. 23

35. रामनारायण चैधरी, पूर्वोक्त पृ. 44; भगवानदास केला, देशी राज्यों जनजागृति, पृ. 47-52

36. वही, 3 अगस्त, सन् 1922

37. किसान सन्देश, 7 एवं 24 जनवरी सन् 1951

38. आगीवाण, 20 नवम्बर, सन् 1937

39. दीपक जी, एक कृत्तित्वमय व्यक्तित्व, पृ. 16

40. नवीन राजस्थान, 3 दिसम्बर, सन् 1922

41. नवीन राजस्थान, 3 दिसम्बर, सन् 1922

42. नवीन राजस्थान, 4 फरवरी, सन् 1923

43. नवीन राजस्थान, होली अंक, 25 फरवरी, सन् 1923

44. नवीन राजस्थान, 11 मार्च, सन् 1923

45. नवीन राजस्थान, 25 मार्च, सन् 1923

46. नवीन राजस्थान, 9 अक्टूबर, सन् 1922 एवं सन् 18 मार्च सन् 1923

47. नवीन राजस्थान, 31 मई, सन् 1925

48. तरूण राजस्थान, 7 नवम्बर, सन् 1927

49. तरूण राजस्थान, 1 दिसम्बर, सन् 1927

50. तरूण राजस्थान, 28 दिसम्बर, सन् 1929

51. तरूण राजस्थान, 21 अक्टूबर, सन् 1929

52. त्यागभूमि, मार्गशीर्ष संवत सन् 1984

53. त्यागभूमि, सन् 19 जून सन् 1931

54. विश्वामित्र, कलकत्ता 5 मार्च सन् 1929

55. व्यास, रामप्रसाद, आधुनिक राजस्थान का वृहत इतिहास, खण्ड-2, पृ. 407

56. वीर अर्जुन, सन् 19 मार्च, सन् 1937

57. क्रिटिसिज्म ऑफ़ स्टेट एडमिनिस्ट्रेशन इन न्यूज पेज से महकमा खास जोधपुर फाइल नं.9

58. वीर अर्जुन, सन् 19 मार्च, सन् 1937

59. हरिजन, 14 जून, सन् 1942

60. त्यागभूमि, मार्गशीर्ष, सम्वत् सन् 1984

61. त्यागभूमि, श्रावण, सम्वत् सन् 1986, पृ. 547

62. त्यागभूमि, फाल्गुन सम्वत् सन् 1985, पृ. 688

63. त्यागभूमि, माघ, सम्वत् सन् 1986

64. त्यागभूमि, मार्गशीर्ष, सम्वत् सन् 1984

65. तरुण राजस्थान, 3 जनवरी, सन् 1926

66. चुड़गर, पी.एल., इंडियन प्रिन्सेज अंडर द ब्रिटिश प्रोटेक्शन, पृ. 20

67. चुड़गर, पी.एल., इंडियन प्रिन्सेज अंडर द ब्रिटिश प्रोटेक्शन, पृ. 12

68. हांडा, राजेन्द्रलाल, हिस्ट्र ऑफ़ फ्रीडम स्ट्रगल इन प्रिंसली स्टेट्स, पृ 65

69. हांडा, राजेन्द्रलाल, हिस्टी॰ ऑफ़ फ्रीडम स्ट्रगल इन प्रिंसली स्टेट्स, पृ 86

70. चैधरी, रामनारायण, आधुनिक राजस्थान का उत्थान, पृ. 67

71. हांडा, राजेन्द्रलाल, हिस्टी॰ ऑफ़ फ्रीडम स्ट्रगल इन प्रिंसली स्टेट्स, पृ 3

72. बोडा, रामचन्द्र, अमर शहीद सागरमल गोपा, पृ. 26

73. हांडा, राजेन्द्रलाल, हिस्ट्री ऑफ़ फ्रीडम स्ट्रगल इन प्रिंसली स्टेट्स, पृ. 72

74. वही, पृ. 65

75. द सलेक्टेड वक्र्स ऑफ़ महात्मा गाँधी-द बेसिक वक्र्स, जनरल सम्पादक श्री मन्नारायण 'रिवूमल ऑफ़ अनटचबिलिटी, पृ. 342-43; द सलेक्टेड वक्र्स ऑफ़ महात्मा गाँधी, द वायस ऑफ़ ट्रूथ, जनरल एडीटर, श्रीमन्नारायण, प्रोहिबिशन, पृ. 344

76. रामनारायण चैधरी, पूर्वोक्त, पृ. 129

77. राजस्थान केसरी विजयसिंह पथिक स्मृति ग्रन्थ, पृ. 230

78. पाटिल, डॉ.. पद्मा एवं दिवाकर, डॉ.. महेश, हिन्दी पत्राकारिता, पृ. 31

79. केला, भगवानदास, देशी राज्यों की जनजागृति, पृ. 199

80. प्रभाकर, मनोहर, वही, पृ. 87

81. नवज्योति, 9 मई, सन् 1937

82. नवज्योति, 1 मई, सन् 1937

83. नवज्योति, 12 दिसम्बर, सन् 1938

84. नवज्योति, 16 मार्च, सन् 1941

85. नवीन राजस्थान, चैत्र शुक्ल 5, रविवार संवत् 1979

86. यंग राजस्थान, 10 मार्च, सन् 1929

87. रोजतुल, तालीम, 24 सितम्बर, सन् 1856 (प्रवेशांक)

88. रोजतुल तालीम, 1 अक्टूबर, सन् 1856

89. शर्मा, आदर्श, जन जागरण और हिन्दी पत्रकारिता, पृ. 7

90. भटनागर, रामरतन, राइज एण्ड ग्रोथ ऑफ हिन्दी जर्नलिज्म, पृ. 77

91. सुराणा, भँवर, राजस्थान में हिन्दी पत्रकारिता का उद्गम और विकास (अप्रकाशित शोध ग्रंथ), पृ. 113

92. भारतीय, भवानीलाल, आर्य समाज के पत्र और पत्रकार, पृ. 88

93. द यंग राजस्थान, 14 नवम्बर, सन् 1929

94. मीरां, अजमेर, 18 जनवरी, सन् 1947

95. सिंह, रघुवीर, पूर्व आधुनिक राजस्थान, पृ. 52-54

96. प्रभाकर, मनोहर, राजस्थान में हिन्दी पत्रकारिता, पृ. 73

97. वैदिक, वेद प्रताप, हिन्दी पत्रकारिता के डेढ़ सौ वर्ष-पंडित झाबलमल शर्मा अभिनंद ग्रंथ, पृ. 449-50

98. काला, गुलाबचंद, राजस्थान परिचय ग्रंथ, पृ. 59

99. प्रभाकर मनोहर, राजस्थान में हिन्दी पत्रकारिता, पृ. 87

100. प्रजा सेवक, जोधपुर, 19 नवम्बर, सन् 1940

101. जोधपुर एडमिनिटस्टेॅशन रिकोर्ड, फाइल नं. सी-76, भाग-5, सन् 1941

102. देवड़ा, जी.एल., राजस्थान की प्रशासनिक व्यवस्था, पृ. 72-73

103. इर्सकिन, राजपूताना गजेटियर खण्ड-2, पृ. 131

104. शर्मा, कालूलाल, उन्नीसवीं सदी के राजस्थान का सामाजिक एवं आर्थिक जीवन, पृ. 177

105. काला, गुलाबचंद, राजस्थान परिचय ग्रंथ, पृ. 59

106. मारवाड़ी समाचार, 17 एवं 31 जनवरी, 3 अप्रैल, सन् 1940

107. प्रजा सेवक, जोधपुर, 31 दिसम्बर सन् 1945

108. मारवाड़ सोशलिस्ट पार्टी की वार्षिक रिपोर्ट सन् 1947-48

109. व्यास, जयनारायण, कम्युनलिस्ट आन द आफेंसिव इन राजपूताना सन् 1947

110. पेमाराम, डॉ.., शेखावाटी किसान आन्दोलन का इतिहास, पृ. 31

111. रिपोर्ट श्री जाट बोर्डिंग हाऊस जोधपुर शुरू से 30 जून सन् 1936, पृ. 1

112. चौधरी गुल्लारामजी स्मृति ग्रन्थ, पृ. 24, 152

113. राजस्थान 3 जून सन् 1951

114. नवज्योति 22 फरवरी, 20 मार्च एवं 15 अप्रैल सन् 1951

115. नवज्योति, 5 जून एवं 10 जुलाई सन् 1951

116. हिन्दी पत्रकारिता: विकास और विविध आयाम, डॉ.. सुशीला जोशी, राजस्थान हिन्दी ग्रन्थ अकादमी, जयपुर, 2007, पृ. 146

117. वही, पृ. 147

118. वही, पृ. 148

119. राजपूताना में रक्त सम्बन्ध पर आधारित सामन्ती व्यवस्था प्रचलित थी, लेकिन व्यवहार में कृषक व अन्य मेहनत का कार्य करने वालों के साथ सम्मानजनक व्यवहार होता था, उन्हें शासक अपने परिवार के सदस्य के रूप में देखते थे।

120. राजस्थान, 24 अगस्त, सन् 1936

121. जैन गजट, जून, सन् 1904

122. नवज्योति, 28 नवम्बर, सन् 1939.

123. नवज्योति, 30 सितम्बर, सन् 1940

124. आगीवाण, 20 नवम्बर, सन् 1937, पृ. 6

125. वही, 20 नवम्बर, सन् 1937, पृ. 12

126. त्यागभूमि, वैशाख, सम्वत 1985, पृ. 16-17

127. त्यागभूमि, ज्येष्ठ, सम्वत, 1985, पृ. 216

128. त्यागभूमि, माघ, सम्वत, 1986

129. त्यागभूमि, पौष, सम्वत, 1984, पृ. 179

4. राजस्थान के प्रमुख पत्र एवं पत्रकार उनका साहित्य और पत्रकारिता में योगदान

इतिहास के उस मोड़ पर, जब भारतीय राष्ट्रीय आन्दोलन जन-जीवन में आमूल-चूल परिवर्तन की दिशा में तीव्रता से गतिशील था, धर्म, शिक्षा, कला, संस्कार, साहित्य आदि सभी क्षेत्रों में परिवर्तन की लहर व्याप्त हो रही थी यही वह समय था, जब हमारे राष्ट्र की आशाओं और आकांक्षाओं को वाणी देने वाले हमारे कर्णधारों ने इस प्रक्रिया को त्वरा से ऊँचा उठाकर शिखर पर पहुँचाने की तैयारी कर ली थी। तब पत्र और पत्रकार ही थे, जिन्होंने जन-जन को राजनीति की दिशा दिखाई, उन्हें साहित्य का प्रकाश प्रदान किया, सामाजिक उत्थान की दृष्टि दी और संस्कृति के गौरव का स्मरण कराया।

स्वाधीनता से पूर्व पत्रकारिता एक मिशन थी। समाचार पत्रों का जन्म और संचालन एक मिशन और लक्ष्य को ध्यान में रखकर होता था और अंग्रेज सरकार अथवा रियासती सरकार के दमन अथवा प्रलोभन के आगे न झुकते हुए, आर्थिक कठिनाइयाँ और जेल यातनाएँ सहन करते हुए समाचार पत्रों का प्रकाशन करते थे।1 रियासती शासकों के पास समाचार पत्रों के विरुद्ध सबसे बड़ा शस्त्र था कि वे समाचारपत्रों के अपनी सीमा में प्रवेश पर प्रतिबन्ध लगा देते थे और लोगों का समाचार पत्रों से सम्पर्क काट देते थे।2 डाक विभाग, जिस पर अंग्रेज सरकार का नियंत्रण था, इस काम में रियासती शासकों की मदद करता था। किन्तु रियासतों में जहाँ-जहाँ रेलवे लाइन गुजरती थी, उसकी सीमा के भीतर जो रियासतों के नियंत्रण में न थी, लोग जाकर समाचारपत्रों को पढ़ते थे और उनसे उद्बोधन प्राप्त करते थे।3

राजस्थान की रियासतों से घिरे, एक छोटे से क्षेत्र अजमेर-मेरवाड़ा में सार्वजनिक कार्य की थोड़ी अधिक भिन्नता थी। उस समय यह क्षेत्र चीफ कमीशनरी राज्य था जो सीधा ब्रिटिश सरकार से शासित होता था। इस कारण यहाँ पर रियासतों से कुछ अधिक स्वतंत्रता थी।4 आर्य समाज की गतिविधियों का महत्वपूर्ण केन्द्र होने के कारण यहाँ पर एक वैचारिक क्रान्ति का भी सूत्रपात हुआ।5 इसीलिए शुरु में राजस्थान में समाचार पत्रों का प्रकाशन अजमेर-मेरवाड़ा में ही हुआ और राजनीतिक कार्यकर्त्ताओं ने इसे ही मुख्य रूप से अपना केन्द्र बनाया।6 अजमेर के बाद राजस्थान में जयपुर राजनीति का दूसरा महत्वपूर्ण केन्द्र बना और यहाँ से भी अनेक समाचार पत्र प्रकाशित हुए।7

प्रमुख पत्र

राजस्थान में पत्रकारिता के गढ़ अजमेर-जयपुर क्षेत्र में लोक चेतना को जागृत करने वाली वह विशुद्ध पत्रकारिता विकासोन्मुख हुई, जिसके सूत्रधार बनने का सौभाग्य उन कतिपय पत्रों को मिला, जिनका उल्लेख यहाँ किया जा रहा है। स्वतंत्रता प्राप्ति और राजस्थान की रियासतों के एकीकरण से पूर्व अजमेर-मेरवाड़ा रियासत राजस्थान का हिस्सा न होकर सीधे ब्रिटिश सत्ता के अधीन था और यहीं से अँगरेज अधिकारी राजस्थान की रियासतों पर नियंत्रण भी रखते थे। इसके बावजूद अजमेर स्थित अँगरेज प्रशासकों के लिए यह संभव नहीं था कि वे ब्रिटेन शासित भारत में क्रियान्वित किये जा रहे नियमों और कानूनों की अवहेलना करते। अजमेर-मेरवाड़ा की भौगोलिक स्थिति ही ऐसी थी कि अधिकांश रियासतों से वहाँ तक सुगमता से पहुँचा जा सकता था। सीमाएँ खुली थीं और राजनीतिक नेता या जनमत को प्रभावित करने वाले जननायक इस स्थान में अपने जन आन्दोलनों को बल प्रदान करने के लिए समाचार पत्र निकाल सकते थे। इस सुविधा के कारण अजमेर पत्रकारिता का गढ़ बन गया और वहाँ से नवीन राजस्थान, तरुण राजस्थान, यंग राजस्थान, राजस्थान संदेश, नया राजस्थान, आगीवाण, नवज्योति, राजस्थान और रियासती आदि अनेक पत्र निकाले गये। इस प्रकार अजमेर-मेरवाड़ा भू-भाग में अजमेर पत्रकारिता का केन्द्र बना और ब्यावर उद्योग व्यापार के केन्द्र के रूप में उभरकर सामने आया। जहाँ अजमेर आकार में बड़ा होने के साथ-साथ राजनीतिक शक्ति का केन्द्र था, वहाँ ब्यावर औद्योगिक दृष्टि से समृद्ध था। परिणामतः देश-प्रेमी व्यावसायिक घरानों से भी पत्रों को समर्थन प्राप्त हो सका। अजमेर और ब्यावर दोनों ही स्थानों पर मुद्रण की सुविधाएँ भी थीं। चूँकि देसी रियासतों के नरेशों को वे अखबार जो जन आन्दोलनों को समर्थन देते थे, फूटी आँख भी नहीं सुहाते थे, अनेक रियासतों ने अजमेर और ब्यावर से प्रकाशित ऐसे पत्रों के अपने राज्य की सीमा में प्रवेश पर प्रतिबंध भी लगाये। अजमेर-मेरवाड़ा क्षेत्र से निकलने वाले समाचार पत्रों ने जनसामान्य के कष्टों तथा सामन्ती तत्वों द्वारा जनता के शोषण और उत्पीड़न को वाणी देने में अपनी प्रभावी भूमिका अदा की।8 जब बंगाल, बिहार और उत्तर प्रदेश में हिन्दी पत्रों की संख्या बराबर बढ़ रही थी और हिन्दी पत्रकारिता आधी शती के ऐतिहासिक दौर से गुजर चुकी थी; तब राजस्थान में हिन्दी पत्रिकाएँ अपने प्रथम चरण में ही थीं। तथापि जब रियासती राजपत्र फारसी बहुल उर्दू में सामग्री प्रकाशित कर रहे थे और

प्रशासन में उर्दू-फारसी का बोलबाला था, राजस्थान जैसे प्रदेश से सीमित संख्या में भी हिन्दी पत्रों का प्रकाशन होना निस्संदेह महत्वपूर्ण था।

राजस्थान का सर्वप्रथम पत्र 'मजहरुल-सरूर' माना जाता है। यह द्विभाषी पत्र उर्दू तथा हिन्दी में सन् 1849 में भरतपुर से प्रकाशित होता था, किन्तु इसकी कोई प्रति उपलब्ध नहीं है। फ्रेंच लेखक तासी ने अपने 'डिसकोर्सेज' में इसका उल्लेख किया है। अत इस पत्र के स्वरूप के बारे में प्रामाणिक रूप से कुछ नहीं कहा जा सकता। इसके बाद के सात वर्ष की अवधि में राजस्थान से किसी पत्र के प्रकाशित होने का कहीं भी कोई उल्लेख उपलब्ध नहीं होता। ऐसी स्थिति में सन् 1856 में जयपुर से हैडमास्टर कन्हैयालाल के सम्पादन में प्रकाशित द्विभाषी पत्र 'रोजतुल- तालीम' अथवा 'राजपूताना अखबार' ही पहला उपलब्ध समाचार पत्र माना जाना चाहिए।9

सन् 1856 में जयपुर उर्दू तथा हिन्दी में संयुक्त रूप से प्रकाशित इस द्विभाषी पत्र को राजस्थान की पत्रकारिता के इतिहास में ही नहीं, अपितु समूची हिन्दी पत्रकारिता में ग©रवपूर्ण स्थान प्राप्त होना चाहिए। देश में हिन्दी के प्रथम पत्र 'उदन्त मार्तण्ड' से महज 30 वर्ष बाद राजस्थान जैसे प्रदेश से इसका प्रकाशित होना निश्चय ही एक उल्लेखनीय घटना थी। 'रोजतुल तालीम' का नियमित प्रकाशन 1 अक्टूबर, सन् 1856 से करने से पूर्व इसके विद्वान सम्पादक ने, जो राजकीय पाठशाला में प्रधान अध्यापक थे, 24 सितम्बर, सन् 1856 को पत्र का प्रवेशांक प्रकाशित किया था। इसमें पत्र प्रकाशन की प्रेरणा तथा उद्देश्य को इस प्रकार अभिव्यक्त किया था 'और श्रीयुत साहब अंजट बहादुर व पंडित शिवदीन जी ज्योकि महाराज के प्रमुख प्रधान है, विद्या सम्बन्धी विचारों की सहायता में चित्त दे रहे हैं और विशेष यह है कि पंडित जी साहब इतनी बड़ी पदवी पाय के भी आठवें दिन आयकर पाठशाला की संभाल करते हैं और नाना प्रकार की विद्याओं का प्रचार करते हैं। ऐसे अवसर को पाय मेरे चित्त में भी हुलास उत्पन्न हुआ, ज्यों एक अखबार जिसमें राजपूताने देश के उत्तम नगरों का वृत्तांत लिखा जावे, पाठशाला के छापेखाने से छपकर जारी हुआ करे, क्योंकि इन देशों की खबरें अन्य अखबारों में नहीं छपती हैं। इस हेतु इस अखबार का नाम राजपूताना अखबार स्थापन किया है, तो यह अखबार प्रथम तारीख, अक्टूबर महीने से जारी होगा। इस अखबार में राजपूताने देशन में प्रधान नगर यथा जैपुर, जोधपुर, उदैपुर, कोटा, बूंदी, बीकानेर, जैसलमेर, अलवर, भरतपुर, अजमेरी, सीकरि, खेतड़ी इत्यादिक राजधानियाँ के वृत्तांत तथा नवी नवी वार्ता अन्य

अन्य देश की व बिलायतों की भी लिखी जावेगी।' प्रवेशांक की इस घोषणा के अनुसार इस अखबार का नियमित प्रकाशन एक अक्टूबर से प्रारम्भ हो गया था। यद्यपि इसका उर्दू नाम 'रोजतुल तालीम' था, तथापि हिन्दी में इसका नाम 'राजपूताना अखबार' ही था, क्योंकि पाठकों के नाम सम्पादक के हर सन्देश में लगभग प्रत्येक अंक में पत्र को इसी संज्ञा से अभिहित किया गया है।

सम्पादक की घोषणा के अनुसार पत्र में जयपुर, जोधपुर, कोटा, बूंदी, बीकानेर, जैसलमेर, जोधपुर, उदयपुर, सीकर, खेतड़ी, बड़ोदा, इंदोर आदि स्थानों की खबरें तो पृथक-पृथक शीर्षकों के अन्तर्गत छपती ही थीं। विदेशों की खबरें भी छापने का इसका बराबर प्रयत्न रहता था। ये खबरें सम्पादक के अपने ही शब्दों में 'इंगलिश मैन', फ्रेन्ड ऑफ इण्डिया', 'कलकत्ता गजट', 'हूम न्यूज', 'बुंबई टाइम्स', आदि अँगरेजी के पत्रों में प्रकाशित समाचारों के आधार पर लिखी होती थीं। खबरों के अधिकांश विषय शिक्षाप्रद और मनोरंजक होते थे।10

प्रवेशांक में यह स्पष्ट कर दिया गया था कि हर पृष्ठ के एक तरफ 'उर्दू जुबान' में और दूसरी तरफ 'नागरी ब्रजभाषा' में सामग्री छपेगी। सार्वजनिक महत्व की खबरों को निशुल्क छापने और निजी विज्ञापनों को दो आने प्रति पंक्ति छापने की घोषणा भी सम्पादक ने स्पष्ट रूप से कर दी थी। दस पंक्ति से कम स्थान के विज्ञापन का न्यूनतम शुल्क एक रुपये निर्धारित किया गया था। पत्र के प्रथम वर्ष में वार्षिक चन्दा 9 रुपये, अर्द्ध वार्षिक 5 रुपये, तथा माहवारी चौदह आने रखा गया था। किन्तु 'बाद साल तमाम' के वार्षिक चन्दा 12 रुपये, अर्द्ध वार्षिक साढ़े पाँच रुपये और महीने के साढे च©दह आने करने की घोषणा प्रथम अंक में ही कर दी गई थी। प्रथम अंक में पाठकों से क्षमा याचना करते हुए कहा गया था कि 'प्रथम ही यह अखबार का कार्य प्रारम्भ हुआ है। इस हेतु लेखक तथा छापने वाले की गलती से कुछ कसर रह गई। ईश्वर करे तो दूसरे परचे में सारी निकल जावेगी।'

रोजतुल-तालीम के प्रत्येक अंक के 'मास्टहैड पर सबसे ऊपर सूर्य की आकृति अंकित है, जो प्रकाश और ज्ञान का प्रतीक है। पत्र के विविध विषय मास्टहैड के साथ चारों ओर छोटे-छोटे वृत्तों में अंकित किये गये हैं। यह विषय सूची पर्याप्त व्यापक है। इसमें इतिहास, साहित्य और ज्ञान-विज्ञान की विविध विधाओं का समावेश है। जयपुर के सार्वजनिक पुस्तकालय में इस पत्र

की जो फाइल उपलब्ध है, उसमें इस साप्ताहिक पत्र के अंक क्रमांक 1 से 9 तथा 31 संकलित हैं। अंक 31 की तिथि 20 अप्रैल, सन् 1857 सोमवार अंकित है, जिससे यह स्पष्ट है कि यह पत्र कम से कम डेढ़-दो वर्ष तक तो अवश्य ही प्रकाशित हुआ होगा। प्रथम अंक के बाद के जितने भी अंक उपलब्ध हैं, वे सब प्रति सोमवार को नियमित रूप से निकले हैं।

पत्र के 6 अक्टूबर, सन् 1856 के तीसरे अंक में एक समाचार छपा है, जिसका शीर्षक है 'खबर बन्द हो जाने अखबारों की'- इस समाचार में कहा गया है कि 'इलेक्ट्रिक टेलीग्राफ एन्ड कोरियर' तथा 'हिन्दू हारबिन्जर' नामक दो पत्रों का प्रकाशन हुकम सरकार गवरमिन्ट ने बन्द कर दिया गया है, क्योंकि वे 'उत्तम पुरुषों की निन्दा और कुटिलता, ईर्ष्या, छापते।11

राजपूताना हेराल्ड

सन् 1885 में अजमेर से अंग्रेजी में "राजपूताना हेराल्ड" छपा, जिसे अंग्रेजी का पहला पत्र माना जाता है।12 इसका सम्पादन हनुमान सिंह ने किया। इस पत्र को लोक चेतना की धारा का पहला पत्र माना जाता है। इसके संपादक हनुमान सिंह ने ए.जी.जी. पोलेट तथा जोधपुर के प्रधानमंत्री सर प्रताप के खिलाफ आंदोलनात्मक दृष्टिकोण रखा।13

तरुण राजस्थान

नवीन राजस्थान पर रोक लग जाने के बाद इसके संचालकों ने इसे वर्ष सन् 1923 से तरुण राजस्थान के नाम से निकालना शुरु किया।14 इसे सर्व श्री शोभालाल गुप्त, रामनारायण चैधरी, ऋषिदत्त मेहता तथा जयनारायण व्यास का सम्बल प्राप्त हुआ।15 "तरुण राजस्थान" ने भी "नवीन राजस्थान" की तरह मिशनरी पत्रकारिता को आगे बढ़ाते हुये आंदोलनों का समर्थन जारी रखा एवं जनजागृति की दिशा में महती भूमिका निभाई।

तरुण राजस्थान के तीखे तेवर एवं बढ़ते हुए प्रभाव से घबराकर एक दिन अचानक सेवा संघ के कार्यालय पर अंग्रेज पुलिस कप्तान के नेतृत्व में 200 पुलिस वालों ने छापा मारा तथा 'तरुण राजस्थान' के महत्वपूर्ण दस्तावेज, कागज पत्र एवं फाइलें उठाकर ले गये।16 पथिक जी की गिरफ्तारी एवं राजद्रोह के मुकदमे के बाद सेवा संघ में मतभेद हो गया और सन् 1928 में "तरुण राजस्थान" श्री मणिलाल कोठारी एवं श्री जयनारायण व्यास को सौंप दिया गया।17 तरुण राजस्थान तब ब्यावर से निकलने लगा। बाद में इसका संपादन भार श्री ऋषिदत्त मेहता तथा श्री हरिभाऊ उपाध्याय ने संभाला।

नवज्योति

सन् 1935 में अजमेर में राजस्थान सेवक मण्डल की स्थापना हुई। जिसका अध्यक्ष रामनारायण चैधरी तथा मंत्री शोभालाल गुप्त को बनाया गया।18 पुराने साथी सर्व श्री चन्द्रभानु शर्मा, माणिक्य लाल वर्मा, नयनूराम शर्मा, गोकुलजी वर्मा एवं कप्तान दुर्गाप्रसाद चैधरी आदि सदस्य बने। 2 अक्टूबर, सन् 1936 को मण्डल की ओर से रामनारायण चैधरी ने साप्ता.हिक "नवज्योति" का प्रकाशन प्रारम्भ किया। प्रारम्भ से ही कप्तान दुर्गाप्रसाद चैधरी तथा शोभालाल गुप्त इसके प्रमुख सहयोगी रहे।19 सन् 1938 में इस पत्र का स्वामित्व चैधरी जी को सौंप दिया गया।

कुछ अरसे बाद सेठ जमनालाल बजाज के निमंत्रण पर उनकी अध्यक्षता में गाँधीजी द्वारा स्थापित गो-सेवा संघ के महामंत्री पद की पेशकश आई और चैधरी जी वर्धा चले गये। इस प्रकार सन् 1941 में उन्होंने "नवज्योति" की जिम्मेदारी अपने अनुज कप्तान दुर्गाप्रसाद चैधरी को सौंप दी।20 तब से कप्तान साहब एवं "नवज्योति" एक दूसरे के पर्याय बन गये। इस पत्र ने राजस्थान की जन आशाओं-आकांक्षाओं को प्रभावशाली ढंग से उठाया, जन अभाव अभियोगों को दूर करने का प्रयत्न किया एवं देशी-विदेशी शासकों के उत्पीडऩ व शोषण के विरुद्ध वाणी मुखर की।21

राजस्थान समाचार

लोक चेतना से संपृक्त हिन्दी का पहला प्रमुख पत्र 'राजस्थान समाचार' था, जिसका प्रारम्भ सन् 1889 के आसपास हुआ। स्वामी दयानन्द ने अजमेर में जो वैदिक यंत्रालय खुलवाया था, उसके प्रबन्धक स्वामीजी के शिष्य मुंशी समर्थदान ने निजी प्रेस "राजस्थान-मंत्रालय' के नाम से स्थापित किया और इसी प्रेस से इस पत्र का साप्ताहिक प्रकाशन किया। मुंशी समर्थदान अपने नाम के आगे उर्दू शब्द 'मुंशी' के स्थान पर संस्कृत मनीषी' का प्रयोग करते थे। पंडित चन्द्रधर शर्मा गुलेरी ने सन् 1915 में मनीषीजी की मृत्यु पर उनके व्यक्तित्व और राजस्थान समाचार के बारे में निम्नलिखित उद्गार व्यक्त किये थे।22

"मनीषीजी ने पत्र को अपने से पृथक नहीं समझा, सैकड़ों उसमें कमाए और हजारों उसी में होम दिये। पत्र पहले साप्ताहिक था, फिर अर्द्ध साप्ताहिक हुआ। उन दिनों उसमें एक 'अनंत कहानी' चलाई गई थी, जो जल्दी ही शांत हो गई। रूस जापान के युद्ध की उमंग में इन्होंने अपने पत्र को दैनिक कर दिया। सच पूछिए तो यही हिन्दी का पहला व्यवसायी दैनिक था। भारत मित्र

का पहला दैनिक रूप केवल परीक्षा के लिए था और कलाकांकर का हिंदोस्थान, बड़ौदे की सोने-चांदी की तोपों की तरह, एक राजा के शौक की चीज थी। मनीषी जी ने बंबई से तार समाचार सीधे मंगवाने आरंभ किये। हिन्दी भाषा की अखबार नवीसी में और राजपूताने के पत्र पाठकों में उस दिन हर्ष और विस्मय का विचित्र संकर हुआ जब ट्यूशीमा के युद्ध का समाचार आबू पहाड़ पर पायनियर से आठ दस घण्टे पहले राजस्थान समाचार ने पहुँचा दिया। आजकल जब इधर-उधर कई हिन्दी दैनिकों के निकलने और बिखरने की गूंज हो रही है, इस गुपचुप काम करने वाले से, या अपना ढोल आप न पीटने वालों के साधारण भाग्य से, इस बात की चर्चा भी न हुई हो। यही दैनिक पत्र मनीषीजी के लिये श्वेत हस्ती बन गया, अथाह घाटे के कारण बंद करना पड़ा, कुछ दिन साप्ताहिक होकर उसका अन्त हो गया।23

राजपूताना गजट

'राजपूताना गजट' सरकारी गजटों से बिल्कुल पृथक एक स्वतंत्र पत्र था। अजमेर में सन् 1885 में प्रारम्भ किय गये इस पत्र के संचालक संपादक मौलवी मुराद अली "बीमार" थे। डॉ. रामरतन भटनागर और अम्बिका प्रसाद वाजपेयी के अनुसार यह उर्दू का ही साप्ताहिक था। किन्तु बालमुकुन्द गुप्त के मतानुसार हिन्दी भी थोड़ी बहुत इसके जन्म के साथ ही लगी हुई थी। इसके 12 पृष्ठों में से 8 उर्दू में तथा 4 हिन्दी में मुद्रित होते थे। इस पत्र का उद्देश्य रियासती अत्याचारों को मुक्त भाव से प्रकाशित करने का था। अपनी लेखनी की स्वाधीनता के कारण मौलवी मुराद अली को जेल भी जाना पड़ा, किन्तु उन्होंने पराजय स्वीकार नहीं की और वे बराबर अत्याचारों और जुल्मों के विरुद्ध बेधड़क लिखते रहे।24 एक संघर्षशील पत्रकार की तरह वे अनेक रहस्यों का भण्डाफोड़ करने में पीछे नहीं रहे। एक उल्लेखनीय बात यह थी कि मौलवी गौ रक्षा के कट्टर समर्थक थे। पंडित अम्बिका प्रसाद वाजपेयी ने उनकी निर्भीकता और अखण्डता का जिक्र करते हुए कहा है कि उन जैसे लोग पत्रकारिता के क्षेत्र में कम ही देखने में आते हैं।25

प्रजासेवक-जोधपुर

सन् 1940 में श्री अचलेश्वर प्रसा शर्मा ने जोधपुर से प्रजासेवक का प्रकाशन आरम्भ किया। सन् 1942 के राष्ट्रीय आन्दोलनों तथा मारवाड़ राज्य लोक परिषद् के विविध आन्दोलनों के समर्थक इसके सम्पादक जब-जब जेल में ठूंस दिये जाते थे, तब यह स्वाभाविक ही था कि प्रजासेवक का

प्रकाशन बन्द हो जाता। जोधपुर रियासत में राजनीतिक चेतना के विकास में "प्रजासेवक" का महत्त्वपूर्ण हाथ रहा है।

"प्रजासेवक" निरन्तर राजशाही और सामन्तवाद के विरुद्ध जिहाद छेड़ने वाला अग्रगण्य पत्र था। बीकानेर के राजा गंगासिंह के विरुद्ध "प्रजासेवक" में लेख व समाचार प्रकाशित होने पर उसके 'बीकानेर' राज्य में प्रवेश पर प्रतिबन्ध लगा दिया गया था।26 'प्रजासेवक' में सन् 1935 के संविधान के अन्तर्गत भारत सरकार की संघीय शासन प्रणाली की जो योजना थी उसके रहस्योद्घाटन के फलस्वरूप उसके संपादक अचलेश्वर प्रसाद शर्मा के डेढ़ वर्ष तक कारावास भुगतना पड़ा। फलतः "प्रजासेवक" का प्रकाशन उस काल में बन्द रहा।27 कुछ समय के लिए "प्रजासेवक" दैनिक के रूप में भी प्रकाशित हुआ, किन्तु अधिक न चल सका। आजकल राजस्थान के जो गिने-चुने नियमित प्रकाशित होने वाले साप्ताहिक पत्र हैं, उनमें "प्रजासेवक" सबसे पुराना है।

मारवाड़ गजट

राजस्थान में हिन्दी पत्रकारिता के इस प्रारम्भिक दौर में जोधपुर से जोधपुर गवर्नमेन्ट गजट, जोधपुर गजट, मरूधर मित्र, मुहिबे मारवाड़ आदि पत्रों के प्रकाशन का उल्लेख तासी, अम्बिकाप्रसाद वाजपेयी, रामरतन भटनागर आदि ने किया है। बालमुकुन्द गुप्त के अनुसार, जिन्होंने स्वयं 'मारवाड़ गजट' की प्रति देखी थी, 1923 वि.सं. की अक्षय तृतीया को (सन् 1866 ई.) महाराजा तख्तसिंह की अनुमति से उनके मुसाहिब रावराणा मोतीसिंह ने एक पत्र प्रकाशित किया जिसके हिन्दी भाग का नाम था 'मरूधर मित्र' और उर्दू भाग का नाम था 'मुहिबे मारवाड़'। उन दिनों ही "मारवाड़ गजट" भी प्रकाशित हुआ। इन दोनों पत्रों में हिन्दी तथा उर्दू को समान स्तर पर रखा जाता था तथा दोनों में सामग्री प्रकाशित की जाती थी। 'मरूधर मित्र' और 'मुहिबे मारवाड़' में साधारण समाचार, सूचनाएँ तथा अविवादास्पद लेखादि प्रकाशित होते थे। मारवाड़ गजट वस्तुतः सरकारी गजट था जिसमें राजाज्ञायें, देशी तथा विदेशी समाचार भी होते थे। प्रारम्भ में इन पत्रों के प्रबन्धक बाबू हीरालाल थे। उनके पश्चात् दरबार स्कूल के हैडमास्टर बाबू डोरीलाल ने यह कार्य सम्भाला। जब वे अपना कार्य छोड़ गये तब 'मरूधर मित्र' और 'मुहिबे मारवाड़' का प्रकाशन बन्द हो गया।28 गुप्तजी के अनुसार मारवाड़ गजट सुपर रायल साइज के आधे साइज के चार पृष्ठों का पत्र था।29 उस पर जोधपुर का राज्य चिन्ह अंकित होता था तथा उसका

वार्षिक मूल्य चार रुपया था। रामरतन भटनागर के अनुसार वह सन् 1866 में प्रकाशित हुआ तथा सन् 1912 में बन्द हो गया।30

राष्ट्रदूत

स्वतंत्रता के तुरंत बाद ही इस दैनिक पत्र का प्रकाशन 1 अगस्त, सन् 1951 को श्री हजारीमल शर्मा द्वारा किया गया। जयपुर से प्रकाशित इस पत्र के प्रथम सम्पादक श्री सुमनेश जोशी थे। लोक कल्याण के लिए आज भी यह पत्र अनवरत रूप से अपनी महती भूमिका निभा रहा है

राजस्थान पत्रिका

श्री कर्पूर चन्द्र कुलिश जी ने सांध्यकालीन दैनिक पत्र के रूप में 7 मार्च, सन् 1956 को जयपुर से प्रकाशन शुरु किया। इस कार्य में उन्होंने अपने पत्रकार मित्र श्री हरमल सिंह को साथ लिया। इससे पहले कुलिश जी 'राष्ट्रदूत' पत्र में कार्य कर चुके थे। श्री हरिश्चन्द्र गोलेछा जी जो पत्रिका के संरक्षक के तौर पर जाने जाते थे, उनसे कानूनी लड़ाई में विजय प्राप्त कर और अप्रेल सन् 1969 से कुलिश जी पत्रिका के प्रकाशक, मुद्रक और सम्पादक के साथ संरक्षक भी बन गये। सन् 1972 में सुखाड़िया सरकार की जन नीतियों का विरोध कर पत्रिका ने काफी लोकप्रियता प्राप्त की और तब से लेकर वर्तमान समय तक जनचेतना में राजस्थान पत्रिका का अमूल्य योगदान रहा है। वर्तमान में श्री गुलाब कोठारी जी इस पत्र के प्रधान सम्पादक हैं।

दैनिक भास्कर

पत्रिका का वर्चस्व समाप्त करने की हिम्मत रखने वाला एकमात्र दैनिक पत्र जिसने प्रारम्भ से लेकर वर्तमान समय तक राजस्थान पत्रिका को कड़ी टक्कर दी है। 19 दिसम्बर सन् 1996 को जयपुर से प्रकाशित इस पत्र के पहले सम्पादक प्रसिद्ध कथाकार श्री कमलेश्वर थे। इससे पूर्व यह पत्र सन् 1958 से निरन्तर भोपाल से प्रकाशित होता था। जिस शीघ्रता से इस पत्र को लोकप्रियता हासिल हुई आज तक कोई भी पत्र ऐसा नहीं कर पाया।

राजस्थान के अन्य साप्ताहिक एवं पाक्षिक पत्र

जगहितकारक

अजमेर से हर शनिवार को प्रकाशित होने वाला 'जगहितकारक' भी पण्डित शिवनारायण के एहतमास से 'लीथो' पर ही छपा करता था। इस साप्ताहिक की एक प्रति 'नम्बर 69 अजमेर 3 जनवरी सन् 1863 ई. पौष सुदी 14 शनिवार जिल्द 3 जयपुर के "रामचरण प्राच्य विद्या संग्रहालय" में

सुरक्षित है। इस एक पूरी प्रति के अलावा दो प्रतियाँ और हैं किन्तु दोनों ही में पहले चार-चार पृष्ठ गायब हैं। उनमें प्रकाशित सामग्री से यह स्पष्ट है कि वे दोनों अंक भी इस अखबार की तीसरी जिल्द अर्थात् तीसरे वर्ष में ही प्रकाशित हुए होंगे। इससे अनुमान लगाया जा सकता है कि इस पत्र के प्रकाशन का शुभारम्भ सन् 1861 में हुआ होगा। पत्र का परिचय इस प्रकार अंकित है, 'यह समाचार पत्र प्रति अठवाड़े एक बार शनिवार के लिए छपता है। समाचार पत्र का मोल माहवारी एक आने, पेशगी छः महीने का सवा रुपया, पेशगी एक वर्ष के 2 रुपये। छापने का मोल प्रति पंक्ति एक आना।31 इसके बाद ग्राहकों के लिए सूचना है, 'जो कि समाचार पत्र जारी हुए को एक वर्ष से अधिक हो गया है, इसके लिए अवलोकन करने वालों से प्रार्थना है कि जिन साहिबों ने पहले रुपया नहीं भेजा है अब कृपा करके महसूल समेत भेज देवें।' इस इबारत से स्पष्ट है कि 'जगहितकारक' की भाषा 'रोजतुल तालीम' जैसी ही थी। 'देहली गजट' से उद्धृत इसका एक समाचार जयपुर के महाराजा रामसिंह की आगरा यात्रा का ब्योरा इस प्रकार देता है।32

राजस्थान में साहित्यिक पत्रिकाएँ

राजस्थान में साहित्यिक पत्रकारिता के श्रीगणेश का श्रेय युग-निर्माता पत्रकार भारतेन्दु हरिश्चन्द्र को दिया जाना चाहिए। सन् 1874 में वाराणसी से 'हरिश्चन्द्र-चन्द्रिका' का प्रकाशन शुरू किया था। यह पत्रिका सन् 1880 में बन्द हो गई। नाथद्वारा के पंडित विष्णु लाल पाण्ड्या भारतेन्दु जी के अच्छे मित्र थे। उन्होंने 'हरिश्चन्द्र चन्द्रिका' की स्मृति बनाए रखने के लिए नाथद्वारा से प्रकाशित 'मोहन चन्द्रिका' एवं 'विद्यार्थी पत्रिका' को संयुक्त कर 'विद्यार्थी सम्मिलित हरिश्चन्द्र पत्रिका और मोहन चन्द्रिका' का प्रकाशन पंडित विष्णुलाल पाण्ड्या के स्वामित्व और पंडित दामोदर शास्त्री के सम्पादन में उदयपुर से प्रारम्भ किया। 'विद्यार्थी सम्मिलित हरिश्चन्द्र पत्रिका और मोहन चन्द्रिका' को राजस्थान की पहली साहित्यिक पत्रिका माना जाता है। इसके बाद नाथद्वारा से 'सद्धर्म स्मारक' (सन् 1883), जोधपुर से 'भारत मार्तण्ड' (सन् 1889), जयपुर से 'समालोचक' (सन् 1902), झालरापाटन से 'स©रभ' (सन् 1920), अजमेर से 'त्याग-भूमि' (सन् 1927), जयपुर से 'प्रकाश' (सन् 1939), 'हितैषी' (सन् 1940) तथा अलवर से 'राजस्थान क्षितिज' (सन् 1945) जैसी चर्चित पत्रिकाओं का प्रकाशन हुआ।

पश्चिम से लघु पत्रिकाओं का एक आन्दोलन चला जिसकी गूँज राजस्थान में भी सुनाई दी। राजस्थान में साहित्यिक पत्रिकाओं का प्रकाशन एक महत्वपूर्ण घटना थी। लघु पत्रिकाओं के प्रकाशन की शुरुआत व्यक्तिगत प्रयासों से हुई। प्रारम्भ में ऐसे लोगों ने साहित्यिक पत्रिकाओं का प्रकाशन किया जिनके पास न धन था और न ही साधन। साहित्यकार स्वयं ही लिखते थे तथा स्वयं ही पत्रिका का प्रकाशन भी करते थे। पत्रिका का वितरण भी साहित्यकार घर-घर जाकर किया करते थे। प्रतिकूल एवं दयनीय स्थितियों के उपरान्त भी राजस्थान में साहित्यिक पत्रकारिता अपनी जड़ें जमाने में सफल रही। साहित्यिक पत्रकारिता के पीछे व्यावसायिकता लेशमात्र भी नहीं थी। पत्रिका निकालने का उद्देश्य पैसा कमाना न होकर साहित्यिक मूल्यों से परिचित कराना था। यह सत्य है कि राजस्थान में साहित्यिक पत्रकारिता के जो प्रयत्न हुए वे अन्य हिन्दी प्रदेशों की तुलना में बहुत कम थे।33

स्वतंत्रता प्राप्ति के बाद विशेषकर सातवें-आठवें दशक में पूरे हिन्दी जगत में लघु-पत्रिकाओं का एक ज्वार उठा, जिससे राजस्थान भी अछूता नहीं रह सका। सातवें दशक में अजमेर से प्रकाशित लघु पत्रिका 'लहर' ने एक ढंग से लघु पत्रिका आन्दोलन का नेतृत्व भी किया। स्वतंत्रता प्राप्ति के बाद प्रकाशित साहित्यिक पत्रिकाओं में अनेक पत्रिकाएँ चर्चित रही हैं। अनेक पत्रिकाएँ अभी भी प्रकाशित हो रही हैं और चर्चित हैं। प्रारम्भ में 'नईचेतना', 'विजयी', 'ज्योति', 'मरुवाणी', 'मरुभारती', 'राजस्थान साहित्य', 'प्रेरणा', 'लोककला', 'वाणी', 'लोकसाहित्य', आदि प्रकाशित हुईं। सातवें-आठवें दशक में लघु पत्रिकाओं का नया दौर शुरू हुआ जिसमें 'लहर', 'वातायन', 'सम्बोधन', 'मधुमती', 'अणिमा', 'सम्प्रेषण', 'कविताएँ', 'अकथ', 'तटस्थ', 'कृति और', 'बिन्दु', 'क्यों', 'अभिव्यक्ति', 'शेष', 'समय माजरा', आदि उल्लेखनीय पत्रिकाएँ रहीं। कुछ अचर्चित पत्रिकाएँ भी रहीं। यथा, 'कविता', 'चर्चा', 'गंध', 'मीराँ', 'हम', 'आयाम', 'नवचिन्तन', 'लेखनी', 'क्षत्रज़', 'अन्तर्बोध', आदि।34

नई चेतना

सन् 1950 में बीकानेर से लक्ष्मीकान्त तथा गजानन्द प्रसाद के संपादन में द्वैमासिक पत्रिका 'नई चेतना' का प्रकाशन शुरू हुआ। इस पत्रिका ने प्रगतिशील यथार्थवाद का प्रतिपादन करने का जो प्रयास किया वह महत्वपूर्ण था। इस पत्रिका में यशपाल, सरदार जाफरी, रांगेय राघव, राजेन्द्र यादव, प्रभाकर माचवे एवं डॉ. रामविलास शर्मा जैसे प्रतिष्ठित रचनाकारों का सहयोग रहा था।

विजयी

जयपुर से सन् 1950 में सुप्रसिद्ध चित्रकार एवं साहित्यकार राम गोपाल विजयवर्गीय के संरक्षण में 'विजयी' नाम से साहित्यिक पत्रिका का प्रकाशन हुआ। इस पत्रिका का प्रकाशन जोर-शोर से एवं तैयारी के साथ हुआ था। पत्रिका के सम्पादक गोपीचन्द वर्मा थे। यह पत्रिका विजयवर्गीय समाज द्वारा पोषित थी।

ज्योति

जयपुर से ही सन् 1950 में श्री राजेन्द्र कुमार 'अजेय' द्वारा 'ज्योति' का प्रकाशन किया गया। इस पत्रिका के दो ही अंक प्रकाशित हुए, किन्तु दोनों ही अंक उत्कृष्ट साहित्यिक सामग्री के कारण चर्चित रहे।

मरुवाणी

सन् 1953 में राजस्थान के सुप्रसिद्ध कवि जो अपनी 'बादली' और 'लू' जैसी राजस्थानी कविताओं के लिए प्रसिद्ध थे, श्री चन्द्र सिंह के सम्पादन में जयपुर से 'मरुवाणी' का प्रकाशन हुआ। राजस्थान भाषा प्रचार सभा द्वारा प्रकाशित इस राजस्थानी भाषा की पत्रिका का सम्पादन पूर्व में रावत-सारस्वत द्वारा किया जा रहा था। 'मरुवाणी' में राजस्थानी भाषा की नई पीढ़ी को प्रकाश में लाने का कार्य किया।35

मरुभारती

'मरुभारती' त्रैमासिक साहित्यिक शोध पत्रिका थी। इसका प्रकाशन सन् 1953 में बिड़ला एज्यूकेशन ट्रस्ट पिलानी द्वारा किया गया था। साहित्यिक शोध की इस पत्रिका के सम्पादक सुप्रसिद्ध राजस्थानी साहित्यकार डॉ. कन्हैया लाल 'सहल' थे।

राजस्थानी साहित्य

राजस्थान साहित्य संस्थान, उदयपुर द्वारा सन् 1954 में पंडित जनार्दन राय नागर एवं भगवती लाल भट्ट के सम्पादन में 'राजस्थान साहित्य' का प्रकाशन किया गया। इस पत्र का उद्देश्य राजस्थान के प्राचीन साहित्य के वैभव को प्रकाश में लाना था किन्तु इसमें नया साहित्य भी प्रकाशित होता था।

प्रेरणा

श्री देवनारायण व्यास के सम्पादन में जोधपुर से सन् 1953 में 'प्रेरणा' का प्रकाशन शुरू हुआ। इस पत्रिका में समीक्षाएँ एवं टिप्पणियाँ विशेष रूप में प्रकाशित होती थीं। सुप्रसिद्ध लोकवाद्य संग्रहकर्ता कोमल कोठारी भी कुछ

समय के लिए इस पत्रिका के सम्पादक रहे थे। राजस्थानी लोक साहित्य को प्रकाशित करने में इस पत्रिका की विशेष रुचि थी।

लोक कला

भारतीय लोक कला मंडल, उदयपुर द्वारा सन् 1953 में 'लोक कला' नामक एक त्रैमासिक पत्रिका का प्रकाशन शुरू किया गया। 'लोक कला' के सम्पादक मंडल में डॉ. वासुदेव शरण अग्रवाल, बलवन्त सिंह मेहता तथा देवी लाल सामर थे। लोक कलाओं से सम्बन्धित सामग्री के प्रकाशन के लिए समर्पित इस पत्रिका ने महत्वपूर्ण कार्य किया था। इस पत्रिका के सन् 1953 से सन् 1958 तक कुल ग्यारह अंक प्रकाशित हुए फिर प्रकाशन बन्द हो गया। सन् 1966 में इसका पुनर्प्रकाशन हुआ व सन् 1966 से सन् 1980 तक यह पत्रिका निरन्तर प्रकाशित होती रही। सन् 1966 से सन् 1975 तक इसके सम्पादक देवी लाल सामर रहे तथा सन् 1980 तक डॉ. महेन्द्र भानावत ने इसका सम्पादन किया। इस दौरान 'लोक कला' के कई महत्वपूर्ण अंक प्रकाशित हुए। यह एक चर्चित पत्रिका थी।36

लहर

सन् 1957 में अजमेर से प्रकाशित 'लहर' का लघु पत्रिका आन्दोलन में महत्वपूर्ण स्थान है। प्रकाश जैन एवं मनमोहिनी द्वारा सम्पादित 'लहर' ने पूरे हिन्दी साहित्य जगत में जो प्रतिष्ठा अर्जित की वैसी प्रतिष्ठा 'लहर' के बाद राजस्थान की किसी लघु पत्रिका को प्राप्त नहीं हुई। यद्यपि अन्य कई पत्रिकाएँ चर्चित अवश्य रहीं। जिस समय अजमेर से 'लहर' प्रकाशित हो रही थी, उसी समय हैदराबाद से समाजवादी विचारधारा से प्रभावित बद्री विशाल पित्ती द्वारा 'कल्पना' का प्रकाशन किया जा रहा था। 'कल्पना' और 'लहर' ने लघु पत्रिका आन्दोलन को एक नई दिशा प्रदान की थी। 'लहर' में प्रतिष्ठित लेखकों के अतिरिक्त नए उभरते हुए लेखकों की धारदार रचनाएँ प्रकाशित होती थीं। उस समय 'लहर' में प्रकाशित होने का अर्थ था हिन्दी साहित्य में पहचान स्थापित कर लेना। प्रदेश के अनेक वरिष्ठ एवं प्रतिष्ठित साहित्यकार पहली बार 'लहर' में ही प्रकाशित हुए थे।37

वातायन

'लहर' के बाद बीकानेर से सन् 1961 में प्रकाशित 'वातायन' राजस्थान की दूसरी ऐसी लघु पत्रिका रही, जिसकी ख्याति पूरे देश में रही। सुप्रसिद्ध राजस्थानी हिन्दी कवि, गीतकार हरीश भादानी के सम्पादन में प्रकाशित 'वातायन' एक प्रतिबद्ध पत्रिका थी। 'वातायन' हरीश भादानी के व्यक्तिगत

प्रयासों से प्रकाशित हो रही थी, जिसे न किसी संस्था का सहयोग मिलता था और न ही किसी पूँजीपति से। राजस्थान के नए लेखकों को सामने लाने वाली 'वातायन' प्रारम्भ त्रैमासिकी के रूप में प्रारम्भ हुई थी, किन्तु शीघ्र ही सन् 1964 से मासिक हो गई थी।

कविताएँ

सन् 1961 में जयपुर से कृष्ण वल्लभ शर्मा के सम्पादन में 'कविताएँ' नामक मासिक पत्रिका का प्रकाशन शुरू हुआ। इस अल्पजीवी पत्रिका के अंक चर्चित रहे।

वाणी

रूपायन संस्थान, बोरून्दा (जोधपुर) से सन् 1961 में कोमल कोठारी और विजयदान देथा के सम्पादन में राजस्थानी लोक कथाओं के मासिक के रूप में 'वाणी' का प्रकाशन शुरू हुआ था जिसमें विजयदान देथा द्वारा संग्रहीत लोककथाओं का प्रकाशन होता था।

मधुमती

राजस्थान साहित्य अकादमी की स्थापना के बाद सन् 1960 से अकादमी द्वारा त्रैमासिक साहित्यिक पत्रिका 'मधुमती' का प्रकाशन शुरू हुआ। राजस्थान के नए लेखकों को प्रोत्साहित एवं प्रकाश में लाना 'मधुमती' का लक्ष्य था। कुछ वर्षों तक त्रैमासिक रहने के बाद वर्ष सन् 1965 से 'मधुमती' मासिक पत्रिका हो गई।

सम्बोधन

सन् 1966 से कांकरोली (राजसमन्द) से कवि-कथाकार कमर मेवाड़ी द्वारा निजी एवं सीमित साधनों से प्रकाशित हो रही 'सम्बोधन' ने आर्थिक संकट से जूझते हुए भी पिछले 40 वर्षों में की दम नहीं तोड़ा।

सम्प्रेषण

सन् 1964 में भरतपुर से त्रैमासिक पत्रिका 'सम्प्रेषण' का प्रकाशन प्रारम्भ हुआ, जिसके सम्पादक चन्द्रभानु भारद्वाज हैं। कुछ वर्षों बाद ही इसका प्रकाशन जयपुर से होने लगा। चन्द्रभानु भारद्वाज के निजी प्रयासों एवं सम्पर्कों के कारण सम्प्रेषण के कुछ अच्छे विशेषांक प्रकाशित हुए।

ओर

सन् 1964 में भरतपुर से ही त्रैमासिक पत्रिका 'ओर' का प्रकाशन प्रारम्भ हुआ जिसके सम्पादक प्रतिष्ठित कवि विजेन्द्र हैं। कविता केन्द्रित इस त्रैमासिक के अंक विशेष रूप से चर्चित रहे हैं। नए कवियों को सामने

लाने के अतिरिक्त यह पत्रिका स्थापित कवियों का भी मूल्यांकन करती रहती है।

अकथ

जयपुर से सन् 1968 में सशक्त कवि, कथाकार, नाटककार मणि मधुकर द्वारा मासिक पत्रिका 'अकथ' का प्रकाशन शुरू किया गया। मणि मधुकर उन दिनों चर्चित युवा साहित्यकार थे।

तटस्थ

सन् 1969 में नीम का थाना (सीकर) से डॉ. कृष्ण बिहारी सहल एवं कथाकार डॉ. हेतु भारद्वाज के सम्पादन में त्रैमासिक पत्रिका 'तटस्थ' का प्रकाशन शुरू हुआ।38

अणिमा

ज्ञानोदय के सम्पादक रहे साहित्यकार-सम्पादक शरद देवड़ा ने कलकत्ता से 'अणिमा' का प्रकाशन शुरू किया था। उनके जयपुर आ जाने पर सन् 1967 से जयपुर से 'अणिमा' का प्रकाशन होने लगा। प्रारम्भ में 'अणिमा' मासिक थी। सन् 1971 के बाद व्यावहारिक कारणों से 'अणिमा' का स्वरूप पहले साप्ताहिक और कुछ समय बाद दैनिक समाचार पत्र का हो गया।

रंगायन

भारतीय लोक कला मंडल, उदयपुर द्वारा सन् 1967 में लोक कला एवं लोक साहित्य को प्रकाश में लाने के उद्देश्य से डॉ. महेन्द्र भानावत के सम्पादन में एक नई मासिक पत्रिका 'रंगायन' का प्रकाशन शुरू किया गया। लोक कला एवं साहित्य प्रेमियों में यह पत्रिका चर्चित रही।

रंगयोग

राजस्थान संगीत नाटक अकादमी, जोधपुर द्वारा सन् 1969 में अक्टूबर माह से त्रैमासिक पत्रिका 'रंगयोग' का प्रकाशन किया गया। यह पत्रिका लोक संगीत और नाटक को समर्पित थी।

लोक साहित्य

जोधपुर से सन् 1968 में डॉ. राम प्रसाद दाधीच के सम्पादन में एक छःमाही शोध पत्रिका 'लोक साहित्य' का प्रकाशन प्रारम्भ हुआ।

कविता

सन् 1961 में अलवर से अनियतकालीन पत्रिका 'कविता' का प्रकाशन प्रारम्भ हुआ। भागीरथ भार्गव, जुग मन्दिर लायल द्वारा सम्पादित इस

पत्रिका को डॉ. जयसिंह नीरज एवं वीर सक्सेना का परामर्श भी मिलता रहा।

गंध

सन् 1990 से श्री गोपाल जैन के सम्पादन में लक्ष्मणगढ़ (सीकर) से प्रकाशित 'गंध' के वर्ष 2002 तक कुल 18 अंक प्रकाशित हुए।

चर्चा

नवें दशक में जोधपुर से योगेन्द्र दवे के सम्पादन में अनियतकालीन पत्रिका 'चर्चा' का प्रकाशन शुरू हुआ। सात-आठ वर्षों तक इस पत्रिका के करीब 25 अंक प्रकाशित हुए।

एक ओर अन्तरीप

जयपुर से सन् 1992 में प्रेम कृष्ण शर्मा के सम्पादन में द्विभाषी (हिन्दी अँगरेजी) त्रैमासिक पत्रिका 'एक ओर अन्तरीप' का प्रकाशन प्रारम्भ हुआ। द्विभाषिक होते हुए भी यह पत्रिका मुख्य रूप से हिन्दी साहित्य सृजन की जनवादी विचारधारा की पत्रिका थी।39

शेष

जोधपुर से नब्बे के दशक के प्रारम्भ से कथाकार हसन जमाल के सम्पादन में दो जवानों की एक किताब के रूप में 'शेष' का प्रकाशन प्रारम्भ हुआ।

अरावली उद्घोष

उदयपुर से बी.पी. वर्मा 'पथिक' के सम्पादन में पिछले 17-18 वर्षों से प्रकाशित 'अरावली उद्घोष' सृजन और विचार की अनियतकालीन पत्रिका है।

समय माजरा

जयपुर से जनवरी, 2000 से डॉ. हेतु भारद्वाज के सम्पादन में मासिक पत्रिका 'समय माजरा' का प्रकाशन प्रारम्भ हुआ।

सुरुचि

जयपुर से जुलाई, 2000 से मासिक पत्रिका के रूप में प्रेमचन्द गोस्वामी के सम्पादन में 'सुरुचि' का प्रकाशन शुरू हुआ।

सुरभि

जयपुर से ही पिछले दस वर्षों से सिन्धी भाषा के लेखक लक्ष्मण भोणी के सम्पादन में 'सुरभि' का अनियतकालीन प्रकाशन हो रहा है।

प्रतिश्रुति

भारतीय विद्याभवन, जोधपुर से मरुधर मृदुल के सम्पादन में जनवरी-मार्च, 2001 से प्रकाशित 'प्रतिश्रुति' के प्रारम्भिक दो अंक 'सृजन भारती' के

नाम से प्रकाशित हुए थे।

दिशा बोध

संस्कृति-केन्द्रित पत्रिका 'दिशा बोध' का प्रवेशांक जुलाई-अगस्त 2005 में जयपुर से प्रकाशित हुआ।40

प्रमुख पत्रकार

पराधीन राजस्थान के पत्रकारिता परिदृश्य पर दृष्टिपात करने पर जो चित्र सामने उभरता है उससे स्पष्ट होता है कि विभिन्न प्रयोजनों से पत्रकारिता को, सबल प्रभावी माध्यम के रूप में विभिन्न क्षेत्रों के लोगों ने अपनाया। राजस्थानी उद्योग से प्रकाशित पत्र-पत्रिकाओं के संपादकों में विभिन्न क्षेत्र विभाग के लोग थे। महात्मा गाँधी, हीरालाल शास्त्री, हरिभाऊ उपाध्याय, रामनारायण चौधरी, विजयसिंह पथिक, ऋषिदत्त मेहता और जयनारायण व्यास भी थे और रुद्रदत्त शर्मा, अमृतलाल चक्रवर्ती, दुर्गाप्रसाद मिश्र, झाबरमल्ल शर्मा, सत्यदेव विद्यालंकार, रामनाथ सुमन, शिवपूजन सहाय जैसे कृति सम्पादक तथा गिरिधर शर्मा चतुर्वेदी और चन्द्रधर शर्मा गुलेरी जैसे मनीषी भी थे। सबका लक्ष्य एक ही था, जातीय चेतना का बहुमुखी विकास और राष्ट्र का समग्र अभ्युत्थान।

अपने अदम्य साहस और तेजस्वी व्यक्तित्व से राजस्थान में जन-जागृति के कार्य को नेतृत्व प्रदान करने वाले इन प्रमुख पत्रकारों का यहाँ उल्लेख किया जा रहा है।41

केसरी सिंह बारहठ

केसरी सिंह बारहठ (21 नवम्बर, सन् 1872-14 अगस्त सन् 1981)- एक कवि और स्वतंत्रता सेनानी थे। उनका जन्म 21 नवम्बर सन् 1872 को शाहपुरा रियासत के देवपुरा नामक गाँव में हुआ। ये चारण जाति के थे। उनके पिता का नाम कृष्ण सिंह बारहठ था, और उनकी माता बख्तावर कँवर का निधन उनके बाल्यकाल में ही हो गया था। दैव-योग से मातृ-विहीन शिशु की दादी माता शृंगार कँवर के स्तनों में ग्यारह वर्ष बाद सहसा दूध का संचारण होने से उन्हीं के द्वारा पालन-पोषण किया गया। ऐसे ममत्व-भरे प्रबुद्ध आँचल के साये में पलने वाले शैशव में सद्-संस्कारों का उन्नयन स्वाभाविक ही हो गया।

छः वर्ष की आयु में केसरी सिंह की शिक्षा शाहपुर में महन्त सीताराम की देख-रेख में प्रारम्भ हुई। दो साल बाद कृष्ण सिंह ने उदयपुर में काशी से एक विद्वान पंडित गोपीनाथ शास्त्री को बुलाकर केसरी सिंह की औपचारिक

शिक्षा-दीक्षा संस्कृत परिपाटी में आरंभ करायी। उस समय के उत्कृष्ट बौद्धिक माप-दण्ड के अनुसार केसरी सिंह ने पूरा 'अमर-कोश' कण्ठस्थ कर लिया था। केसरी सिंह ने संस्कृत एवं हिन्दी के अतिरिक्त अन्य भारतीय भाषाओं बंगला, मराठी एवं गुजराती का भी पर्याप्त अध्ययन किया। ज्योतिष, गणित एवं खगोल शास्त्र में भी उनकी अच्छी गति थी।42

ठाकुर केसरी सिंह का देश के शीर्ष क्रांतिकारियों- रासबिहारी बोस, मास्टर अमीरचन्द, लाला हरदयाल, श्यामजी कृष्ण वर्मा, अर्जुनलाल सेठी, राव गोपाल सिंह, खरवा आदि के साथ घनिष्ठ सम्बन्ध था। सन् 1912 में राजपूताना में ब्रिटिश सी.आई.डी. द्वारा जिन व्यक्तियों की निगरानी रखी जानी थी उनमें केसरी सिंह का नाम राष्ट्रीय-अभिलेखागार की सूची में सबसे ऊपर था। केसरी सिंह को शाहपुरा में ब्रिटिश सरकार द्वारा दिल्ली-लाहौर षड्यन्त्र केस में राजद्रोह, षड्यन्त्र व कत्ल आदि के जुर्म लगा कर 21 मार्च सन् 1914 को गिरफ्तार किया गया। जिस दिन केसरी सिंह को गिरफ्तार किया गया उसी दिन से उन्होंने अन्न-त्याग दिया। उन्हें भय था कि गुप्त बातें उगलवाने के लिए पुलिस कोई ऐसी चीज न खिला दे जिससे उनका मस्तिष्क विकृत हो जाय। इस प्रण को उन्होंने पाँच वर्ष तक जेल-जीवन में निभाया। उन्हें कई-कई दिन, रात-रात भर सोने नहीं दिया जाता था। सरकार किसी प्रकार केसर सिंह के विरुद्ध राजनीतिक उद्देश्य से की गयी हत्या का जुर्म साबित कर उन्हें फाँसी देना चाहती थी। अन्त में केसरी सिंह को 20 साल के आजीवन कारावास की कठोर सजा हुई। इस प्रकार केसरी सिंह को केवल 20 वर्ष का आजन्म कारावास ही नहीं हुआ, उसके समूचे परिवार पर विपत्ती की दुहरी मार पड़ी। शाहपुरा राजाधिराज नाहर सिंह ने ब्रिटिश सरकार को खुश रखने के लिए उनकी पैतृक जागीर का गांव, विशाल हवेली एवं चल-अचल सम्पत्ति भी जब्त कर ली। घर के बर्तन तक नीलाम कर दिये गये। सारा परिवार बेघर-बार होकर कण-कण की तरह बिखर गया।43

सन् 1941 के अगस्त के प्रारम्भ में केसरी सिंह जी ज्वराक्रांत हुये। कोटा राज्य के पी.एम.ओ डॉ विद्याशंकर की देखरख में उनका इलाज हो रहा था डॉ अब्दुल वहीद उनके पारिवारिक डॉक्टर थे। 9 अगस्त को कवीन्द्र रवीन्द्र नाथ ठाकुर के देहावसान का रेडियो में समाचार सुनने के बाद जब डॉक्टर अब्दुल वहीद उन्हें देखने आये तो कहा ठाकुर साहब, आज एक बहुत रंज का समाचार लाया हूँ- रवीन्द्र नाथ ठाकुर नहीं रहे। यह सुनकर सहज ही उनके मुँह से निकल पड़ा- अब कवि दरबार ऊपर ही लगेगा और पाँच दिन

बाद सचमुच ही वह समय आ गया। अंतिम बीमारी में वे केवल अपनी बड़ी पौत्री राजलक्ष्मी के हाथ से ही दवा या पानी लेते थे। राजलक्ष्मी के उस समय के संस्मरण इस प्रकार हैं- "बीमारी के अंतिम सात दिनों में दादा निरंतर गीता और उपनिषदों के श्लोक ही बोला करते थे। किसी से भी वार्तालाप नहीं करते थे। उस दिन 14 अगस्त को साढे ग्यारह बजे हमने वैद्य चंद्रशेखर जी के कहने से कमरे के खिड़की दरवाजे बंद कर परदे लगा दिये थे। बाहर वर्षा हो रही थी। कमरे को इस प्रकार बंद देखकर उन्होंने मुझे कहा- खिड़की दरवाजे बंद क्यों किये हैं? इन्हे खोल दो। क्या तुम सोचते हो कि केसरी सिंह को जाने से यह रोक सकेंगे? फिर अपने पलंग के सामने दीवार पर टंगे हुये उनके पिताश्री की फोटो की और इशारा कर उसे लाने को कहा। मैंने चित्र उतार कर उन्हे दिया। कुछ देर तक वे टक टकी लगाकर चित्र को देखते रहे, उसे आँखों और सर पर लगाया उसके बाद यह प्राचीन दोहा उनकी वाणी से निकल पड़ा -

कहाँ जाये कहाँ ऊपने, कहाँ लड़ाये लाड।

का जाने केहि खाड में, जाय पड़ेंगे हाड।

इसके बाद चित्र को वापिस मुझे दे दिया। ठीक बारह बजे उनके मुँह से जोर से "हरि ओम तत्स्" का उच्चारण हुआ और उसी के साथ उनके नेत्र सदा के लिए निमीलित हो गये। आश्चर्य की बात यह थी कि बाद में हमने देखा कि उनके कोट में सदा साथ रहने वाली जेब की घड़ी भी बारह बजे संयोगवश ऐसी बन्द हुई कि मरम्मत करवाने पर भी वापस ठीक नहीं हुई।44

केसरी सिंह के स्वाध्याय के लिए उनके पिता कृष्ण सिंह का प्रसिद्ध पुस्तकालय "कृष्ण-वाणी-विलास" भी उपलब्ध था। राजनीति में वे इटली के राष्ट्रपिता मैजिनी को अपना गुरु मानते थे। मैजिनी की जीवनी वीर सावरकर ने लन्दन में पढ़ते समय मराठी में लिख कर गुप्त रूप से लोकमान्य तिलक को भेजी थी क्योंकि उस समय मैजिनी की जीवनी पुस्तक पर ब्रिटिश साम्राज्य ने पाबन्दी लगा रखी थी। केसरी सिंह जी ने इस मराठी पुस्तक का हिंदी अनुवाद किया था।

केसरी सिंह जी को जब सूचना मिली की रास बिहारी बोस भारत में सशस्त्र क्रांति की योजना बना रहे हैं तो राजस्थान में क्रांति का कार्य उन्होंने स्वयं संभाला और अपने भाई जोरावर सिंह, पुत्र प्रताप सिंह और जामाता ईश्वर दास असिया को रास बिहारी बोस बाबू के पास भेजा। केसरी जी के

भाई जोरावर सिंह बारहठ और पुत्र प्रताप सिंह बारहठ ने रास बिहारी बोस के साथ लार्ड हार्डिंग की सवारी पर बम फेंकने के कार्य में भाग लिया , जोरावर सिंह जी ने रास बिहारी घोष के साथ मिलकर बारहठ पूरे दिल्ली के चांदनी चैक में लार्ड हार्डिंग पर बम फेंका था जिसमे हार्डिंग घायल हो गया था तथा मृत्यु से बाल-बाल बचा था और गांधीजी ने उसे बधाई का तार भेजा था। इस हमले में वायसराय तो बच गया पर उसका ए.डी.सी. मारा गया। जोरावर सिंह जी पर अंग्रेज सरकार ने इनाम घोषित किया पर ये अंग्रेजों की पकड़ में नहीं आये और एक सन्यासी की तरह फरार रहते हुए गांव गांव जाकर धर्म और देशभक्ति का जन जागरण किया, पर अंग्रेजों से छिपने के दौरान भारी निमोनिया और इलाज न करा पाने से सन् 1939 में कोटा में शहीद हो गए।45

केसरी जी के पुत्र प्रताप सिंह जो बारहठ सन् 1917 में बनारस षड़यंत्र अभियोग में पकडे गए और उन्हें 5 वर्ष के लिए बरेली सेंट्रल जेल में बंद किया गया था। जेल में भयानक यातनाएं दी गयी ,प्रलोभन दिए गए कि वह पूरे कार्य का भेद बता दे तो उसके पिता को जेल से मुक्त कर देंगे, उनकी जागीर लौटा दी जायेगी, उसके चाचा पर से वारंट हटा लिया जायेगा पर वीर प्रताप ने अपने क्रन्तिकारी साथियों के बारे में कुछ नहीं बताया। उन्होंने मरना स्वीकार कर लिया पर राष्ट्र के साथ गद्दारी नहीं की। जब उन्हें उनकी माँ की दशा के बारे में बताया गया तो वीर प्रताप ने कहा था "मेरी माँ रोती है तो रोने दो, मैं अपनी माँ को हंसाने के लिए हजारों माताओं को नहीं रुलाना चाहता।" अंग्रेज अधिकारी क्लीवलैंड ने कहा था की "इतना पत्थर दिल इंसान मैंने कहीं नहीं देखा"। आखिर अंग्रेज सरकार की अमानुषिक यातनाओं से 27 मई, 1918 को मात्र 22 वर्ष की आयु में प्रताप सिंह शहीद हो गए।

चेतावनी रा चूंग्ट्या

सन् 1903 मे लार्ड कर्जन द्वारा आयोजित दिल्ली दरबार मे सभी राजाओं के साथ हिन्दू कुल सूर्य मेवाड़ के महाराणा का जाना राजस्थान के जागीरदार क्रन्तिकारियों को उचित नहीं लग रहा था अतः उन्हे रोकने के लिये शेखावाटी के मलसीसर के ठाकुर भूर सिंह ने ठाकुर करण सिंह जोबनेर व राव गोपाल सिंह खरवा के साथ मिल कर महाराणा फतह सिंह को दिल्ली जाने से रोकने की जिम्मेदारी क्रांतिकारी कवि केसरी सिंह बारहठ को दी।46

केसरी सिंह बारहठ ने "चेतावनी रा चुंग्ट्या" नामक सौरठे रचे जिन्हें

पढ़कर महाराणा अत्यधिक प्रभावित हुये और दिल्ली दरबार मे न जाने का निश्चय किया और दिल्ली आने के बावजूद समारोह में शामिल नहीं हुए। भयंकर मुसीबतों में दुःख सहते हुए मेवाड़ के महाराणा नंगे पैर पहाड़ों में घूमे, घास की रोटियां खाई फिर भी उन्होंने हमेशा धर्म की रक्षा की। मातृभूमि के गौरव के लिए वे कभी कितनी ही बड़ी मुसीबत से विचलित नहीं हुए उन्होंने हमेशा मातृभूमि के प्रति अपने कर्तव्य का निर्वाह किया है वे कभी किसी के आगे नहीं झुके। इसीलिए आज मेवाड़ के महाराणा हिंदुस्तान के जन जन के हृदय में बसे है।

घणा घलिया घमसांण, (तोई) राणा सदा रहिया निडर।

पेखँतां, फरमाण हलचल किम फतमल ! हुवै।।47

अनगिनत व भीषण युद्ध लड़ने के बावजूद भी मेवाड़ के महाराणा कभी किसी युद्ध से न तो विचलित हुए और न ही कभी किसी से डरे उन्होंने हमेशा निडरता ही दिखाई। लेकिन हे महाराणा फतह सिंह आपके ऐसे शूरवीर कुल में जन्म लेने के बावजूद लार्ड कर्जन के एक छोटे से फरमान से आपके मन में किस तरह की हलचल पैदा हो गई ये समझ से परे है।

गिरद गजां घमसांणश नहचै धर माई नहीं।

मावै किम महाराणा, गज दोसै रा गिरद मे।।

मेवाड़ के महाराणाओं द्वारा लड़े गए अनगिनत घमासान युद्धों में जिनमें हजारों हाथी व असंख्य सैनिक होते थे कि उनके लिए धरती कम पड़ जाती थी आज वे महाराणा अंग्रेज सरकार द्वारा 200 गज के कक्ष में आयोजित समरोह में कैसे समा सकते है? क्या उनके लिए यह जगह काफी है?

ओरां ने आसान, हांका हरवळ हालणों।

किम हालै कुल राणा, (जिण) हरवळ साहाँ हंकिया।।

अन्य राजा महाराजाओं के लिए तो यह बहुत आसान है कि उन्हें कोई हांक कर अग्रिम पंक्ति में बिठा दे लेकिन राणा कुल के महाराणा को वह पंक्ति कैसे शोभा देगी जिस कुल के महाराणाओं ने आज तक बादशाही फौज के अग्रिम पंक्ति के योद्धाओं को युद्ध में खदेड़ कर भगाया है।

नरियंद सह नजराण, झुक करसी सरसी जिकाँ।

पसरैलो किम पाण , पाणा छतां थारो फता!।।

अन्य राजा जब अंग्रेज सरकार के आगे नतमस्तक होंगे और उसे हाथ बढ़ाकर झुक कर नजराना पेश करेंगे। उनकी तो हमेशा झुकने की आदत है

वे तो हमेशा झुकते आये है लेकिन हे सिसोदिया बलशाली महाराणा उनकी तरह झुक कर अंग्रेज सरकार को नजराना पेश करने के लिए आपका हाथ कैसे बढेगा? जो आज तक किसी के आगे नहीं बढ़ा और न ही झुका। अपने जीवन के अंतिम समय में आपके कुल पुरुष महाराणा प्रताप ने जो बाते कही थी व प्रतिज्ञाएँ की थी व आने वाली पीढियों के लिए आख्यान दिए थे कि किसी के आगे नहीं झुकना ,दिल्ली को कभी कर नहीं देना, पातळ में खाना खाना, केश नहीं कटवाना जिनका पालन आज तक आप व आपके पूर्वज महाराणा करते आये है और हे महाराणा फतह सिंह इन सब बातों के साक्षी आपके सिर के ये लम्बे केश है।48

सशस्त्र क्रांति के माध्यम से देश की स्वतंत्रता-प्राप्ति का प्रयास

उन्नीसवीं शताब्दी के प्रथम दशक में ही युवा केसरी सिंह का पक्का विश्वास था कि आजादी सशस्त्र क्रांति के माध्यम से ही संभव है। अखिल भारतीय कांग्रेस कमेटी के महज ज्ञापनों भर से आजादी नहीं मिल सकती। "चेतावनी रा चुंगटिया" उनकी अंग्रेजों के विरुद्ध भावना की स्पष्ट अभिव्यक्ति थी। सन् 1910 में उन्होंने आमेर में 'वीर भारत सभा' की स्थापना की थी ,सशस्त्र क्रांति की तैयारी के लिए प्रथम विश्वयुद्ध (सन् 1914) के प्रारम्भ में ही वे इस कार्य में जुट गए अपने दो रिवाल्वर क्रांतिकारियों को दिए और कारतूसों का एक पार्सल बनारस के क्रांतिकारियों को भेजा व रियासती और ब्रिटिश सेना के सैनिकों से संपर्क किया।

एक गोपनीय रिपोर्ट में अंग्रेज सरकार ने कहा कि केसरी सिंह राजपूत रेजिमेंट से संपर्क करना चाह रहा था। उनका संपर्क बंगाल के विप्लव-दल से भी था और वे महर्षि श्री अरविन्द से बहुत पहले सन् 1903 में ही मिल चुके थे। महान क्रान्तिकारी रास बिहारी बोस व शचीन्द्र नाथ सान्याल , गदर पार्टी के लाला हरदयाल और दिल्ली के क्रान्तिकारी मास्टर अमीरचंद व अवध बिहारी बोस से घनिष्ठ सम्बन्ध थे। ब्रिटिश सरकार की गुप्तचर रिपोर्टों में राजपुताना में विप्लव फैलाने के लिए केसरी सिंह बारहठ व अर्जुन लाल सेठी को खास जिम्मेदार माना गया था।

राजद्रोह का मुकदमा: केसरी सिंह पर ब्रिटिश सरकार ने प्यारेलाल नाम के एक साधु की हत्या और अंग्रेज हकूमत के खिलाफ बगावत व केन्द्रीय सरकार का तख्तापलट व ब्रिटिश सैनिकों की स्वामिभक्ति खंडित करने के षड़यंत्र रचने का संगीन आरोप लगा कर मुकदमा चलाया गया। इसकी जाँच के लिए मि. आर्मस्ट्रांग आई.पी.आई.जी., इंदौर को सौंपी गई, जिसने 2 मार्च

सन् 1914 को शाहपुरा पहुँच शाहपुरा के राजा नाहर सिंह के सहयोग से केसरी सिंह को गिरफ्तार कर लिया। इस मुकदमे में स्पेशल जज ने केसरी सिंह को 20 वर्ष की सख्त आजन्म कैद की सजा सुनाई और राजस्थान से दूर हजारी बाग केन्द्रीय जेल बिहार भेज दिया गया। जेल में उन्हें पहले चक्की पीसने का कार्य सौपा गया जहाँ वे दाल व अनाज के दानों से क ख ग आदि अक्षर बना कर अनपढ़ कैदियों को अक्षर-ज्ञान देते और अनाज के दानों से ही जमीन पर भारत का नक्शा बना कर कैदियों को देश के प्रान्तों का ज्ञान भी कराते थे। केसरी सिंह का नाम उस समय कितना प्रसिद्ध था उसका अंदाजा इस बात से लगाया जा सकता है कि उस समय श्रेष्ठ नेता लोकमान्य तिलक ने अमृतसर कांग्रेस अधिवेशन में केसरी सिंह को जेल से छुडाने का प्रस्ताव पेश किया था।49

जेल से छूटने के बाद: हजारी बाग जेल से छूटने के बाद अप्रैल सन् 1920 में केसरी सिंह ने राजपुताना के एजेंट गवर्नर जनरल (आबू) को एक बहुत सारगर्भित पत्र लिखा जिस में राजस्थान और भारत की रियासतों में उतरदायी शासन-पद्धति कायम करने के लिए सूत्र रूप से एक योजना पेश की। इसमें "राजस्थान महासभा" के गठन का सुझाव था जिस में दो सदन (प्रथम) भूस्वामी प्रतिनिधि मंडल (जिस में छोटे बड़े उमराव,जागीरदार) और "द्वितीय सदन" सार्वजनिक प्रतिनिधि परिषद् (जिसमें श्रमजीवी, कृषक, व्यापारी) रखने का प्रस्ताव था। महासभा के अन्य उद्देश्यों के साथ एक उद्देश्य यह भी था- "राज्य में धार्मिक, सामाजिक, नैतिक, आर्थिक, मानसिक, शारीरिक और लोक-हितकारी शक्तियों के विकास के लिए सर्वांगीण चेष्टा करना।"

इस पत्र में उनके विचार कितने मौलिक थे उसका अंदाज उनके कुछ वाक्यांशों को पढ़ने से लगता है, "प्रजा केवल पैसा ढालने की प्यारी मशीन है और शासन उन पैसों को उठा लेने का यंत्र" शासन शैली न पुरानी ही रही न नवीन बनी , न वैसी एकाधिपत्य सत्ता ही रही न पूरी ब्यूरोक्रेसी ही बनी। अग्नि को चादर से ढकना भ्रम है- खेल है-या छल है मेरी समझ यही साक्षी देती है।" जिस जमाने में ब्रिटिश सत्ता को कोई खास चुनौती नहीं थी और रियासतों में नरेशों का एकछत्र शासन था, उस समय सन सन् 1920-21 में उनके विचारों में प्रजा की शक्ति का कितना महत्व था कि उन्होंने रियासतों के राजाओं के लिए लिखा- "भारतीय जनशक्ति के अतिरिक्त भारत में और कोई समर्थ नहीं, अतः उससे सम्बन्ध तोड़ना आवश्यक नहीं।"

उत्तर-जीवन: सन् 1920-21 में सेठ जमनालाल बजाज द्वारा आमंत्रित करने पर केसरी सिंह जी सपरिवार वर्धा चले गए, जहाँ विजय सिंह 'पथिक' जैसे जनसेवक पहले से ही मौजूद थे। वर्धा में उनके नाम से "राजस्थान केसरी" साप्ताहिक शुरू किया गया, जिसके संपादक विजय सिंह 'पथिक' थे। वर्धा में ही केसरी सिंह का महात्मा गाँधी से घनिष्ठ संपर्क हुआ। उनके मित्रों में डा. भगवानदास (पहले 'भारतरत्न'), राजर्षि बाबू पुरुषोत्तम दास टंडन, गणेश शंकर 'विद्यार्थी', चंद्रधर शर्मा 'गुलेरी', माखनलाल चतुर्वेदी राव गोपाल सिंह खरवा, अर्जुनलाल सेठी जैसे स्वतंत्रता के पुजारी शामिल थे। देश की स्वतंत्रता के लिए अपना सब कुछ होम कर देने वाले क्रान्तिकारी कवि केसरी सिंह ने 14 अगस्त, सन् 1941 को "हरी ॐ तत् सत्" के उच्चारण के साथ अंतिम साँस ली।50

सज्जन कीर्ति सुधाकर

महर्षि दयानन्द के प्रभाव और प्रेरणा से मेवाड़ के महाराणा सज्जन.सिंह ने विशुद्ध हिन्दी का यह साप्ताहिक सन् 1879 में प्रारम्भ करवाया। डॉ. रामरतन भटनागर ने अपने शोध ग्रंथ में इसके प्रथम प्रकाशन का सन् 1876 दिया है, जो भ्रामक है। इस शोध प्रबन्ध के लेखक ने उदयपुर के सरस्वती भण्डार में इस पत्र की जो पुरानी जिल्दें देखी हैं, उनसे यह भली प्रकार सिद्ध हो जाता है कि इसका प्रथम प्रकाशन सन् 1879 में ही हुआ था। 10 जुलाई, सन् 1922 के अंक से यह स्पष्ट हो जाता है कि "सज्जन कीर्ति सुधाकर" ने अपने जीवन के 43वें वर्ष को सानन्द समाप्त कर इसी अंक से 44वें वर्ष में प्रवेश किया था। उक्त घोषणा से यह पूरी तरह पुष्ट हो जाता है कि पत्र का प्रारम्भ सन् 1879 में हुआ था और सन् 1922 की 10 जुलाई को उसे प्रकाशित होते हुए 43 वर्ष पूरे हो चुके थे। 'सज्जन कीर्ति सुधाकर' के उक्त अंश के मुख पृष्ठ के निम्न अंश से यह भी स्पष्ट हो जाता है कि पत्र के प्रकाशन का उद्देश्य क्या था, 'श्री मन्महाराजाधिराज महिमहेन्द्र का यादवार्यकुल कमल दिवाकर श्री मदेकलिंगवतार विविधविरदावलीवंदित श्री 108 श्री महाराणा सज्जनसिंह की आज्ञानुसार संवत् 1936 में यह समाचार पत्र सत्कर्मरूपी पीयूष की प्रवृत्ति और असत्यकर्मरूपी विष की निवृत्ति के निमित्त उदयपुर में उदय को प्राप्त हुआ।'

'सज्जन कीर्ति सुधाकर' के मुख पृष्ठ पर मेवाड़ का राजचिन्ह बराबर मुद्रित होता था, जिसमें सूर्य की आकृति अंकित रहती थी। इसका वार्षिक मूल्य तीन रुपये था। 'सज्जन कीर्ति सुधाकर' में सामग्री का संकलन बहुत

सुरुचिपूर्ण होता था। साहित्यिक और सांस्कृतिक विषयों पर लेखों के अतिरिक्त इसमें देश-विदेश के दिलचस्प समाचार, खेलकूद प्रतियोगिता की सूचनाएँ, जन्म-मरण की खबरें तथा बाजार-भाव आदि प्रकाशित होते थे। यद्यपि सामग्री का काफी अंश बाहर के पत्रों से भी उद्धृत होता था, किन्तु उस संकलन में सुरुचि के दर्शन बराबर होते थे।

लगभग 50 वर्ष तक इस रूप में चलते रहने के बाद इसका स्वरूप नितान्त सरकारी गजट का हो गया था और इसमें अँगरेजी तथा हिन्दी में सरकारी सूचनाओं और विज्ञप्तियों की भरमार रहने लगी थी। राजस्थान के निर्माण के समय तक इस पत्र का प्रकाशन बराबर होता रहा। इस युग में जब सामन्ती वातावरण पूरी तरह व्याप्त था और रियासती शासन में लोक शिक्षण का कोई उदात्त उद्देश्य सामने नहीं था, 'सज्जन कीर्ति सुधाकर' की सामग्री अन्य रियासती राजपत्रों की तुलना में निश्चय ही अच्छे स्तर की होती थी। प्रारम्भ में इस पत्र के सम्पादक पंडित वंशीधर वाजपेयी थे। बाद में इसके सम्पादकों में हेर-फेर होता रहा।51

कैप्टन दुर्गाप्रसाद चैधरी

प्रख्यात पत्रकार, संपादक और स्पष्ट वक्ता स्वतंत्रता सेनानी कप्तान दुर्गाप्रसाद चैधरी का जन्म सीकर जिले के नीमकाथाना कस्बे में 18 दिसम्बर, सन् 1906 को हुआ। इनकी प्रारम्भिक शिक्षा श्री अर्जुनलाल सेठी की वर्धमान पाठशाला में हुई थी इसलिए बचपन से ही इनमें राष्ट्रभक्ति एवं राष्ट्रीय भावनाओं का बीजारोपण हो गया था। उन्होंने एक और जहाँ स्वाधीनता संग्राम एवं रियासतों के आन्दोलन में सक्रिय भाग लिया, वही दूसरी ओर 'दैनिक नवज्योति' एवं 'नवज्योति हेराल्ड' का प्रकाशन कर पत्रकारिता क्षेत्र में भी महत्वपूर्ण कार्य किया। राजस्थान सेवक संघ के नवयुवक स्वयं सेवकों को नियंत्रण में रखने के लिए चैधरी जी को कप्तान नियुक्त किया गया था। तभी से इन्हें 'कप्तान' नाम से संबोधित किया जाने लगा।52 जब श्री रामनारायण चैधरी को महात्मा गाँधी ने सेवाग्राम आश्रम में बुला लिया, तब 'नवज्योति' के संपादन व प्रकाशन का कार्य श्री दुर्गाप्रसाद चैधरी ने संभाल लिया। उन दिनों राजपूताने की सभी रियासतों में वहाँ के शासकों द्वारा जनता पर जो अत्याचार किया जाता था, 'नवज्योति' द्वारा उनको तथा जनता के अन्य अभाव-अभियोगों एवं कष्टों को निरन्तर वाणी प्रदान की गयी।

वास्तव में कप्तान दुर्गाप्रसाद चैधरी का जीवन ऐसा ही भागता हुआ

इतिहास है जिसे कुछे घटनाओं के कलेवर में कैद नही कर सकते उनका व्यक्तित्व एक जिद्दी किन्तु दृढ़निश्चयी, क्षणिक क्रोधावेश किन्तु स्थाई मधुरता, किसी बात पर अड़ जाने वाले तथा समझा दिए जाने पर स्वयं ही अपने द्वारा उठाए गए कदम को वापस ले लेने वाले, ऐसे समझौतावादी भी कि किसी बात के विरुद्ध होने के बावजूद सामंजस्य भावना के लिए अपने ही विरोधी पक्ष को भूल जाने वाले और जाने कितने ही विरोधाभासों का एक ऐसा सम्मिश्रण था, जो सहज व्यक्ति में एक साथ नहीं पाया जाता।53

गाँधीवादी विचारधारा में पुष्पित और पल्लवित, जुझारू स्वतंत्रता सेनानी, पत्रकारिता के प्रखर पुंज, स्वप्नदृष्टा, कर्मयोगी, समर्पित राष्ट्रसेवी, स्पष्टवादिता के पर्याय प्रखर वक्ता तथा किसानों के सच्चे हमदर्द कप्तान दुर्गाप्रसाद चैधरी का जन्म सीकर जिले के नीमकाथाना कस्बे में एक संभ्रांत अग्रवाल परिवार में 18 दिसम्बर सन् 1906 को हुआ था। उनकेउनके पिता श्री मुरलीधर चैधरी पेशे से वकील तथा सुधारवादी विचारों के प्रबल समर्थक थे। इनकी माताश्री का नाम श्रीमती छोटीबाई था। वे बड़ी धार्मिक प्रवृत्ति की थी। कप्तान साहब के चार भाई और तीन बहिनें थी। उनके बड़े भ्राता श्री रामनारायण चैधरी भी प्रख्यात देशभक्त, वरिष्ठ पत्रकार और गांधीजी तथा नेहरू जी के निकटतम सहयोगी थे। सर्वश्री माणिक्यलाल वर्मा, विजयसिंह पथिक, अर्जुनलाल सेठी, जमनालाल बजाज, हरिभाऊ उपध्याय एवं श्री रामनारायण चैधरी जैसे कर्मठ देशभक्तों की प्रेरणा से उनमें समाजसेवा और देश सेवा की भावना उत्कट रूप धारण कर गई और उन्होंने इन लोगों के साथ कदम से कदम मिलाकर चलना ही अपना पाथेय बना लिया। निडर, निष्पक्ष और स्वतंत्र पत्रकारिता की दृष्टि से स्वतन्त्रा से पहले के काल को अजमेर की पत्रकारिता का स्वर्णयुग कहा जा सकता है। इस दौरान जिन लोगों ने भी अखबार निकाले उन्होंने न केवल स्वतंत्रता की अलख जगायी अपितु शारीरिक और आर्थिक यातनाएं सहीं, जेल यात्राएं कीं। ऐसे पत्रों में नवीन राजस्थान, तरुण राजस्थान, राजस्थान संदेश, नया राजस्थान, यंग इंडिया, अभ्युदय, त्गागभूमि और नवज्योति विशेष रूप से उल्लेखनीय हैं। पत्रकारों में स्वर्गीय विजयसिंह पथिक, जयनारायण व्यास, हरिभाऊ उपाध्याय, रामनारायण चैधरी, शोभालाल गुप्त, कप्तान दुर्गप्रसाद चैधरी तथा चन्द्रगुप्त वाष्णेय के नाम शीर्षस्थ थे। स्वर्गीय जगदीश प्रसाद दीपक ने महिला पोषक पत्रिका 'मीरां' का प्रकाशन किया तो सिन्धी पत्रकारिता में काका त्रिलोकचन्द, रामचन्द्र सी. बच्चानी तथा काका शिवानंद का नाम

उल्लेखनीय है।54

अजमेर में पत्रकारिता की शुरुआत सन् 1869 से मानी जाती है, परन्तु अधिकृत तौर पर अजमेर का पहला अखबार सन् 1882 में राजपूताना गजट के नाम से जाना जाता है जिसके सम्पादक मौलवी मुरादअली बीमार थे, जिन्हें अपनी निष्पक्षता और निडरता में कारण तत्कालीन सरकार का कोप भाजन बनना पड़ा और उनकी मृत्यु के बाद आर्थिक तंगी से इस पत्र ने दम तोड़ दिया। बाद में मुंशी समर्थदान ने सन् 1889 में राजस्थान समाचार के नाम से पत्रकारिता की मशाल जलाई और आजादी के दीवानों ने इसे थामे रखा। सरकार के दमन के साये में अखबार निकलते रहे, बंद होते रहे किन्तु पत्रकारिता जीवित रही।55 2 अक्टूबर, सन् 1936 में राजस्थान सेवक मंडल की ओर से नवज्योति साप्ताहिक का प्रकाशन श्री रामनारायण चैधरी ने प्रारम्भ किया। प्रारम्भ से ही कप्तान दुर्गाप्रसाद चैधरी तथा श्री शोभालाल गुप्त इसके प्रमुख सहयोगी रहे। इसने राष्ट्रीय चेतना जागृत करने, जन आन्दोलनों को आगे बढ़ाने, ब्रिटिश सामंतवादी जुल्मों को प्रकाश में लाने और आजादी की लड़ाई को ताकत पहुचाने के लिए कार्य किया। राजस्थान में उस समय सिर्फ यही एक ऐसा पत्र था जो ब्रिटिश सरकार तथा सामंती शासन की कड़ी मुखालफत करता था। सन् 1941 में जब श्री रामनारायण चैधरी गांधीजी के पास वर्धा आश्रम चले गए तो नवज्योति के सारे दायित्व और अधिकार कप्तान साहब को सौंप दिए गए।

कप्तान दुर्गाप्रसाद चैधरी एक निर्भीक और स्वतंत्र विचारधारा के पत्रकार थे, जिन्होंने अपनी लेखनी को तलवार बनाकर आजादी की लड़ाई में भाग लिया। उनके लिए पत्रकारिता एक व्यवसाय न होकर एक मिशन था जिसका उद्देश्य भारत से अंग्रेजी राज के समाप्त करना, राजस्थान की देशी रियासतों में राजा महाराजाओं और सामंतो की निरंकुशता को समाप्त करना, तथा पीड़ित और त्रसित जनता के हितों की रक्षा करना था। उन दिनों साप्ताहिक नवज्योति के मुख पृष्ठ पर छपा होता था-

ष्प्राणों में फूंकने प्राण, कराने दुखितों को निज भान

जगाने को आई नवज्योति, जनों में त्याग और बलिदान56

कप्तान दुर्गाप्रसाद चैधरी ने नवज्योति की स्थाई नीति एवं उद्देश्य उन्निम्न प्रकार निर्धारित किए थे- स्वतंत्रता की लड़ाई में योगदान, गांधीजी के विचारों का प्रचार, लोगों में देशभक्ति की भावना उजागर करना, हिंसा व साम्प्रदायिक के विरुद्ध सदैव आवाज उठाना तथा पीड़ितों की सहायता करना।

भारत के लोग फले फूलें, गरीबी बेकारी मिटे, अमीर-गरीब का अंतर मिटे और सभी को रोटी, कपड़ा और मकान, मुफ्त शिक्षा और दवा मिले। भारत में कोई भी व्यक्ति भूखा न सोए, ना कोई गरीब रहे ना किसी के पास जरूरत से ज्यादा दौलत रहे। भारत का हर व्यक्ति सुखी सम्पन्न हो। कप्तान साहब का सदैव यही ध्येय रहा कि लोगों में देशभक्ति की भावना उत्पन्न हो और वे देशभक्त बनकर सदैव देश के काम आएं। कप्तान साहब गाँधीजी से बहुत प्रभावित थे इसलिए नवज्योति का प्रारम्भ भी महात्मा गांधी के जन्म दिवस से किया गया। इस पत्र ने गांधीवादी विचारधारा का समर्थन प्रचार एवं प्रसार करना भी अपना मुख्य उद्देश्य बनाया। इस पत्र ने गांधीवादी विचारधारा का सार्थक प्रचार एवं रचनात्मक कार्यक्रम को नवज्योति में प्रकाशित कर जनता में उसका प्रचार प्रसार करने में भरपूर सहयोग किया। गांधीजी का रचनात्मक कार्यक्रम जो नवज्योति में प्रकाशित हुआ, इस प्रकार था- 1. हिन्दु मुस्लिम या साम्प्रदायिक एकता, 2. अस्पृश्यता निवारण, 3. मद्यपान निषेध, 4. खादी, 5. ग्रामोद्योग, 6. ग्राम सफाई, 7. नई या बनियादी तालीम, 8. प्रौढ़ शिक्षा, 9. स्त्री सेवा, 10. राष्ट्रीय भाषा का प्रचार, 11 मातृभाषा से प्रेम और 12. आर्थिक समानता। एक पत्रकार के रूप में कप्तान दुर्गाप्रसाद चैधरी ने राष्ट्र को जो सेवाएं समर्पित की थी वह एक पत्रकार के रूप में नहीं थीं, बल्कि एक स्वतंत्रता सेनानी के रूप में थीं और इसी परिप्रेक्ष्य में नवज्योति की सेवाएं और उसके संपादक कप्तान दुर्गाप्रसाद चैधरी का आकलन किया जाना चाहिए। कप्तान साहब ने नवज्योति को एक अखबार नहीं अपितु आंदोलन का एक स्वरूप प्रदान किया था।57

नवज्योति का योगदान: जब कप्तान दुर्गाप्रसाद चैधरी ने नवज्योति की कमान सम्भाली तब देश गुलामी की जंजीरों में जकड़ा हुआ था। राजस्थान की देशी रियासतों में ऐसे समय में किसी समाचार पत्र का प्रकाशन एक साहसिक कार्य था। ऐसे समय मे नवज्योति ने लोगों में राजनीतिक चेतना उजागर करने, त्याग और बलिदान की भावना उभारने का कार्य किया। उस समय एक मात्र यही ऐसा पत्र था जिसने ब्रिटिश साम्राज्यवाद और सामंतशाही के विरुद्ध कठोर प्रहार किए। हर प्रकार के अन्याय और अत्याचार का सामना करने में नवज्योति ने श्रेष्ठतम अभिव्यक्ति का साहस के साथ उपयोग किया, परिणामस्वरूप और अधिक निडर होकर अपने दायित्व का सफलतापूर्वक निर्वहन किया। उसके मार्ग में उत्पन्न प्रताड़ना के झोकों के आगे वह कभी नहीं झुके, बल्कि निष्पक्ष और निडर होकर अपने दायित्व का

सफलतापूर्वक निर्वहन किया।58

इस प्रकार जब मुश्किलें बहुत ही पीड़ाप्रद व परीक्षा की घड़ी बन गई तब भी कप्तान दुर्गाप्रसाद चैधरी अपने लक्ष्य से न तो भटके और न ही अपने सिद्धान्तों से तनिक भी विचलित हुए। इसीलिए नवज्योति को भी एक स्वतंत्रता सेनानी के रूप में देखना समीचीन होगा क्योंकि ऐसी विकट परिस्थितियों में समाचार पत्र का प्रकाशन वीरता, विश्वास और लोक-कल्याण के सर्वांगीण संकल्प के बिना नहीं हो सकता था। नवज्योति पर कई बार घात प्रतिघात हुए किन्तु वह कष्टों से विचलित नहीं हुई बल्कि उन सभी कष्टों को पार पाते हुए और अधिक दृढ़ निश्चय के साथ अपने मार्ग पर आगे बढ़ती रही। कई रियासतों में इस अखबार को पढ़ने पर प्रतिबंध लगाया गया किन्तु उसकी लोकप्रियता में कोई कमी नहीं आई।

तत्कालीन राष्ट्रपति ज्ञानीजैलसिंह ने 8 दिसम्बर सन् 1996 को जयपुर के रवीन्द्र रंगमंच पर आयोजित नवज्योति के स्वर्ण जयन्ती समारोह में अपने उद्बोधन में उदगार व्यक्त करते हुए कहा था कि आजादी के पूर्व हम भी पंजाब से एक समाचार पत्र निकाला करते थे, किन्तु हम उसे अधिक समय तक नहीं चल पाएं लेकिन यह नवज्योति का ही साहस और संकल्प था कि वह सभी तूफानों और संकटों को पार करते हुए अनवरत प्रकाशित होता रहा।59

रामनारायण चौधरी

राजस्थान में राजनीतिक चेतना जागृत करने वाले प्रमुख नेता श्री रामनारायण चैधरी का जन्म नवम्बर, सन् 1895 में सीकर जिले के नीमकाथाना कस्बे में हुआ। सन् 1916 के प्रारम्भ में श्री चैधरी रामगढ़ में सेठों के एक स्कूल में अध्यापक बन गये। यहीं संयोगवश सेठ जमनालाल बजाज से चैधरी जी का परिचय हुआ। सन् 1981 में इन्हें गाँधीजी की सेवा के लिए उनके साथ चिंचवाडा जाने का अवसर मिला। राजस्थानी जनता की सेवा के लिए श्री विजयसिंह पथिक आदि द्वारा स्थापित राजस्थान सेवा संघ के श्री चैधरी मंत्री बन गए और संघ द्वारा प्रकाशित 'राजस्थान केसरी' के सहसंपादक एवं प्रकाशक नियुक्त किए गए। सन् 1921 में चैधरी जी अजमेर आ गये तथा यहाँ से इनके संपादकत्व में नवीन राजस्थान नामक साप्ताहिक का प्रकाशन आरम्भ हुआ जो सन् 1923 में 'तरुण राजस्थान' के नाम से निकलने लगा। राजस्थान सेवा संघ के पतन के बाद औद्योगिक नगरी ब्यावर को उन्होंने अपना केन्द्र बनाया एवं यहाँ से सन् 1929 में शोभालाल

गुप्त के सहयोग से अंग्रेजी साप्ताहिक 'यंग- राजस्थान' का प्रकाशन आरम्भ किया। नमक कानून भंग करने के कारण जब इन्हें अजमेर जेल में बंद कर दिया गया तो वहाँ पर इन्होंने सन् 1930 में 'दि मैन' नामक अंग्रेजी साप्ताहिक हस्तलिखित पत्र निकाला। अक्टूबर, सन् 1936 में इन्होंने अजमेर से साप्ताहिक 'नवज्योति' तथा सन् 1947 में दैनिक 'नया राजस्थान' का प्रकाशन किया।60

अचलेश्वर प्रसाद शर्मा

अपनी लेखनी के माध्यम से जन समस्याओं को उजागर कर सरकार को इस ओर आकृष्ट करने वाले कर्मठ पत्रकार एवं स्वतंत्रता सेनानी अचलेश्वर प्रसाद शर्मा 'मामा' का जन्म 8 जून, सन् 1907 को जोधपुर में हुआ।61 उन्होंने अपने पत्रकारिता जीवन की शुरुआत सन् 1928 में अजमेर से 'तरुण राजस्थान' के संयुक्त संपादक के रूप में की। 'तरुण राजस्थान' उस समय राजस्थान के सबसे प्रतिष्ठित अखबारों में गिना जाता था तथा सन् 19 रियासतों के चक्कों के बीच कराह रही राजस्थान की डेढ़ करोड़ जनता की यह आवाज था।62 इसके पश्चात् सन् 1930 में अजमेर में 'राजस्थान', सन् 1931 में आगरा में 'सैनिक' तथा सन् 1933-37 तक अकोला में 'नव राजस्थान' का संपादकीय कार्य किया।

सन् 1940 में उन्होंने जोधपुर से साप्ताहिक पत्र 'प्रजा सेवक' का प्रकाशन-संपादन एवं संचालन किया।63 वे 'हिन्दुस्तान टाईम्स', 'फ्री प्रेस जर्नल', 'अमृत बाजार-पत्रिका' एवं 'दैनिक हिन्दुस्तान' के जोधपुर संवाददाता भी रहे। निष्पक्ष समाचारों, तेजतर्रार टिप्पणियों एवं लेखों के कारण शर्माजी को अपने 9 वर्षीय संपादन काल में से 3 वर्ष जेल में बिताने पड़े। 13 सितम्बर सन् 1974 को स्वतंत्रता संग्राम का यह महान् सेनानी इस दुनिया से विदा हो गया।

चन्द्रधर शर्मा गुलेरी

गुलेरी जी का जन्म जून सन् 1884 में जयपुर में हुआ। ये उच्चकोटि के निबन्धकार और विद्वान लेखक थे तथा श्री जवाहरलाल जैन वैद्य द्वारा प्रकाशित मासिक 'समालोचक' के अधोषित संपादक थे।64 बाद में ये 'नागरी प्रचारिणी पत्रिका' के सहयोगी संपादक भी रहे। 'समालोचक' में प्रकाशित इनकी रचनाओं में राष्ट्रीय सरोकार की अवधारणाओं का खुलकर समर्थन किया जाता था। हिन्दी में साक्षात्कार विधा को सबसे पहले प्रस्तुत करने का श्रेय गुलेरी जी को ही जाता है। इन्होंने प्रसिद्ध संगीतज्ञ विष्णु दिगम्बर

पुलस्कर का साक्षात्कार लिया जो 'समालोचक' के सितम्बर सन् 1903 के अंक में छपा।65

चन्द्रगुप्त वाष्णेय

राजस्थान के जाने-माने रचनाधर्मी श्री चन्द्रगुप्त वाष्णेय का जन्म 21 जुलाई सन् 1904 को अजमेर में हुआ।66 इन्होंने एक स्वतंत्र, जागरूक एवं राष्ट्रीय पत्रकार के रूप में स्वतंत्रता की ज्योति जलाई और राजस्थान में जन-जागरण का शंख फूंक दिया। अजमेर में श्री मेहर अली ने जब 'बम्बई यूथ लीग' की शाखा खोली तो श्री वाष्णेय अजमेर में यूथ लीग की शाखा के मंत्री नियुक्त किए गए।67 एक जागरूक व राष्ट्रभक्त पत्रकार के रूप में इन्होंने राजस्थान के स्वतंत्रता आंदोलन की गतिविधियों के प्रचार-प्रसार में महत्वपूर्ण योगदान दिया। वे सन् 1932 से सन् 1948 तक 'हिन्दुस्तान टाइम्स ग्रुप' के सभी समाचार पत्रों के संवाददाता रहे और इस अवधि में अपनी लेखनी से इन्होंने राजस्थान की प्रत्येक रियासत के जन आंदोलन को विस्तार व प्रभावी ढंग से रेखांकित किया।

देवीशंकर तिवारी

जयपुर के अत्यधिक लोकप्रिय व समाजसेवी नेता श्री देवीशंकर तिवारी का जन्म 27 अक्टूबर, सन् 1903 को हुआ। सन् 1939 में जयपुर राज्य प्रजामण्डल के सदस्य बनकर तिवारी जी ने जयपुर राज्य में राजनीतिक चेतना जागृत करने का गंभीर प्रयास किया।68 तिवारी जी जयपुर से प्रकाशित होने वाले साप्ताहिक पत्र 'लोकवाणी' के प्रथम संपादक थे। सन् 1943 तक इसके संपादन कार्य से जुड़े रहे।69 इस पत्र के माध्यम से इन्होंने राज्य में राजनीतिक चेतना के प्रसार में योग दिया।

गुलाबचन्द काला

पत्रकारिता के माध्यम से राष्ट्रीयता की भावना जागृत करने वाले श्री गुलाबचन्द काला का जन्म 8 जून, सन् 1908 को जयपुर में हुआ। वे छात्र-नेता, रंग व्यापारी एवं प्रमुख समाज सेवी भी रहे। सन् 1933 में इन्होंने पत्रकारिता के क्षेत्र में प्रवेश किया। इसके लिए इन्होंने अपने पारिवारिक रंग के व्यवसाय को भी त्याग दिया।70 काला जी ने सन् 1940 में पाक्षिक पत्र 'जयभूमि' का प्रकाशन किया। सन् 1943 में यह पत्र साप्ताहिक एवं सन् 1946 में दैनिक हो गया।71 इस पत्र में राष्ट्रीय भावनाओं से परिपूर्ण समाचार, लेख, कविताएँ, गीत एवं नाटक छपते थे। सन् 1943 में जयपुर से उर्दू पत्र, 'कलेवा' एवं सन् 1947 में जयपुर से अंग्रेजी पत्र 'वायस' का

प्रकाशन भी श्री काला जी के द्वारा किया गया।72 वे 'राजस्थान', 'अर्जुन', 'हिन्दुस्तान टाइम्स', 'स्टेट्समैन' एवं 'यू.पी.आई.' के संवाददाता भी रहे।

हरिभाऊ उपाध्याय

श्री हरिभाऊ उपाध्याय न केवल पत्रकार थे अपितु विचारक, चिन्तक, कवि एवं साहित्यकार भी थे। इनका जन्म 9 मार्च, सन् 1892 को ग्वालियर के भौंरासा नामक ग्राम में हुआ था।73 अपने पत्रकारिता जीवन की शुरुआत इन्होंने सन् 1911 में अपने चाचा बैजनाथ द्वारा प्रकाशित मासिक पत्र 'औदुम्बर' के संपादक के रूप में की। इसके पश्चात् ये 'सरस्वती', 'प्रताप', 'हिन्दी-नव जीवन', 'प्रभा', 'मालव मयूर' आदि पत्र-पत्रिकाओं के संपादन कार्य से जुड़े रहे। अजमेर आने के बाद इन्होंने यहाँ पर 'सस्ता साहित्य मण्डल' नामक प्रकाशन संस्था स्थापित कर उसकी ओर से सन् 1927 में 'त्यागभूमि'74 तथा सन् 1940 में 'जीवन साहित्य'75 का प्रकाशन एवं संपादन किया। इन विभिन्न पत्र-पत्रिकाओं के माध्यम से उपाध्याय जी ने देशवासियों में राष्ट्र निर्माण एवं राजनीतिक चेतना की भावना जागृत की।

हीरालाल शास्त्री

राजस्थान के लौह पुरुष माने जाने वाले राजस्थान के प्रथम मुख्यमंत्री श्री हीरालाल शास्त्री का जन्म 9 सितम्बर, सन् 1880 को जोबनेर के एक पारीक परिवार में हुआ।76 बचपन से ही इनकी लोकहित व समाज सेवा के कार्यों में रूचि थी। सर्वप्रथम शास्त्री जी ने कुछ मित्रों के साथ मिलकर सामाजिक सुधारों के लिए 'प्रयास परिषद्' नामक संस्था बनायी और 'प्रयास' नाम का हस्तलिखित मासिक पत्र भी निकालना प्रारम्भ किया। इन्होंने ग्रामीण छात्रों की सुविधा के लिए एक निःशुल्क राजस्थान छात्रालय भी खोला। इस छात्रालय के विद्यार्थी शास्त्री जी की प्रेरणा से 'विद्यार्थी जीवन' नामक हस्तलिखित मासिक पत्र निकालते थे।77 श्री घनश्याम दास बिड़ला की प्रेरणा से शास्त्री जी ने अंग्रेजी के 'हिन्दुस्तान टाइम्स' समाचार पत्र में तथा हिन्दी के 'विश्वामित्र' में कई लेख तत्कालीन जयपुर रियासत के कुशासन के बारे में गुमनाम से छपवाये थे।78 सन् 1943 में जयपुर से साप्ताहिक 'लोकवाणी' के प्रकाशन में भी शास्त्री जी ने महत्वपूर्ण भूमिका का निर्वहन किया।

जगदीश प्रसाद 'दीपक'

पत्रकारिता के माध्यम से नारी चेतना, समाज सुधार एवं राजनीतिक जागरण का शंखनाद करने वाले श्री दीपक जी का जन्म 12 मई, सन् 1916

को हुआ। उन्होंने दैनिक 'विश्वामित्र' (कलकत्ता), 'राजस्थान' (अजमेर) तथा दिल्ली के अनेक पत्रों में संपादन कार्य किया। सन् 1927 में राजस्थानी 'महिला' नामक मासिक पत्र का प्रकाशन संपादन किया तथा नारी जागरण के उद्देश्य से सन् 1930 में अजमेर से साप्ताहिक पत्र 'मीरां' का प्रकाशन किया।79 इसके पश्चात् सन् 1938 में आर्य समाजी विचारधारा के पत्र 'विजय' का संपादन किया।80

जयनारायण व्यास

अपनी निर्भीक लेखनी एवं पत्रकारिता से राजाओं के अत्याचारों का भण्डाफोड़ करने वाले राजस्थान के पूर्व मुख्यमंत्री तथा प्रमुख पत्रकार श्री जयनारायण व्यास का जन्म सन् 18 फरवरी, सन् 1899 को जोधपुर में हुआ।81 श्री व्यास ने सन् 1927 में 'तरुण राजस्थान' का प्रकाशन एवं संपादन कर क्रांति का अलख जगाया तथा सामंतों का भण्डाफोड़ किया। सन् 1933 में व्यास जी ने बम्बई से दैनिक पत्र 'अखण्ड भारत' एवं सन् 1937 में ब्यावर से राजस्थानी भाषा के प्रथम पत्र पाक्षिक 'आगीवाण' का प्रकाशन व संपादन किया।82 इनके अतिरिक्त इन्होंने 'लोकराज' एवं अंग्रेजी पत्र 'पीप' का प्रकाशन-संपादन भी किया।83 विभिन्न प्रकार के प्रलोभन ठुकरा कर व्यास जी ने यह सिद्ध कर दिया कि धन या वैसी ही किसी संपत्ति से लेखक की लेखनी को नहीं खरीदा जा सकता तथा एक पत्रकार समाज को चारित्रिक नेतृत्व प्रदान कर सकता है।

जमना लाल बजाज

महात्मा गांधी के अति निकट, वर्धा प्रवासी, भारत के अग्रिम पंक्ति के देशभक्त और नेताओं में प्रख्यात सेठ जमनालाल बजाज मूल रूप से सीकर निवासी थे और यही इनकी जन्म स्थली थी।84 सेठ जी का मानना था कि स्वतंत्र समाचार पत्र लोकतंत्रीय जीवन के आधार स्तम्भ होते हैं इसलिए इन्होंने राष्ट्रीय चेतना का प्रसार करने वाले अनेक समाचार पत्रों के प्रकाशन में उदारतापूर्वक वित्तीय सहायता प्रदान की। गाँधीजी द्वारा संपादित व अंग्रेजी में प्रकाशित 'यंग इंडिया' का तथा गुजराती में प्रकाशित 'नवजीवन' का हिन्दी संस्करण प्रकाशित करने की योजना की सम्पूर्ण आर्थिक जिम्मेदारी इन्होंने ही उठाई थी। इन्होने राष्ट्रीयता प्रसारक 'कर्मवीर', 'प्रताप' तथा 'राजस्थान केसरी' जैसे समाचार पत्रों को भी वित्तीय सहायता प्रदान की।85

जवाहरलाल जैन वैद्य

जवाहरलाल वैद्य का जन्म जयपुर में सन् 1880 में हुआ। इन्होंने सन्

1902 में जयपुर से प्रकाशित मासिक साहित्यिक पत्रिका 'समालोचक' का प्रकाशन-संपादन किया।86 यह पत्रिका साहित्यिक विधा की प्रथम पत्रिका मानी जाती है। पुस्तक समीक्षा सर्वप्रथम इस पत्रिका में ही प्रकाशित होना शुरू हुयी थी।

पंडित झाबरमल्ल शर्मा

पत्रकारिता, साहित्य एवं इतिहास लेखन से लेकर लोक संस्कृति तक अपनी रचना धर्मिता के बहुआयामी रूप के लिए विख्यात पण्डित झाबरमल्ल शर्मा का जन्म 23 जनवरी सन् 1888 को झुंझनू जिले में खेतड़ी के जसरापुर गाँव में हुआ।87 सन् 1903-06 में शर्मा जी अपने पिताजी के विद्यागुरु श्री गणनाथ सेन के टोले में जाकर कलकत्ता में रहने लगे तथा निरन्तर स्वाध्याय द्वारा अपनी ज्ञान की परिधि को विस्तृत किया।88 इनके पत्रकार जीवन का प्रारंभ सन् 1907 में 'ज्ञानोदय' मासिक के संपादन से हुआ जिसके प्रकाशक चुरू निवासी बाबू तेजपाल लोहिया थे। इसके बाद इन्होंने सन् 1909 में बम्बई से प्रकाशित साप्ताहिक पत्र 'भारत' सन् 1910 में नागपुर से प्रकाशित 'मारवाड़ी' तथा सन् 1913 में 'अग्रवाल' का संपादन किया।89 14 अगस्त, सन् 1914 को इन्होंने गोविन्द प्रेस, कलकत्ता से दैनिक, 'कलकत्ता समाचार' का प्रकाशन-संपादन आरंभ किया जिसका उद्देश्य देश, धर्म एवं जनता की सेवा करना था।90 सन् 1923 में 'कलकत्ता समाचार' दिल्ली से 'हिन्दू संसार' के नाम से प्रकाशित होने लगा। यह पत्र हिन्दू संगठन का समर्थक एवं गोरक्षा का पक्षधर था। अतः सामान्य जनता में शीघ्र ही यह पत्र लोकप्रिय हो गया।91 इस प्रकार अपनी लेखनी से पंडित जी ने समाज व राजनीति के हर क्षेत्र को छुआ तथा इसे समाज हित, देश-सेवा एवं स्वतंत्रता प्राप्ति का आधार बनाया।

कनक मधुकर

प्राचीन मेवाड़ राज्य के बनेड़ा कस्बे में 12 जुलाई सन् 1912 को जन्मे श्री कनक जी राजस्थान के प्रमुख पत्रकारों में गिने जाते हैं। सन् 1937 में 'नवज्योति' तथा 'रियासती' आदि पत्रों से सम्बद्ध होकर इन्होंने अपने पत्रकार जीवन का प्रारम्भ किया।92 सन् 1939 में इन्होंने अजमेर से 'नव जीवन' नामक पत्र का प्रकाशन आरम्भ किया जिसको सन् 1944 से उदयपुर से प्रकाशित करने लगे। इस पत्र में अपने लेखों और संपादकीय द्वारा कनक जी ने राजपूताने की देशी रियासतों के जन-आन्दोलनों को एक विशिष्ट गति प्रदान की।93

कर्पूर चन्द पाटनी

श्री कर्पूरचन्द पाटनी का जन्म जयपुर के एक प्रतिष्ठित जैन परिवार में 30 जनवरी सन् 1901 को हुआ तथा श्री अर्जुनलाल सेठी द्वारा संचालित वर्धमान जैन विद्यालय में प्रारम्भिक शिक्षा प्राप्त की।94 इन्होंने सन् 1923 में अजमेर से प्रकाशित पाक्षिक ‘जैन जगत’ तथा सन् 1932 में जयपुर से प्रकाशित मासिक ‘सुधारक’ का संपादन किया।95 पाटनी जी ने जयपुर सत्याग्रह में बढ़-चढ़ कर हिस्सा लिया। इनके लिए कहा जाता है कि जहाँ शास्त्री जी जयपुर राज्य प्रजामण्डल के हृदय थे वहीं पाटनी जी उसके मस्तिष्क।96

केसरलाल अजमेरा जैन

श्री केसरलाल अजमेरा का जन्म 23 सितम्बर, सन् 1899 को हुआ। प्रारम्भ में इन्होंने अध्यापन कार्य किया तथा फिर स्वाधीनता आंदोलन में भाग लिया। ये जयपुर से प्रकाशित ‘सुधारक’ के संयुक्त संपादक तथा अजमेर से प्रकाशित ‘जैन जगत’ के संपादक रहे। सन् 19 सितम्बर, सन् 1942 को इन्होंने जयपुर से अंग्रेजी साप्ताहिक ‘राजस्थान हेराल्ड’ का प्रकाशन-संपादन प्रारम्भ किया।97 यह पत्र राज्य प्रशासन एवं जनता के मध्य कड़ी बनने के साथ ही निष्पक्ष समाचारों से जनता को स्वाधीनता आंदोलन की प्रगति से अवगत कराता रहा। बाद में 23 मई, सन् 1974 से श्री दिगम्बर जैन अतिशय क्षेत्र, श्री महावीर जी के सचिव मुखपत्र ‘महावीर संदेश’ का संपादन कार्य भी इनके द्वारा किया गया।98

लाड़लीनारायण गोयल

राजस्थान की बिखरी हुई शक्तियों को एक सूत्र में संगठित कर और राजस्थानी जनता में फैले अंधकार को दूर कर जागृति, जीवन व स्वाभिमान उत्पन्न करने के उद्देश्य से श्री लाड़लीनारायण गोयल ने पत्रकारिता को महत्वपूर्ण हथियार बनाया। इनके संपादकत्व में जयपुर से सितम्बर, सन् 1932 में मासिक ‘प्रभात’ का प्रकाशन आरम्भ हुआ।99 सन् 1940 में इन्होंने अंग्रेजी साप्ताहिक ‘द इण्डियन इंडिया’ का संपादन-प्रकाशन किया तथा सन् 1942 में सूर्यनारायण चतुर्वेदी के साथ मिलकर जयपुर राजघराने से साप्ताहिक ‘जय ध्वनि’ का प्रकाशन किया।100

मथुरानाथ भट्ट शास्त्री

प्रतिष्ठित संस्कृत विद्वान, कवि एवं लेखक पत्रकार मथुरानाथ भट्ट शास्त्री का जन्म जुलाई सन् 1889 में जयपुर में हुआ। ये सन् 1904 में

जयपुर से प्रकाशित मासिक 'संस्कृत रत्नाकर' से आरम्भ से ही सम्बद्ध रहे तथा सन् 1933 से सन् 1949 तक उसका समग्रतः संपादन किया।101 उनके नेतृत्व में संस्कृत पत्रकारिता ने नये आयाम स्थापित किये, जिनमें सर्वाधिक महत्वपूर्ण है, संस्कृत पत्रकारिता में चुटकुलों का अवतरण।

नन्दकिशोर पारीक

श्री नन्दकिशोर पारीक का जन्म 3 दिसम्बर, सन् 1926 को जयपुर में हुआ। सन् 1943 में इन्होंने 'पारीक' नामक सामाजिक-साहित्यिक मासिक का संपादन तथा प्रकाशन किया तथा सन् 1946 में जयपुर से साहित्यिक फिल्मी मासिक पत्रिका 'चांदनी' का संपादन किया।102 सन् 1946 से सन् 1934 तक ये दैनिक 'लोकवाणी' के उपसंपादक रहे तथा इस अवधि में अंग्रेजी दैनिक 'स्टेट्ससमैन' के संवाददाता भी रहे।103

पद्मसिंह शर्मा

तेजस्वी पत्रकार तथा काव्य मर्मज्ञ पण्डित पद्मसिंह शर्मा का जन्म सन् 1876 में बिजनगर में हुआ। इन्होंने अपने पत्रकार जीवन का आरंभ महात्मा मुंशीराम द्वारा आरंभ 'सत्यवादी' नामक साप्ताहिक पत्र से किया। सन् 1908 में इन्हें परोपकारिणी सभा, अजमेर के मुखपत्र 'परोपकारी' का संपादक नियुक्त किया गया।104 साहित्यिक लेखन और पत्रकारिता में शर्मा जी को अपूर्व व्युत्पन्नता प्राप्त थी। इसलिए इन्होंने 'परोपकारी' को शीघ्र ही एक उच्च स्तरीय पत्र बना दिया।

पण्डित ताड़केश्वर शर्मा

प्रबुद्ध विचारक, लेखक, पत्रकार और शेखावटी के अग्रगण्य नेता पण्डित ताड़केश्वर शर्मा का जन्म झुन्झुनू जिले के ग्राम पचेरी बड़ी में 2 अक्टूबर, सन् 1911 को विजयादशमी के दिन हुआ।105 सन् 1929 में इन्होंने 'ग्राम-समाचार' नामक हस्तलिखित पत्र प्रकाशित कर गांवों में जागीरी जुल्मों के विरुद्ध आवाज उठाई।106 सन् 1930 में जब राष्ट्रीय कांग्रेस ने सविनय अवज्ञा आंदोलन प्रारम्भ किया तो पण्डित जी ने अजमेर के सबसे पहले सत्याग्रही जत्थे में शामिल होकर सत्याग्रह में भाग लिया और सत्याग्रह पत्र पर अपने रक्त से हस्ताक्षर कर अपने उत्कट राष्ट्रप्रेम का परिचय दिया।107 इन्होंने प्रसिद्ध पत्रकार श्री गणेशशंकर विद्यार्थी से पत्रकारिता की प्रेरणा एवं दीक्षा प्राप्त की और सन् 1934 में आगरा से ठाकुर देशराज के सहयोग से 'गणेश' नामक उग्र साप्ताहिक का प्रकाशन आरम्भ किया जो उनके पत्रकार गुरु के नाम पर था।108 स्वाधीनता संग्राम की गतिविधियों को प्रचारात्मक

रूप देने के लिए इन्होंने 'गणेश' को माध्यम बनाया। एक तरफ जहाँ इन्होंने जागीरी अत्याचारों से पीड़ित किसानों को गाँव-गाँव में घूम-घूमकर कर जागृत और संगठित किया, वहीं दूसरी ओर समाचार पत्रों में जागीरी अत्याचारों का भण्डाफोड़ करके किसानों में चेतना, साहस और निर्भीकता पैदा करने में महत्वपूर्ण योगदान दिया।

प्रियतमलाल कामदार

श्री प्रियतम लाल कामदार का जन्म 20 अक्टूबर सन् 1909 में हुआ। सन् 1926 से सन् 1928 तक इन्होंने 'विद्यार्थी जीवन' नामक हस्तलिखित पत्र निकाला तथा सन् 1934 में बम्बई से साप्ताहिक 'वीरभूमि' का संपादन किया। 4 अगस्त, सन् 1933 से जयपुर से इन्होंने 'मान सूर्योदय' या 'जयपुर समाचार' का प्रकाशन आरम्भ किया, जो बाद में साप्ताहिक से दैनिक हो गया। तत्पश्चात् सन् 1939 में कलकत्ता से साप्ताहिक 'नवभारत निर्माण' तथा जयपुर से 8 अगस्त, सन् 1942 को दैनिक 'प्रचार' निकाला।109 तत्कालीन प्रधानमंत्री सर मिर्जा इस्माइल ने श्री कामदार पर अनेक प्रतिबन्ध लगा दिये लेकिन कामदार जी कड़े प्रतिबन्धों और शर्तों से नहीं डरे एवं प्रशासनिक भ्रष्टाचार तथा अत्याचारों को बड़ी निर्भीक वाणी में आम जन के समक्ष प्रस्तुत किया।

राम सहाय शर्मा

राजस्थान में आर्य समाज के अद्वितीय कार्यकर्ता, प्रचारक तथा पत्रकार पण्डित रामसहाय शर्मा जयपुर जिले के निवासी थे। सन् 1918 में काशी में अध्ययन किया। तत्पश्चात् अजमेर आये और आर्य प्रतिनिधि सभा, राजस्थान के उपदेशक बन गये।110 सन् 1923 में आर्य प्रतिनिधि सभा के मुखपत्र साप्ताहिक 'आर्य मार्तण्ड' के संपादक के रूप में पत्रकार जीवन का आरम्भ करके शर्मा जी लगभग सन् 1970 तक, 'आर्य मार्तण्ड' का संपादन सफलतापूर्वक करते रहे।111

ऋषिदत्त मेहता

पत्रकारिता के माध्यम से जन आंदोलन का समर्थन कर उसे प्रबल बनाने में महत्वपूर्ण भूमिका निभाने वाले श्री ऋषिदत्त मेहता और उनके परिवार ने स्वाधीनता आंदोलन के दौरान भारी कुर्बानियाँ की थी। इनके पिता नित्यानन्द नागर ने नमक आंदोलन के समय राजपूताने के प्रथम सत्याग्रही जत्थे का नेतृत्व किया और उसके बाद दूसरे और तीसरे जत्थे का नेतृत्व स्वयं श्री ऋषिदत्त मेहता और इनकी पत्नी श्रीमती सत्यभामा ने किया

था।112 'तरुण राजस्थान' एवं 'प्रताप' के संवाददाता के रूप में मेहता जी ने बूँदी की प्रजा की पीड़ा को सशक्त वाणी दी। सन् 1923 में इन्होंने ब्यावर से 'राजस्थान' का प्रकाशन आरम्भ किया जो कालान्तर में अजमेर एवं बूँदी से प्रकाशित होने लगा। सन् 1929 में श्री जयनारायण व्यास की गिरफ्तारी के बाद 'तरुण राजस्थान' का सम्पूर्ण दायित्व मेहता जी ने ही संभाला।113

समर्थदान मनीषी

मनीषी जी का जन्म सन् 1837 में सीकर जिले के नेडबा गाँव में हुआ। इनको महर्षि दयानन्द के सानिध्य में साहित्य सेवा और पत्रकारिता में रुचि उत्पन्न हुई। इन्होंने सन् 1889 में अजमेर से साप्ताहिक पत्र 'राजस्थान समाचार' का प्रकाशन एवं संपादन किया। लोक चेतना से सम्पृक्त यह हिन्दी का पहला प्रमुख पत्र माना जाता है। इस पत्र के माध्यम से मनीषी जी ने जन जागृति पैदा करने, जनता को न्याय दिलवाने, रियासतों में हिन्दी तथा देशभक्ति का प्रचार करने तथा लोगों में खबरों के प्रति आकर्षण पैदा करने में उल्लेखनीय भूमिका निभाई।114

सिद्धराज ढड्ढा

श्री सिद्धराज ढड्ढा का जन्म 12 फरवरी, सन् 1909 को जयपुर में हुआ। वकालत की पढ़ाई करने के बाद ये कलकत्ता चले गये तथा वहाँ पर सन् 1934 से सन् 1942 तक इण्डियन चैम्बर ऑफ कॉमर्स, कलकत्ता के सेक्रेटरी रहे। इस अवधि में इन्होंने 'समाज सेवक', 'अंसवाल' और 'तरुण जैन' जैसे पत्रों का संपादन किया तथा अनेक समाचार पत्रों में स्वाधीनता संघर्ष विषयक लेख लिखे।115 सन् 1942 में भारत छोड़ो आन्दोलन शुरु होने पर इन्होंने अपनी चैम्बर ऑफ कामर्स की सेवा त्याग दी और जयपुर आ गये तथा यहाँ पर प्रजामण्डल की गतिविधियों में सक्रिय हुऐ। जयपुर से 'लोकवाणी' के प्रकाशन में इन्होंने महत्वपूर्ण भूमिका निभाई तथा सन् 1946 से सन् 1949 तक इसके संपादक रहे। श्री ढड्ढा ने सर्वोदय आन्दोलन के लिए अपना जीवन समर्पित कर दिया तथा विनोबा भावे और जयप्रकाश नारायण के साथ मिलकर वैकल्पिक समाज व्यवस्था के मार्ग की खोज तथा प्रयास में हर संभव सहयोग दिया।116

शोभालाल गुप्त

मूर्धन्य पत्रकार, चिन्तक और विचारक श्री शोभालाल गुप्त का जन्म पूर्व मेवाड़ राज्य के बिजौलिया नामक स्थान पर 6 सितम्बर, सन् 1904 को हुआ।117 उन्होंने अपना पत्रकार जीवन सेवा संघ के समाचार पत्र नवीन

राजस्थान से शुरू किया। सेवा संघ ने जब 'नवीन राजस्थान' का प्रकाशन बंद कर दिया उसके स्थान पर 'तरुण राजस्थान' नामक साप्ताहिक निकाला तो उसका मुद्रक, प्रकाशक एवं संपादक श्री शोभालालजी को ही बनाया गया।118 इसके बाद इन्होंने सन् 1929 में श्री रामनारायण चौधरी के साथ मिलकर ब्यावर से अंग्रेजी साप्ताहिक 'यंग राजस्थान' का प्रकाशन प्रारम्भ किया। सन् 1930 में इन्होंने प्रदेश कांग्रेस कमेटी की ओर से निकाले जाने वाले पत्र 'प्रकाश' का संपादन कार्य भी किया।

श्यामलाल वर्मा

जयपुर में हिन्दी दैनिक पत्रकारिता प्रारम्भ करने वाले श्री श्यामलाल वर्मा का जन्म 1 जून, सन् 1877 को बंगाल के मुर्शिदाबाद जिले के अजीमगंज नामक स्थान पर हुआ।119 सन् 1932 में ये महाराजा भवानी सिंह के जन्म के वर्ष भर के समारोहों को देखने जयपुर आए और यहीं बस गए। 8 सितम्बर, सन् 1942 से इन्होंने जयपुर से दैनिक 'जयपुर समाचार' का सम्पादन, प्रकाशन आरम्भ किया, जो इन्होंने जयपुर के तत्कालीन प्रधानमंत्री सर मिर्जा इस्माइल के आग्रह पर आरम्भ किया था।120 सन् 1947 में 'जयपुर समाचार' का नाम बदलकर 'राजस्थान समाचार' कर दिया गया। निर्भीक विचारधारा के कारण इस पत्र पर 31 जनवरी, सन् 1943 को सरकारी प्रतिबन्ध लगा दिया गया। वी.टी. कृष्णाचारी जब जयपुर के प्रधानमंत्री बन कर आये तो उन्होंने इस पत्र के प्रकाशन पर निषेधाज्ञा वापस ले ली एवं परिणामस्वरूप 28 अक्टूबर, सन् 1946 से इसका प्रकाशन पुन प्रारम्भ हुआ। बाद में सन् 1948 में इन्होंने दिल्ली से दैनिक 'सिंहनाद' का भी प्रकाशन किया।

ठाकुर देशराज

ठाकुर देशराज न केवल समाज सुधारक अपितु जीवट के पक्के धनी थे। ये पत्थर पर भी कार्यकर्ता पैदाकर संघर्ष को शिखर तक पहुँचाने वाले आन्दोलनकारी एवं साहित्यकार थे साथ ही अपनी लेखनी के चमत्कार से शोषित जन में जान फूंकने वाले पत्रकार भी थे। उनका जन्म सन् 1893 में भरतपुर जनपद के जघीना गाँव में हुआ।121 शेखावटी के लोगों से ठाकुर देशराज का सम्पर्क सन् 1930 में दिल्ली के अखिल भारतीय जाट महासभा के अधिवेशन में हुआ तथा इन्होंने सन् 1931 से सन् 1933 तक यहाँ पर किसान आन्दोलन का पथ-प्रदर्शन व नेतृत्व किया।122 तत्कालीन 'गणेश', 'जाटवीर' तथा 'राजस्थान-संदेश' आदि दर्जनों समाचार पत्रों के माध्यम से

इन्होंने शेखावाटी के किसान आन्दोलनों, लोहारु नवाब के अत्याचारों, सीकर के कूदन गाँव के गोलीकाण्ड आदि घटनाओं तथा उत्तरी भारत के समस्त देशी राज्यों में साम्राज्यवादी अंग्रेजों की छत्रछाया में राजाओं, जागीरदारों तथा ठिकानेदारों के शोषण एवं नाइन्साफियों को निर्भयतापूर्वक उजागर कर उनके खिलाफ जनता को जाग्रत करने में महत्त्वपूर्ण भूमिका का निर्वाह किया।123

विजयसिंह पथिक

अपनी निर्भीक वाणी एवं लेखनी से रियासती अत्याचारों के खिलाफ आवाज उठाकर राजस्थान में जन जागृति का प्रसार करने वाले श्री विजयसिंह पथिक का जन्म 27 फरवरी सन् 1882 को उत्तर प्रदेश के बुलन्दशहर जिले के गुठावली अख्यितारपुर नामक गाँव में हुआ।124 देश के तत्कालीन महान् क्रांतिकारी श्री रासबिहारी बोस ने श्री पथिक को अपने दल का सक्रिय सदस्य बनाया और राजस्थान में कार्य करने के लिए नियुक्त किया।125 पथिक जी ने अपने पत्रकारिता जीवन की शुरुआत श्री गणेशशंकर विद्यार्थी के पत्र 'प्रताप' से की।126 राजस्थान सेवा संघ के तत्वावधान में वर्धा से सन् 1920 में 'राजस्थान केसरी' नामक साप्ताहिक पथिक जी के संपादन में निकला। इस पत्र के बंद हो जाने पर पथिक जी ने 'राजस्थान संदेश' नामक पत्र का प्रकाशन शुरु किया, जिसे भी सरकार के दमन का शिकार होना पड़ा। इन दोनों पत्रों के बंद हो जाने पर श्री विजय सिंह पथिक ने सन् 1922 में अजमेर से साप्ताहिक 'नवीन राजस्थान' का प्रकाशन एवं संपादन किया जो सन् 1923 में 'तरुण राजस्थान' के नाम से निकलने लगा। सन् 1938 में पथिक जी ने आगरा से 'नव-संदेश' नामक क्रान्तिकारी साप्ताहिक पत्र का भी प्रकाशन किया।

विमला देवी

शेखावाटी क्षेत्र के निवासी कप्तान दुर्गाप्रसाद चौधरी की पत्नी श्रीमती विमला देवी ने भी पत्रकारिता के माध्यम से स्वाधीनता आन्दोलन को गति प्रदान की। दैनिक नवज्योति की रीति-नीति के बारे में वे कप्तान साहब को निरन्तर सलाह देती रही। कप्तान साहब जब जेल गए तो स्वयं ने 'दैनिक नवज्योति' का दायित्व अपने ऊपर लेकर उसकी ज्योति को प्रज्वलित किया। इसके लिए इन्हें भयंकर कठिनाइयों का सामना करना पड़ा। यहाँ तक कि सारा जेवर बिक गया, एक वक्त के खाने के लाले भी पड़ गए, लेकिन अपने अदम्य साहस और धैर्य से आजादी की कलम को बचाएं रखा।127 यह राजस्थान के स्वाधीनता के इतिहास में और विशेषकर स्वतंत्र प्रेस के

इतिहास का गौरव है।

पण्डित युधिष्ठिर मीमांसक

इनका जन्म 22 सितम्बर सन् 1909 को अजमेर जिले के बिडवच्यावास गाँव में हुआ। जब महर्षि दयानन्द के जन्म स्थान टंकारा में दयानन्द महालय ट्रस्ट की ओर से शोध संस्थान की स्थापना हुई तो युधिष्ठिर जी को इस कार्य का अधिष्ठाता नियुक्त किया गया। उन्होंने इस शोध संस्थान की मुख पत्रिका 'टंकारा पत्रिका' का संपादन किया।128 इनके संपादन काल में यह पत्रिका एक उच्च स्तरीय मासिक पत्रिका के रूप में निकलती रही, जिसमें वैदिक विषयों से सम्बन्धित शोध एवं अनुसंधानपरक लेख छपते थे।

कर्पूरचंद्र कुलिश

पत्रकारिता के पुरोधा कर्पूरचंद्र कुलिश बहुआयामी व्यक्तित्व थे। कवि, साहित्यकार, पत्रकार, वेदमर्मज्ञ और प्रबुद्ध चिंतक के रूप में उनके असाधारण योगदान का मूल्यांकन करते हुए इंडिया टुडे का यह अभिमत बिल्कुल उपयुक्त है कि कर्पूरचंद्र कुलिश 'राजस्थान में पत्रकारिता की जीवित किंवदन्ती थे।' कुलिशजी का जन्म राजस्थान के टोंक जिले के सोडा गांव में 20 मार्च सन् 1926 को ओसवाल जैन कुल में हुआ। उनका बचपन अपने ननिहाल मालपुरा में बीता, वहीं पर उनकी प्रारंभिक शिक्षा भी हुई। मेधावी कर्पूरचंद्र के बचपन में बहुत उतार-चढ़ाव आए। अपनी प्रारम्भिक शिक्षा में आए गतिरोध को अपने गतिबोध से तोडने वाले कुलिशजी जयपुर आ गए। हाईस्कूल स्तर की शिक्षा पाने के बाद वे राष्ट्रभाषा हिंदी के प्रचार-प्रसार के लिए एक मिशनरी के रूप में साहित्य सदावर्त संस्था से जुड़े। अहिंदी भाषी समुदायों में हिंदी के उन्नयन के लिए उन्होंने साहित्य सदावर्त में शिक्षक के बतौर कार्य किया, क्योंकि स्वप्नद्रष्टा कुलिशजी का मन अध्ययन-अध्यापन में रमता था। हिन्दी साहित्य सम्मेलन प्रयाग से 'साहित्य रत्न' की उपाधि से भी वे अलंकृत हुए। संवेदनशील कुलिशजी की कलम ने साहित्य और पत्रकारिता का एक साथ निर्वाह किया, बाद में धीरे-धीरे वे साहित्य से पत्रकारिता की ओर मुड़ गए।

कुलिशजी ने सन् 1951 में अपने पत्रकारीय जीवन की शुरुआत की। कुलिशजी के जीवन में एक क्रांतिकारी परिवर्तन तब आया, जब उन्होंने 7 मार्च सन् 1956 को सांध्यकालीन दैनिक के रूप में राजस्थान पत्रिका की नींव रखी। राजस्थान पत्रिका में उनके जीवन का स्वप्न संकल्प साकार होने

लगा। गंगोत्री की पतली धार के रूप में प्रकट पत्रिका राजस्थान में मरुगंगा बन कर बही। लाखों पाठक पत्रिका से जुड़े। कुलिशजी के लिए अक्षर अनुष्ठान की तरह परम पावन था लेखन कर्म। उन्होंने पत्रकारिता के उच्च मानदंडों के प्रतिमान के रूप में राजस्थान पत्रिका को आम आदमी के बीच स्थापित किया। वे 'पाठक को अखबार की आत्मा' कहते थे। इसी पाठकीय जुड़ाव से पत्रिका ने सफलता के कई क्षितिज नापे। राजस्थान पत्रिका के रूप में उनका लगाया पौधा आज पत्रिका संस्थान के रूप में निरन्तर विस्तार पा रहा है।

निष्कर्षतः यह कहा जा सकता है कि राजस्थान में जन जागृति के विकास में जिन पत्रकारों ने योगदान दिया है, उनमें से अधिकांश का जीवन किसी न किसी समस्या से जूझते हुए अथवा परिस्थिति से संघर्ष करते हुए व्यतीत हुआ है। इन निर्भीक पत्रकारों ने समय-समय पर ब्रिटिश शासन के दमनपूर्ण रवैये एवं सामन्ती अत्याचारों के प्रति विद्रोही रूख अपनाया और स्पष्टता तथा दृढ़ता से उनके शोषण व अन्याय का विरोध किया। उन्होंने एक जागरूक नागरिक की भी भूमिका का निर्वाह किया तथा स्वतंत्रता प्राप्ति के लिए किए जाने वाले अहिंसा-मूलक तथा हिंसामूलक दोनों ही प्रकार के आंदोलनों में सक्रिय रूप से भाग लिया। अपने अदम्य साहस और तेजस्वी व्यक्तित्व के कारण अनेक पत्रकारों को भिन्न-भिन्न प्रकार से प्रताड़ित व संतस्त्र किया गया तथा अनेकों बार उन्हें जेल यात्राएँ भी करनी पड़ी। परंतु उनकी संघर्ष यात्रा निरन्तर जारी रही और इन्होंने जन-जागरण के कार्य में अत्यन्त महत्वपूर्ण भूमिका का निर्वहन किया।

संदर्भ सूची :
1. पंकज, विष्णु, भाषायी पत्रकारिता और जनसंचार, पृ. 124
2. सक्सेना, के. एस., द पोलिटिकल मूवमेंट्स एण्ड अवेकनिंग इन राजस्थान पृ. 124-25
3. पंकज, विष्णु, वही, पृ. 124
4. चैधरी, रामनारायण, बीसवीं सदी का राजस्थान, पृ. 7
5. प्रभाकर, मनोहर, राजस्थान में हिन्दी पत्रकारिता, पृ. 48
6. पंकज, विष्णु, वही, पृ. 123
7. शर्मा, रामगोपाल, राजस्थान में प्रजामण्डल आन्दोलन भाग-3, जयपुर

राज्य, पृ. 441

8. कुमार, आनन्द, हिन्दी पत्रकारिता का बदलता स्वरूप, आमंग पब्लिकेशन, नई दिल्ली, 2006, पृ. 178

9. कुलश्रेष्ठ, डॉ. विजय, हिन्दी पत्रकारिता एवं सर्जनात्मक लेखन, राजस्थान हिन्दी ग्रन्थ अकादमी, जयपुर, 2007, पृ. 134

10. वही, पृ. 135

11. शर्मा, रामगोपाल, राजस्थान में प्रजामण्डल आन्दोलन भाग-3, जयपुर राज्य, पृ. 447

12. पंकज, विष्णु, वही, पृ. 165

13. पुरोहित, प्रकाश, राजस्थान में स्वतन्त्रता संग्रामकालीन पत्रकारिता, पृ. 35

14. आशारानी, वही, पृ. 94

15. तिवारी, अर्जुन, वही, पृ. 256

16. मेहता, पृथ्वीसिंह, हमारा राजस्थान, पृ. 351

17. मिश्र, कृष्ण बिहारी, वृ. 75

18. भंडारी, मोहनराज, वही, पृ. 27

19. मांडोत, मिश्रीलाल, राजस्थान में स्वतंत्रता संग्राम के अमर पुरोधा कप्तान दुर्गाप्रसाद चैधरी ग्रंथमाला-3०, पृ. 291

20. भट्ट, राजेन्द्र शंकर, शर्मा, सुषमा, स्वतंत्रता सेनानी, समाज सेवक, संपादक, कप्तान दुर्गाप्रसाद चैधरी, पृ. 1

21. शर्मा, आदर्श, जन जागरण और हिन्दी पत्रकारिता, श्याम प्रकाशन, जयपुर, सन् 1993, पृ.49

22. डॉ. भंवर सुराणा, राजस्थान में हिन्दी पत्रकारिता का उद्भव और विकास, पृ. 84

23. प्रभाकर, मनोहर, राजस्थान में हिन्दी पत्रकारिता, पृ. 17

24. शर्मा, आदर्श, जन जागरण और हिन्दी पत्रकारिता, श्याम प्रकाशन, जयपुर, सन् 1993, पृ.51

25. वही, पृ. 52

26. स्मारिका - राजस्थान सीमान्त पत्रकार संघ, पृ. 68

27. वही, पृ. 26

28. बालमुकुन्द गुप्त, गुप्त निबन्धावली, श्याम प्रकाशन, जयपुर, पृ. 361

29. बालमुकुन्द गुप्त, पृ. 362

30. कुमार, अमरेन्द्र, सिंह, निशांत, इक्कीसवीं सदी और हिन्दी पत्रकारिता, सामयिक प्रकाशन, जटवाड़ा, 2006, पृ. 16

31. वही, पृ. 17

32. गुप्ता, मोहन लाल, जिलेवार सांस्कृतिक एवं ऐतिहासिक अध्ययन-द्वितीय संस्करण, जोधपुर, 2004, पृ. 87

33. चतुर्वेदी, जगदीश प्रसाद, हिन्दी पत्रकारिता के इतिहास की भूमिका, अनामिका प्रकाशन, दिल्ली, सन् 1997, पृ. 26

34. वही, पृ. 27

35. वही, पृ. 28-29

36. तिवारी, डॉ. अर्जुन, हिन्दी पत्रकारिता का वृहद् इतिहास, वाणी प्रकाशन, नयी दिल्ली, सन् 1997, पृ. 148

37. गुप्ता, डॉ. के.एस.; राजस्थान का इतिहास एवं संस्कृति, यूनिक ओझा, डॉ. जे.के.; टे‌र्स्डर्स, जयपुर, 2001, पृ. 84

38. वही, पृ. 85

39. चतुर्वेदी, जगदीश प्रसाद, पत्रकारिता के परिप्रेक्ष्य, साहित्य संगम, इलाहाबाद, सन् 1987, पृ. 92

40. जैन, रमेश, हिन्दी पत्रकारिता का आलोचनात्मक इतिहास, बोहरा प्रकाशन, संस्करण, सन् 1987, पृ. 229

41. वही, पृ. 230

42. गुप्ता, मोहन लाल, जिलेवार सांस्कृतिक एवं ऐतिहासिक अध्ययन-द्वितीय संस्करण, जोधपुर, 2004, पृ. 94

43. गुप्त, बलदेवराज, भारत में जनसम्पर्क, विश्वविद्यालय, प्रकाशन, वाराणसी, सन् 1984, पृ. 72

44. वही, पृ. 73

45. जैन, सकुमाल, भारतीय समाचार पत्रों का संगठन, हिन्दी ग्रंथ अकादमी, भोपाल, सन् 1972, पृ. 233

46. वही, पृ. 234

47. तिवारी, डॉ. अर्जुन, हिन्दी पत्रकारिता का वृहद् इतिहास, वाणी प्रकाशन, नयी दिल्ली, सन् 1997, पृ. 163

48. वही, पृ. 164

49. चतुर्वेदी, जगदीश प्रसाद, हिन्दी पत्रकारिता के कीर्तिमान, साहित्य संगम, इलाहाबाद, सन् 1994, पृ. 49

50. वही, पृ. 51

51. दीक्षित, डॉ. सूर्यप्रसाद, भारतीय स्वतंत्रता और हिन्दी पत्रकारिता, बिहार ग्रंथ कुटीर, पटना, सन् 1989, पृ. 177

52. प्रो. मिश्रीलाल मांडोत, राजस्थान के स्वतंत्रता संग्राम के अमर पुरोधा, कप्तान दुर्गाप्रसाद चैधरी, राजस्थान स्वर्ण जयन्ती समारोह समिति, जयपुर, पृ. 3-4

53. तिवारी, डॉ. अर्जुन, हिन्दी पत्रकारिता का वृहद् इतिहास, वाणी प्रकाशन, नयी दिल्ली, सन् 1997, पृ. 257

54. प्रो. मिश्रीलाल मांडोत, राजस्थान के स्वतंत्रता संग्राम के अमर पुरोधा, कप्तान दुर्गाप्रसाद चैधरी, राजस्थान स्वर्ण जयन्ती समारोह समिति, जयपुर, पृ.

55. वही, पृ. 6

56. चतुर्वेदी, जगदीश प्रसाद, हिन्दी पत्रकारिता के इतिहास की भूमिका, अनामिका प्रकाशन, दिल्ली, सन् 1997, पृ. 32

57. दीक्षित, डॉ. सूर्यप्रसाद, भारतीय स्वतंत्रता और हिन्दी पत्रकारिता, बिहार ग्रंथ कुटीर, पटना, सन् 1989, पृ. 114

58. वही, पृ. 74

59. कुमार, अमरेन्द्र, सिंह, निशांत, इक्कीसवीं सदी और हिन्दी पत्रकारिता, सामयिक प्रकाशन, जटवाड़ा, 2006, पृ. 26

60. भंडारी, मोहनराज, राजस्थान में स्वतंत्रता संग्राम के अमर पुरोधा रामनारायण चैधरी ग्रंथमाला-31, पृ. 9-10

61. वही, पृ. 470

62. शर्मा, श्रीप्रकाश, राजस्थान में स्वतंत्रता संग्राम के अमर पुरोधा अचलेश्वर प्रसाद शर्मा ग्रंथमाला-47, पृ. 4

63. टंडन, प्रताप नारायण, वही, पृ. 528-29

64. माथुर, कमलेश, राजस्थान का इतिहास (शिक्षा, आर्थिक, सामाजिक, सांस्कृतिक परिप्रेक्ष्य में), पृ. 103-104

65. झुन्झुनू, मोहन सिंह, शेखावाटी में स्वतंत्रता आंदोलन का इतिहास, पृ. 273-74

66. जाजू, रामनिवास, मरुभूमि का वह मेघ, पृ. 82

67. मैनारिया, शिवचरण, वही, पृ. 7--8

68. नगेन्द्र, हिन्दी साहित्य का इतिहास, पृ. 525

69. समालोचक, सितम्बर, सन् 1905

70. शर्मा, श्रीप्रकाश, राजस्थान में स्वतंत्रता संग्राम के अमर पुरोध-चन्द्रगुप्त वाष्णेय ग्रंथमाला-38, पृ. 6

71. शर्मा, रामगोपाल, राजस्थान में प्रजामण्डल आंदोलन भाग-3, जयपुर राज्य, पृ. 83

72. वही, पृ. 80

73. पंकज, विष्णु, वही, पृ. 118

74. झुन्झुनू, मोहन सिंह, वही, पृ. 200

75. मेनारिया, शिवचरण, वही, पृ. 137

76. भट्ट राजेन्द्र शंकर, शर्मा सुषमा, वही, पृ. 265

77. पंकज, विष्णु, भाषायी पत्रकारिता और जनसंचार, पृ. 32

78. प्रभाकर, मनोहर, वही, पृ. 89

79. शर्मा, आदर्श, वही, पृ. 26

80. पंकज, विष्णु, राजस्थान के पत्र और पत्रकार, पृ. 80

81. वही, पृ. 94

82. टंडन, प्रताप नारायण, वही, पृ. 568

83. पीतलिया, रामशरण, वही, पृ. 175

84. पंकज, विष्णु, वही, पृ. 90

85. मेनरिया, शिवचरण, वही, पृ. 153

86. शर्मा, रामगोपाल, वही, पृ. 57

87. वही, पृ. 125-26

88. सुराणा, भँवर, राजस्थान में हिन्दी पत्रकारिता का उद्भव और विकास, (अप्रकाशित शोध ग्रन्थ)

89. पंकज, विष्णु, भाषायी पत्रकारिता और जनसंचार, पृ. 91

90. तिवारी, अर्जुन, वही, पृ. 471

91. प्रभाकर, मनोहर, वही, पृ. 81

92. पंकज, विष्णु, राजस्थान के पत्र और पत्रकार, पृ. 81

93. झुन्झुनू, मोहनसिंह, वही, पृ. 169

94. शर्मा, रामगोपाल, वही, पृ. 69-70

95. शर्मा, आदर्श, वही, पृ. 30

96. भूतोडिया, मांगीलाल, इतिहास की अमर बेल ओसवाल, भाग-2, पृ. 442-443

97. शर्मा, पद्मजा, यशस्वी पत्रकार पंडित झाबरमल शर्मा, पृ. 1

98. सुमन, क्षेमचन्द्र, हिन्दी के यशस्वी पत्रकार, पृ. 148

99. शर्मा, पद्मजा, वही, पृ. 16-सन् 18

100. पण्डित झाबरमल्ल शर्मा, मेरे संपादित पत्र (अप्रकाशित)

101. वैदिक, वेदप्रताप, हिन्दी पत्रकारिता विविध आयाम, भाग-1, पृ. 188

102. पंकज, विष्णु, भाषायी पत्रकारिता और जनसंचार, पृ. 226

103. माथुर, कमलेश, वही, पृ. 96-97

104. प्रकाश, जयपुर, जुलाई, सन् 1939

105. टंडन, प्रताप नारायण, वही, पृ. 531

106. मेनारिया, शिवचरण, वही, पृ. 55

107. भानावत, नरेन्द्र, जैन संस्कृति और राजस्थान, पृ. 342

108. पंकज, विष्णु, राजस्थान के पत्र और पत्रकार, पृ. 106-07

109. जोशी, सुमनेश, राजस्थान में स्वतंत्रता संग्राम के सेनानी, पृ. 131-32

110. पंकज, विष्णु, वही, पृ. 78

111. प्रभाकर, मनोहर, वही, पृ. 28-33

112. मधुप, महेन्द्र, वही, पृ. 27

113. भानावत, संजीव, सांस्कृतिक चेतना और जैन पत्रकारिता, पृ. 111

114. मधुप, महेन्द्र, वही, पृ. 22

115. पंकज, विष्णु, वही, पृ. 86-87

116. पंकज, विष्णु, भाषायी-पत्रकारिता और जनसंचार, पृ. 32-33

117. वही, पृ. 226

118. भारतीय, भवानीलाल, वही, पृ. 152-53

119. वाजपेयी, अम्बिका प्रसाद, वही, पृ. 186

120. टंडन, प्रताप नारायण, वही, पृ. 552

121. प्रभाकर, मनोहर, वही, पृ. 122-23

122. पंकज, विष्णु, राजस्थान के पत्र और पत्रकार, पृ. 119

123. भारतीय, भवानीलाल, वही, पृ. 164-66

124. निर्विरोध, तारादत्त, राजस्थान में स्वतंत्रता संग्राम के अमर पुरोधा पण्डित ताइकेश्वर शर्मा, ग्रंथमाला-27, पृ. 1

125. पेमाराम, शेखावाटी किसान आन्दोलन का इतिहास, पृ. 86-87

126. झुन्झुनू, मोहन सिंह, वही, पृ. 235

127. निर्विरोध, तारादत्त, वही, पृ. 2

128. पंकज, विष्णु, वही, पृ. 124

5. अनुभूति एवं अभिव्यक्ति

पत्रकारिता का सर्वाधिक महत्त्वपूर्ण भाग अनुभूति और अभिव्यक्ति ही है। पत्रकारिता का प्रमुख कर्त्तव्य होता है समाज के लिए स्पष्ट एवं निरपेक्ष सूचना प्रदान करना। सूचना देते समय या सम्प्रेषण करते समय यह आवश्यक है कि यह सूचना किसके लिए है और किस तरह या किन शब्दों में सूचना पहुँचानी है। एक पत्रकार किसी घटना या तथ्य को कैसे अनुभूत करता है व उस घटना के प्रति उसकी क्या संवेदनाएँ हैं। संवेदना को अनुभूत कर उसे अभिव्यक्त करते समय पत्रकार को समाज को भी ध्यान में रखना होगा क्योंकि उसकी अभिव्यक्ति का सीधा प्रभाव समाज पर पड़ता है। घटना या तथ्य की प्रकृति ही समाचार का पाठक तय करती है। समाचार की प्रत्येक खबर विभिन्नता लिए हुए होती है। खबरें होती तो सभी के लिए हैं परन्तु प्रत्येक व्यक्ति अपनी रुचि के अनुसार उन्हें पढ़ता व सुनता है। किसी आम आदमी से सम्बन्धित घटना की खबर का अधिकांश पाठक वर्ग आम व्यक्ति ही होगा लेकिन यदि कोई घटना किसी व्यवसायी के हित व अहित से सरोकार रखती है जैसे कि शेयर सूचकांक, बाजार की खबरें आदि तो उसका पाठक अधिकांशतः व्यवसायी वर्ग से ही होगा। खेल में रुचि रखने वाला खेल समाचार पढ़ेगा, इस तरह से कहा जा सकता है कि किसी भी घटना की अनुभूति भी समाज के उस वर्ग को ध्यान में रखकर होनी चाहिए जिससे सम्बन्धित वह घटना या तथ्य है। इसमें व्यक्तिगत संवेदना और अभिव्यक्ति से दूर रहना ही समाज के हित में होता है। इसको समझने के बाद ही अभिव्यक्ति का उचित तरीका अपनाना चाहिए ताकि किसी की संवेदनाओं का ठेस न पहुँचें। हालाँकि राष्ट्र या समाज के हित से सम्बन्ध रखने वाली घटनाओं में यह मर्यादा लाँघी जा सकती है। यथा-घटना यदि मँहगाई से सम्बन्धित है या सरकार के खिलाफ है तो पत्रकारिता को अपना धर्म निभाते हुए उस घटना या तथ्य के पीछे के कारण समझकर ही अपनी अभिव्यक्ति की मान-मर्यादा तय करनी चाहिए अन्यथा कई बार भावावेश में आकर पत्रकार लक्ष्मण रेखा लाँघ जाते हैं जो कि अनजाने में ही देश विरोधी ताकतों को सुदृढ़ करने का माध्यम बन जाते हैं। इसीलिए अभिव्यक्ति की आजादी में भी एक मर्यादा या सीमा रेखा तय होनी चाहिए।

एक राष्ट्र का प्रत्यय समझने, राष्ट्रीयता की भावना जगाने तथा राजनीतिक चेतना उत्पन्न करने के लिए पहली आवश्यकता थी सामाजिक पुनरुत्थान करने की। अतः सांस्कृतिक जागरण के लिए और समाज में

व्याप्त विकृत परम्पराओं के निष्कासन के लिए राजनेताओं ने कई आन्दोलन चलाए। राजस्थान के कोने-कोने में चल रही इन हलचलों को समसामयिक पत्र-पत्रिकाओं ने न केवल प्रखर वाणी दी वरन् अपना सतत् सहयोग भी दिया। समाजोत्थान की इन घटनाओं को समाचारों, लेखों आदि के माध्यम से जनता तक पहुँचाया। यहाँ आर्थिक शोषण के विरुद्ध कृषकों ने भी अपने आन्दोलन छेड़ दिए थे।1 यद्यपि यहाँ अधिकांश जनता अशिक्षित थी, परन्तु समाचार पत्रों ने अपनी प्रचारात्मक भूमिका निभाने में कोई कसर नहीं छोड़ी। न केवल सामाचारों वरन् अनेक लेखों द्वारा इन पत्रों ने समाज में व्याप्त कुरीतियों और अन्धविश्वासों को अपने ढंग से समझाने और उन्हें दूर करने में महत्वपूर्ण भूमिका का निर्वहन किया।

राजपूताना के हालात पर 'नवीन राजस्थान' ने अपनी बेबाक संपादकीय टिप्पणियों से न केवल प्रहार किए वरन् जनसाधारण को जाग्रत करने का भी प्रयास किया। पत्र ने 'आरक्षित राजस्थान' शीर्षक से अपने संपादकीय में लिखा कि अंग्रेजों की रक्षात्मक मित्रता से राजस्थान को उसी तरह कमजोर, निकम्मे और विकारों के भंडारनाश पथगामी बना दिया है जैसे हिन्दू समाज की स्त्रियों को अधिक सुख पहुंचाने और पर्दे में बंद रखने की व्यवस्था ने स्त्रियों को आज संसार पर भार स्वरूप बना दिया है। दूसरे शब्दों में हम इन रक्षितों को उस तलवार की उपमा दे सकते हैं जो एक ठंडे कमरे में खुली रखी रहती हो और कभी उसे साफ करने के लिए इसलिए हाथ न लगाया जाता हो कि उसे कष्ट होगा और इस प्रकार जंग लगाकर नाष के निकट पहुंच गई हो। जरूरत है कि राजस्थानियों का ध्यान अपनी इस आरक्षित अव्यवस्था की ओर जाए और वे इससे अपने उद्धार का उपाय सोचें।2

'नवीन राजस्थान' ने अन्य मसलों पर भी ध्यान दिया। शेखावाटी में गरीब प्रजा पर जैसे-जैसे पैशाचिकता पूर्ण घोरतर अत्याचार हो रहे हैं उनको देख कर कौन मनुष्य होगा जो न पसीजेगा और अपने स्वजनों के पीड़ित होने का शोक न करता होगा। ऐसे गरीबों के लिए जो अति दुःखी हैं। शेखावाटी में पंचायत का संगठन होना अन्ततः अति आवश्यकता है जिससे सत्याग्रह रूपी अस्त्र से इन पिशाचाकर्मी जागीरदारों का प्राणप्रण से सामना किया जा सके।3

पत्रकारिता का दायित्व

पत्रकारिता का पहला दायित्व सच्ची सूचना देना होता है। सूचना किसी एक पक्ष की नहीं सब की। यही उसकी मर्यादा है। वह सूचना खुद पैदा नहीं करता। सूचना उसे कहीं न कहीं से मिलती है। यह उसका दायित्व है कि वह

उन स्रोतों की विश्वसनीयता की पड़ताल करे जहां से उसे सूचनाएं मिलती हैं। पत्रकारों का यह भी दायित्व है कि वह सूचना के स्रोतों के हाथों में न खेल जाये। पत्रकार का दायित्व अपने पाठकों के प्रति एवं देश के प्रति होता है न कि किसी व्यक्ति, संस्थान, या विचार के प्रति। यहां तक कि अपने उस संस्थान के प्रति भी नहीं जहाँ वह मुलाजिम है। यही सबसे कठिन काम है। पत्रकारिता का दायित्व केवल सूचना देना ही नहीं बल्कि सूचनाओं का विश्लेषण करना और उन्हें आम पाठक के लिए संदर्भ देना भी होता है और यह तलवार की धार पर चलने जैसा है। सूचना में खोट नहीं हो यह दायित्व भी पत्रकारों का होता है। पत्रकारिता एक पेशा भी है एक कारोबार भी मगर यह कारोबार अन्य कारोबार और पेशों से अलग है। पत्रकार एक साथ कई भूमिकाएँ निभाता है। वह सूचनाओं का हरकारा है तो वह शिक्षक भी है, वह रक्षक भी है और वह खल्क की जुबान भी है। पत्रकारिता आम आदमी की आवाज होती है जिसमें उसकी अपेक्षाएँ, आकांक्षाएँ और सपने मुखरित होते हैं। जहाँ आम आदमी खुद लड़ नहीं सकता वहाँ उसके लिए पत्रकारिता लड़ती है। यह लड़ाई अन्याय और वहशी ताकतों के खिलाफ मानव मूल्यों के लिए होती है।

यहाँ अभिव्यक्ति की आजादी भले ही हमें कानूनी रूप से अपने संविधान से मिली है मगर वास्तव में यह हमारा मानवीय अधिकार है। लोकतन्त्र में इसका महत्व और भी बढ़ जाता है। लोकतन्त्र की सफलता अहिंसक समाज में ही संभव हो सकती है। ऐसे समाज में जहां फैसले शारीरिक या आयुध की ताकत से नहीं बल्कि तर्क से, बहस से और विमत के अधिकार की रक्षा करते हुए न्यायसंगत आम सहमति से होते हों। लोकतंत्र की मर्यादा तभी बनी रह सकती है जब पत्रकारिता स्वतंत्र हो और वह अपना दायित्व पूरी मर्यादा से निभाये। इसीलिए लोकतान्त्रिक समाज पत्रकारों से अपेक्षा रखता है कि वे एक तर्कवान संवाद स्थापित करने के वाहक बनेंगे।

पत्रकारिता के महत्व और दायित्व को हम महात्मा गांधीजी के जरिये ठीक से समझ सकते हैं। उन्होंने कहा था "पत्रकारिता का काम पाठक के दिमाग में चाही-अनचाही चीजें थोपना नहीं है बल्कि आम जन के दिमाग को जाग्रत करना है।" उनका कहना कि "आधुनिक पत्रकारिता में सतहीपन, एकपक्षता, गलतियां, और यहां तक कि बेईमानी भी, प्रवेश कर गई हैं" आज कितना सटीक लगता है। इसके बावजूद गांधीजी अखबार की आजादी के पूरे पक्षधर थे। उन्होंने कहा "अखबार की आजादी इतनी अनमोल है कि कोई भी

देश उसे छोड़ नहीं सकता।" गांधीजी ने एक और बड़ी बात कही–"प्रेस लोकतन्त्र का चैथा स्तम्भ कहलाता है। वह निश्चित रूप से एक ताकत है। मगर यदि इस ताकत का दुरुपयोग किया जाता है तो वह अपराध है"।

गांधीजी ने ये बातें अपने करीब चार दशक लंबे पत्रकारिता के अनुभव से कही। दक्षिण अफ्रीका में उन्होंने पहली बार 'इंडियन ओपीनियन' अखबार निकाला। फिर भारत आकर 'यंग इंडिया' और 'नवजीवन' का सम्पादन-प्रकाशन किया। उन्होंने अंग्रेजी में 'हरिजन', हिन्दी में 'हरिजन सेवक'और गुजराती में 'हरिजन बंधु' अखबार भी निकाले। उन्होंने समाचार माध्यमों की ताकत को पहचाना और उन माध्यमों का सत्य, अहिंसा, सत्याग्रह और देश की आजादी के प्रयासों में भरपूर उपयोग किया। गांधीजी ने कहा–"अखबारों के बिना सत्याग्रह जैसा अभियान संभव नहीं हो सकता था।" उनके अपने अखबार खुद उनके शब्दों में उनके लिए "आत्म-संयम के प्रशिक्षण स्थल और माध्यम बने, मानव की प्रकृति को उसके सभी भेदों और विविधताओं सहित समझने में।"

मूल रूप से पत्रकारिता के तीन दायित्व होते हैं–सामाजिक, विधिक और पेशगत हैं। पत्रकारिता में अपने समाज की छवि परिलक्षित होती है। इसलिए पत्रकारों में अपने समाज की जीवंत परम्पराओं की समझ होनी चाहिए। परम्पराएँ जड़ नहीं होती। जड़ होने पर वह रूढ़ि बन जाती है। पत्रकारों को परंपरा और रूढ़ि में फर्क का बोध होना जरूरी है। पत्रकारिता को विधिक दायित्व का भी निर्वहन करना होता है। लोकतन्त्र विधि का शासन होता है। उसकी आत्मा में आम सहमति होती है। पत्रकार कानून से ऊपर नहीं होता। फिर आता है पेशेवर दायित्व। पत्रकार की प्रतिबद्धता किसी और के प्रति नहीं अपने पेशे के प्रति होती है। इस प्रतिबद्धता की कुंजी सच्चाई और निष्पक्षता में होती है। पत्रकारिता की एक लक्ष्मण रेखा भी होती है। इस लक्ष्मण रेखा की सीमा कोई और तय नहीं कर सकता। मौका आने पर पत्रकार ही अपने व्यक्तिगत स्तर पर यह तय करते हैं कि वे लोगों को सच्ची और निष्कपट जानकारी देने के अपने दायित्व के निर्वहन के लिए यह रेखा कहां खींचें।

सन् 1818 में राजस्थान में ब्रिटिश सर्वोच्चता की स्थापना हुई। इसने एक नवीन राजनीतिक एवं प्रशासनिक व्यवस्था को जन्म दिया जिसे ब्रिटिश उपनिवेशवाद व स्थानीय सामन्तवाद का अपवित्र गठबंधन कहा जा सकता है।4 सन् 1818 में ब्रिटिश सरकार से हुई संधि से प्राप्त संरक्षण के कारण रियासत के शासक पूर्णतः निरंकुश व स्वेच्छाचारी हो गए।5 अब उन्हें अपनी प्रजा पर अत्याचार करने की खुली छूट मिल गई तथा राजा एवं जागीरदार

प्रजा का शोषण कर उससे अधिकाधिक धन बटोरने लगे। राजाओं ने यद्यपि अंग्रेजों के साथ ये संधियाँ अपनी बाह्य सुरक्षा के लिए की थी पर धीरे-धीरे वे आंतरिक मामलों में भी अंग्रेजी सत्ता के हाथ की कठपुतली मात्र रह गये थे।6 अंग्रेजों ने एक ओर अपनी प्रभुसत्ता सुनिश्चत करने के लिए यहाँ प्रमुख राज्यों में पोलिटिकल एजेन्ट,7 ए.जी.जी. आदि अंग्रेज अफसर तैनात कर दिए और दीवान आदि महत्वपूर्ण पदों पर अधिकतर बाहरी व्यक्तियों को नियुक्त कर दिया, वहीं दूसरी ओर राजा-महाराजाओं और सामन्तों को विलासिता के रंग में पूर्ण रूप से रंग दिया। इन दोनों अवस्थाओं में ही आम जनता संवेदनहीन और अकर्मण्य प्रशासन के नीचे दबती-पिसती रही। जयनारायण व्यास जी को देशी नरेशों के विरूद्ध जनमत तैयार करने में सबसे अधिक तेज और आग के शोले की तरह उद्दण्ड बताया गया हैं।8 उनके "दैनिक अखंड भारत" समाचार पत्र के डेढ़ वर्ष के संक्षिप्त संपादन और प्रकाशन काल में 4 राजाओं के सिंहासन डोल गये थे,9 वही जयनारायण व्यास जी अपने पूरे संघर्ष काल में अपने ही राज्य के राजा के प्रति आदर या आस्था रखे, यह एक असंगत सी बात लगती है।

पत्रकारिता को मिली आजादी उसकी अपनी मिल्कियत नहीं है। यह आजादी उसे सर्व जन को प्राप्त अभिव्यक्ति की स्वतन्त्रता के तहत मिली है। अमेरिकी संविधान के पहले संशोधन के जरिये प्रेस की आजादी सुनिश्चित की गई है। मगर हमारे यहाँ पत्रकारिता की आजादी आम नागरिक को मिली अभिव्यक्ति की आजादी का ही हिस्सा है। अभिव्यक्ति की स्वतन्त्रता से ही पत्रकारिता का दायित्व पूरा होता है। पर यह आजादी निर्बाध भी नहीं है। उसकी सीमाएं हैं। लोकतन्त्र के तीन संवैधानिक स्तंभों "विधायिका, कार्यपालिका और न्यायपालिका" की भी सीमाएं हैं। लोकतन्त्र का चैथा स्तम्भ कहलाने वाली पत्रकारिता की विशेष स्थिति है। वह इन तीनों स्तंभों पर नजर रखती है, उनकी खबर लेती है और उनकी खबर देती है। तीन संवैधानिक स्तम्भ एक दूसरे को संतुलित करते हैं। पत्रकारिता इस बात पर निगाह रखती है और लोगों को सचेत रखती है कि लोकतान्त्रिक मूल्य बने ही नहीं रहें बल्कि वे और मजबूत हों। मगर इसके लिए खुद पत्रकारिता को लोकतान्त्रिक होना पहली शर्त है। ऐसा उसकी निष्पक्षता से सुनिश्चित होता है।

पत्रकारिता का दायित्व अभिव्यक्ति की स्वतन्त्रता से ही संभव है। अभिव्यक्ति की स्वतन्त्रता है तो ही पत्रकारिता है। लोकतन्त्र में यह अधिकार रोटी कपड़ा और मकान, बेहतर, स्वास्थ्य और इज्जत वाला जीवन जीने के

अधिकार से भी अधिक महत्वपूर्ण है क्योंकि ये सारे अधिकार पाने का यह हथियार होता है। "जनता के लिए, जनता का, जनता द्वारा" जिस शासन की कल्पना लोकतन्त्र के लिए की गई है वह इसी हथियार से सुनिश्चित होता है। विधायिका में जनता अपने जिन प्रतिनिधियों को चुन कर भेजती है उनके काम-काज के बारे में जानकारी मतदाता को समाचार माध्यमों से मिलती है। इसीलिए अखबार को "वाच डॉग" कहा जाता है। अखबार की आजादी दुनिया में बड़े संघर्ष से मिली है। यह मान के नहीं चलना चाहिए कि एक बार यह आजादी मिल गई तो वह हमेशा बनी रहेगी। इसकी सुरक्षा के लिए हमेशा जागरूक बने रहना होता है। अभिव्यक्ति की आजादी बहुतों को नहीं सुहाती। जिन्हें यह नहीं सुहाती वे लोकतन्त्र के हितैषी नहीं हो सकते। मगर उन्हें अपने किसी न किसी काले कारनामे पर पर्दा बनाए रखना होता है। लोकतन्त्र पूरी पारदर्शिता की मांग करता है। वह सबकी भागीदारी से फलता-फूलता है। इसमें सामंती या तानाशाही प्रवृत्तियों का कोई स्थान नहीं होता। पत्रकारिता का दायित्व इन प्रवृत्तियों का शमन करने में मदद करना होता है। आज इस दुआ की सबसे ज्यादा जरूरत है कि पत्रकारिता में ऐसी प्रवृत्ति वाले लोग अधिक से अधिक आयें और उसे सबल बनाएँ। पत्रकारिता सबल होगी तो लोकतन्त्र सबल होगा, आम आदमी सबल होगा।

पत्रकारिता एवं समाज

समाज की गतिविधियों तथा उसमें व्याप्त कुरीतियों के विरुद्ध जागृति, नवीन बातों का ज्ञान सिखाना आदि अनेक चर्चा, वार्ता, क्रियाएँ कार्यक्रम जिनकी सूचना संदेश जन-जन तक पहुँचाना पत्रकारों का कार्य है। इस तरह कहा जा सकता है कि पत्रकारिता का ही दायित्व ही समाज तक निष्पक्ष व सही सूचना देना है। पत्रों के उदाहरणों से इसका उल्लेख किया गया है किस तरह पत्रकार उसे अनुभूत कर अभिव्यक्त करता है।

सन् 1920 से मारवाड़ पुलिस के इंसपेक्टर जनरल बने कोठावाला, जो हितकारिणी सभा के सदस्यों पर कड़ी नजर रख रहे थे, ने सुखदेव के आदेश पर जांच करने के बाद महाराज को दिये गये प्रार्थना पत्र के विषय और उन व्यक्तियों की सूची 12 मार्च, सन् 1925 को सुखदेव को दी जिनको रजिस्टर नं. दस में दर्ज कर रखा था ये नाम थे- प्रतापचन्द सोनी, अमरचन्द मूथा, चांदमल सुराणा, शिवकरण जोशी, आनन्द राज सुराणा, कस्तूरकरण, अब्दुल रहमान अंसारी, बच्छराज व्यास और जयनारायण व्यास। 19 मार्च को राज्य कौंसिल की बैठक में प्रथम तीन आरोपियों को 20 मार्च की मध्य रात्रि तक राज्य की सीमा से बाहर जाने का आदेश दिया गया और शेष को पुलिस

निरीक्षण में रखा गया, उनके लिए रात में पुलिस थाने में सोने के निर्देष थे।10 जयनारायण व्यास जी को जब यह लगा कि उन पर कड़ी निगाह है तो वह कौंसिल के आदेश से पूर्व ही मारवाड़ से बाहर चले गये।

सुखदेव एक अनुभवी व्यक्ति थे परन्तु राज्य में दलबंदियों के कारण वे सत्ता के अत्यन्त प्रेमी बन गये और उन्होंने मारवाड़ पर अपनी धाक जमा दी। वे इतने प्रभावषाली हो गये कि राजघराना, जागीरदार, राज्य के अधिकारी तथा साधारण जनता किसी में उनका मुकाबला करने का साहस नहीं था। जनता की प्रगति को रोकने के लिए उन्होंने अनेक कानून बनाये। उनका विचार था कि जनता की उचित मांगों को पूरा करने से और अधिक आन्दोलन करने के लिए उसे प्रोत्साहन मिलेगा। मारवाड़ हितकारिणी सभा का उद्देश्य महाराजा के प्रति राजभक्त रहते हुए मारवाड़ की जनता के लिए सामाजिक, आर्थिक, राजनीतिक आदि सुधार प्राप्त करना था। जयनारायण व्यासजी यह मानते थे कि मारवाड़ में जो भी सुधार संभव हैं, वे सुखदेव से नहीं बल्कि दरबार को असली स्थिति बताकर प्रार्थना करने से होंगे।11 सुखदेव के विरोध में राज्य अधिकारियों की सहानुभूति सार्वजनिक कार्यकर्ताओं के साथ थी हालांकि उनका उद्देश्य अपने दल के पैर राज्य में मजबूत करना था।

जयनारायण व्यास जी ने मारवाड़ से बाहर होने पर पत्रों द्वारा अपने मित्रों से सम्पर्क बनाये रखा। उन्होंने स्पष्ट किया कि वे सुखदेव की कृपा नहीं चाहते और जो लोग उनके लिए सुखदेव से मिलते हैं, वे उनके हितैषी नहीं हैं। जोधपुर में उनके रहने से जो कार्यवाही होती उससे उनके माता-पिता को दुःख होता इसीलिए वहां मुर्दा बनकर रहने की अपेक्षा उन्हें मारवाड़ छोड़ना पड़ा। जयनारायण व्यास जी महाराजा के विदेश से लौटने की प्रतीक्षा कर रहे थे और वे चाहते थे कि उससे पूर्व हितकारिणी सभा की ओर से कुछ आन्दोलन 'निर्वासन' के बारे में होना चाहिए।

अक्टूबर सन् 1925 में महाराजा के वापिस लौटने पर जयनारायण व्यास जी ने उनके निजी सचिव की मार्फत अपना पक्ष रखा। प्रताप चन्द सोनी ने यह स्वीकार कर लेने से कि तार भेजने में उसी का हाथ था, महाराजा अन्य व्यक्तियों पर नरमी के लिए तैयार हुए लेकिन ब्रिटिश भारत के समाचार पत्रों में महारानी के फोटो छापकर किये गये प्रचार से वे नाराज थे। 3 नवम्बर, सन् 1925 को अपनी सफाई में व्यासजी ने एक पत्र महाराजा को लिखा जिसमें फोटो के प्रकाशन और राज परिवार के विरूद्ध प्रचार का खंडन किया गया। जयनारायण व्यास जी ने यह स्पष्ट किया कि

वह इसका पहले ही प्रतिवाद कर चुके हैं और वे महारानी को पूजनीय माता के समान मानते हैं। जयनारायण व्यास जी ने इंग्लैण्ड में प्रचार के अपने संयुक्त दायित्व को माना और दरबार के निर्देष पर वे माफी मांगने को तैयार थे लेकिन वे चाहते थे कि उसमें यह लिखा जाए कि उन्होंने जो कार्य किये थे वे दरबार की भलाई के लिए किये थे, फिर भी वे अवांछनीय प्रतीत होते हैं तो वे क्षमा चाहते हैं। महाराजा के निजी सचिव की राय थी कि जब तक सुखदेव जोधपुर में हैं यहां शासन सुधार संभव नहीं हैं, माफी मांगने से झंझट मिट जायेगा और सुखदेव भी शीघ्र हटा दिये जायेंगे। महाराजा बिना शर्त माफी चाहते थे। उन्होंने स्वयं स्याह भरकर कलम व्यास को दी, उनके इस आग्रह को व्यास नहीं टाल सके।12

'तरूण राजस्थान' पत्र द्वारा महाराजा को मान पत्र भी दिया गया। महाराजा के निजी सचिव नरपत सिंह से भी इस बारे में जयनारायण व्यास जी और सर्राफ जी ने आग्रह किया। परन्तु इन सबका कोई असर नहीं हुआ।13 सन् 1972 में मुम्बई में 'अखिल भारतीय देशी राज्य परिषद' की स्थापना के बाद हितकारिणी सभा का सम्पर्क बाहरी दुनिया के साथ हो गया। सन् 1928 में पहली बार जोधपुर में 'दुर्गादास जयन्ती उत्सव' आयोजित किया गया। राज्य सरकार ने इसमें बाधायें उत्पन्न करने का प्रयास किया। बरार में निवास कर रहे वैद्य हेमचन्द्र छंगाणी इसके मुख्य आयोजक थे और महाराष्ट्र में लोकमान्य तिलक द्वारा आरम्भ षिवाजी जयन्ती के अनुरूप ही वे दुर्गादास जयन्ती के द्वारा मारवाड़ राजनीतिक जागृति करना चाहते थे।14

11 व 12 मई, सन् 1929 को जोधपुर सर्राफा बाजार में आयोजित सभाओं में मारवाड़ के शासन में सुधार की मांग की गई। 24 व 25 मई सन् 1929 को मुम्बई में अखिल भारतीय देशी राज्य लोक परिषद् के सम्मेलन में मारवाड़ से अनेक लोगों ने भाग लिया। सम्मेलन की विषय समिति में बद्रीदास 'वेदान्त भूषण', कन्हैयालाल कलयंत्री, हेमचन्द्र छंगाणी, जयनारायण व्यास और जयनारायण तापड़िया को निर्वाचित किया गया। इस सम्मेलन से यह प्रस्ताव पारित हुआ कि जोधपुर के महाराजा द्वारा विदेशों में सार्वजनिक धन के दुरूपयोग और मारवाड़ में जागीरदारों के अत्याचारों के विरूद्ध वायसराय को 'खुला पत्र' भेजा जाए। 26 मई को मारवाड़ के प्रतिनिधियों की गुप्त बैठक में निर्णय हुआ कि मारवाड़ के कस्बों से व प्रवासी मारवाड़ी व्यापारियों से पांच लाख रूपया एकत्रित किया जाए। इसके लिए बैद्य हेमचन्द्र, व्यास, तापड़िया, कलयंत्री और भंवरलाल सर्राफ की एक समिति

बनाई गई जो मारवाड़ के गांवों में प्रचार करेगी।15

'नवीन राजस्थान' ने रियासतों में बंदोबस्त जमीन के मुद्दे पर भी काफी लिखा और अन्य पत्रों की खामोशी पर कटाक्ष किया कि रियासतों में प्रथम तो पत्र हैं ही नहीं जो किसी में सौभाग्य से हैं तो वे अपनी संपादन शैली के कारण इतने गिरे रहते हैं कि उनकी गिनती समाचार पत्रों में नहीं हो पाती।16 'नवीन राजस्थान' ने ब्रिटिश हुकूमत के खिलाफ अपना अभियान जारी रखा एवं कार्टून व्यंग्यों के जरिए जनसाधारण को ब्रिटिश सत्ता के खिलाफ आंदोलन के लिए जाग्रत करने का प्रयास किया।17 मारवाड़ रियासतों में जनसाधारण पर हो रहे अत्याचारों के खिलाफ आवाज मुखर करने में भी यह पत्र अग्रणी रहा। पत्र ने 'मारवाड़ रियासत की बर्बरता'18 शीर्षक से समाचार एवं संपादकीय टिप्पणियों के जरिए लोगों को वस्तुस्थिति से अवगत कराया। मारवाड़ में जो घटा उसे राक्षसी लीला19 शीर्षक से उजागर करते हुए यह बता दिया कि मारवाड़ में दौ सौ ब्राह्मण परिवार जेल में हैं तथा एक ब्राह्मणी भस्म हो गई तो पूरे राजपूताना में सनसनी फैल गई। तथा कस्तूरबा गांधीजी के समाज सुधार के लिए किए जा रहे प्रयासों को भी भरपूर स्थान दिया।20 'नीमूचाणा हत्याकाण्ड'21 का पत्र ने इतना सचित्र चित्रण किया कि समूचा देश इस बर्बरता से दंग रह गया एवं इस पत्र के माध्यम से राजपूताना की रियासतों को हालात जानने के लिए लोगों की जिज्ञासा में तीव्रता से वृद्धि हुई।22 'यंग राजस्थान' ने राजपूताना के सामाजिक हालात पर निरंतर लिखा तथा समाचारों, लेखों एवं संपादकीय टिप्पणियों के जरिए जहां सामाजिक बुराईयों का विरोध किया, वहीं उन्हें दूर करने के लिए लोगों में चेतना लाने का महती प्रयास भी किया। पत्र ने मारवाड़ में बड़े घर के लोगों के जुआ खेलने तथा उनके शराबखोरी एवं दुराचरण की जानकारी मिलने पर इसे 'सुसंस्कृत अपराध' बताते हुए सवाल किया कि इस तरह के अपराध करने वालों को कौन दंडित करेगा जबकि इसमें प्रशासन तथा कानून से संबद्ध लोग ही लिप्त हैं।

सामाजिक कुरीतियों पर प्रहार

राजपूताना के निवासी सामान्यतः अन्धविश्वासी, रूढ़िवादी एवं पुरातनवादी थे तथा समाज में अनेक कुरीतियाँ व्यापक रूप से व्याप्त थी। इनमें सती प्रथा, समाधि, डाकन प्रथा, कन्यावध, दास-दासी प्रथा, त्याग प्रथा आदि प्रमुख थी। समाज में स्त्रियों की स्थिति बड़ी दयनीय थी। उनमें पर्दा, निरक्षरता, बाल व अनमेल विवाह, बहुविवाह एवं लड़कियों के क्रय-विक्रय की स्थिति बनी हुई थी। विवाह व मृत्यु के अवसर पर लगभग सभी जातियों में

अत्यधिक धन का व्यय होता था जिससे उन पर सदैव आर्थिक संकट बना रहता था।23 पाक्षिक पत्रिका 'आगीवाण' में प्रकाशित निम्न कविता का अवलोकन यहाँ प्रासंगिक है, जिसमें कवि पंडित गोपीलाल जी शर्मा ने देश में तत्कालीन समाज में व्याप्त बुराइयाँ एवं कुप्रथाओं पर चोट की है।24

सन् 1921 में कांग्रेस के अहमदाबाद अधिवेशन के पश्चात् राजस्थान सेवा संघ की स्थापना हुई।25 इससे सम्बन्धित तथा अन्य राजनीतिक गतिविधियों के प्रचार-प्रसार हेतु जिन पत्रों का प्रकाशन अजमेर से किया गया उनमें 'नवीन राजस्थान' अपना प्रमुख स्थान रखता है।26 पत्रिका ने अपने वैशाख सम्वत् सन् 1986 के अंक में 'गाँधी और स्त्रियाँ' नामक एक समाचार छापा है, जिसमें गाँधीजी के लेख 'पर्दे की कुप्रथा' में उनके विचारों को ज्यों का त्यों प्रकाशित किया है। जिसमें पर्दे से होने वाली भीरूता, स्वास्थ्य, बाहरी जगत से दूर पुरुष के साथ स्वच्छ सम्बन्ध में रूकावट आदि-आदि हानियाँ बताई गई हैं।27 दास प्रथा भी 20वीं शताब्दी में राजस्थान में एक प्रमुख सामाजिक कुरीति के रूप में विद्यमान थी। इस वर्ग की स्थिति तत्कालीन समाज में काफी शोचनीय थी। इस वर्ग का एकमात्र जीवन लक्ष्य अपने मालिकों को प्रसन्न रखना एवं उनके आदेशों का पालन करना बन गया था।28 इन्हें गोला-गोली, दावड़ी, वड़ारन, दरोगा, चाकर, हजूरिया, दास, खानजादा, चेला आदि विभिन्न नामों से सम्बोधित किया जाता था।29 सन् 1921 की जनगणना के अनुसार राजस्थान में घरेलू दास-दासियों की संख्या 1,60,755 थी जिनमें आधे ऐसे दास थे जिनका जन्म ही अपने मालिकों के घरों में हुआ था।30 साप्ताहिक 'तरुण राजस्थान' ने अपने 2 अप्रैल, सन् 1928 के अंक में दास प्रथा की तरफ लोगों का ध्यान आकृष्ट करते हुए एक समाचार छापा है, जो इस प्रकार है-

'बाँसवाड़े में दास प्रथा'

दरोगों पर अकथनीय जुल्म

यहाँ राज्य में बहुत से दास-दासी है, जिन्हें हुजूरी या दरोगा कहते हैं। राज्य परिवार के हाथों इनकी बड़ी दुर्गति हो रही है। उन्हें सम्पत्ति की भाँति अपनी मिल्कियत समझा जाता है। गुजारे के लिए प्रति व्यक्ति मासिक 4 रुपये मिलता है और रात-दिन नौकरी ली जाती है। दम मारने को भी फुर्सत नहीं मिलती। ऐसी दशा में गुजारा हो तो कैसे हो। वे दूसरी जगह नौकरी कर नहीं सकते। यदि कोई रख ले तो उसकी आफत ही समझिए।31 दास-दासियों के साथ कैसा व्यवहार किया जाता है, कारुणिक शब्दों में यही समाचार-पत्र आगे लिखता है- "कुछ अरसे पूर्व नाथी, मोहन प्यारी, गंगा और कंवरी

नामक दासियों को महल में न कुछ बात पर बेतों से बुरी तरह पिटवाया गया और बाद में उन्हें महल में कैद कर दिया गया। वहाँ वो अब तक पड़ी सड़ रही हैं। रोटियाँ तक उनको पूरी नहीं मिलती। रोज घोड़ों की चंदी उनसे पिसवाई जाती है। गंगा दासी को तो क्षय रोग हो गया है और अब मरने में कोई कसर नहीं रही, तब कहीं उसे घर जाने की छुट्टी मिली है। दास-दासियों की इस दयनीय दशा पर कौन सहृदय न रो उठेगा, किन्तु यह ब्रिटिश नौकरशाही ही है, जिसका पत्थर का कलेजा नहीं पसीजता। श्री हरिभाऊ उपाध्याय के संपादकत्व में प्रारम्भ मासिक पत्रिका 'त्यागभूमि' ने भी अपने माघ सम्वत् 1986 के अंक में 'राजपूताना में गुलामी प्रथा' शीर्षक से एक लेख प्रकाशित किया जिसके माध्यम से इस सामाजिक कुरीति एवं अमानवीय प्रथा पर तीव्र प्रहार किया गया है।32 राजस्थान में सामाजिक कुरीतियों की तरफ लोगों का ध्यान आकृष्ट कर उनके विरुद्ध जनमत का निर्माण करने में अजमेर से प्रकाशित पत्रिका 'मीरां' का महत्वपूर्ण योगदान रहा है। इसका प्रकाशन सन् 1930 में श्री जगदीश माथुर, 'दीपक' ने प्रारम्भ किया था।33

जनसमाज की जागरूकता

19वीं सदी के धार्मिक और सामाजिक सुधार आन्दोलन का देशी नरेशों और रियासती जनता पर भी प्रभाव पड़ा। स्वामी दयानंद, स्वामी विवेकानन्द, बाल गंगाधर तिलक, अरविन्द घोष और श्याम जी कृष्ण वर्मा जैसे प्रमुख व्यक्ति देशी नरेशों के सहयोग और समर्थन के आकांक्षी थे। इस काल में देशी राज्यों की जनता की सहानुभूति भी अपने शासकों के साथ थी।34 ब्रिटिश भारत में राजनीतिक जागृति का देशी राज्यों पर भी प्रभाव पड़ा। राजपूताना में जागृति का दौर बंग-भंग और स्वदेशी आन्दोलन के बाद शुरू हुआ। उस काल में जापान द्वारा रूस की पराजय से भारतीयों का हौंसला बढ़ा और देश प्रेम की एक आंधी सी आ गई। राजपूताना भी उससे अछूता नहीं रहा, मगर यह लहर साधारण जनता को नहीं छू सकी, बल्कि कुछ व्यक्तियों पर ही इसका प्रभाव पड़ा।35 देशी राज्यों में शासन सुधार के लिए कोई भी आन्दोलन ब्रिटिश भारत की अपेक्षा अधिक कठिन था। ऐसा कोई भी आन्दोलन राजद्रोह माना जाता था।36 सामन्ती प्रभाव के कारण राजपूताना की सामाजिक व्यवस्था कुछ इस प्रकार ढली कि यहां कि जनता मानसिक रूप से राजा को ईश्वर का अवतार मान कर उसे पूजती रही।37 उस समय देशी राज्यों का जो सम्मान प्राप्त था, वह स्वयं उनके अपने कार्यों से समाप्त हो गया।38 भारत में देशी राज्यों में एक समान प्रशासन नहीं था लेकिन एक बात सभी में समान थी-आलोचना को सहन करने की शक्ति

किसी भी शासक में नहीं थी। किसी भी राज्य में प्रकाशन की, विचारों की अभिव्यक्ति की, व्यक्तिगत सुरक्षा की और संपत्ति के अधिकार की स्वाधीनता नहीं थी।

प्रशासन में फैले भ्रष्टाचार, नौकरशाही की क्रूरता व अकर्मण्यता एवं रियासती दमन की विभिन्न घटनाओं को तत्कालीन समय में प्रकाशित विभिन्न समाचार पत्रों ने न केवल अपनी वाणी दी अपितु इसके विरुद्ध एक जनमत का भी निर्माण किया। प्रशासन में फैले भ्रष्टाचार और अकर्मण्यता के कारण विभिन्न रियासतों में जो दयनीय और भयावह स्थितियाँ बन गई थी उनका चित्रण विस्तृत समाचारों, टिप्पणियों और लेखों के माध्यम से इन पत्रों ने किया है। राजपूताना की मुख्य रियासतों के कुप्रशासन के कुछ समाचार यहाँ प्रस्तुत हैं। राजस्थान में खोजी पत्रकारिता के जनक मौलवी मुरादअली बीमार ने सन् 1885 में अजमेर से 'राजपूताना गजट' निकालना शुरू किया था।39 इस पत्र ने झालावाड़ में प्रशासनिक अव्यवस्था का चित्रण करते हुए वहाँ के शासक जालिमसिंह के संदर्भ में लिखा- 'पोलिटिकल एजेन्ट के साथ अपनी पटरी बैठाने के लिए एक राजा को चाहिए कि वह प्रतिदिन उसके घर जाकर सलाम करे। सप्ताह में दो दिन के लिए उसकी शिकार का बन्दोबस्त करे और एक अच्छा खासा घोड़ा उसकी हाजिरी में तैनात करे। जब राजा बीमार हो तो वह एजेन्सी के सर्जन को ही बुलाए। जरूरी नहीं कि वह उस डॉक्टर की दवा पिए, किन्तु पोलिटिकल एजेन्ट को खुश करने के लिए यह जरूरी है। अगर वह यह सब करता है तो पोलिटिकल एजेन्ट उसके बारे में सब अच्छी रिपोर्ट देगा, भले ही उसका शासन कितना ही बुरा क्यों ना हो।'40 वायसराय के पक्षपातपूर्ण रवैये के कारण सन् 1896 में जब जालिमसिंह को झालावाड़ की गद्दी से उतार दिया गया तो ''राजस्थान समाचार' ने इसको प्रकाशित करते हुए लिखा- 'संकट के बादल घिरे हैं, वे कब बरस पड़ें, कुछ कहा नहीं जा सकता। यह सारी कारवाई अवांछित है। यह देश का दुर्भाग्य है, किन्तु किया क्या जा सकता है?'41 ''राजस्थान केसरी' ने गेहूँ की कमी के कारण लोगों में पनपे असंतोष तथा कोटा में गल्ले के लूट की घटनाओं को प्रमुखता से छापा।42 पत्र ने सीकर के शासक के गाँवों में शराब की दुकानें खुलवाये जाने से जनता में व्याप्त असंतोष तथा बूंदी में बदइंतजामी तथा जुल्म के कारण फैले जन-असंतोष के समाचारों को प्रमुखता से प्रकाशित किया और इस बारे में संपादकीय टिप्पणियां भी लिखी।43

राजाओं और जागीरदारों के वैमनस्यपूर्ण सम्बन्धों और जनता के प्रति

उससे होने वाली उपेक्षा के बारे में 'नवीन राजस्थान' में प्रकाशित निम्न टिप्पणी तत्कालीन हालात पर पर्याप्त प्रकाश डालती है- 'राजा के चित्त पर जागीरदार की तरफ से और जागीरदार के चित्त पर राजा की तरफ से मन में सदा खटका बना रहता है परन्तु दिखाने के लिए वह तो उनका राज्य का आधार स्तम्भ और वे उसको अपना आश्रयदाता कहा करते हैं। जिसका परिणाम यह होता हैं कि जागीरदार लोग अपनी प्रजा की प्रीति संपादन करने में उपेक्षा करते है और किसी न किसी समय मौका पाकर राजा अपने स्वार्थ पर आरुढ़ होकर उनकी इति श्री कर डालता है। जब कभी जागीरदार के समक्ष यह प्रश्न उपस्थित होता है कि प्रजा को प्रसन्न रखना और नैतिक संग्राम में अपनी प्रजा के सत् पक्ष का समर्थन करना जागीरदारों का इसलिए परम कर्त्तव्य है कि वे अपने को उस प्रजा के प्रतिनिधि मानते हैं जिस पर वे शासन कर रहे हैं तो वे अपने को राज्य के स्तम्भ रूप मानकर प्रजा पक्ष की अवहेलना करना और राज्य के न्याय व अन्याय पक्ष का आँख मूँदकर समर्थन करना अपना धर्म बतला देते हैं।44

ऐसी अवस्था में राजस्थान की सबसे बड़ी कोई समस्या अगर हो सकती है तो वही है वही सारे भारत की एक मात्र समस्या 'स्वराज्य'। इसके बिना इस देश का कोई दुःख कम नहीं हो सकता। इसके लिए भारतवर्ष अपनी तरफ से प्रयत्न कर ही रहा है परन्तु इस महासमस्या के अंगभूत तथा प्रयत्नों की विविधता के कारण दूसरे प्रांतों की तरह राजस्थान के सामने भी इस समय कई समस्याएं खड़ी तो है जिन पर हमें विचार करना ही होगा यदि हम राजस्थान को आगे बढ़ाना चाहते हैं।45 जोधपुर में 'मारवाड़ी हितकारिणी सभा' की गतिविधियों पर शासन के दमन चक्र के कारण जब 'मारवाड़ यूथ लीग' नामक अन्य संगठन समान उद्देश्यों को लेकर आगे आया और उसने जन-जागृति के जो प्रयास किए उन्हें 'त्यागभूमि' ने पूरी सामर्थ्य से प्रचारित किया। मई सन् 1931 में जब कुछ युवकों ने जोधपुर के सर्राफा बाजार में ध्वजारोहण का प्रयत्न किया और उन पर पुलिस ने अत्याचार किए तो 'त्यागभूमि' ने इसका विराध किया। इसी प्रकार ग्यारह जून को जब लीग के सचिव के नाम स्टेट कौंसिल ने यह निषेधाज्ञा जारी की कि आगामी तीन माह तक जोधपुर और उसके आसपास कोई सभाएं और जुलूस आयोजित न किए जाएं तो 'त्यागभूमि' ने इस प्रतिगामी कदम की भर्त्सना की।46 सामाजिक जागृति के इसी सन्दर्भ में पत्रकारिता के योगदान का अध्ययन यहाँ निम्नांकित बिन्दुओं के आधार पर किया जा रहा है-

• सामाजिक कुरीतियों पर प्रहार।

- नारी जागृति को स्वर।
- लोकहित के कार्यों को समर्थन।
- गाँधीजी द्वारा प्रेरित कार्यक्रमों को समर्थन।
- मानवतावादी मूल्यों की स्थापना के प्रयत्न।

'विश्वामित्र' कलकत्ता से फूलचंद अग्रवाल के संपादन में निकलने ने उस दौर में 'आर्य मार्तण्ड' की ही तरह मारवाड़ में सामाजिक जनजागृति की दिशा में महती भूमिका निभाई। 'विश्वामित्र' ने सामाजिक कुरीतियों का विरोध किया एवं सुधारवादी कार्यों की भरपूर प्रशंसा की। इसी कारण पत्र ने समाचारें के साथ टिप्पणियां भी दी। पत्र ने जोधपुर के संदर्भ में 'जोधपुर में विवाह कानून' शीर्षक से यह सामग्री प्रकाशित की कि-'हमें यह सूचना मिली है कि जोधपुर राज्य ने स्कूल के विद्यार्थियों में बाल विवाह रोकने का एक्ट बना लिया है। एक्ट की प्रतिलिपि यद्यपि हमारे पास नहीं है तथापि इस ओर जो प्रगति हुई है वह संतोषजनक है। ऐसा भी मालूम हुआ है कि कई जाति वाले इस एक्ट को पसंद नहीं करते। इस वर्ष धड़ाधड़ शादियाँ होने की संभावना है क्योंक एक्ट लागू होने पर बाल विवाह होना संभव नहीं है।'47 राज्य में बेगार कैसी भयावह स्थिति तक पहुँची हुई थी, इसे 'तरुण राजस्थान' ने बड़ी प्रमुखता से प्रकाशित किया। बाँसवाड़ा का समाचार देते हुए इस पत्र में प्रकाशित किया गया-

'प्रजा के कष्ट'

राज्य में बेगार का खूब दौर-दौरा है। जब अम्बा, कुँवरबाई का लूनावाड़े सम्बन्ध हुआ था तो प्रजा से खाट, अण्डे, मुर्ग, घास, लकड़ी, मटके आदि चीजें बेगार में मुफ्त ली गई। जो सामग्री बची रही, उसे बाद में नीलाम कर रुपये खजाने में जमा कर लिए गए। इसी तरह अभी शादी के मौके पर प्रजा से फिर रसद ली गई, उसके पैसे भी नहीं दिये गये।48

'त्यागभूमि' ने भी अपने माघ, सम्वत् 1986 के अंक में 'मेवाड़ में बेगार प्रथा' शीर्षक से समाचार प्रकाशित किया है जिसमें मेवाड़ के शासक वर्ग द्वारा लोगों से मनमाने ढंग से बेगार लिये जाने का उल्लेख किया गया है।49 श्री जयनारायण के राजस्थानी भाषा के पाक्षिक पत्र 'आगीवाण' में जागीरदारों के शोषण, दमन एवं अत्याचार तथा समाज में व्याप्त दुराचारों पर प्रचुर मात्रा में सामग्री प्रकाशित होती थी।50 पत्र ने अपने 20 नवम्बर, सन् 1937 के अंक में नाइयों से बेगार नहीं ले सकने पर उन्हें आर्थिक दण्ड दिये जाने की घटना को यूँ प्रकाशित किया- गाँव का आठ नाइयां ने जूता दिखार बेगार लेबा ने कही थी। वे बेगार करबा सूं नट गया तो फिर उनसूं

144/- रुपये लेकर छोड़या बतावे हैं। शहर मां सूं नट लोगां भी बुलाय मान्या और 55/- रुपये डंड का लिया है।51

बलाई, चमार, भंगी, कसाई आदि विभिन्न जातियों को तत्कालीन समय में अछूतों की संज्ञा दी जाती थी।52 इन लोगों के साथ अत्यन्त भेदभाव पूर्ण व्यवहार किया जाता था तथा इन पर अनेक प्रकार के सामाजिक एवं धार्मिक प्रतिबन्ध लगे हुये थे परिणामस्वरूप इनका जीवन अत्यन्त कष्टमय था। छुआछूत की इस अमानवीय प्रथा को तत्कालीन समाचार पत्रों ने अपनी खबरों, टिप्पणियों एवं संपादकीय लेखों के माध्यम से न केवल उजागर किया अपितु इसका पुरजोर तरीके से विरोध भी किया। इसी सन्दर्भ में 'तरुण राजस्थान' के 3 जनवरी, सन् 1926 के अंक में छपा अछूतोद्धार के बारे में श्रीमती सरोजनी नायडू का भाषण यहाँ द्रष्टव्य है-

'हिन्दी महासभा में राष्ट्रनायिका का भाषण'

हिन्दुओं के अन्दर जब तक एकता न हो तब तक स्वराज्य प्राप्ति असंभव है। अछूतोद्धार और स्त्री शिक्षा के बिना हिन्दू-समाज की रक्षा नहीं हो सकती। हमें अपने बच्चों को माता के दूध के साथ ही साहस की घुट्टी पिलानी चाहिए। क्योंकि कायरों और जाति-पाँति की पृथक दीवारें रखनेवालों को स्वराज्य नहीं मिल सकता। आत्मरक्षा के लिए उन दीवारों को तोड़कर हमें अपना संगठन करना ही होगा और इसका अर्थ दूसरों के साथ अन्याय करना नहीं है।53

राजपूताना की रियासतों में राजनीतिक-सामाजिक जनजागृति में पत्र-पत्रिकाओं का तो योगदान रहा ही, प्रजा मंडल के बुलेटिनों एवं अन्य संगठनों की रिपोर्टों तथा समय-समय पर जरूरत के अनुसार प्रकाशित तथा वितरित पुस्तिकाओं ने भी महत्वपूर्ण भूमिका का निर्वाह किया। इन बुलेटिनों, रिपोर्टों तथा पुस्तिकाओं के माध्यम से जहाँ जनसाधारण को वस्तुस्थिति से अवगत कराया गया, वहीं उन्हें संघर्ष के लिए प्रेरित करने का प्रयास भी किया गया। 'त्यागभूमि' के श्रावण, संवत् सन् 1985 के अंक में 'अपूर्व और अनुकरणीय' शीर्षक से प्रकाशित खबर भी यहाँ द्रष्टव्य है जिसमें श्री जमनालाल जी बजाज के अछूतोद्धार सम्बन्धी कार्यों का उल्लेख हुआ है-

'अपूर्व और अनुकरणीय'

श्रद्धेय श्री जमनालाल जी बजाज भारत के उन कर्मवीरों में से है, जो कहते कम हैं, करते ज्यादा हैं। श्रीमान् जमनालाल जी के अथक प्रयत्न से हाल ही में उनके वर्धा स्थित श्री लक्ष्मीनारायण मंदिर के ट्रस्टियों ने एक प्रस्ताव द्वारा मंदिर अछूतों के लिए खोल दिया है।54 सत्ताहीन और

पराधीन भारत में, हिन्दू जैसी अनेक अन्धविश्वासों से पूर्ण शिथिल जाति में सामाजिक और धार्मिक सुधार करना कितना कष्टकर और कठिन है, इसका जरा भी ज्ञान जिन्हें है वे श्री जमनालाल जी को इस सत्साहस के लिए धन्यवाद दिए बिना नहीं रह सकते। आचार्य विनोबा के शब्दों में श्री जमनालाल जी ने माता को अपनी बिछुड़ी हुई संतान से मिला देने का पुण्य प्राप्त किया है।

समाज की प्रतिक्रिया

पत्रकारिता से ही समाज में सुधारात्मक विचार को जागृति उत्पन्न होती है। बाल-विवाह की अनेक बुराइयों की ओर इंगित करते हुए पत्रकारों ने अग्रवाल समाज के द्वारा किए गए कार्य का समाचार भी दिया है। जो इस प्रकार है-''इसके लिए 'अखिल भारतवर्षीय मारवाड़ी अग्रवाल सभा' ने अच्छा प्रयत्न किया, अनेक समाज सुधारक इस प्रथा का उन्मूलन करने के लिए प्राणपण से चेष्टा कर रहे हैं। इसी महासभा के झरिया वाले अधिवेशन में इस आशय के प्रतिज्ञापत्र पर जाति के बड़े-बड़े गणमान्य नेताओं ने हस्ताक्षर किए हैं कि 16 वर्ष से कम अवस्था वाले लड़के के विवाह में हम कदापि सम्मिलित नहीं होंगे, फिर वह चाहे हमारा घनिष्ट आत्मीय ही क्यों न हो।''55 त्यागभूमि ने प्रजा की समस्या पर लिखा कि जब तक स्वराज्य न हो कम से कम सुराज्य तो हो। बेगार, रिश्वतखोरी, हाकिमों की अंधाधुंधी, नरेशों की मनमानी तो बद हो जिनकी कथाएं सुनकर कान बहरे हो रहे हैं। शासन में प्रजा का हाथ हो, राज्य में उसकी पूछ हो, उसका कुछ तो अस्तित्व कहीं हो। अब वह हाकिमों और नरेशों की भोग्य वस्तु बने रहने के लिए कतई तैयार नहीं।

पत्रकारिता एवं राजनीति

पत्रकारिता एवं राजनीति का सम्बन्ध गहरा है। राजनेताओं के देशप्रेम सम्बन्धी संदेश, जनता की शिकायतों का उत्तर, संसदों में पारित नियम आदि सभी पत्रकारिता के माध्यम से ही जनता तक पहुंचाती है।

जोधपुर का वर्तमान शासन: सर सुखदेव निकाल दिये गये, किन्तु प्रजा को उससे कुछ लाभ नहीं हुआ। उनके अधिकार प्रजा के हाथों में आने के बजाय गोरे पण्डित के हाथों में चले गये जो उनसे भी अधिक चंट है। प्रजा का भला होता भी कैसे, सर सुखदेव को निकाले जाने में प्रजा हित की भावना की अपेक्षा मूलतरू राजकुटुम्ब और कुछ अधिकारियों के भावों का ही अधिक विचार किया गया था। सर सुखदेव के चले जाने के बाद जो लोग अपने तथा अपने सम्बन्धियों के लिए उच्च नौकरियाँ, सोना, ताजीम, जागीरें

प्राप्त कर मोटे हो रहे हैं, उन्होंने जनता की ओर से महाराज को मानवपत्र भेंट कराने का ढकोसला किया था। उस मानवपत्र के उत्तर में प्रजा के कष्ट दूर करने का महाराजा ने आश्वासन दिया था, किन्तु वह आज तक कार्य रूप में परिणित नहीं हुआ।56

जसवन्त सिंह को यह आशा रही होगी कि शिक्षित 'विदेशियों' को बुलाकर शासन में सुधार कर वे मारवाड़ की प्रजा को सुयोग्य बना सकेंगे, परन्तु जो लोग यहाँ आए उनका उद्देश्य यहाँ वालों को योग्य बनाने का नहीं था बल्कि शासन क्षेत्र में अपना महत्व जमाना और अपने सम्बन्धियों को अधिक संख्या में राज्य सेवा में नियुक्ति दिलाना हो गया। मुंशी हरदयाल सिंह के कारण मारवाड़ के शासन में पंजाबियों का प्रवेश हुआ और मारवाड़ के शासन पर 'विदेशी' प्रभाव पड़ा। नौकरियों में अपने व्यक्तियों को विशेष रूप से रखने की उनकी नीति के कारण मारवाड़ियों में रोष उत्पन्न हुआ जिसने आंदोलन का रूप धारण कर लिया। आउवा ठाकुर के कारावास एवं मुणौत चांदमल और जोशी मूलचंद के निर्वासन भी इसके कारण थे। उस समय विलायत की पार्लियामेंट में भी मारवाड़ के शासन की चर्चा चली थी।57 सन् 1895 में जसवन्त सिंह के देहान्त के पश्चात सरदार सिंह को जोधपुर की गद्दी पर बैठा गया। उनकी अवस्था 16 वर्ष की थी अतः उनके चाचा प्रताप सिंह को 'मुसाहिब आला' रीजेण्ट बनाया गया और राज्य कार्य कौंसिल के सदस्यों की सहायता से होने लगा जिसके पांच सदस्य मारवाड़ राज्य के बाहर से थे, यहां नियुक्त किये गये थे।58 सन् 1898 में व्यस्क होने पर सरदार सिंह को राज्याधिकार दिये गये। सन् 1902 में प्रातप सिंह को इसका नरेश बना देने पर ''मुसाहिब आला'' का पद समाप्त कर सुखदेव प्रसाद काक को काउंसिल का सीनियर मेम्बर बनाया गया। फरवरी सन् 1902 में सरदार सिंह को 'कैडेर कोर' की शिक्षा के लिए मेरठ भेजा गया और राज्य का शासन रिजीडेण्ट की देखभाल में होने लगा।59 सन् 1903 में 'इम्पीरियल कैडेट कोर' की शिक्षा समाप्त करने पर सरदार सिंह को स्वास्थ्य सुधार के लिए पंचमढ़ी भेजा गया। इसका प्रमुख कारण राज्य में चल रहा षडयंत्र था। महाराजा सरदारसिंह को राज्य से बाहर रखने का यह निर्देष दिया।60 इस काल में सरदार सिंह को जोधपुर नहीं आने दिया गया और शासन का संचालन रेजीडेण्ट के सीधे नियंत्रण में होने लगा।61

अक्टूबर सन् 1905 में कर्जन के कार्यकाल की समाप्ति पर, नवम्बर सन् 1905 में, सवा दो वर्ष के पश्चात् सरदार सिंह को जोधपुर आने दिया गया। 26 जनवरी, सन् 1908 में वायसराय मिण्टों के जोधपुर आगमन पर

बड़ी धूमधाम से उसका स्वागत किया गया।62 इस काल में बंगाल विभाजन के विरूद्ध देश में ब्रिटिश विरोध आन्दोलन होने से वायसराय के मार्ग की रक्षा के लिए सेना व पुलिस के जवान नियुक्त किये गये।63 अंग्रेजों को खुश करने के लिए सरदार सिंह ने व्यर्थ के राजद्रोही आन्दोलन के विरूद्ध अपनी घृणा प्रकट की। इसके बाद महाराजा के अधिकारों पर लगे नियंत्रण वापिस ले लिये गये।64 नवम्बर सन् 1909 में एक कानून द्वारा राजद्रोही गतिविधियों और लेखन पर व ब्रिटिश साम्राज्य के विरोधियों को आश्रय देने पर सजा का प्रावधान किया गया।65 मार्च सन् 1911 में सरदारसिंह के देहान्त के बाद 13 वर्ष की आयु में सुमेरसिंह को गद्दी पर बैठाया गया। ईंडर नरेश प्रताप सिंह ने जोधपुर राज्य का पुनः 'रीजेण्ट' बनने की इच्छा प्रकट की। ब्रिटिश सरकार एक ही व्यक्ति को दो रियासतों का प्रबन्ध देने के पक्ष में नहीं थी लेकिन प्रताप सिंह इसके लिए ईंडर की गद्दी अपने दत्तक पुत्र के पक्ष में छोड़ने को तैयार थे।66 इसके अतिरिक्त प्रताप ने अपने भतीजे सरदार सिंह से भी सम्बन्ध बिगड़ गये थे और सन् 1903 में लार्ड कर्जन ने यह निर्देष दिया था कि सर प्रताप को मारवाड़ में प्रवेश नहीं करने दिया जाए। प्रताप ने गवर्नर जनरल से भेंटकर अपनी सफाई दी और जोधपुर की विकट स्थिति पर प्रकाष डाला।

बीकानेर के महाराजा गंगासिंह ने प्रताप को सहयोग दिया। राजपूताना में गवर्नर जनरल के एजेण्ट से परामर्श करने के बाद वायसराय इस निष्कर्ष पर पहुंचा कि ब्रिटिश सरकार की वफादारी के साथ सेवा करने का प्रषंसनीय कार्य प्रताप ने किया है और कर्जर के सम्मुख तथ्य गलत रूप से रखे गये थे, उसके रीजेण्ट बनने से जागीरदारों पर प्रभाव पड़ेगा और प्रशासन को बल मिलेगा।67 प्रताप ने रीजेन्सी काउंसिल में परिवर्तन न करने और रेजीडेण्ट की सलाह मानने का आश्वासन दिया। मई सन् 1911 में उसे मारवाड़ का रीजेण्ट नियुक्त किया गया।68 सुमेर सिंह को अध्ययन के लिए इंग्लैण्ड भेज दिया गया।69 फरवरी सन् 1916 में वायसराय हार्डिंज ने जोधपुर में सुमेर सिंह को पूर्ण राज्याधिकार सौंप दिये। अक्टूबर सन् 1918 में 21 वर्ष की आयु में सुमेर सिंह के देहान्त के बाद उनका अनुज उम्मेद सिंह 16 वर्ष की आयु में शासक बना। सर प्रताप ने एक बार फिर अपनी सेवाएं प्रस्तुत की। फिलस्तीन में युद्धस्थल से लौटकर नवम्बर में उसने वायसराय से भेंट की। हालांकि उम्मेद सिंह इसके विरूद्ध थे फिर भी प्रताप सिंह को मारवाड़ का रीजेण्ट नियुक्त किया गया और उम्मेदसिंह को अजमेर के मेयो कॉलेज में पढ़ने के लिए भेज दिया गया।70 प्रताप ने सभी महत्वपूर्ण मामलों में

रेजीडेण्ट विण्डम की सलाह को मानने की सहमति दी।71

प्रथम विश्वयुद्ध के बाद की राजनीतिक घटनाओं से राजपूताना में भी जागृति हुई।72 दिसम्बर सन् 1919 में दिल्ली में, कांग्रेस के अमृतसर अधिवेशन के समय, देशी राज्यों के प्रतिनिधियों ने राजपूताना-मध्य भारत सभा का गठन किया। मारवाड़ी पुस्तकालय में आयोजित इसके सम्मेलन की अध्यक्षता जमनालाल बजाज ने की। गोविन्ददास, जबलपुर, गणेष शंकर विद्यार्थी, कानपुर, चांदकरण शारदा, अजमेर, विजय सिंह पथिक, बुलंदशहर, अर्जुन लाल सेठी, जयपुर और केसरीसिंह बारहठ, शाहपुरा आदि ने इसमें सहयोग दिया। अजमेर में इसका मुख्यालय रखा गया।73 देशी राज्यों की प्रजा की यह पहली राजनीतिक संस्था थी। बजाज की सहायता से वर्धा में एक साप्ताहिक पत्र 'राजस्थान केसरी' भी प्रकाशित किया गया।74 नागपुर कांग्रेस के पश्चात् सन् 1921 में 'राजस्थान सेवा संघ' की स्थापना विजय सिंह पथिक के प्रयत्न से हुई। इस संघ के नेतृत्व में रियासती आंदोलन जोर पकड़ने लगा। इसमें गति देने के लिए कांग्रेस के अहमदाबाद अधिवेशन के पश्चात् 'नवीन राजस्थान' नामक एक साप्ताहिक पत्र अजमेर से निकाला गया। इस पत्र के प्रचार से देशी राज्यों में चिंता हुई और अनेक राज्यों में इस पत्र के प्रवेश पर प्रतिबंध लगाया गया।75

महाराजा जोधपुर एक पोलो खिलाड़ी, अच्छे पायलट व अच्छे शिकारी थे लेकिन वे अपने राज्य के शासन संचालन के लिए तैयार नहीं थे, प्रशासन की जिम्मेवारी उनके लिए दुःखदायी थी, एक से अधिक बार जब उन्हें अरूचिकर निर्णय लेने पड़े तो उन्हें मुश्किल के साथ सिंहासन त्याग करने से रोका गया। उनकी मुख्य इच्छा यह थी कि उन्हें एक ऐसा मुख्यमंत्री मिल जाए जो उन्हें बिना झंझट में डाले राज्य का निर्विघ्न शासन चलाए। सन् 1934 में उनकी ऐसी ही प्रार्थना पर डोनाल्ड फील्ड को मारवाड़ राज्य का मुख्यमंत्री बनाया गया। फील्ड ने सन् 1935 से आगामी ग्यारह वर्ष तक महाराजा को राज्य की समस्याओं से मुक्त रखा।76

सन् 1931 में जेल से रिहा होने के बाद जयनारायण व्यास ने कांग्रेस के कराची अधिवेशन में भाग लिया। इसके बाद वे ब्यावर लौट गये। सन् 1932 से सन् 1938 के काल में वे जोधपुर से निर्वासित रहे, इस काल में उन्होंने अजमेर में आन्दोलन करने के कारण जेलकाटी, देशी राज्य लोक परिषद की ओर से कुछ राज्यों के दमन की जांच की और मुम्बई से प्रकाशित 'अखण्ड भारत' का भी सम्पादन किया। सन् 1937 में आर्थिक संकट से उसे बंद करना पड़ा। बीकानेर के महाराजा गंगासिंह ने जोधपुर

राज्य के 'वास्तविक शासक, डोनाल्ड फील्ड को लिखे अपने पत्र में यह अनुरोध किया कि ' जयनारायण व्यास जी को जोधपुर आने दिया जाए और प्रशासन में उनका सहयोग लिया जाए। रियासतों की हुकूमत जो आज हमारे पास हैं, अन्त में हमारे इन्हीं दुष्मनों के हाथ में जाकर रुकेगी ऐसी स्थिति में हमारा कर्तव्य है कि हम यह ध्यान रखें कि विरोधी खेमों से भले आदमी आगे आये और जब हम हटे तो शासन की बागडोर संभाल लें।77

फरवरी सन् 1939 में जयनारायण व्यास जी को जोधपुर आने की अनुमति मिल गई। वे केन्द्रीय सलाहकार बोर्ड के गैर सरकारी सदस्य बने लेकिन उत्तरदायी शासन की स्थापना को लेकर मतभेद होने पर त्याग पत्र दिया और पुनः आन्दोलन शुरू किया गया। जयनारायण व्यास जी में महाराजा के प्रति निष्ठा बनी रही। सन् 1935 में मानमल व अभयमल द्वारा गणगौर जुलूस के समय बंदी बनाये जाने पर महारानी के भाई व उनके सम्बन्धी के विरूद्ध दायर किये गये मुकदमें जयनारायण व्यास जी के बीच बचाव से वापिस लिये गये।78 जयनारायण व्यास जी ने ब्रिटिश रेजीडेण्ट द्वारा महाराजा के विरूद्ध प्रचार का प्रस्ताव भी ठुकरा दिया क्योंकि वे अपने ही राजा के विरूद्ध अंग्रेजों की कठपुतली बनने को तैयार नहीं थे।79

जनवरी सन् 1940 में लोक परिषद की कार्यकारिणी ने 'राजपूताना देशी राज्य लोक परिषद' का सम्मेलन आगामी मई में जोधपुर में करने का निर्णय किया। इससे सरकार नाराज हुई। गांवों में जमींदारों के अत्याचार जारी थे। सरकार और परिषद में तनाव बढ़ता गया और 28 मार्च को परिषद के सभी प्रमुख नेता बंदी बना लिये गये थे और लोक परिषद पर प्रतिबन्ध लगा दिया गया।80 जोधपुर के महाराजा द्वारा सरकार की कार्यवाही को उचित ठहराने के लिए एक बयान जारी किया गया-'ब्रिटिश सरकार का विश्वस्त सहायक होने के कारण मैं युद्धकाल में अपने राज्य में एक निराधार राजनीतिक आन्दोलन को विकसित नहीं होने दे सकता और न ही किसानों को खुलेआम विद्रोह के लिए प्रोत्साहित करने और युवकों को पथ भ्रष्ट होने की अनुमति देने को तैयार हूँ।'81 महात्मा गांधीजी ने महाराजा के बयान की आलोचना करते हुए लिखा, 'विज्ञप्ति पर महाराजा के हस्ताक्षर तो है लेकिन उसे किसी अन्य ने तैयार किया है। महाराजा के सलाहकारों के लिए यह बहुत प्रतिष्ठित कार्य हैं कि वे उनके द्वारा ऐसे शब्दों का उच्चारण करवाए जो तथ्यों पर आधारित नहीं है।82

श्री गोकुल जी वर्मा की गिरफ्तारी
(म्हारा खास खबरनिवेस सूं)

जयपुर से प्रकाशित दैनिक लोकवाणी ने अपने समाचारों, लेखों एवं संपादकीय टिप्पणियों के माध्यम से सामन्ती अत्याचारों एवं नौकरशाही की क्रूरता को प्रमुखता से प्रकाशित करते हुए उसके स्वरुप को प्रतिबिंबित किया। इसने रियासतों की गतिविधियों से जन साधारण को अवगत कराने के उद्देश्य से 'भरतपुर में आंदोलन, कार्यकर्त्ता गिरफ्तार कर लिए गए' शीर्षक से खबर देते हुए लिखा कि 16 जनवरी को वहाँ शान्त जनता पर पुलिस व फौज ने हमला किया। इससे 70 लोग घायल हो गये। उधर जोधपुर में नागरिक सुरक्षा कानून लागू कर भाषण एवं मुद्रण पर प्रतिबंध लगा दिया गया।83 पत्र ने भरतपुर में हड़ताल, सभा एवं जुलूस के समाचार प्रमुखता से दिए तथा रमेश स्वामी को लारी से कुचल कर मार डालने की तीव्र भर्त्सना की।84 पत्र ने इसी क्रम में आगे समाचार दिया कि शेखावाटी के चनाणा गाँव में 14 फरवरी, सन् 1947 को सभा में जागीरदारों ने हमला किया। इससे गोली लगने से एक किसान की मृत्यु हो गई एवं सत्तर लोग घायल हुए जिनमें प्रजामण्डल के प्रधानमंत्री टीकाराम पालीवाल भी हैं। मृतक किसान का नाम हनुमानसिंह है।85 'लोकवाणी' ने जोधपुर रियासत के डाबरा गाँव में किसानों की सभा में जागीरदारों द्वारा किए गए नृशंस हमले86 की खबर प्रकाशित करते हुए लिखा-

'डाबरा की यह नृशंस हत्या'

जोधपुर राज्य के डीडवाना परगने के गाँव डाबरा में वहाँ के तथा आसपास के जागीरदारों ने मारवाड़ लोक परिषद् तथा किसान सभा के कार्यकर्त्ताओं पर लाठियों, भालों, तलवारों आदि से हमला किया तथा आस-पास के कई गाँवों में किसानों के घरों को जला दिया। हमले में मरने वाले पाँच किसानों की तो शिनाख्त हो चुकी है तथा कई घायल हो गये हैं। जागीरदारों द्वारा खून-खच्चर किए जाने की इस हफ्ते की यह तीसरी घटना है। एक आदमी ने तडि़या जागीरदार द्वारा मारा गया था और दूसरा रोढ़ में मगरासर के जागीरदार द्वारा। रेन गाँव से भी समाचार मिले हैं कि वहाँ झगड़ा होने के कारण दो आदमी मारे गये हैं। राजपूताना की रियासतों के जागीरी इलाकों में होने वाली जुल्म-ज्यादतियों, हत्या, लूट, खसोट आदि की घटनाओं के जो समाचार पिछले वर्षों में सामने आए हैं उन सबको डाबरा की इस घटना ने मात कर दिया है।87

राजनीतिक और सामाजिक घटनाओं की जानकारी के साथ-साथ पत्र-पत्रिकाओं के माध्यम से ऐसे नीतिवाक्य, नैतिक विषयों पर लेख एवं समाचार आदि भी प्रकाशित किए जाते थे जो जीवन मूल्यों की स्थापना में

किसी न किसी हद तक प्रभाव डालते थे। इन तत्कालीन पत्रों में महात्माओं-मनीषियों के अमृत वचनों को भी अपेक्षित स्थान मिलता था। हिन्दू-मुस्लिम एकता को बल प्रदान करने के लिए उस विषय पर लेख भी पत्र-पत्रिकाओं में छापे जाते थे। 'त्यागभूमि' ने तो अपने प्रवेशांक में ही इस संदर्भ में घोषणा कर दी थी कि - 'त्यागभूमि', असत्य, अन्याय, अत्याचार और असमता का सविनय विरोध करेगी और दीन-दुखियों, अबलाओं तथा अनाथों की सेविका बनने की आकांक्षा रखेगी।''88

पत्रिका ने मार्गशीर्ष, सम्वत् सन् 1984 के अपने संपादकीय में 'एकता का राजमार्ग' नामक उपशीर्षक में कलकत्ते में महासमिति द्वारा हिन्दू-मुस्लिम समस्या को निपटान के जो उद्योग किये गये थे, उसका समाचार देते हुए अपना मत प्रकट किया है- जब तक हिन्दुओं और मुसलमानों के नेताओं के दिल साफ न होंगे, तब तक किसी समझौते का सुपरिणाम निकलना कठिन मालूम होता है। हृदय की स्वच्छता का रास्ता है अपने दोषों को और दूसरों के गुणों को अधिक देखना। आइए हम सच्ची लगन और शुद्ध हृदय आत्माओं के चरण चूमें, उन पर अपने को न्यौछावर होने योग्य बनावें। यही एकता का, स्वराज्य का और मोक्ष का एकमात्र राजमार्ग है।89

अभिव्यक्तियाँ

अभिव्यक्ति का अर्थ विचारों के प्रकाशन से है। व्यक्तित्व के समायोजन के लिए अभिव्यक्ति को मुख्य साधन माना जाता है। इसके द्वारा मनुष्य अपने मनोभावों को प्रकाशित करता तथा अपनी भावनाओं को रूप देता है।

पत्रकारों द्वारा समाचार पत्रों में तरह-तरह की अभिव्यक्तियाँ प्रस्तुत की जाती हैं। चाहे वह न्याय सम्बन्धी हो, शिक्षा, चिकित्सा व अन्य कोई भी हो सकती है। स्थिति के अनुसार अभिव्यक्ति होती है। यहाँ पर स्थिति के अनुसार अभिव्यक्ति के उदाहरण दृष्टव्य हैं-वैसे तो प्रायः सभी राज्यों में रिश्वत का दौर है, किन्तु जोधपुर में इसका विशेष प्राबल्य है। कचहरी में प्रवेश करते हुए लोगों के कचकेश तक हरण कर लिये जाते हैं। दीन-दुखियों की सुनवाई जुडीशियल डिपार्टमेंट (न्याय विभाग) में आजकल अति कठिन हो गई है जब तक कि भेंट-पूजा नहीं की जावे। पी.डब्ल्यू.डिपार्टमेंट में छोटे से बड़े अफसर तक सभी का कुछ न कुछ सैंकड़ा बंधा हुआ है। एक लाख के सरकारी काम में 25-30 हजार तो इन सरकारी नौकरों के जेब खर्च में स्वाहा हो जाता है। सायर विभाग में तो रिश्वतखोरी चरम सीमा पर पहुँच गई है। 300/- रुपये देकर कोई भी सायर थानेदार बन सकता है। योग्यता और

अयोग्यता का कोई विचार नहीं किया जाता सैंकड़ों गरीब बटवाल जिनके पास देने को कुछ नहीं है, पन्द्रह-पन्द्रह साल में 12/सिंक पर पड़े हुए हैं। उनको थानेदारी ग्रेड नहीं।90 सन् 1929 में राजस्थान के अजमेर से प्रकाशित 'त्यागभूमि' साहित्यिक पत्रिका में हरिकृष्ण प्रेमी की एक कविता प्रकाशित की गई है, जिसमें अंग्रेजों के भारत पर शासन को व्यंग्यात्मक ढंग से तिरस्कृत किया गया है। इसके साथ ही एक कार्टून चित्र भी बनाया गया है जिसमें अंग्रेजों द्वारा भारत का आर्थिक शोषण करना दर्शाया गया है। कविता इस प्रकार है -

भारत को कोल्हू में कसने आये हैं हम यार।

कि ये तोंद भरने को ही तो सात समुंदर पार।।

हाड़-मांस रस चूस चुके पर बुझी न अब तक प्यास।

पेर पेर फलदार लूट कर करते सत्यानाश।।

सबसे सभ्य हमी हैं जग में, हमको सब अधिकार।

न्याय कहावेंगे छलबल के सारे अत्याचार।।

कैसे अरबों बिना भरेगा, इतना भारी पेट।

क्या शासन का समझ रखा है, यारों, सस्ता रेट।।91

त्यागभूमि में प्रकाशित बड़ी निर्भीक, कटु और व्यंग्यात्मक शैली में रामनाथ 'सुमन' ने 'क्लाइव का गधा और उसके बाद' नामक अपने लेख में षड्यंत्रकारी अंग्रेजों की भारत यात्रा और यहाँ अपने पैर जमाने की कहानी को व्यक्त किया है। वे लिखते हैं-"भारत में अंग्रेजी राज्य के आरम्भ का इतिहास ऐसी धोखेबाजियों, षड्यंत्रों, जुल्मों और चरित्र- हीनताओं से भरा हुआ है कि अन्य देशों के इतिहासों के पन्नों में उनकी मिसाल कहीं नहीं मिल सकती। अंग्रेजों के विश्वासघात और जालसाजी के नमूनों से विगत तीन सौ वर्षों और विशेषतः ईस्ट इण्डिया कम्पनी के शासन काल का इतिहास भरा पड़ा है।"92

जोधपुर में 'मारवाड़ी हितकारिणी सभा' की गतिविधियों पर शासन के दमनचक्र के कारण 'मारवाड़ यूथ लीग' नामक अन्य संगठन के समान उद्देश्यों को लेकर आगे आने की घटना को प्रकाशित करते हुए 'त्यागभूमि' ने लिखा कि मई सन् 1931 में जब कुछ युवकों ने जोधपुर के सर्राफा बाजार में ध्वजारोहण का प्रयत्न किया तो पुलिस ने उन पर अमानुषिक अत्याचार किए। इसी प्रकार 11 जून को लीग के सचिव के नाम स्टेट कौंसिल ने यह निषेधाज्ञा जारी की कि आगामी तीन माह तक जोधपुर और उसके आसपास कोई सभाएँ और जुलूस न आयोजित किए जाएं।93 इसने बिजौलिया में नौकरशाही के दमन के समाचारों को भी प्रमुखता से प्रकाशित करते हुए,

172

कांग्रेस देशी राज्यों के प्रश्न को अपने हाथ में क्यों न ले इसके पक्ष-विपक्ष में विचारमाला शुरु की।

श्री जयनारायण व्यास के संपादकत्व में प्रकाशित राजस्थानी भाषा के पाक्षिक पत्र 'आगीवाण' में भी राजनीतिक हलचलों, शासन की कमजोरियों और ज्यादतियों की स्पष्ट झलक मिलती है।94 इस पत्र में प्रकाशित कुछ समाचार यहाँ दृष्टव्य हैं जो प्रशासन के अन्यायपूर्ण कुकृत्यों को उद्घाटित करते हैं।

मारवाड़ में शासन कुप्रबन्ध के कारण 19वीं सदी के उत्तरार्ध में जन आंदोलन हुआ था।95 दिसम्बर सन् 1881 में कर्नल पाउलट को जोधपुर में पुनः रेजीडेन्ट नियुक्त किया गया। सन् 1883 में मुंशी हरदयाल सिंह को ब्रिटिश सरकार ने जोधपुर भेजा और उसे 'कोर्ट सरदारान' महकमें का अध्यक्ष बनाया गया। इस अदालत में प्रमुख सरदारों की सलाह से जागीरदारों के विरूद्ध अभियोग पर विचार होता था।96 इसी वर्ष मुंशी हरदयाल को मारवाड़ राज्य के मुसाहिब आला प्रतापसिंह का होम सेक्रेटरी बनाया गया। सन् 1887 में उसे मारवाड़ की राज्य परिषद का मैम्बर बनाया गया। कर्नल पाउलेट और मुंशी हरदयाल सिंह के कुषासन से प्रजा में काफी रोष फैला। इन दोनों ने मिलकर मारवाड़ में आतंक का राज्य कायम कर दिया था। इस काल में यह माना जाता था कि पाउलेट मारवाड़ का वास्तविक शासक है और महाराजा जसवन्त सिंह उसकी दया पर आश्रित थे।97

गाय के बछड़े और कुत्ते के पिल्ले को पकडने में फिर भी कुछ कठिनाई होती है। बन्दर तो अपने बच्चे के पकड़े जाने पर आफत ही ढहा देता है और सिंह के बच्चे को पकडऩा असंभव नहीं तो कम से कम अपने प्राणों की बाजी लगाना तो है ही। उसी प्रकार चिडिय़ा अपने घोंसले पर किसी को कब्जा जमाते हुए देख चँहचाट से मकान को गुँजा देती है। मधुमक्खी तो मनुष्य को भून ही देती है। किन्तु दुख है कि इस भूमण्डल पर भारत के देशी राज्य निवासी ही ऐसे हैं, जिनकी दिन दहाड़े स्त्रियाँ छीन ली जाती हैं, बहू-बेटियों का सतीत्व नष्ट कर दिया जाता है, घर-बार ही नहीं, उनके सर्वस्व तक का अपहरण कर लिया जाता है, महीनों ही नहीं वर्षों तक जिन्हें जेलखाने में सड़ाया जाता है, एक मिट्टी के खिलौने की भांति जिन्हें निर्दयतापूर्वक तोड़-मरोड़ दिया जाता है, पर वे उफ तक नहीं करते।98

'राजस्थान' ने लखनऊ कांग्रेस के अधिवेशन पर 6 अप्रैल, सन् 1936 का अपना अंक 'अधिकारांक' के रूप में प्रकाशित किया।99 अपने इस अंक में 'राजस्थान' ने रियासती दमन एवं नौकरशाही के अत्याचारों को

प्रतिबिम्बित करने वाली एक कविता छापी। यह कविता बूँदी की नई पंचायत के कुछ भावुक लोगों ने सन् 1923 के बूँदी आंदोलन में मि-इकराम हुसैन की पाशविकता पर बलिदान होने वाले नानक जी भील100 के साथ उस विश्व के स्वामी की सेवा में भेजी थी। कविता इस प्रकार है -

देशी राज्य निवासी प्रजा का चिर कालक्रमागत हाहाकार

बूंदी के शहीद के साथ अरजी

लेता जाओ जी नानक जी भील अरजी पंचा की।

दीजो म्हांकी अरजी जाकर परम पिता के हाथ....

वे म्हांका छै म्हैवां का छां ई दुख सुख जीवन में

कै तो थारी बलि सूं दुखा सूं म्हां छुट जावां छां

दूजूं मोड़ा बेगा म्है भी सारा ही आवां छां!

अब तो दो में एक किनारा पर ही रहशी बात

कै तो या अन्याय मिटेगी कै म्हांका सिर साथ! 101

'राजस्थान केसरी' पर प्रतिबन्ध लग जाने के कारण यह 'नवीन राजस्थान' के नाम से निकला102 तथा अपनी मिशनरी भूमिका को जारी रखा। इसने मेवाड़ इलाके में ब्रह्मचारी हरि को बिना किसी आरोप के काल कोठरी में डालने तथा विजय सिंह पथिक के मेवाड़ प्रवेश पर रोक लगाने के समाचार टिप्पणी सहित छापे।103 सिरोही राज्य में बेगार को लेकर हुए आन्दोलन में राजकीय प्रताड़ना एवं आतंक को दर्शाती विशेष संवाददाता की समाचार टिप्पणियाँ भी इस पत्र में प्रकाशित की गयी।104 मेवाड़ की चाकरशाही के क्रूर हाथों ने किस प्रकार एक आदिवासी को अकारण जेल में बन्द कर उसे मौत के घाट उतार दिया, इस घटना का पूरा ब्यौरा देते हुए 'नवीन राजस्थान' ने अपने मुख पृष्ठ पर मोटे टाइप में इस समाचार को छापा -

मेवाड़ की चाकरशाही पर

एक सत्याग्रही का बलिदान!

चित्तौड़ की जेल में घीसा धाकड़ की जीवन लीला की समाप्ति!!

मेवाड़ राज्य की पारसोली जागीर में डेकड़ी खेड़ा का पटेल घीसा धाकड़ माघ कृष्ण चतुर्दशी को 80 आदमियों के साथ पकड़ा जाकर चित्तौड़ की जेल में रखा गया था। मेवाड़ की चाकरशाही की इस पर बड़ी क्रूर दृष्टि थी। कहा जाता है कि यह माघ शुक्ल 6 को चित्तौड़ के किले पर हवालात में अचानक मर गया। यह व्यक्ति जब पकड़ा गया था तो बीमारी के नाम पर इसके पैर में काँटा भी नहीं चुभा हुआ था। इसको चित्तौड़ के किले में रखने के बाद

एक दिन भी बाहर नहीं निकाला गया। उसके गाँव वालों से उसको मिलने भी नहीं दिया गया। उस पर लगाये हुए अपराधों के उत्तर के लिए भी वह कचहरी में नहीं लाया गया। जिसके साथ ऐसा व्यवहार किया गया उस व्यक्ति का अचानक मर जाना किसी भी तटस्थ व्यक्ति के मन में सन्देह उत्पन्न करता है। मेवाड़ की चाकरशाही अपराधियों के साथ क्रूर व्यवहार करने में ख्याति प्राप्त कर चुकी है।105

जयपुर की हड़ताल: जब से रीजेन्सी का युग जयपुर राज्य में शुरू हुआ है तब से नगर और राज्यवासी स्वर्गीय जयपुर नरेश को बराबर याद कर रहे हैं और इस हड़ताल में भी पुकार मची थी कि हम टोपलों-अंग्रेजों का राज नहीं चाहते हमारे महाराज को अजमेर से यहाँ भेज दो। फिर हम दुकानें खोल देंगे। प्रजाजन ही नहीं, यदि मैं भूल नहीं करता हूँ तो शायद पुलिस के महकमें को छोड़कर सभी छोटे-बड़े हिन्दुस्तानी राज्य-कर्मचारी, रीजेन्सी शासन से दबे हुए हैं और इसलिए ऊबे हुए दिखाई पड़ते हैं।106 रीजेन्सी राज्य के बारे में आम शिकायतों में से कुछ को यहाँ उद्धृत किया जा रहा है-राज्य का खजाना दिन-दिन खाली होता जा रहा है और व्यापारियों तथा प्रजाजन को जो आर्थिक सहायता समय-समय पर स्वर्गीय महाराज के समय मिलती रही है वह अब नहीं मिलती।

कौंसिल के अंग्रेज प्रेसिडेंट और रीजेन्ट के आगे हिन्दुस्तानी अधिकारियों की चलती नहीं, वे कठपुतली बने हुए सारी बुराई को अपनी आँखों टुकुर-टुकुर देखते रहते हैं। यह भी प्रजा को खलता है।107 हड़ताल के बाद सुधार के नाम पर बाहरी व्यक्तियों की नियुक्ति की खबर प्रकाशित करते हुए 'त्यागभूमि' ने लिखा -'विश्वसनीय सूत्रों से निरन्तर यही समाचार मिलता रहता है कि रीजेन्सी राज्य ने सभी पुरानी बातों को बुरा समझा और साथ में खास जयपुरियों को भी अयोग्य तथा अविश्वासपात्र समझा। इसका फल यह हुआ कि रीजेन्सी राज्य को सुधार की धुन चढ़ी हुई रही है और बाहर से साधारण योग्यता के मनुष्य बड़ी-बड़ी तनख्वाहों पर बुलाकर लाद दिए गए हैं।'108

ऋषिदत्त मेहता के पत्र 'राजस्थान' ने बीकानेर में अत्याचार एवं गैर कानूनी तलाशियों की खबरों को प्रमुखता से प्रकाशित करते हुए उनका खुलकर विरोध किया।109 'भारतीय नरेशों को पाठ' शीर्षक से 'राजस्थान' ने के.एफ. नरीमन के लेख 'जयपुर में नए कानून' पर दो टूक संपादकीय तथा 'राजस्थान की समस्याएँ'110 शीर्षक से लेखों की श्रृंखला के जरिए लोगों के सामने वस्तुस्थिति प्रस्तुत की। पत्र ने सीकर तथा करौली की रियासतों में हो

रही गड़बडिय़ों को 'सीकर के दुर्भाग्य', तथा 'करौली शासन पर एक दृष्टि' शीर्षक से समाचार लेख, भुक्तभोगियों के पत्र एवं संपादकीय टिप्पणियों के जरिए चित्रित किया।111

जिस प्रकार आजकल संपादक और संवाददाता विभिन्न स्थानों की यात्रा कर वहाँ की स्थिति का अध्ययन कर अपनी रिपोर्ट पेश करते हैं, 'नवजीवन' ने यह सिलसिला 70 वर्ष पूर्व ही प्रारम्भ कर दिया था। संपादक ने अपनी इस प्रकार की एक यात्रा की रिपोर्ट बीकानेर के बारे में निम्न शब्दों में प्रकाशित की है- 'सब कर जो कुछ हमने अनुभव लिया उससे यह सहज में कहा जा सकता है कि पुलिस विभाग में रिश्वतखोरी का अखंड साम्राज्य है। इस ओर वहाँ के आई.जी.पी. का भी हमने ध्यान आकर्षित किया। खुद उनके खिलाफ भी हमें अनेक आरोप मिले, जिन्हें हमने निःसंकोच उनके सामने रखा है। आज थानों में चल रही रिश्वतखोरी के अनेक प्रमाण हमने उन्हें जाहिर किये। बीकानेर के स्वास्थ्य, शिक्षा विभाग, फौज, पावर हाउस, न्याय विभाग और जकात महकमे में भी अनेक रोमांचकारी किस्से सुनने में आये। शिक्षा विभाग में कन्या स्कूलों में फैल रहा व्याभिचार और जकात की लूट रियासत के लिए शर्म की बात है।112' इसी प्रकार 'नवजीवन' के 8 अक्टूबर, सन् 1941 के अंक में श्री मोहनसिंह सेंगर की 'दीपावली' शीर्षक से लघु रचना छपी है जिसमें तत्कालीन व्यवस्था के विरुद्ध युवकों के तन-मन में सुलगती ज्वाला प्रतिबिंबित हो रही है। रचना इस प्रकार है-

दीपावली

क्यों कहते हो आज दिवाली?

तन जलता है, मन जलता है

रोम-रोम में छाई लाली,

नेत्र-दीप निशि दिन जलते हैं,

दीवानों की सदा दीवाली।113

श्री प्रियतम कामदार के पत्र 'प्रचार' ने राज्य के लगभग सभी महकमों में फैले भ्रष्टाचार की खबर प्रकाशित करते हुए लिखा-

यह ढिलमिल शासन

आज प्रायः प्रत्येक राजकीय विभाग के विरुद्ध जन साधारण की यह शिकायत है कि विभागाध्यक्ष अपने कार्य संचालन में इतनी शिथिलता व लापरवाही बरतते है कि उसका बुरा प्रभाव अहलकारों व मातहतों को भी कमजोर बनाकर उनकी उद्ण्डता में सहायक होता है। आप किसी विभाग में अपने किसी भी दुख को दूर कराने के लिए प्रार्थना पत्र दीजिए। कुछ दिनों में

आपको मालूम होगा कि या तो आपका प्रार्थना पत्र खटाई में डाल दिया गया या अधिकारियों को उसको देखने-सुनने का अवकाश ही नहीं मिला अथवा मातहतों की लापरवाही से प्रार्थना पत्र बिल्कुल गायब हो गया।114

मुहावरेदार अभिव्यक्तियाँ

अभिव्यक्ति किसी भाव को व्यक्त करने के विशेष ढंग से संबद्ध होती है। कम से कम शब्दों में अधिक से अधिक विचारों या भावों की अभिव्यक्ति के हर भाषा में अनेक प्रकार की अभिव्यक्तियों का प्रयोग होता है। भाषा में मुहावरे, अभिव्यक्तियों का अच्छा उदाहरण है। मुहावरों द्वारा किसी स्थिति, घटना या विवरण को बड़े ही व्यंजनात्मक ढंग से प्रकट किया जाता है।

बूंदी के दीवान धन्नालाल अपनी काली करतूतों के लिए जनता में कुख्यात थे। उसके कारनामे का भण्डाफोड़ करते हुए, 'तरुण राजस्थान' ने इसे इस प्रकार प्रकाशित किया -

बून्दी की प्रजा गिरवी!!!

धन्नालाल जी की नयी कर्तूत

बूँदी से धन्नालाल जी की नयी करतूत का एक बड़ा सनसनीदार समाचार आया है। बूँदी राज्य में बरड़ नाम का एक परगना है, जहाँ कि किसानों का आन्दोलन हुआ था। इस परगने की जमीन बड़ी सरसब्ज है, जंगल भी बड़ा घना है और बहुमूल्य पत्थरों की खानें है। धन्नालाल जी ने वरधे से लगाकर शीलोट तक कोई 60-70 हजार बीघे जमीन को अपने पुराने पंजाबी दोस्त रामसिंह काबुली को गिरवी रख दी है। गिरवी भी 99 वर्ष के लिए और वह भी सिर्फ 5 लाख रुपये में। शर्तों के अनुसार 99 वर्ष तक इस हिस्से का दीवानी व फौजदारी अधिकार रामसिंह काबुली को रहेगा।115 जयपुर में रीजेन्सी के शासन में फैली अव्यवस्था एवं उसके खिलाफ लोगों की हड़ताल की खबर को 'तरुण राजस्थान' ने इस प्रकार लिखा-

जयपुर में पुलिस की नृशंसता!

लोगों पर पत्थर, गोली और भालों के वार!!

जनता की अपूर्व दृढ़ता-नगर में 4 दिन की हड़ताल!!!

जयपुर के सनसनीखेज दंगे के संवाद अब प्रायः चारों ओर फैल गये हैं। जयपुर का यह दंगा और यह अभूतपूर्व हड़ताल, आकस्मिक होने पर भी वास्तव में आकस्मिक घटनाएँ न थी। बात यह है कि प्रारम्भ से ही रीजेन्सी के शासन से जनता असन्तुष्ट है। उसने जिस ढंग से जयपुर के खजाने का उल्टा सीधा उपयोग किया है, इम्पीरियल बैंक आदि से जनता को लुटवाया है, राजकीय इमारतें नीलाम करवाई हैं और जनता पर डण्डे का आंतक

जमाने की चेष्टा की है, उस सबका परिणाम इसके अतिरिक्त ओर कुछ हो ही नहीं सकता था। वास्तव में प्रजा के भीतर ही भीतर जो असंतोष का ज्वालामुखी धधक रहा था यह उसी का एक विस्फोट था।116

राजस्थान के 6 अप्रैल, सन् 1936 के अंक में श्रीगणेश लाल व्यास की एक कविता 'मरुधर माता री विनती' प्रकाशित की गई है जो तत्कालीन प्रशासनिक अव्यवस्था एवं उसके कारण कृषकों की दयनीय हालत को प्रतिबिंबित करती है। बीकानेर राज्य में सुधारों के नाम पर जो ढोंग किये जा रहे थे तथा प्रशासन जो मनमानी कर रहा था उसकी पोल खोलते हुए पाक्षिक 'आगीवाण' ने इस प्रकार खबर प्रकाशित की -

थोथा चणा बाजे घणा

महाराजा बीकानेर हाके की शिकार का शौकीन है। राज में घणो सुधारो करवा को ढोल जुबली पर पीटियो गयो है पर सुधारो तो यो दीखे है कि उच्छव का मौका पर भी बीकानेर खास मैं लोगां ने गिरफ्तार करके अन्दर राज्यो गयो। बीकानेर में एसेम्बली है। कहबाने बीको भी विस्तार कियो गयो है। चुन्योड़ा मिनख ज्यादा राखिया गया है। पिण जो असलियत जाणे हैं बांने पतो है कि चुनाव करसी म्यूनिसिपल्टियां। म्यूनिसिपल्टियां में 15 मायं सूं 10 तो जंगलघर बादशाह की नामजद की हुई है। 5 में पिण्डों की मर्जी का आदमी आणे को इन्तजाम होणो कठण नंही। इसा आदमी प्रजा का आदमी हो सके है? म्हाराजा जाणै है कि की तरह सूं हल्दी फिटकड़ी लगाया बिना ही चोखो रंग लाणो। पिण या सदी बीसवीं सदी है। लोग असलियत समझ सके है।117

स्त्रियों की शिक्षा को 'त्यागभूमि' में सबसे अधिक महत्व दिया गया है। इसके प्रत्येक अंक में स्त्री-शिक्षा पर या अन्य सामग्री जो स्त्रियों के हित में हो सकती थी, अवश्य प्रकाशित की जाती थी। कुछ लोगों का यह विचार था कि शिक्षा स्त्रियों के लिए उचित नहीं है क्योंकि इससे वे दुश्चरित्र हो जाती हैं। इस बात का जवाब देते हुए श्रीमती ब्रह्मावती देवी भटनागर ने अपने लेख 'अबला औद्धत्य' में कहा है- अबला औद्धत्य बोलचाल सम्बन्धी शिकायत को मैं मानने को तैयार हूँ, यदि स्त्रियों के लिए मुहावरेदार और शिष्ट भाषा का प्रयोग करना अपराध है तो निःसंदेह शिक्षित महिलाएँ इसकी भागिनी हैं परन्तु यह कैसा अनर्थ कि शिक्षा से लड़कियाँ दुश्चरित्र हो जाती हैं।118 शिक्षा का तो अर्थ ही चरित्र निर्माण है। फिर एक बात यह भी है कि दूसरे की आँख का तिल देखना सरल है, पर अपनी आँख का शहतीर किसी को नहीं दिखता।

गुणात्मक अभिव्यक्तियाँ

इन अभिव्यक्तियों का संबंध किसी विषय और संदर्भ को स्पष्ट करने के लिए किया जाता है। इनमें से अनेक अभिव्यक्तियां हिन्दी में निर्मित हैं, क्योंकि पहले इनका प्रयोग कम दिखाई देता है। हिन्दी पत्रकारिता धीरे-धीरे इन्हें विकसित कर लेती है और फिर इनका प्रयोग करते हुए इन विषय क्षेत्रों में इन अभिव्यक्तियों को स्थापित कर लेती है। मूलरूप से गुणात्मक अभिव्यक्तियां साहित्यिक पत्रकारिता, खेलकूद, फिल्म पत्रकारिता के क्षेत्र में अधिक मिलती है।

आर्थिक, सामाजिक, राजनीतिक, मानसिक, धार्मिक, स्वास्थ्य सम्बन्धी व अन्य सभी प्रकार की प्रस्तुति जिन समाचार पत्रों में प्रकाशित होती है, वे गुणात्मक अभिव्यक्तियाँ हैं अर्थात् गुणों से भरपूर अभिव्यक्तियाँ हैं। राजस्थान सेवा संघ के गठन के बाद जोधपुर में भी 'मारवाड़ सेवा संघ' की स्थापना की गई। अक्टूबर सन् 1921 में इसका पुनर्गठन किया गया जिसके प्रमुख उद्देश्य थे- 1. मारवाड़ के लोगों में शारीरिक, मानसिक, आर्थिक व सामाजिक उन्नति के प्रयास करना, 2. मारवाड़ के लोगों में राजभक्ति और देशभक्ति के भावों में वृद्धि, 3. जनता को संगठित कर सार्वजनिक हित के कार्य करना।119 जयनारायण व्यास ने इस संस्था के माध्यम से राजनीतिक जीवन का प्रारम्भ किया। इसमें नागरिक स्वतंत्रता पर भाषण दिये जाते और सन् 1909 के मारवाड़ अधिनियम सहित उन सभी कानूनों की आलोचना की जाती जो नागरिक अधिकारों को हरने वाली थी।120 इनमें सन् 1922 का मारवाड़ प्रेस एक्ट, जिसमें राज्य सरकार की बिना आज्ञा राजनीति से सम्बन्धित किसी किताब व पैम्पलेट के प्रकाशन पर पाबन्दी थी, सन् 1923 का टाइपराइटर कानून, जिसके अनुसार टाइप राइटर का रजिस्ट्रेशन कराना अनिवार्य था और ब्रिटिश भारत में समाचार पत्रों के राज्य में प्रवेश पर लगे प्रतिबंध भी थे।121

चांदमल सुराणा और प्रताप चन्द सोनी ने जनता की ओर एक तार भी दिया कि सुखदेव प्रसाद और पुलिस द्वारा जनता पर भयंकर अत्याचार किये जा रहे हैं।122 बूंदी में चल रही पार्टी बंदी और उससे उत्पन्न किंकर्तव्य की स्थिति को एक लम्बे समाचार के द्वारा 'तरुण राजस्थान' ने प्रकाशित किया है। इसके अंश दृष्टव्य हैं- बूंदी की वर्तमान स्थिति को देखते हुए तो यही कहना पड़ता है कि 'वही रफ्तार बेढंगी जो पहिले थी सो अब भी है।' पार्टी बन्दी का खूब प्राबल्य है। कई पार्टियाँ हो रही हैं। एक पार्टी दरबार की, दूसरी जोधपुर के हनुमन्त सिंह जी की, तीसरी वर्तमान दीवान भट्टाचार्य जी की

और चैथी भूतपूर्व दीवान धन्नालाल जी की है। संक्षेप में बूँदी इस समय नाटकघर है, उक्त चारों पार्टियाँ उसके एक्टर्स हैं और प्रजा तमाशबीन है।123 मेवाड़ के भील प्रदेश में अन्याय के राज्य को उजागर करते हुए 'तरुण राजस्थान' ने लिखा **राजस्थानी कन्दराओं में अन्याय और**

स्वेच्छाचार का सामाज्य

(निज संवाददाता द्वारा)

जिन भीलों ने प्राणों की भेंट चढ़ाकर महाराणा प्रताप के स्वान्त्रय-व्रत की रक्षा की थी, वे ही भील आज उन्हीं प्रताप के वंशजों की संरक्षता में अत्याचार की चक्की में दिल खोलकर पीसे जा रहे हैं। भोमट जिले के जागीरदार, ठिकानेदार, कामदार, मुंसरिम और राज्य के द्वारा नियुक्त पटेल तो उनकी जान पर सवार थे ही, छावनी कोटड़ा के गौरांग देवों (अंग्रेज अधिकारी) और सिपाहियों ने रही सही कमी की और पूर्ति कर दी। पाठक समय-समय पर 'तरुण' में इन लोगों की काली करतूतों का वर्णन पढ़ते रहे हैं। आज फिर वही करुण कथा सुनिए। पानखा जागीर में भारी ऊमरिया के ठाकुर 12 ग्रामों के एक छोटे से जागीरदार हैं। दीवानी-फौजदारी और मारने पीटने आदि के सब अधिकार आप अपने में समझ बैठे हैं। सम्वत् 78 के भील आन्दोलन में घर 5/- रुपये वार्षिक लगान लिये जाने का ठहराव हुआ था, किन्तु एक वर्ष बाद ही इन्होंने गौरांगदेवों की सहायता से पटेलों को लोभ दे कर घर 8/- रुपया लगान लेना शुरू कर दिया। इसके अलावा सम्वत् 80 में घी पाव भर देशीएक बकरे की नयी लागत लगा दी। घी की मात्रा अब बढ़ते-बढ़ते एक सेर हो गई है। इस वर्ष आपने लोगों को लूटने की एक नयी चाल निकाली है। थोड़े दिन हुए आप अपने गांवों का दौरा करने निकले और पटेलों से छः हाथ लम्बी पगड़ी बँधवा कर उनसे 100/- रुपये नजराने के तलब किए। पटेल यह रुपया प्रजा से वसूल कर देते, अतः उसमें बड़ी खलबली मची। लोगों ने कहा हम पुकारे जायेंगे। इस पर ठाकुर साहब अभी तो वापस लौट गये हैं, किन्तु उन्होंने 85/- रुपया लेने की अन्तिम घोषणा कर दी है। लोग कहते हैं कि उनका चोरों से संबंध है और मामलों मुकदमों में दोनों पक्ष से रिष्वत खाते हैं।124

महिला-माहात्म्य

विरोधी वंश हित वामा बनी तू,
भगवती भवन में भामा बनी तू।
सुखद सरला सरस श्यामा बनी तू,
अनोखी अंगना रामा बनी तू।

सचिव तू और सच्ची सहचरी तू,
निराली नागरी गुण आगरी तू।125

स्त्री शिक्षा विषयक मसले पर मासिक 'जैन गजट' ने भी लोगों का ध्यान आकृष्ट किया। इस संदर्भ में पत्र ने अपने जून, सन् 1904 के अंक में लिखा- 'स्त्री शिक्षा कितनी आवश्यक है, इसे प्रकाशित करने की आवश्यकता नहीं है, क्योंकि हमारे वे जैनी बालक जिन्होंने एकमात्र श्री पद्मपुराण ही का स्वाध्याय किया है, धड़ल्ले के साथ कह उठेंगे कि स्त्रियाँ वैसे ही गुणों से भूषित होनी चाहिए जैसे कि पुरुष। प्राचीन काल में बालक-बालिकाएँ सब ही विद्या के भंडार से भरपूर रहते थे।126 गाड़ी बिना दो पहियों के नहीं चल सकती, इसी तरह गृहस्थ धर्म सुशिक्षित स्त्री और सुशिक्षित पुरुष के संयोग के बिना नहीं चल सकता-बेमेल जोड़ी ने न मालूम कितनों के घरों को तबाह कर डाला। बेमेल जोड़ी ने भारत को गारद कर दिया।''

क्रियात्मक एवं परिस्थिति जन्य अभिव्यक्तियाँ

विशेष रूप से क्रियात्मक अभिव्यक्तियों का प्रयोग व्यावसायिक पत्रकारिता में मिलता है। साथ ही परिस्थितिजन्य अभिव्यक्तियों का भी प्रयोग होता है। लोगों को उनके अधिकार दिलवाना, षडयंत्रों की सूचना, किसी भी वार्ता को जिसमें क्रिया हो उसे लोगों तक पहुँचाना है। जनवरी सन् 1922 से उम्मेद सिंह ने रीजेंसी काउंसिल की बैठकों में भाग लेना प्रारम्भ किया। सितम्बर में प्रताप सिंह के देहान्त के पश्चात् रेजीडेण्ट रेनाल्ड्स स्टेट काउंसिल की अध्यक्षता करने लगा।127 जनवरी सन् 1923 में वायसराय लार्ड रीडिंग ने जोधपुर में एक दरबार में उम्मेद सिंह को पूरे राज्याधिकार देने की घोषणा की।128 इस तरह गत सदी के अंत में मारवाड़ को तीन नाबालिग शासन का सामना करना पड़ा जिनके कुछ दुष्परिणाम भी हुए-1. बाहरी लोगों के विशेष प्राबल्य से मारवाड़ियों के अधिकारों में अतिक्रमण, 2. शासन की मुख्य जातियों में अपनी जाति वालों को शासन में महत्वपूर्ण स्थान दिलाने की महत्वाकांक्षा होना, 3. नौकरियों तथा ओहदों के लिए राजनीतिक दलबंदियां तथा षडयंत्र होने लगे, 4. नरेशों से जनता के जो सीधे सम्बन्ध थे, उसमें राज्य के अधिकारियों के कारण बाधा पहुंची।129

मारवाड़ प्रजामण्डल का सभापति श्री प. अचलेश्वरप्रसाद जी की गिरफ्तारी के एक दिन पाछे बांका ससुराजी श्री गोकुल जी वर्मा जो भरतपुर राष्ट्रीय कार्यकर्त्ता हैं उणनै भी वड़ारा जिला मजिस्ट्रेटरा वारंटा रा आधार पर दफा 323,504,176 मांयने पकड़ लिया। ई दफा में मुलजिम ने जमानत पर छोड़्यो जा सके है, पिण पुलिस ने जमानत पर कोनी छोड़्यो। कानून के

खिलाफ इसी कार्यवाही राज मां होबा सूं प्रजा में असंतोष फैल बारी खबर छै।130 ई के अलावा और भी घणा जुल्म होय रया हैं। सांची कहवा वाला ने तो ठिकाणी रहबा ही कोनी देवें। जैपुर राज्य ने चाहिजे कि इण जुल्मां री जाँच करे और इस्यां जानवरां की नांई मिनखां में पिटवा सूं बचावे और अत्याचार करवा वाला ने दण्ड देवे।131

श्री रामनारायण चैधरी ने सन् 1936 में साप्ताहिक 'नवज्योति' का प्रकाशन शुरु किया।132 इस पत्र ने राजस्थान के जन-जीवन को प्रतिबिंबित करने की दिशा में उल्लेखनीय प्रयत्न किए। इसने रियासती शासकों के शोषण, अत्याचार एवं निरंकुशता तथा नौकरशाही की मनमानी के विरुद्ध वाणी मुखर की।133 'नवज्योति' ने 'कांग्रेस और देशी राज्य' शीर्षक के अपने संपादकीय में रियासती जनता की कष्टप्रद स्थिति, राजाओं की निरंकुशता एवं जागीरदारों के अत्याचारों का वर्णन करते हुए अधिकारों एवं उत्तरदायी शासन के लिए शुरु हुए संघर्ष में कांग्रेस के समर्थन की आवश्यकता पर बल दिया।134 'नवज्योति' ने बीकानेर में सामन्ती शासन के अत्याचारों पर प्रकाश डालते हुए राजतंत्र की प्रताड़ना से निष्कासित बाबू मुक्ता प्रसाद और सामन्ती शासन के शिकार उदरासर गाँव की घटनाओं को प्रमुखता से प्रकाशित किया।135 इसने अपने 12 दिसम्बर, सन् 1938 के अंक में राजाओं की निरंकुशता को चित्रित करने वाले गाँधीजी के इन विचारों को प्रकाशित किया कि-"राजा प्रजा को अधिकार दे वरना वे खत्म हो जायेंगे। राजाओं को यह सलाह है कि वे निरंकुशता छोड़ दे एवं समय की गति को पहचानें।"136 'नवज्योति' ने जागीरदारी प्रथा को असामायिक बताते हुए इसके बारे में कई लेख प्रकाशित किए। पत्र ने श्रीचंद जैसलमेरी का लेख 'मारवाड़ के जागीरदार' प्रकाशित किया जिसमें जागीरदारों की मनोवृत्ति एवं वहाँ के लोगों के कष्टप्रद जीवन का सजीव तथा मार्मिक वर्णन किया गया।137

श्री ऋषिदत्त मेहता द्वारा निकाले जाने वाले पत्र 'राजस्थान' ने भी तत्कालीन प्रशासन एवं नौकरशाही का चरित्र चित्रण करने में महत्वपूर्ण भूमिका निभाई। इसने रियासतों के बारे में गाँधीजी का बयान प्रकाशित करते हुए लिखा-

'राजाओं चाहे गोलियाँ चलाओ'
कांग्रेस अपना कार्य बंद नहीं कर सकती

रियासतों का मामला दिनोंदिन पेचीदा होता जा रहा है। राजाओं का हाथ भी रायफलों पर बड़ी चुस्ती और फुर्ती से पड़ता है। वे यह महसूस करते

हैं कि जहाँ तक सार्वजनिक सत्ता का सम्बन्ध है, हम सुरक्षित हैं, कांग्रेस का उन पर कोई विशेष प्रभाव नहीं है। अब तो बहुत से राजा अपनी प्रजा की जागृति को कुचलने के लिए उपाय ढूँढ रहे हैं। वे तो यह भी चाहते हैं कि यदि हो सके तो कांग्रेस के लिए रियासत और रियासती प्रजा के झगड़ों में हस्तक्षेप करना ही नहीं बल्कि उनका पथ प्रदर्शन करना भी असंभव कर दें, फिर भी कांग्रेस को तो अपना फर्ज अदा करना ही है।138 बिजौलिया के बारे में ही पत्र ने अपने अन्य अंक में लिखा -

बिजौलिया में मार्शल-लॉ

श्री माणिक्य लाल जेल में बीमार

सैनिकों ने लूट मचा रखी है, स्त्रियाँ घर से बाहर नहीं निकलती। बिजौलिया में हिन्दुआ सूर्य कहलाने वालों की सेना ने जो ताण्डव मचा रखा है, वह कदाचित् रावण के द्वारा भी समर्थन न पाता। सैनिकों के भय के मारे किसान स्त्रियों को खेतों पर जाना छोड़ने को विवश होना पड़ा है।139 जो लोग कैद किये जाते हैं उन्हें कोतवाली में पीटा जाता है और ओढ़ना, बिछौना और खाना आदि कुछ भी नहीं दिया जाता। माणिक्यलाल जी को अभी यूं ही जेल में सड़ाया जा रहा है। उनके साथ व्यवहार भी बहुत अच्छा नहीं होता। स्थान तो सर्वथा पशुओं के रहने जैसा है। इसीलिए प्रायः डेढ़ सप्ताह से उनका स्वास्थ्य खराब हो रहा है।

सुझावात्मक अभिव्यक्तियाँ

सुझावात्मक अभिव्यक्तियों का विशेष प्रयोग महिला पत्रकारिता में मिलता है। जहां सौन्दर्य-संबंधी, पाक कला संबंधी, सिलाई, कढ़ाई, बुनाई निर्देश देने के लिए इस प्रकार की अभिव्यक्तियों का प्रयोग होता है। अच्छे सुझाव जिनकी पालना से व्यक्ति व समाज को लाभ पहुँचता है वह सुझावात्मक अभिव्यक्तियाँ होती हैं। 'अरक्षित राजस्थान' शीर्षक से तत्कालीन स्थिति पर प्रकाश डालते हुए लिखा-

अरक्षित राजस्थान

अंग्रेजों की रक्षात्मक मित्रता ने राजस्थान को उसी तरह कमजोर निकम्मा और विकारों के भंडारनाश पथगामी बना दिया है जैसे हिन्दु समाज की स्त्रियों को अधिक सुख पहुँचाने और पर्दे में बंद रखने की व्यवस्था ने स्त्रियों को आज संसार पर भार स्वरुप बना दिया है। दूसरे शब्दों में हम इन रक्षितों को उस तलवार की उपमा दे सकते हैं जो एक ठण्डे कमरे में खुली रखी रहती हो और कभी उसे साफ करने के लिए इसलिए हाथ न लगाया जाता हो कि उसे कष्ट होगा और इस प्रकार जंग लगकर नाश के निकट

183

पहुँच गई हो। जरूरत है राजस्थानियों का ध्यान अपनी इस आरक्षित व्यवस्था की ओर जाए और वे इससे अपने उद्धार का उपाय सोचे।140 'तरुण राजस्थान' ने शेखावाटी क्षेत्र में प्रशासनिक अव्यवस्था का चित्रण करते हुए लिखा-

शेखावाटी का करुण क्रन्दन
बिसाऊ के अत्याचारों की परम्परा

आपस में तकरार होने पर यहाँ पर दोनों से रुपया लेकर सुलह करा दी जाती है। सच्चाई का ध्यान नहीं रखा जाता। रुपया खोसने से मतलब रखा जाता है। बिसाऊ में फौजदारी दीवानी नहीं है, इसलिए झुझुंनू की निजामत में जाना पड़ता है, पर ऐसा करना आफत मोल लेना है, ऐसा करने वालों पर, बिसाऊ जाने पर आफत आ जाय। जमानत ली जाती है, चाहे जब बढ़ा दी जाती है। अनाज, घृत, गुड़ आदि एवं पालो, फूस, लकड़ी आदि वस्तुओं पर भी कर लगाया गया है। जल का तथा जल के (वर्षा के) सौदे का ठेका दिया जाता है। अफीम, सुलफा, मदिरा, नागरपान, सलमा, सितारा आदि बहुत सी वस्तुओं का भी ठेका दिया हुआ है।141 बूंदी के दीवान धन्नालाल अपनी काली करतूतों के लिए जनता में कुख्यात थे। 'प्रान्त और जिला रा समाचार' शीर्षक से देवली का हाल लिखते हुए श्एक देवली वासी' के हवाले से कहा गया है-

देवली की बांता (एक देवली वासी)।

आज काल को जमानो इस्यान् तो बढ़ती कौ छै और बई बढ़ती के तांई सारा मुल्क न्यारी-न्यारी कोशिशयां कर रह्या हैं। पण थांके सामने म्हां की देवली तो समूची ही गई बीती होरी छै। अठै गाँव मायने नित रोज म्यूनिसिपलटी की जोरी होवे छै। कदी वा एक मामूली आदमी पर मन मान्यो टेक्स लगा देवे छै तो कदी जाके टेक्स लागणो चावे बांके मयाद सूं भी कम लगावे छै। जरासी बांके सामने कोई बात उठावे छै तो वे उणे झट ऊँदी सूंदी डांट पिला दे छै जीसे वे चुपचाप बैठ जावे छै और कांई काम करतो होवे तो भी न कर सके। अब थे ही बताओ के इसी हालत में गाँव की बढ़ोतरी किस्यान् हो सके छै।142

श्री रामनारायण चैधरी के पत्र 'नवज्योति' ने भी अपने समाचारों एवं संपादकीय के माध्यम से तत्कालीन हालात को जनता के सामने प्रस्तुत करने में महत्वपूर्ण भूमिका का निर्वाह किया। पत्र ने 'कांग्रेस और देशी राज्य' शीर्षक से संपादकीय में लिखा कि यहाँ इच्छा ही कानून है और ऐसे हालात में जनता को चुप न बैठना चाहिए।143 'नवज्योति' ने इसी क्रम में आगे

लिखा- ''देशी राज्यों की प्रजा को अनेक कष्ट हैं। ब्रिटिश सामाज्यवाद के चक्कर और अपने अज्ञान तथा स्वार्थ में फंसकर अधिकांश राजा प्रजा के सुख-दुख की तरफ ध्यान नहीं देतें।''144 राजपूताने के एक बड़े हिस्से में पड़े अकाल की खबरों को प्रकाशित करते हुए पत्र ने लिखा -'राजपूताने के एक बड़े हिस्से में अकाल पड़ गया है। किसान शासन व समाज के शोषण के शिकार हैं। उसके अज्ञान, असंगठन और परंपरागत आचार-विचार का नाजायज फायदा उठा कर हुकूमते, राजकर्मचारी और सूदखोर लोग उसकी अधिकांश कमाई हड़प लेते हैं।145' 'नवज्योति' ने 'रियासतों का सवाल' शीर्षक से अपने संपादकीय में तत्कालीन रियासतों की स्थिति पर प्रकाश डालते हुए लिखा- रियासतों का सवाल

रियासतों का सवाल खूब गंभीर बनता जा रहा है। एक ओर रियासती जनता में अपूर्व जागृति दिखाई दे रही है और वह नागरिक आजादी व उत्तरदायी शासन प्राप्त करने के लिए कमर कसकर मैदान में उतर आई है। दूसरी ओर राजा मुकाबले पर डटे हैं। वे एक ओर सुधार जारी करने का दिखावा करते हैं तो दूसरी ओर प्रजा की हलचलों को काले दमन द्वारा कुचल देना चाहते हैं। इसके अलावा दो पक्ष और हैं-एक सार्वभौमिक सत्ता का और दूसरा कांग्रेस का। संभवतः सार्वभौमिक सत्ता की सहानुभूति राजाओं के और कांग्रेस की रियासती प्रजा के साथ है। सार्वभौम सत्ता जाहिरा तौर पर यह कहती आई है कि वह रियासतों के भीतरी मामलों में दखल नहीं देती किंतु वस्तुस्थिति इसके विपरीत रही है। उसने अपने ऐजेंटों द्वारा राजाओं पर कड़ा नियंत्रण रखा है। इन एजेंटों ने राजाओं को कुशासन के लिए भले ही खुला छोड़ा हो, पर प्रजा की प्रवृत्तियों को दबाते रहने के लिए हमेशा प्रोत्साहित किया है।146 आर्य समाज के पत्र 'आर्य मार्तण्ड' में चांदकरण शारदा के लेख-'राजस्थान का भविष्य' के माध्यम से राजपूताना की वस्तुस्थिति, समस्याओं, विकास एवं भावी संभावनाओं का तथ्यपरक विवेचन प्रस्तुत किया।147 इसी प्रकार 'रियासती' ने अंग्रेज दीवानों के द्वारा रियासतों के प्रशासन में लाई गई अव्यवस्था का उल्लेख करते हुए खबर प्रकाशित की

रियासतों में अब अंग्रेज दीवान नहीं

भेजे जायेंगे

नई दिल्ली (डाक द्वारा)

अब जहाँ-जहाँ पर भी दीवान की आवश्यकता होगी वहाँ अग्रेज को न भेजा जाकर किसी भारतीय रिटायर हैड को ही भेजा जाएगा। अंग्रेज दीवान भेजने की नीति के कारण ब्रिटिशों की काफी बदनामी हुई है। एक अंगे्रज

दीवान के बने रहते रियासतों में वही सोलहवीं शताब्दी बनी रही, वैसी ही जुल्म ज्यादतियाँ होती रही, नागरिक अधिकारों पर वैसे के वैसे ही प्रहार होते रहे और राजाओं की रंग-रेलियाँ भी वैसी की वैसी ही बदस्तूर कायम रही। इसलिए इन वाकयातों ने अंग्रेज जाति को काफी बदनाम किया।148

राजस्थान में तत्कालीन राजनीतिक-सामाजिक परिदृश्य को जनता के सामने प्रस्तुत करने में जिन पत्र-पत्रिकाओं ने महत्वपूर्ण भूमिका निभाई उनमें 'नवजीवन' का नाम अग्रणी है। प्रवेशांक से ही इसके तेजस्वी स्वरूप का संकेत मिल जाता है। इस अंक में ही 'मेवाड़ के प्रधानमंत्री अलविदा', 'सिरोही जेल में राजबंदियों के साथ दुर्व्यवहार', 'कोटा में अकाल से हाहाकार' आदि शीर्षकों से समाचार छपे है, जो विभिन्न भागों में जन-जीवन की हलचलों को प्रमुखता से प्रतिबिंबित करते है।149

कथनपरक और उपमा के साथ अभिव्यक्तियाँ

किसी भी अभिव्यक्ति को स्पष्ट रूप से समझाने के लिए लोकोक्तियों, कहावतों, मुहावरों का सहारा लिया जाता है। कथनपरक अभिव्यक्तियां सामान्य रूप से पारिवारिक पत्रकारिता में दिखाई देती है। वैसे इस प्रकार की अभिव्यक्ति राजनीतिक समाचारों, समीक्षापरक लेखों में प्रयुक्त होती है। पत्रकारिता की सुंदरता हेतु लेखन या कथन में व्यंग्यात्मकता लाने हेतु कथन में उपमा का प्रयोग करना ही साथ ही किस तरह के कथन को किस तरह प्रभावी बनाया जाये यही कथनपरक और उपमा के साथ अभिव्यक्तियाँ हैं।

जोधपुर में 19 सितम्बर को एक सभा आयोजित की गई। 'तरूण राजस्थान' के लेख में इस कार्य की आलोचना करते हुए जोधपुर के महाराजा को सफेद बोतल की तरह बताया गया जिसमें वस्तु के असली रंग का पता चल जाता हैं। सुखदेव के काल में 'सुखदेवशाही' का रंग दिखता था। और अब राव राजा नरपत सिंह के काल में 'नरपतशाही' का रंग दिख रहा था। राज्य सरकार ने राज्य विरोधी प्रचार के आरोप में जयनारायण व्यास, सुराणा व सर्राफ को बंदी बना लिया।150 मुकदमे में अपनी सफाई में व्यास ने महाराजा को सीधा बताया जो सरल हृदय होने से अपने अधीन लोगों पर अत्यन्त विश्वास करते हैं, अतः समाचार पत्र में उन्हें सफेद बोतल बताया गया। व्यास ने यह स्पष्ट किया कि उनके विचार से सम्मेलन को रोकने की आज्ञा प्राइवेट सेक्रेटरी की ही है और जोधपुर के महाराजा शासन सत्ता को केन्द्रीय भूत करना नहीं चाहते और वे मनमाने कार्य नहीं करते। व्यास को दुःख था कि उनके सम्पादन में 'तरूण राजस्थान' में महाराजा के लिए, 'स्वेच्छाचारी' शब्द गलतफहमी में उनके सहयोगियों ने छापा है और यदि वे

ब्यावर में होते तो ऐसा नहीं होता।151 जयनारायण व्यास जी ने यह कहा कि महाराजा की छत्र छाया में उत्तरदायी शासन की प्राप्ति, प्रकाशन और सम्मेलन की स्वतंत्रता, वे वैध उपायों से प्राप्त करना चाहते हैं। प्रजा, जिसमें खालसा व जागीरी प्रजा भी हैं, की भलाई ही उनका ध्येय हैं। अंत में जयनारायण व्यास जी ने यह स्पष्ट किया कि उन्होंने सदैव मारवाड़ नरेश और प्रजा की भलाई के लिए प्रयत्न किया है, यदि वैसा करना पाप है तो पापी है, दोष है तो वे दोषी है। जोधपुर के महाराजा ने मुकदमे में कोई हस्तक्षेप नहीं किया। जनवरी सन् 1930 में विशेष अदालत के द्वारा जयनारायण व्यास जी को 5 वर्ष की सजा व 1000/-जुर्माना और सुराणा व सर्राफ को 4 वर्ष की सजा व 1000/- जुर्माना किया गया।152 मार्च सन् 1931 में गांधीजी-इर्विन समझौता के पश्चात इन तीनों को रिहा कर दिया गया।153 मेवाड़ की चाकरशाही के विभिन्न अत्याचारों का भण्डाफोड़ करते हुए पत्र ने लिखा-

'नीमड़ी (मेवाड़) में जनता हिजरत कर रही है'

मेवाड़ राज्य के नीमड़ी जागीरदार के अत्याचारों से वहाँ की प्रजा अत्यन्त तंग आ गई है। रात-दिन की मारपीट, स्त्रियों पर अत्याचार, खेती और घास का जलाया जाना, घरों में रखी हुई सम्पत्ति को लूटना, मनमाने लगान और जुर्माने ऐंठना, गोलियाँ चलाना आदि भयंकर अत्याचारों से तंग आकर वहाँ की प्रजा ने निकट के राज्यों में हिजरत करना प्रारम्भ कर दिया है। खेती जोतना बंद कर घरों को सूने छोड़-छोड़ कर काश्तकार लोग जा रहे हैं और नीमड़ी का सब बलां सूना हो गया है।154

मोतीलाल तेजावत के नेतृत्व में भीलों और मीणों की राजाज्ञा की अवज्ञा के आंदोलन को 'नवीन राजस्थान' ने प्रकाशित करते हुए लिखा कि 6 मार्च, सन् 1922 को मशीनगनों से भीलों पर गोलियों की वर्षा की गई। इससे उनतीस लोग मारे गये तथा सैंकड़ों घायल हुए, अस्सी हजार की सम्पत्ति जलाई या लूट ली गई तथा भील स्त्रियों को अपमानित किया गया।155 'शेखावाटी में पंचायत की आवश्यकता' शीर्षक से इस पत्र ने लिखा - 'शेखावाटी में पंचायत की आवश्यकता'

इस समय शेखावाटी में गरीब प्रजा पर जैसे-जैसे पैशाचिकतापूर्ण घोर अत्याचार हो रहे हैं उनको देखकर कौन मनुष्य होगा जो न पसीजेगा और अपने स्वजनों के पीड़ित होने का शोक न करता होगा। ऐसे गरीबों के लिए जो अति दुःखी हैं, शेखावाटी में पंचायत का संगठन होने की अतीव आवश्यकता है ताकि सत्याग्रह रूपी अस्त्र से इन पिशाचकर्मी जागीरदारों का

प्राणप्रण से सामना कर सकें।156 बूँदी एवं सिरोही रियासतों में जन साधारण पर हो रहे अत्याचारों की खबरें इस पत्र ने नियमित रूप से प्रकाशित की। उसने 'बूँदी रियासत की बर्बरता'157 शीर्षक से समाचार एवं संपादकीय टिप्पणियों के द्वारा लोगों को वस्तुस्थिति से अवगत कराया। सिरोही में जो कुछ घटा उसे 'सिरोही में राक्षसी लीला'158 शीर्षक से उजागर करते हुए यह समाचार दिया कि सिराही में दो सौ ब्राह्मण परिवार जेल में हैं तथा एक ब्राह्मणी भस्म हो गई है।

'नवीन राजस्थान' पर जब प्रतिबंध लग गया तब इसके संचालकों ने इसका नाम बदलकर 'तरुण राजस्थान' कर दिया।159 'तरुण राजस्थान' ने भी अपनी मिशनरी भूमिका जारी रखी तथा नौकरशाही के अत्याचारों एवं अकर्मण्यता को निरन्तर प्रकाशित करता रहा। बिजौलिया आंदोलन की सफलता में जहाँ 'प्रताप' एवं 'नवीन राजस्थान' की प्रमुख भूमिका रही, वहीं बेंगू, बूँदी और भील आंदोलन को गति प्रदान करने में 'तरुण राजस्थान' ने सक्रिय योगदान दिया। बूँदी आंदोलन के दौरान पंडित नयनूराम शर्मा की गिरफ्तारी, उन्हें चार साल की कैद से दंडित करने तथा उन पर अत्याचार के समाचारों को पत्र ने प्रमुखता से प्रकाशित किया।160 इस पत्र में श्री शोभालाल गुप्त का एक बयान छपा जो तत्कालीन नौकरशाही का चरित्र चित्रण करता है- 'इस नौकरशाही प्रशासन की बदौलत इस देश का जो कभी वैभवशाली था नैतिक और आर्थिक पतन हो गया है और देशी राज्यों की बची-खुची स्वतंत्रता का अंत हो गया है।'161 पंडित नयनूराम शर्मा के साथ दुर्व्यवहार की भर्त्सना 'तरुण राजस्थान' ने निम्न शब्दों में की -

'बूँदी रियासत का घोर पतन'

पं. नयनूराम जी के साथ दुर्व्यवहार

हमारे विशेष संवाददाता द्वारा, बूँदी, 15 अगस्त।

पं. नयनूराम जी को आज बूँदी रियासत की धींगांधींगी का शिकार हुए दो वर्ष होने को आए। तब से वे बूँदी जेल में कठोर यातना भुगत रहे है। गत जून में उनके पिताजी उनसे मिलने आये थे। उन्होनें बूँदी नरेश से पंडित जी को छोड़ने की अनुनय विनय की परन्तु कुछ परिणाम नहीं निकला। पंडित जी से कहा जाता है तुम अपराध स्वीकार कर लो। पंडित जी का कहना है जब मेरा कोई अपराध साबित नहीं हुआ तो फिर मैं अपनी आत्मा के विरुद्ध कैसे अपराध स्वीकार कर सकता हूँ। इस बात पर उनके साथ तरह-तरह की सख्तियाँ की जा रही हैं और मारपीट की भी धमकियाँ दी जाती हैं। उन्हें कहा गया है कि तुम अजमेर जेल में भेज दिए जाओगे। क्या अजमेर जेल में

यहाँ से भी अधिक अत्याचार होते हैं और क्या ब्रिटिश नौकरशाही अपने यंत्रों का रियासतों के कोप भाजनों को सताने के लिए ऐसा उपाय भी करती है।162

बेंगू आंदोलन के दौरान नौकरशाही की ज्यादतियों के बारे में इसने लिखा कि- 'राजस्व आयुक्त टेंच के आदेश पर बेंगू आंदोलन के दौरान गोंविदपुरा गाँव में एकत्र किसानों पर गोलीबारी से दो लोग मारे गये, अनेक घायल हो गये तथा करीब पाँच सौ लोगों को गिरफ्तार करके उन्हें निर्ममता से पीटते हुए बेंगू लाया गया।163 'शेखावाटी क्षेत्र में ठिकानेदारों की मनमानी एवं अत्याचारों पर प्रकाश डालते हुए पत्र ने लिखा -भक्षसीसर ठिकाने ने जब दुराणी गाँव में एक रुपया एक आना प्रति बीघा लगान के स्थान पर 2 रु. 1 आना प्रति बीघा लगान वसूल करने का प्रयास किया तो किसानों ने देने से मना कर दिया। तब ठिकाने के 50-60 आदमियों ने आकर किसानों को निर्दयता से पीटा, जिसमें 2-3 किसान बुरी तरह घायल हुए 164 इसी प्रकार उधर किसान नेताओं को जो किसानों को संगठित करने तथा अपनी फरियाद जयपुर पहुँचाने के इरादे से गाँव-गाँव घूम रहे थे, 4 मार्च, सन् 1925 ई. को उनमें से 18 किसानों को दोगड़ा गाँव में फतेहपुर के रिसालदार ने बिना वारण्ट के गिरफ्तार कर सीकर भेज दिया। उनमें से चार को छोड़कर बाकी को इस प्रतिज्ञा पर छोड़ा कि वे न तो जयपुर पुकार करने जायेंगे और न सार्वजनिक कार्यकर्त्ताओं से किसी प्रकार का सम्पर्क रखेंगे।165 जब सीकर के राव राजा कल्याण सिंह द्वारा भू राजस्व में 25 से 50 प्रतिशत की वृद्धि कर दी गयी और किसानों ने बढ़ा हुआ कर देने से इन्कार कर दिया तो किसानों के नेता पनलावा गाँव के सेवाराम, मोतीराम चैधरी और कुर्ली के उदयराम चैधरी को बिना वारण्ट गिरफ्तार कर लिया और तीन सप्ताह तक कारावास में रखा। आकवा गाँव के चार किसान और रशीदपुर के तीन किसान इसी भाँति मनमाने तौर से गिरफ्तार कर लिये गये और काठ में दे दिये गये। वे तब छोड़े गये जब बढ़ा हुआ कर देना स्वीकार कर लिया। माधवपुर की बड़ी बुरी दशा रही। वहाँ के कई किसानों के हाथों को जमीन में गाड़कर घंटों तक बैठाये रखा गया।166 सन् 1925 में अलवर राज्य के गाँव नीमूचाणा के निर्दोष किसानों पर जलियाँवाला बाग जैसा नरसंहार दुहराया गया था।167 इस भीषण कांड को गाँधीजी ने भी 'डायरिज्म डबल डिस्टिल्ड' की संज्ञा दी थी।168 इसी घटना को 'तरुण राजस्थान' ने इन शब्दों में लिखा-

'नीमूचाणा हत्याकाण्ड'!

189

अलवर राज्य के अन्तर्गत एक गाँव नीमूचाणा है। वहाँ के निवासियों के साथ जो घोर अत्याचार व नर पिशाच कर्म हुआ है उसको सुनकर किसके रोमांच खड़े नहीं होंगे। किसका ऐसा पाषाण हृदय है, जो उस कथा को सुनकर विदीर्ण न होगा। मैं 14 ता. के पहले तीन-चार लाख का आसामी था। मेरे कुटुम्ब में अठारह औरत मय बाल-बच्चे थे। परन्तु आज हमारे अलवर के शासकों की कृपा से हम सिर्फ दो भाई शेष हैं। एक अलवर की जेल में है। दूसरा सिर्फ मैं हँ ू जो दुर्भाग्य से बच गया हूँ। बाकी सब मशीनगन तोपों व फौजी सिपाहियों की बूंदकों के निशाने बने गये हैं। कुछ आग में जल गये हैं। अलवर राज्य ने जो अन्यायपूर्ण कानून बनाये हैं। वे दुनिया के किसी राज्य में आज तक प्रचलित नहीं हुए हैं। जहाँ कर भी पूरी तौर पर बढ़ा दिया गया है। शासकों की शिकार की हवस भी अत्यन्त बढ़ी हुई है इससे जो कुछ पैदा होता है वह सब कुछ स्वाहा हो जाता है। इस पर राजपूतों ने हमारे यहाँ महाराजा तक अपनी फरियाद पहुँचाने के लिए सभा की थी, और यह भी तय किया था कि यदि महाराज न सुने तो ब्रिटिश गवर्नमेंट के पास पुकार पहुंचाई जावे। इसकी खबर महाराज को लगी। बस इसी पर राज्य की तरफ से इम्पीरियल जय पलटन के 500 सिपाही, रेजीमेंट फस्ट लान्सर्स के 300 जवान, अस्सी तोप खाने के 100 जवान और 2 तोप के जोड़े भेज दिये गये। 4 मशीनगनें भी पहुँची। यह हमारे यहाँ नीमूचाणा गाँव में जो तहसील बानसूर में है तारीख 13 को दोपहर को ही पहुँच गयी। सेना ने आते ही गाँव को चारों तरफ से घेर लिया और पानी भरने के सब कुओं पर फौज ने अपना कब्जा कर लिया। दूसरे दिन ही ग्रामवासियों में जल के लिए त्राहि-त्राहि होने लगी। तब मेरे बड़े भाई व दस-बारह प्रतिष्ठित पुरुष हिम्मत करके फौज बखशी छाजू सिंह और अन्य अफसरों के पास महाराजा जयसिंह की दुहाई देते हुए गये। जब उनके पास गये तो उन्होंने हुकम दिया कि इन पर फायर कर दो। सिपाहियों को फायर करने में क्या देर लगती। उन्होंने तत्क्षण फायर कर दिया। ये सब के सब आदमी वहीं पर भून दिये गये। पानी के लिए गाँव भर चिल्लाता रहा।169 बिजौलिया में नौकरशाही के अत्याचारों को उजागर करते हुए 'तरुण राजस्थान' ने लिखा-

बिजौलिया: मार्शल लॉ जारी है

नराधम कोतवाल की नृशंसता

बिजौलिया में मार्शल लॉ की वैसी ही धूम है। अनपढ़ और पशु बना रखे गये सैनिकों की टुकड़ियाँ गाँवों में घूम-घूम कर लोगों को सताती हैं और स्त्रियों के साथ छेड़-छाड़ करती हैं। कहा जाता है कि श्रावण सुदी 10 के पास

बिजौलिया के तीखी गाँव के पास बंजारों ने मानगढ़ के ठाकुर के बकरे मार खाये, इस पर बिजौलिया का कोतवाल मय सिपाहियों के तीखी गया। खबर लगते ही बंजारे भाग गये। डेरे पर से दो बूढ़ों और दस-बारह युवतियों, लड़कियों एवं स्त्रियों को पकड़ कर छोटी बिजौली ले गये। वहाँ कुमारियों, विवाहित युवतियों और प्रौढ़ाओं को अलग-अलग घरों में बंद करके, उन्हें सैनिकों के सुपुर्द कर इज्जत खराब करवाई और कोतवाल ने उनके जेवर उतराये।170 सांभर में नमक मजदूरों के शोषण का दायित्व अंग्रेज सरकार और राज्य व्यवस्था को देते हुए 'तरुण राजस्थान' ने इसे इस प्रकार प्रकाशित किया-

सांभर में गोरा शाही

मजदूरों का रक्त शोषण

सांभर में रैगर, मुसलमान आदि जो मजदूर रहते हैं, वे इतने गरीब हैं कि जीवित रहने के लिए उन्हें हर समय पेशगी रुपया चाहिए। ऐसी दशा में जो कुछ उनको दिया जावे, उसे स्वीकार करने के अलावा उनके पास कोई चारा ही नहीं होता है। इस प्रकार जब वे एक बार पेशगी ले लेते हैं तो फिर उन्हें काम पर हर हालत में जाना ही पड़ता है। यदि वे नहीं जाते हैं तो राज्याधिकारियों से कहकर उन्हें विवश किया जाता है। मजदूर न तो शिक्षित हैं, न संगठित। अतः उनकी इस कमजोरी का लाभ उठाकर उन्हें खूब उत्पीड़ित किया जाता है।171 जयपुर राज्य के एक ठिकाने दांता में नौकरशाही के जुल्मों का बखान करते हुए एक समाचार में बताया गया है कि गरीब लोगों के जमीन के पट्टे फाड़ दिये गये और उनकी जमीन पर ठिकाने के लोगों ने कब्जा कर लिया। यही नहीं इन गरीब लोगों की स्त्रियों को बहुत गालियाँ भी दी गईं। संवाद राजस्थानी भाषा में इस प्रकार छापा गया है -

दांता ठिकाणा मैं जुल्म

(म्हारा खास खबर निवेस सूं)

जयपुर राज्य का ठिकाणा दांता में ठिकाणा का नौकर चाकर घणौ जुल्म कर राख्यो छै, कुछ दिन हुया लोगां ने जमीन का पट्टा लेकर बुलवाया और गरीबां का पट्टा लेकर फाड़काडा। लोगां की जमीनां ऊपर भी ठिकाणा का आदमी कब्जो कर लियो छै। लुगायां, मोट्यारां नैं गालियां भी घणी काडी छै, डराय धमकाय कई लोगां ने गढ़ सूं भी काढ़ दिया बतावै छै। एक आदमी ने मकान का चेजा करवा कर 20 घण्टा तक गढ़ हिरासत में राख्यो और जुर्माना की रकम लेर छोड्यो। इसी अंक में पत्र ने एक किसान को बिना

191

अपराध के हिरासत में रखने और उसके दुख और कराहने को गाँव वालों द्वारा सुनने और जमानत पर छुड़ाने का भी समाचार प्रकाशित किया है- गैरकानूनी मारपीट

हरीपुरा गाँव का एक जाट (किसान) ने 12 घंटा बिना कसूर हिरासत में राख्यो। गाँव का लोगां ने ऊको चिल्लाबो सुन्यो। रात ने ऊने जमानत पर छोड्यो जद और किसानों ने घायल की खाट ले जाकर पुलिस चैकी में रिपोर्ट की (मामलों सांभर निजामत में बतावे छै।172 आगीवाण ने नाइयों से बेगार नहीं ले सकने पर उन्हें आर्थिक दण्ड दिए जाने की घटना को यूँ प्रकाशित किया- नाइयों सूँ बेगार

गाँव का आठ नाइयां ने जूता दिखार बेगार लेबा ने कही थी। वे बेगार करबा सूं नट गया तो फिर उनसूं 144/- लेकर छोड़्या बतावे छै। शहर मां सूं नट लोगां नै भी बुलाय मान्या और 55/- डंड का लिया छै। बीकानेर में तलाशियों के बहाने लोगों को परेशान करने की घटना को प्रकाशित करते हुए इस पत्र ने लिखा-बीकानेर में तलाशियां

बीकानेर में श्री रामलालजी आचार्य और श्री गंगादास जी के घर की तलाशी ता.3 नवम्बर ने बठ्या की खुफिया पुलिस का इन्सपेक्टर ने लीनी। तलाश्यां में कुछ कोनी मिल्यो तो बाने गिरफ्तार कर लिया और एक परदेशी श्री सुरेन्द्र नै भी पुलिस गिरफ्तार कर्यो छै। भरतपुर में जब श्री गोकुलजी वर्मा को गिरफ्तार कर लिया गया और उन्हें गैर कानूनी ढंग से हिरासत में रखा गया तो आगीवाण ने इसे इस प्रकार प्रकाशित किया।173

निष्कर्षतः लोकतंत्र में पत्रकार और पत्रकारिता दोनों की महत्वपूर्ण भूमिका होती है। पत्रकार और पत्रकारिता लोकतंत्र से जुड़ी विधायिका कार्यपालिका और न्यायपालिका को निरंकुश होने से बचाती है। पत्रकार और पत्रकारिता समाज और सरकार के बीच एक ऐसा दोहरा आइना माना जाता है जिसमें सरकार और समाज दोनों अपना अपना स्वरूप देखकर उसमें सुधार कर सकते हैं। पत्रकार और पत्रकारिता निंदक और प्रसंशक दोनों भूमिकाएं एक साथ निभाकर, समाज और सरकार दोनों को सजग एवं जागरूक करती है। पत्रकार और पत्रकारिता को समाज के दबे कुचले बेजुबान लोगों की जुबान माना जाता है और अन्याय उत्पीड़न के विरुद्ध आवाज बुलंद करने का एक सशक्त माध्यम माना गया है। पत्रकारिता और पत्रकार का इतिहास बहुत पुराना और सभी युगों में रहा है तथा नारद जी को आदि पत्रकार भी कहा जाता है। पत्रकारिता व्यवसाय नहीं बल्कि एक समाजसेवा और ईश्वरीय कार्य करने का सशक्त माध्यम मानी गयी है। पत्रकार और पत्रकारिता समाज और

सरकार की तस्वीर प्रस्तुत करके वास्तविकता से परिचय कराती है। पत्रकारिता के हर क्षेत्र में पत्रकार की भूमिका निभाना आजकल दुश्वार हो रहा है क्योंकि पत्रकारिता के हर क्षेत्र में समाजद्रोही अराजकतत्व भ्रष्ट सभी पत्रकारों को अपना दुश्मन मानने लगे हैं क्योंकि हर क्षेत्र में पत्रकारिता लोकतंत्र की प्रहरी बनी हुयी है। पत्र-पत्रिकाएँ मानव समाज की दिशा-निर्देशिका मानी जाती हैं। समाज के भीतर घटती घटनाओं से लेकर परिवेश की समझ उत्पन्न करने का कार्य पत्रकारिता का प्रथम व महत्त्वपूर्ण कत्तव्य है। राजनीतिक-सामाजिक चिंतन की समझ पैदा करने के साथ विचार की सामर्थ्य पत्रकारिता के माध्यम से ही उत्पन्न होती है। पत्रकारिता ने युगों से अपने इस दायित्व का निर्वाह किया तथा दायित्व-निर्वहन की समस्त कसौटियों को पूर्ण करते हुए समय-समय पर अपनी सशक्त उपस्थिति दर्ज की। यह अध्ययन करना अपने-आप में अत्यंत रोचक है कि पत्रकारिता की यह यात्रा कब और कैसे आरंभ हुई और किन पड़ावों से गुजरकर राष्ट्रीयता के मिशन से व्यावसायिकता तक की यात्रा को उसने संपन्न किया। आजादी से पूर्व का युग राष्ट्रीयता और राष्ट्रीय चेतना की अनुभूति के विकास का युग था। इस युग का मिशन और जीवन का उद्देश्य एक ही था- स्वाधीनता की चाह और उसकी प्राप्ति का प्रयास। इस प्रयास के तहत् ही हिंदी पत्र-पत्रिकाओं का आरंभ हुआ। इस संदर्भ में इस तथ्य को भी ध्यान में रखना होगा कि हिंदी क्षेत्रों के बाहर भी विशेषकर हिंदीतर भाषी क्षेत्रों में भाषा को राष्ट्रीय अस्मिता का वाहक मानकर सभी पत्रकारों ने हिंदी को ही अपनी भाषा के रूप में चुना और हिंदी भाषा के पत्र-पत्रिकाओं के संवर्धन में अपना योगदान दिया।

संदर्भ सूची :

1. भानावत, डॉ. संजीव, भारत में संचार माध्यम, पृ. 104

2. नवीन राजस्थान, 3 दिसम्बर, सन् 1922

3. नवीन राजस्थान, 3 दिसम्बर, सन् 1922

4. शर्मा, बृजकिशोर, राजस्थान में किसान एवं आदिवासी आन्दोलन, पृ. 21

5. चैधरी, रामनारायण, बीसवीं सदी का राजस्थान, पृ. 61

6. व्यास, रामप्रसाद, आधुनिक राजस्थान का वृहत् इतिहास खण्ड-2, पृ. 58

7. परिहार, विनीता, राजस्थान में प्रजामण्डल आन्दोल, पृ. 4

8. विद्यालंकार, सत्यदेव, धुन की धनी, गंगासिंह का फील्ड को पत्र, पृ. 53

9. विद्यालंकार, सत्यदेव, धुन की धनी, गंगासिंह का फील्ड को पत्र, पृ. 57

10. व्यास की कहानी उन्हीं की जबानी, प्रेरणा, 16 मार्च, सन् 1968, पृ. 21

11. जयनारायण व्यास जी का ब्यान, पृ. 7-8

12. जयनारायण व्यास जी का ब्यान, पृ. 7-8

13. व्यास का बयान, पृ. 12-13

14. मारवाड़ पुलिस के इंसपेक्टर जनरल कोठावाला का स्टेट कौंसिल के उपाध्यक्ष को पत्र, दिनांक 25 जुलाई, सन् 1928, पुलिस फाइल सं. डी/2, राज्य अभिलेखागार, बीकानेर।

15. कोठावाला की विंडम को रिपोर्ट्स, फाइल बी डी 8/एफ और बी डी 12/एफ, राज्य अभिलेखागार, बीकानेर।

16. नवीन राजस्थान, 4 फरवरी, सन् 1923

17. नवीन राजस्थान, होली अंक, 25 फरवरी, सन् 1923

18. नवीन राजस्थान, 11 मार्च, सन् 1923

19. नवीन राजस्थान, 25 मार्च, सन् 1923

20. नवीन राजस्थान, 9 अक्टूबर, सन् 1922 एवं 18 मार्च सन् 1923

21. नवीन राजस्थान, 31 मई, सन् 1925

22. त्यागभूमि, मार्गशीर्ष संवत 1984

23. व्यास, रामप्रसाद, आधुनिक राजस्थान का वृहत इतिहास, खण्ड-2, पृ. 407

24. आगीवाण, 20 नवम्बर, सन् 1937

25. सिंह, रघुवीर, पूर्व आधुनिक राजस्थान, पृ. 52-54

26. प्रभाकर, मनोहर, राजस्थान में हिन्दी पत्रकारिता, पृ. 73

27. वही, वैशाख सम्वत् 1986, पृ. 3, सन् 18

28. शर्मा, कालूलाल, उन्नीसवीं सदी के राजस्थान का सामाजिक एवं आर्थिक जीवन, पृ. 131

29. व्यास, रामप्रसाद, आधुनिक राजस्थान का वृहत इतिहास, खण्ड-2, पृ. 411

30. गहलोत, जगदीश सिंह, राजस्थान का सामाजिक जीवन, पृ. 119-20; चैधरी, पी.एस., राजस्थान विटवीन द टू वल्ड वाइज, पृ. 97-103

31. तरुण राजस्थान, 2 अप्रैल, सन् 1928

32. त्यागभूमि, माघ, सम्वत् 1986

33. दीपक जी, एक कृतित्त्वमय व्यक्तित्व, पृ. 16

34. हांडा, राजेन्द्रलाल, हिस्ट्र ऑफ फ्रीडम स्ट्रगल इन प्रिंसली स्टेट्स, पृ 86

35. चौधरी, रामनारायण, आधुनिक राजस्थान का उत्थान, पृ. 67

36. हांडा, राजेन्द्रलाल, हिस्ट्र ऑफ फ्रीडम स्ट्रगल इन प्रिंसली स्टेट्स, पृ 3

37. बोडा, रामचन्द्र, अमर शहीद सागरमल गोपा, पृ. 26

38. हांडा, राजेन्द्रलाल, हिस्ट्र ऑफ फ्रीडम स्ट्रगल इन प्रिंसली स्टेट्स, पृ. 72

39. भटनागर, रामरतन, राइज एण्ड ग्रोथ ऑफ हिन्दी जर्नलिज्म, पृ. 130

40. राजपूताना गजट, 8 फरवरी, सन् 1896

41. राजस्थान समाचार, 4 मार्च, सन् 1896

42. राजस्थान केसरी, 31 अक्टूबर, सन् 1920

43. राजस्थान केसरी, 6 फरवरी, सन् 1921

44. नवीन राजस्थान, 12 फरवरी, सन् 1922

45. त्यागभूमि, सन् 19 जून सन् 1931

46. विश्वामित्र, कलकत्ता 5 मार्च सन् 1929

47. विश्वामित्र, कलकत्ता 5 मार्च सन् 1929

48. तरुण राजस्थान, 9 अप्रैल, सन् 1928

49. त्यागभूमि, माघ, सम्वत् 1986

50. प्रभाकर, मनोहर, वही, पृ. 81

51. आगीवाण, 20 नवम्बर, सन् 1937

52. व्यास, रामप्रसाद, वही, पृ. 406

53. तरुण राजस्थान, 3 जनवरी, सन् 1926

54. त्यागभूमि, श्रवण, सम्वत् सन् 1985

55. नवीन राजस्थान, 29 अप्रैल, सन् 1923

56. तरुण राजस्थान, 2 अप्रैल, सन् 1928

57. जयनारायण व्यास का नागौर मुकदमें में दिनांक 29 नवम्बर, सन्
    1929 को दिये गया लिखित बयान, पृ. 5-6

58. रेउ, विश्वेश्वरनाथ, मारवाड़ का इतिहास, द्वितीय भाग, पृ. 493-94

59. मारवाड़ राज्य प्रशासनिक रिपोर्ट, सन् 1902-03, पृ. 1

60. भारत सरकार के फारेन विभाग के सचिव का राजपूताना के एजीजी
    को पत्र दिनांक 18 दिसम्बर, सन् 1902 एफ.एंड पी. विभाग, ए, नं.42-
    33, राष्ट्रीय अभिलेखागार, दिल्ली।

61. फॉरेन डिस्पेच सं. 131, सन् 1903, भारत सरकार से भारत सचिव को,
    राष्ट्रीय अभिलेखागार, दिल्ली।

62. रेउ, विश्वेश्वरनाथ, मारवाड़ का इतिहास, द्वितीय भाग, पृ. 507

63. रेउ, विश्वेश्वरनाथ, मारवाड़ का इतिहास, द्वितीय भाग, पृ. 510-11

64. मारवाड़ राज्य प्रशासनिक रिपोर्ट, सन् 1908-09, पृ. 4

65. मारवाड़ गजट, भाग-गुप्त, दिनांक 14 नवम्बर, सन् 1909, पृ. 51-53

66. प्रताप सिंह का राजपूताना में एजीजी कॉल्विन को पत्र, दिनांक 13 अप्रैल, सन् 1911; प्रताप का फॉरेन सेक्रेटरी मेक्मोहन को पत्र दिनांक 21 अप्रैल, सन् 1911, राष्ट्रीय अभिलेखागार, दिल्ली।

67. मेक्मोहन का कॉल्विन को पत्र दिनांक 9 मई, सन् 1911 राष्ट्रीय अभिलेखागार, दिल्ली।

68. कॉल्विन का प्रताप को पत्र दिनांक 12 मई, सन् 1911 राष्ट्रीय अभिलेखागार, दिल्ली।

69. रेउ, विश्वेश्वरनाथ, मारवाड़ का इतिहास, द्वितीय भाग, पृ. 519

70. रेउ, विश्वेश्वरनाथ, मारवाड़ का इतिहास, द्वितीय भाग, पृ. 534-35

71. मारवाड़ राज्य प्रशासनिक रिपोर्ट, सन् 1918-19, पृ. 3-4

72. केला, भगवानदास, देशी राज्यों की जन जागृति, पृ. 46

73. राजपूताना मध्य भारत सभा रिपोर्ट, सन् 1937-38, अजमेर, पृ. 1

74. चैधरी, रामनारायण, आधुनिक राजस्थान का उत्थान, पृ. 39-41

75. चैधरी, रामनारायण, आधुनिक राजस्थान का उत्थान, पृ. 83

76. लोथियान, ए.सी, किंग्डमस ऑफ यस्टरडे, पृ. 133

77. महाराजा गंगासिंह का डोनाल्ड फील्ड को पत्र दिनांक 21 फरवरी, सन् 1937, करणीसंह, द रिलेषन्स ऑफ द हाउस ऑफ बीकानेर विद द सेन्ट्रल पावर्स, पृ. 378-82

78. व्यास की कहानी उन्हीं की जबानी, प्रेरणा, 16 मार्च, सन् 1968, पृ. 35

79. नाथूराम खडगावत का लेख, व्यास का मानवीय पक्ष, प्रेरणा, दिनांक 22 मार्च, सन् 1969, पृ. 14

80. द हिन्दुस्तान टाइम्स, दिनांक 30 मार्च, सन् 1940

81. द टाइम्स ऑफ इंडिया, दिनांक 1 अप्रैल, सन् 1940

82. हरिजन, दिनांक 20 अप्रैल, सन् 1940

83. लोकवाणी, 21 जनवरी एवं 7 फरवरी, सन् 1947

84. लोकवाणी, 9 फरवरी, सन् 1947

85. लोकवाणी, 17 फरवरी, सन् 1947

86. व्यास, रामप्रसाद, राजस्थान के लोकनायक जय नारायण व्यास, पृ. 96

87. लोकवाणी, 15 मार्च एवं 19 मार्च, सन् 1947

88. त्यागभूमि, विजयादशमी, सम्वत् 1984

89. त्यागभूमि, मार्गशीर्ष, सम्वत् 1984, पृ. 132

90. तरुण राजस्थान, 2 अप्रैल एवं 9 अप्रैल, सन् 1928

91. त्यागभूमि, आश्विन, सं. 1986, पृ. 81

92. त्यागभूमि, पौष, सं. 1986, पृ. 398

93. त्यागभूमि, आषाढ़, सं. 1987

94. प्रभाकर, मनोहर, राजस्थान में हिन्दी पत्रकारिता, पृ. 81

95. वैद्य, कन्हैयालाल, जोधपुर आन्दोलन की सच्ची हकीकत, पृ. 3

96. रेउ, विश्वेश्वरनाथ, मारवाड़ का इतिहास, द्वितीय भाग, पृ. 474-75

97. राजपूताना हेरल्ड, अजमेर, 18 मई, सन् 1887

98. राजस्थान, 6 अप्रैल, सन् 1936

99. राजस्थान, 6 अप्रैल, सन् 1936 मुख पृष्ठ

100. नवीन राजस्थान, 22 अप्रैल, सन् 1923

101. राजस्थान, 6 अप्रैल, सन् 1936

102. वैदिक, वेदप्रताप, हिन्दी पत्रकारिता-विविध आयाम, पृ. 166

103. नवीन राजस्थान, 29 जनवरी, सन् 1922

104. नवीन राजस्थान, 5 फरवरी, सन् 1922

105. नवीन राजस्थान, 12 फरवरी, सन् 1922

106. त्यागभूमि, विजयादशमी, सं. 1984, पृ. 58

107. त्यागभूमि, विजयादशमी, सं. 1984, पृ. 59

108. त्यागभूमि, मार्गशीर्ष, सं. 1984, पृ. 130

109. राजस्थान, 15 अक्टूबर, सन् 1934

110. राजस्थान, 29 अक्टूबर, सन् 1934, 28 जनवरी एवं 27 मई सन् 1935

111. राजस्थान, 13 एवं 30 मई, सन् 1935

112. नव जीवन, 4 मई, सन् 1940, पृ. 3

113. नव जीवन, 8 अक्टूबर, सन् 1941, मुखपृष्ठ

114. प्रचार, 29 जून, सन् 1945, पृ. 2

115. तरुण राजस्थान, 4 जनवरी, सन् 1926

116. तरुण राजस्थान, 12 सितम्बर, सन् 1927

117. आगीबाण, 20 नवम्बर, सन् 1937, पृ. 7

118. त्यागभूमि, फाल्गुन, सम्वत् 1985, पृ. 678-679

119. मारवाड़ सेवा संघ का उद्देश्य एवं कार्य पेम्पलेट, सुमेर प्रिंटिंग प्रेस, जोधपुर, सन् 1922

120. व्यास की कहानी उन्हीं की जबानी, प्रेरणा, 16 मार्च, सन् 1968, पृ. 23

121. व्यास की कहानी उन्हीं की जबानी, प्रेरणा, 16 मार्च, सन् 1968, पृ. 23

122. व्यास की कहानी उन्हीं की जबानी, प्रेरणा, 16 मार्च, सन् 1968, पृ. 19

123. तरुण राजस्थान, 11 मार्च, सन् 1928

124. तरुण राजस्थान, 16 अप्रैल, सन् 1928

125. राजस्थान, 24 अगस्त, सन् 1936

126. जैन गजट, जून, सन् 1904

127. रेउ, विश्वेश्वरनाथ, मारवाड़ का इतिहास, द्वितीय भाग, पृ. 543

128. मारवाड़ गजट, भाग-स्टप्प्प्, नं. 17, दिनांक 27 फरवरी, सन् 1923

129. जयनारायण व्यास जी का ब्यान, वही, पृ. 6-7

130. आगीवाण, 20 नवम्बर, सन् 1937

131. आगीवाण, 20 नवम्बर, सन् 1937

132. केला, भगवानदास, देशी राज्यों की जनजागृति, पृ. 199

133. प्रभाकर, मनोहर, वही, पृ. 87

134. नवज्योति, 9 मई, सन् 1937

135. नवज्योति, 1 मई, सन् 1937

136. नवज्योति, 12 दिसम्बर, सन् 1938

137. नवज्योति, 16 मार्च, सन् 1941

138. राजस्थान, 24 जुलाई, सन् 1939

139. तरुण राजस्थान, सन् 19 सितम्बर, सन् 1927

140. नवीन राजस्थान, 3 दिसम्बर, सन् 1922

141. तरुण राजस्थान, सन् 18 जनवरी, सन् 1925

142. आगीबाण, 20 नवम्बर, सन् 1937, पृ. 17

143. नवज्योति, 9 मई, सन् 1937

144. नवज्योति, 28 नवम्बर, सन् 1937

145. नवज्योति, 8 अक्टूबर, सन् 1938

146. नवज्योति, 27 फरवरी, सन् 1939

147. आर्य मार्तण्ड, 4 फरवरी, सन् 1938

148. रियासती, 20 दिसम्बर, सन् 1939

149. नव जीवन, 16 दिसम्बर, सन् 1939, पृ. 9

150. व्यास की कहानी उन्हीं की जबानी, प्रेरणा, 16 मार्च, सन् 1968, पृ. 25

151. व्यास की कहानी उन्हीं की जबानी, प्रेरणा, 16 मार्च, सन् 1968, पृ. 211-22

152. द बाम्बे क्रोनिकल, 23 जनवरी, सन् 1930

153. व्यास की कहानी उन्हीं की जबानी, प्रेरणा, 16 मार्च, सन् 1968, पृ. 25

154. नवीन राजस्थान, 11 जून, सन् 1922

155. वही, 11 जून, सन् 1922

156. नवीन राजस्थान, 3 दिसम्बर, सन् 1922

157. नवीन राजस्थान, 11 मार्च, सन् 1923

158. नवीन राजस्थान, 25 मार्च, सन् 1923

159. राजस्थान केसरी विजय सिंह पथिक स्मृति ग्रंथ, पृ. 18

160. तरुण राजस्थान, 13 जनवरी, सन् 1924

161. तरुण राजस्थान, सन् 19 अक्टूबर, सन् 1924

162. तरुण राजस्थान, 24 अगस्त, सन् 1924

163. तरुण राजस्थान, 16 नवम्बर, सन् 1924

164. तरुण राजस्थान, 1 मार्च, सन् 1925

165. तरुण राजस्थान, 29 मार्च, सन् 1925

166. तरुण राजस्थान, 5 अप्रैल, सन् 1925

167. जैन एस.एस. चैधरी, रामनारायण, वर्तमान राजस्थान, पृ. 130-32

168. आधुनिक राजस्थान का इतिहास, पृ. 307

169. तरुण राजस्थान, 31मई, सन् 1925

170. तरुण राजस्थान, 5 सितम्बर, सन् 1927

171. तरुण राजस्थान, 2 अप्रैल, सन् 1928

172. आगीवाण, 20 नवम्बर, सन् 1937

173. आगीवाण, 20 नवम्बर, सन् 1937

6. राजस्थान में हिन्दी पत्रकारिता की भाषा

शुरुआती दौर की हिन्दी पत्रकारिता की भाषा साहित्य की भाषा को ओढ़े हुए थी। ऐसे में हिन्दी पत्रकारिता साहित्य के बहुत करीब थी। जाहिर है इससे साहित्यकारों का ही जुड़ाव रहा होगा बल्कि हिन्दी पत्रकारिता के इतिहास पर नजर डालने से यह साफ हो जाता है। 30 मई सन् 1826 में प्रकाशित हिंदी के पहले पत्र "उदंत मार्तण्ड" के संपादक युगल किशोर शुक्ल से लेकर भारतेन्दु बाबू हरिश्चन्द्र, पंडित मदनमोहन मालवीय, आचार्य महावीर प्रसाद द्विवेदी, अंबिका प्रसाद वाजपेयी, बाबू राव विष्णु पराड़कर, आचार्य शिवपूजन सहाय, रामवृक्ष बेनीपुरी सहित सैकड़ों ऐसे नाम है जो चर्चित साहित्यकार-रचनाकार रहे हैं। ये सभी अपने दौर में हिन्दी पत्रकारिता से जुड़े रहे और पत्रकारिता को एक सशक्त दिशा दी लेकिन समय के साथ ही हिंदी पत्रकारिता भी बदली है। संपादन, साहित्यकार से होते हुए पत्रकार के हाथों पहुँच गया और हिन्दी पत्रकारिता में हिन्दी भाषा की बिंदी अंग्रेजी बन गयी। हिन्दी पत्रकारिता ने आज तकनीकी विकास के साथ-साथ भाषायी विकास भी कर लिया है। भाषा को आम-खास के लिहाज से परोसा जा रहा है। जहाँ प्रिंट मीडिया व निजी सेटेलाइट चैनलों की भाषा अलग है वहीं सरकारी मीडिया के रेडियो और दूरदर्शन की बिलकुल ही अलग लेकिन यह बात अहम है कि आज रेडियो, दूरदर्शन, सेटेलाइट चैनलों और सोशल मीडिया पर हिन्दी को तरजीह मिल रही है। हिन्दी का वर्चस्व बढ़ा है, जो पूरे प्रभाव में है। जहाँ धीरे-धीरे बदलाव के क्रम में पत्रकारिता से साहित्य और साहित्यकार दूर होते गये। वहीं भाषा में भी बदलाव आता गया। पत्रकारिता की साहित्यिक भाषा के स्थान पर सहज व सरल हिन्दी भाषा जो बोलचाल की भाषा रही है ने पांव जमा लिया। पैमाना बना कि पत्रकारिता की अच्छी भाषा वही है जिससे सूचना को साफ, सरल तथा सहज तरीके से लोगों तक पहुँचाया जा सके। पत्रकार और पत्रकारिता के उद्देश्य का वास्ता देकर कहा जाने लगा कि लाखों लोगों तक सूचना पहुँचे और सहजता से आम-खास जनता उसे समझ सकें। यही हुआ, हिन्दी पत्रकारिता में भाषा को आम चलन के तौर पर प्रयोग होते देखा गया।

स्वाधीनता के बाद के कालखण्ड के प्रथम तीन दशकों में राजस्थान के दैनिकों की समाचार सामग्री का विश्लेषण करने पर एक यह तथ्य सामने आता है कि सन् 1950 से सन् 1960 के बीच जहाँ ये समाचार पत्र अंग्रेजी

समाचार एजेन्सियों की अन्तर्राष्ट्रीय खबरों को महत्त्वपूर्ण समझ कर प्रमुखता के साथ प्रकाशित करते थे, वहाँ सन् 1960 के बाद यह प्रवृत्ति घटी और उसका स्पष्ट कारण यह था कि अपने दीर्घ अनुभव से पत्र सम्पादकों ने इस तथ्य को पहचान लिया कि यह क्षेत्र राष्ट्रीय स्तर के दैनिकों का है। राजधानी से उनके प्रकाशित होने के कारण निश्चित रूप से सूचना पहले प्राप्त होती रही हैं और उनका प्रकाशन वे अधिक तत्परता से करते हैं, जबकि राजस्थान में पत्रों को इन समाचारों की प्राप्ति और उनके प्रस्तुतीकरण में विलम्ब हो जाता था। इसके अतिरिक्त व्यावहारिक अनुभव ने उन्हें यह पाठ भी पढ़ा दिया कि प्रादेशिक पत्रों को अपने प्रदेश के समाचारों को प्रमुखता देने से ही उनकी पाठक संख्या में वृद्धि हो सकती है। परिणामतः राजस्थान के सभी दैनिक, प्रादेशिक समाचारों को अधिक प्रमुखता देने लगे थे। प्रादेशिक समाचारों के बाद देश के अन्य भागों के समाचार और बहुत संक्षेप में अन्तर्राष्ट्रीय समाचार छापे जाने लगे।1

जनसमाज की भाषा

समाज में चेतना लाने के लिए पत्रकारिता की भाषा का परिष्कृत रूप होना अनिवार्य है। जन समाज की भाषा सुसंस्कृत, सभ्य एवं शालीनता वाली होनी चाहिए। उसमें गंभीरता हो व लोगों को प्रेरित करने वाली हो तभी उसकी सार्थकता है। जिस तरह का समाज है, वहाँ पर वैसी ही भाषा का प्रयोग होना चाहिए। इसमें देश काल के अनुसार भाषा का चयन किया जाता है। समय के साथ पत्रकारिता जैसे-जैसे संसाधन सम्पन्न और विस्तृत होती गयी आम जनमानस को प्रतिबिम्बित करने का दर्पण बन वर्तमान में लोकतन्त्र का चतुर्थ स्तम्भ कही जाने लगी। अब पत्रकारिता केवल शासन की नीतियों से जनता को अवगत कराने और जनता की समस्याओं से शासन को अवगत कराने का सेतु ही नही रही अपितु यह व्यक्तियों को समाज, राष्ट्र और अंतर्राष्ट्रीय विचारधारा को दिशा देने का सशक्त माध्यम भी बन चुकी है। जन समस्याओं की तात्कालिक स्थलीय वस्तुस्थिति के चित्रण के अतिरिक्त शिक्षा, ज्ञान, शोध विज्ञान, धर्म, अर्थ, व्यापार, साहित्य, चिकित्सा, रक्षा, समाज, राज्य, और राजनीति सहित लगभग सभी क्षेत्रों में पत्रकारिता का भिन्न रूपों में समावेश होता गया है।

पत्रकारिता और साहित्य की भाषा अलग होती है, पत्रकारिता की अच्छी भाषा वही है जिससे बात साफ़, सरल और सहज तरीक़े से लोगों तक पहुँच सके। साहित्य की भाषा के मामले में लेखक स्वतंत्र है क्योंकि यह उसकी अपनी निजी कृति होती है, लेकिन मीडिया के लेखन में एक संस्थान की

और से एक व्यापक जनसमुदाय को संबोधित किया जाता है। पत्रकार का उद्देश्य यही होता है कि उसकी बात लाखों लोगों तक पहुँच सके, वे उसे समझ सकें, भाषा के ज्ञान का प्रदर्शन करके की जगह पत्रकारिता नहीं है। पत्रकारिता के अच्छे और सुंदर शब्द वही हैं जो पाठकों, दर्शकों या श्रोताओं की समझ में आते हैं, वो नहीं जिन्हें पत्रकार निजी तौर पर अच्छे और सुंदर शब्दों में गिनता है। भाषा बहुत बारीक़ चीज़ है, जिसकी समझ आते-आते ही आती है, पत्रकारिता की भाषा में हमेशा सटीक और सरल होने के बीच द्वंद्व बना रहता है। हमेशा छोटे और स्पष्ट वाक्य लिखें, एक वाक्य में ढेर सारे विचार न डालें. सिर्फ़ ज़रूरी बात कहें और शब्दजाल न रचें। मसलन, विपक्षी सांसदों ने बहिर्गमन किया, यह कम लोगों की समझ में आएगा और विपक्षी सांसद उठकर चले गए ज्यादातर लोग समझेंगे, अब बोलचाल की भाषा के नाम पर कहेंगे कि पार्लियामेंट में पंगा हो गया तो सही नहीं होगा। पत्रकारिता की भाषा हमेशा बहुत मेहनत और सजगता से गढ़ी हुई भाषा होती है जिसका सिवाय अपनी बात अधिक से अधिक लोगों तक पहुँचाने के कोई और उद्देश्य नहीं होता।

समाज का जैसे-जैसे विकास होता है, साधारण चेतना के लक्षण कायम रहते हैं। जन चेतना में यथार्थ का स्पष्ट प्रतिबिंब और रोजमर्रा के साधारण व्यवहार का स्पष्ट बोध कायम रहता है परन्तु अन्तर्विरोधी संरचनाओं में सामाजिक चेतना के विकास में बहुत ज्यादा अंतर पैदा हो जाता है। जनता की साधारण चेतना और व्यवस्थित चेतना में जो पेशेवर वैज्ञानिकों, विचारकों और कलाकारों द्वारा विकसित होती है, में गहरा सम्बन्ध होता है और यह एक-दूसरे को प्रभावित करती है। इस परस्पर प्रभाव का ठोस परिमाण प्रत्येक समाज की अपनी विशेष विशेषताओं द्वारा और चेतना युक्त तत्वों की अपनी खास विशेषताओं द्वारा मिलता है। सामाजिक चेतना के यह साधारण लक्षण होते हैं। इसकी बनावट को स्पष्ट करने के लिए यह जरूरी है कि बौद्धिक और भौतिक जीवन की परस्पर क्रिया का ठोस अध्ययन सामाजिक चेतना की अत्यन्त विविधता पर विचार करते हुए किया जाए।2

सामाजिक ताना-बाना एक उलझनदार प्रक्रिया है परन्तु यह आम तौर पर साधारण ढंग से चलती रहती है। इसमें प्रत्येक व्यक्ति अपने अधिकारों और कर्त्तव्यों को जानता है जिस के अनुसार वह अपने इर्द-गिर्द के लोगों के बीच चलता और व्यवहार करता है, परन्तु समाज का विकास और इसकी भीतरी उलझनें इतनी साधारण नहीं हैं जिन को आसानी के साथ समझा जा सके। मानवीय व्यवहार इस पर गहरा प्रभाव डालता है। सामाजिक ताने-बाने

में से मानवीय व्यवहार को समझना सब से बड़ी समस्या है क्योंकि यह सामाजिक व्यवहार को दिशा और गति देता है। छोटे समूहों में सामाजिक स्थिति अपेक्षाकृत साधारण होती है। जैसे-जैसे यह समूह बड़े होते जाते हैं, इसकी स्थिति लगातार उलझनदार बनती जाती है। गांवों के लोगों की शहरों के मुकाबले सामाजिक स्थिति साधारण होती है। ये लोग एक समूह में गुजरते हैं। समूह में रहते लोगों के आपसी सम्बन्ध नजदीक के होते हैं। इस ग्राम व्यवहार की मुख्य विशेषता व्यक्तिगत सम्पर्क होती है जो इन सम्बन्धों को गहरा बनाती है। यह व्यवहार की रीति-रिवाजों, धर्म, जातिओं आदि सम्बन्धी धारणाओं को अपनाता है। व्यक्तिगत सम्बन्ध इस समस्त ताने-बाने की पालना कराते हैं। गांवों का व्यवहार जन-जाति समूहों के बीच वाले व्यवहार से ज्यादा उलझनदार होता है जबकि शहरी व्यवहार के मुकाबले ग्राम व्यवहार अधिक सरल होता है।3

सत्ता की भाषा

पत्रकारिता से मीडिया में परिवर्तित हुआ यह परिदृश्य क्यों अविश्वसनीय हुआ, इसकी पड़ताल करना जरूरी लगता है। इस क्रम में सबसे पहले मुद्रित माध्यम की चर्चा करना जरूरी लगता है। भारत में पत्रकारिता का श्रीगणेश मुद्रित माध्यम से ही हुआ है, सो इसकी चर्चा पहले जरूरी है। पराधीन भारत से स्वतंत्र भारत तक मुद्रित माध्यमों के जरिये पत्रकारिता जीवित रही और वह अपनी उपस्थिति दर्ज कराती रही। अखबारों में नाम प्रकाशित होने का भी अपना गौरव और शर्म की बात होती थी। किसी अच्छे कार्यों के सिलसिले में किसी सत्ता-शासक या प्रतिष्ठित व्यक्ति का नाम का उल्लेख हो जाए तो उसके लिए शान की बात होती थी। वह गौरव का अनुभव करता था किन्तु यही नाम जब किसी ऐसे मामले में प्रकाशित हो जाए तो उसका सिर शर्म से झुक जाता था। यही कारण है कि पत्रकारिता की तालीम के समय हमें यह सबक दिया गया कि किसी व्यक्ति की मानहानि को ध्यान में रखकर खबर लिखो। तुम्हारे सही या गलत लिखे को पढ़ने वालों की तादाद सैकड़ों में होगी जिससे गलत लिख जाने पर उसकी मानहानि भी उसी स्तर की होगी किन्तु जब गलती पर भूल सुधार छपेगा तो संवैधानिक प्रक्रिया पूर्ण हो जाएगी किन्तु उसका खोया हुआ आत्मसम्मान किस तरह लौटा पाओगे। पत्रकारिता की यह जिम्मेदारी उसकी प्रतिष्ठा होती थी। पत्रकारिता पर भरोसे का यह एक बड़ा सबब था लेकिन आजादी के साल जैसे-जैसे गुजरते गए पत्रकारिता के स्थान पर पीत-पत्रकारिता ने अपनी जगह बनानी शुरू कर दी। सही मायने में हम जिस टारगेटेड जर्नलिज्म की

बात कर रहे हैं, उसकी नींव 70-80 के दशक में ही पड़ गयी थी।

सत्ता-शासकों में पत्रकारिता के प्रति असहिष्णुता का पहला दृश्य आपातकाल के समय देखने को मिला। अराजक और तानाशाही का बेमिसाल दौर था जब पत्रकारिता पर नकेल डालने की स्वतंत्र भारत में पहली शुरूआत हुई थी। अभिव्यक्ति की स्वतंत्रता का गला घोंटने की जो हिमाकत अंग्रेज शासक भी नहीं कर पाये थे, वह मंजर हमने अपने ही आजाद मुल्क में देखा था। बावजूद इसके गर्व से कहा जा सकता है कि इस तानाशाही में भी पत्रकारिता ने अभिव्यक्ति की स्वतंत्रता की ना तो दुहाई दी और ना ही रिहाई की मांग की। आत्मस्वाभिमान के साथ पत्रकारिता के उस तेवर से सत्ता-शासन का परिचय कराया जिसकी उसने कल्पना भी नहीं की थी। अखबारों ने कोरे पन्ने छोड़ कर चेता दिया कि पत्रकारिता कोई पेशा नहीं, आत्मस्वाभिमान है। हालांकि यही वह दौर है जब कुछ टूटे और सहमे से लोगों ने आपातकाल के दरम्यान सत्ता-शासन के समक्ष घुटने टेक दिए। पत्रकारिता का यह चरित्र सही मायने में पत्रकारिता का नहीं था बल्कि पत्र स्वामियों का था जो व्यापार करते थे और नफा कमाना जिनका एकमात्र लक्ष्य था। हालांकि इनकी संख्या भी बहुत अधिक नहीं थी लेकिन पत्रकारिता की नींव हिलाने के लिए यह कम नहीं था। ऐसे वक्त पर हाशिये पर बैठे भाजपा के दिग्गज नेता लालकृष्ण आडवाणी की टिप्पणी थी कि- सत्ता-शासन ने कहा झुको तो लेट गए और घुटनों के बल चलने लगे। आपातकाल के समाप्त होते ही पत्रकारिता दो दिशाओं में बंट गई थी। एक सत्ता-शासक का चारण बन चुका था तो दूसरा बड़ा वर्ग आत्मस्वाभिमान से वैसे ही खड़ा था।

इस बदलते समय में एकाएक प्रकाशनों की बाढ़ सी आ गई। सत्ता के निकट जाने का यह सबसे सहज और सुलभ रास्ता माना गया। सत्ता-शासकों को भी लुभाने लगा कि जिन्हें कल तक सिंगल कॉलम खबर में भी स्थान नहीं मिल पा रहा था, आज वे बैनर के हकदार हो गए हैं। सत्ता-शासन का यह लोभीवर्ग पत्रकारिता के उन नौसिखियों के लिए भी लाभ था कि अब उनके सीधे रिश्ते बन चले हैं। इस सब में दोनों पक्षों ने अपने-अपने लाभ का गणित देखा। जो लोग इस काम में जुटे हैं, उन्हें पत्रकारिता नहीं आती और जो राजनीति के पाये पर खड़े थे, वे आज सिरमौर बन गए हैं। इन सबमें पत्रकारिता का बड़ा नुकसान हुआ। राजनीति में उठा-पटक के साथ ही नेताओं के बयान-भाषण व जनता में जोश लाने के लिए दिए गए उद्बोधन की भाषा मिली जुली होती है। प्रादेशिक समाचारों में अधिकांश

समाचार राजनीतिक गतिविधियों अथवा राजनेताओं के भाषणों से सम्बन्धित होते थे। राजनीतिक समाचारों का सर्वाधिक बाहुल्य निर्वाचनों के समय होता था। सन् 1952, 1957, 1962 और 1972 के चुनावों के समय के समाचार पत्रों का अवलोकन किया जाए तो विज्ञापनों को छोड़कर कुल सामग्री का 60 प्रतिशत से अधिक भाग राजनीतिक हलचलों से सम्बन्धित होता था। इसी प्रकार विधानसभा तथा संसद के अधिवेशनों के समय भी इस प्रकार के समाचारों का परिमाण बढ़ जाता था, जो अस्वाभाविक नहीं था। चुनाव सम्बन्धी समाचारों के सम्बन्ध में राजस्थान में दैनिकों में इस गांभीर्य का अभाव रहा, जो राष्ट्रीय स्तर के पत्रों में देखा जाता था। चुनावों के समय प्रदेश के दैनिकों का स्वरूप बदल जाता था। कुछ पत्र तो प्रचार के पोस्टरों का रूप धारण कर लेते थे। चुनाव के समय समाचारों का स्वरूप कैसा हो जाता था, इसका अनुमान केवल दो समाचारों के निम्नलिखित शीर्षकों से ही किया जा सकता है -

वोटों पर डाका डालने वाले सामन्ती तत्वों को जनता मत नहीं देगी।

चैमूं की सार्वजनिक सभा में वक्ताओं का भाषण।

(लोकवाणी, 1 मई, सन् 1968 मुख पृष्ठ)

कांग्रेस को समाप्त करने सम्बन्धी महारानी का बयान हास्यास्पद बड़ी बात के समान- पत्रकार सम्मेलन में महारानी गायत्री देवी द्वारा दिये गये गर्वोक्तिवपूर्ण बयान पर राज्य वित्त मंत्री बी.एन जोशी की प्रतिक्रिया। दूसरी ओर चुनाव प्रचार के इसी कोलाहल में से कुछ कुशल रिपोर्टर मानवीय रुचि की ऐसी सामग्री भी निकाल लाते थे, जा उनके द्वारा समर्थित दल के उम्मीदवारों के लिए लाभदायक होती ही थी, पाठकों का मनोरंजन भी करती थी। नीचे प्रस्तुत किये जा रहे इस प्रकार के दो समाचारों में से पहला गायत्री देवी के बारे में था और दूसरा मोहनलाल सुखाड़िया के बारे में। दोनों ही समाचार राजनीतिक होते हुए भी पाठकों को आकर्षित करने में सक्षम रहे-

पगरख्यां ही को न

(दैनिक नवज्योति, 23 अप्रैल, सन् 1968, मुख पृष्ठ पर बाक्स)

भांडारेज। हाल ही महारानी गायत्री देवी चुनाव प्रचार हेतु सामरिया (बस्सी) में जब एक मीटिंग में भाषण समाप्त कर उठी, उनकी सहायिका ने उन्हें खड़े होते ही पैर में चप्पल पहनाई तो एक किसान ने लोगों का ध्यान उस ओर दिलाया और कहा झांको अबार तो या महारानी जी अयां कह रही थी कि मैं थाकी सेवा करूंगी, पण यां सूं तो आपकी पगरख्यां ही नहीं पैरी जावे जद आपणी कांई सेवा करेगी।4

205

मुख्यमंत्री और नाइयों से दहशत
(नवज्योति, 27 अप्रैल, सन् 1968, मुख पृष्ठ पर बाक्स)

चैमूं, 26 अप्रैल। राजस्थान के वर्तमान मुख्यमंत्री सुखाड़िया जिनसे राजा महाराजा दहशत खाते थे-किसी जमाने में न सिर्फ राजा महाराजाओं से बल्कि नाइयों तक से दहशत खाते थे और उनके डर से घर में दुबके रहते थे।'' इस बात की चर्चा आज श्री सुखाड़िया ने चैमू की सभा में सामन्तीकाल के अत्याचारों के प्रसंग में खुद की उन्होंने बताया कि जब वे छोटे थे और उदयपुर के महाराणा फतेहसिंह का देहावसान हो गया था, तब वे सात दिन तक इस डर से घर में दुबके रहते थे कि कहीं कोई नाई जूते में पानी भरकर उनका सिर न घोट दे।

इसी प्रकार विधानसभा के सत्र के समय भी जो पत्र जिस दल विशेष या व्यक्ति का समर्थन करता था, उसकी झलक समाचार पत्रों में सहज ही मिल जाती थी। कुछ अपवादों को छोड़कर इस मामले में पत्रों की यही स्थिति रही। यदि सत्तारूढ़ दल के विरुद्ध कोई समाचार पत्र हुआ, तब जो विरोधी पक्ष के वक्ताओं के भाषण ऐसी सुर्खी के साथ छापे जाते थे कि पत्र का सारा संतुलन ही डगमगाने लगता। इसी प्रकार यदि किसी राज्यधिकारी का मामला विधानसभा में उठता और पत्र का कोई संवाददाता या संपादक संयोग से इसका विरोधी हुआ, तो उसके जैसे वह कोई चन्द्रलोक पर मानव के उतरने के ऐतिहासिक घटना हो। इस प्रकार की प्रवृत्तिका का दिग्दर्शन कराने के लिए यहां केवल एक ही उदाहरण देना पर्याप्त होगा।5

1. श्री सुखाड़िया ऐसी सफेद झूठ कहेंगे, मैं मान नहीं सकता। विधानसभा में राजस्व मंत्री कुंभाराम का बयान।

2. राजस्व मण्डल का गठन अवैधानिक: सदस्यों की शंका कांग्रेस की आपसी फूट का प्रशासन पर प्रभाव मंत्री मण्डल की स्वीकृति बिना अध्यादेश जारी करने का आरोप।

राजनीतिक समर्थन के लिए समाचारों के इस प्रकार के प्रस्तुतीकरण के अतिरिक्त विशेष सामग्री भी आवश्यकतानुसार प्रकाशित की जाती थी। विभिन्न मुख्यमंत्रियों के दो वर्ष पूरे करने, दस वर्ष पूरे करने अथवा 16 वर्ष पूरे करने पर भी प्रदेश के विभिन्न समाचार पत्रों द्वारा उनकी प्रशस्ति करते आलेख प्रकाशित किये जाते थे। यद्यपि पत्रकारिता की मर्यादा यह मांग करती है कि उपलब्धियां और असफलताओं का संतुलित लेखा जोखा करने की सम्यक् दृष्टि इस प्रकार के लेखन में होनी चाहिए। इस प्रकार के लेखन का एक नमूना राजस्थान पत्रिका के संपादक कर्पूरचन्द कुलिश द्वारा लिखित

वह आलेख है जो 13 नवंबर, सन् 1964 को श्री सुखाड़िया के शासन के दस वर्ष पूरे होने पर लिखा गया था।

"सुखाड़िया दुर्बलता जिसका सबसे बड़ा बल है", शीर्षक वाले इस आलेख में संपादक ने उद्देश्य परक दृष्टि से जहां मोहनलाल सुखाड़िया को प्रदेश में स्थायी शासन देने का श्रेय दिया, वहाँ उनकी दुर्बलताओं को भी रेखांकित किया। आलेख में कहा गया कि 6 नवम्बर, सन् 1954 को उनके नेता चुने जाने से पूर्व राज्य में पांच सरकारें बनी पर एक को भी स्थायित्व प्राप्त नहीं हुआ, किन्तु साथ ही उन्होंने खंडू भाई रिपोर्ट से उठे विवाद और उन दो प्रस्तावों का उल्लेख भी किया, जिनके द्वारा श्री सुखाड़िया को दल का विश्वास प्राप्त करने को विवश होना पड़ा।6

पंचायती राज संस्थाओं के समाचार

राजस्थान में पंचायत राज की स्थापना के बाद सन् 1960 से पंचायत समितियों और ग्राम पंचायतों के समाचारों को भी अच्छा खासा स्थान मिलने लगा। पंचायत समितियों द्वारा संचालित शिक्षण तथा कार्यालयों में पत्रों की खरीद भी इसके मूल में प्रेरक तत्व थी। प्रायः प्रत्येक दैनिक में प्रचुर परिमाण में इस संस्थाओं की गतिविधियों के समाचार छपे हैं। राजस्थान पत्रिका में तो पंचायत समितियों की गतिविधियां स्तम्भ लगभग एक दशक तक चला। पूरे दो दो कॉलम इन संस्थाओं की कार्य प्रगति को दिये जाते थ, किन्तु सामान्य पाठक की इनमें कोई रुचि नहीं थी।7

अपराधों के समाचार

राजस्थान के दैनिकों ने विशिष्टीकरण के इस युग में अपराध सामाचारों के संतुलन और प्रकाशन पर भी पर्याप्त ध्यान दिया था। इस प्रकार की रिपोर्टिंग के लिए बहुत ही सूक्ष्म तत्वान्वेषी दृष्टि, निष्पक्षता, निर्भीकता और पैनी कलम का होना अनिवार्य था, किन्तु दुर्भाग्य से राजस्थान के समाचार पत्रों के अपराध संबंधी समाचारों में इन तत्वों का अभाव था। सार्वजनिक महत्व के अन्य अपराध समाचारों की अनदेखी करके या उन पर उचित ध्यान न देकर हत्या और बलात्कारों के समाचारों को नमक मिर्च लगाकर और उत्तेजक ढंग से छापने की एक अस्वस्थ परिपाटी चल पड़ी थी। इतना ही नहीं, इन समाचारों की विशेष रूप से मुख पृष्ठ पर दो दो, तीन तीन, कॉलम के शीर्षक देकर छापते थे। इस प्रकार के समाचारों को प्रमुखता देने का मोह का वे संवरण नहीं कर पाते थे।

राजनीतिक स्वतंत्रता की रक्षा के लिए आत्मनिर्भरता अनिवार्य शर्त है और इसी को स्वीकार करते हुए देश के आर्थिक विकास के लिए सभी

दिशाओं में कार्य हो रहा था। कृषि के विकास के लिए सिंचाई सुविधाएं, भू-जल का दोहन, उर्वरकों और उन्नत बीजों का वितरण, कृषि फॉर्मों का यंत्रीकरण, कृषि आधारित उद्योगों की स्थापना, खनिज सम्पदा का उत्खनन, मशीनों के निर्माण के कारखाने आदि सैकड़ों की संख्या में प्रारम्भ की गई विविध गतिविधियां आर्थिक समाचारों की सामग्री का रूप लेती थीं; इसी प्रकार प्राकृतिक प्रकोप, यथा अनावृष्टि अतिवृष्टि, अकाल, टिड्डियों का आक्रमण, महामारियों का प्रसार आदि की घटनाओं से जुड़ी खबरें भी प्रकारान्तर से अर्थ परक ही थी।8

आजादी के बाद देश की राजनीतिक उठापटक और गतिविधियां हमेशा ही हिंदी दैनिक पत्रों का मुख्य आहार रही हैं। सन् 1980 के बाद प्रांत में लोकतान्त्रिक संस्थाओं का सुदृढ़ीकरण हुआ और इसके साथ ही यहां राजनीतिक और प्रशासनिक उठा-पटक भी शुरू हो गई। आरंभिक दौर में यहां कांग्रेस का वर्चस्व था लेकिन धीरे धीरे दूसरे राजनीतिक दलों ने भी यहां अपने पांव फैलाना शुरू कर दिया। केन्द्र में भी मुख्य राजनीतिक उठापटक सन् 1980 के बाद ही शुरू हुई। खास तौर पर गठबंधन और अल्पमत सरकारों का गठन हुआ। इसी समय क्षेत्रीय अस्मिताएं भी क्षेत्रीय राजनीतिक दलों के रूप में उभरने लग गई। राजस्थान के दैनिक पत्रों ने इस सब को अपनी दैनंदिन प्रकाशित होने वाली सामग्री में शामिल किया। विवेच्य अवधि के आरंभ में राजनीति के लिए इन पत्रों में अधिक स्थान था, लेकिन कालांतर आर्थिक सुधारों के बाद प्राथमिकताएं बदल जाने के कारण इसमें परिवर्तन आया। राजस्थान के हिंदी पत्र विवेच्य अवधि के आरम्भिक दौर में गठबंधन सरकारों के गठन और अंतर्विरोधों पर खास तौर पर एकाग्र रहे। इस दौर में प्रकाशित ऐसा एक समाचार उदाहरण के लिए यहां प्रस्तुत है-

जनता पार्टी के दोनों धड़ों को चन्द्रशेखर की लताड़

जयपुर 16 दिसम्बर। ज्ञात हुआ है कि जनता पार्टी के राष्ट्रीय अध्यक्ष चन्द्रशेखर ने राजस्थान जनता पार्टी में लंबे समय से चली आ रही धड़ेबंदी और विवाद पर गहरी नाराजगी व्यक्त की है। पार्टी के राज्य अध्यक्ष के निर्वाचन होने के बाद से ही प्रदेश में पार्टी दो धड़ों में बंटकर कार्य कर रही है। मतभेद मिटाने की सलाह देते हुए पार्टी अध्यक्ष चन्द्रशेखर ने दोनों धड़ों के नेताओं को आपसी विवाद के लिए लताड़ पिलाई है तथा कहा वे ऐसा कोई काम नहीं करें जिससे पार्टी की एकता को आघात पहुंचे।

इस अवधि के दौरान हिंदी पत्रों ने आतंकवाद को भी अपने दायरे में लिया। संसद पर सन् 2001 में हुए हमले से इस संबंध में चिंता बढ़ी और

राजस्थान के हिंदी दैनिकों ने भी इस संबंध में इन्होंने निरंतर समाचार सामग्री प्रकाशित की। राजस्थान में सन् 2001 तक की अवधि में चुनावों की गरमागरमी रही। इस अवधि के दौरान लोकसभा, विधानसभा और पंचायत राज संस्थाओं के चुनाव हुए। राजस्थान के हिंदी पत्रों ने इनको कवर करने में खासा उत्साह दिखाया। प्रांत के प्रमुख हिन्दी पत्रों के इस संबंध में चुनाव पूर्व सर्वेक्षण, चुनावों के दौरान और बाद की जोड़ तोड़ और संभावनाओं पर इस दौरान कई कथाएं प्रकाशित की। इन कथाओं में सामग्री का वैविध्य और नवाचार, दोनों थे। दिनांक 4 दिसम्बर, सन् 2003 को राज्य के एक प्रमुख हिंदी पत्र दैनिक भास्कर का चुनावी कबरेज से संबंधित शीर्षक आज मिलेगा जवाब, कमल खिलने का भरोसा, 14 सीटें जीतने का दावा, ज्योतिषी एकमत नहीं, किस्मत का ताला आज खुलेगा, एक और एक 11 की तैयारी आदि थे। अन्य प्रमुख समाचार पत्रों ने भी चुनावी कबरेज में काफी कुल मतदाता, संवेदनशील और अतिसंवेदनशील मतदान केंद्र, उम्मीदवार आदि पर कथाएँ प्रकाशित की। इस दौरान चुनावी चकल्लस जैसे खास कॉलम भी अस्तित्व में आए।9

सत्तारूढ़ सरकार और राजनेताओं के प्रशस्तिगान की प्रवृत्ति भी राजस्थान के हिंदी दैनिकों में इस दौरान खास तौर पर उभरी। कुछ हिंदी दैनिकों का राजनीतिक दल विशेष के प्रति झुकाव चर्चा का विषय रहा। राजनेताओं और सरकारों के कामकाज पर इस दौरान कई कथाएं प्रकाशित हुई। 16 दिसम्बर सन् 1986 को हरिदेव जोशी के जन्म दिन पर हार्दिक बधाई का सचित्र समाचार प्रकाशित किया गया। यह प्रवृत्ति आगे भी जारी रही। 1 दिसम्बर, सन् 1995 को राजस्थान पत्रिका के मुखपृष्ठ पर समाचार प्रकाशित हुआ कि प्रधानमंत्री की पौत्री के विवाह में प्रांत के मुख्यमंत्री भैरोसिंह शेखावत बाराती होंगे। समाचार में आगे मुख्यमंत्री के इनसे संबंधित दो दिवसीय कार्यक्रमों की सूचना, विवाह स्थल हैदराबाद देने की शुरुआत हुई। उनके आहार विहार, धार्मिक और सामाजिक अनुष्ठानों में सहभागिता, वेशभूषा आदि का विवरण हिंदी पत्रों में काफी बढ़ गया। इसी दौरान नयी विज्ञापन संस्कृति का भी विकास हुआ। संपूर्ण और आधे पृष्ठों के विज्ञापन राजस्थान के हिन्दी पत्रों में छपे। राजनेताओं की विलाप प्रशस्ति भी खूब हुई। प्रायोजित शुभकामनाएं, प्रायोजित धन्यवाद और प्रायोजित आत्म प्रशंसा इन दैनिकों में यहां वहाँ पसर गई। आगे चलकर यह प्रवृत्ति नगरों से होती हुई शहर कस्बों तक फैल गई। छोटी-बड़ी उपलब्धियों पर राजनेताओं का आभार व्यक्त करने वाले विज्ञापन इन पत्रों में बढ़ गए।10

90 के दशक में राज्य के प्रादेशिक समाचार पत्रों में सरकार की उपलब्धियों का गुणगान करने वाले समाचारों के प्रकाशन में तीव्र वृद्धि दिखायी पड़ती है। कभी विज्ञापन के रूप में, कभी किसी समाचार पत्र के किसी एक राजनीतिक दल के पक्ष में झुकाव के कारण तो कभी किसी समाचार पत्र के किसी एक राजनीतिक दल के पक्ष में झुकाव के कारण तो कभी सचित्र लेखे जोखे के प्रकाशन द्वारा इस प्रवृत्ति को बढ़ाया गया। आरम्भ में इन समाचारों में केवल सरकार के सफल कामकाजों का लेखा जोखा था, किन्तु बाद में राज्य में विकास की धारा के भागीरथ के रूप में सरकार के मुखियाओं अथवा मुख्यमंत्रियों के गुणों का बखान किया गया।

1 दिसम्बर, सन् 1999 को राजस्थान पत्रिका में मुख पृष्ठ पर प्रकाशित लेख जिसका शीर्षक राज्य के दूरगामी हितों के लिए लोकप्रियता दाव पर में तत्कालीन मुख्यमंत्री के नेतृत्व में सरकार के एक वर्ष पूर्ण होने पर पूर्ण किये गये कार्यों का लेखा जोखा प्रस्तुत किया गया है। कालान्तर में छः माह सरकार के, सौ दिन सरकार के शीर्षकों से भी लेख प्रकाशित होने लगे। 31 दिसम्बर सन् 2001 को राज्य के प्रमुख दैनिक समाचार पत्र दैनिक भास्कर में प्रकाशित विशेष लेख जिसका शीर्षक 'राजनीति में आने से हिचकिचाते हैं नेताओं के बच्चे' थे। इस विशेष खबर में देश के प्रमुख राजनीतिज्ञों के बच्चों के कैरियर पर विचार कर उनकी राजनीति से उदासीनता का लेखा जोखा प्रस्तुत किया गया है।11

संवाद की भाषा

जनता से संवाद स्थापित कर उसमें जनचेतना लाने के लिए इस भाषा का उपयोग बुद्धिमता से किया जाना चाहिए। क्योंकि संवाद की भाषा ऐसी होनी चाहिए कि वह सहजता से समझ में आ सके। जो संदेश जनता तक पहुँचाना है वह वैसे ही रूप में ग्रहण हो जैसा पत्रकारिता के माध्यम से पहुँचाना है। यही संवाद की सच्ची भाषा होती है। यह एक भ्रम है कि अंग्रेजी पत्रकारिता हिन्दी पत्रकारिता के मुकाबले अधिक शोधपरक और तथ्यपूर्ण होती है। भारत में स्वतंत्रता प्राप्ति के बाद विभिन्न भारतीय भाषाओं में संघर्ष शुरू हो गया। आज आवश्यकता है कि इस मत भिन्नता का त्याग करते हुए एक ऐसे मंच की स्थापना की जाए, जो सार्वजनिक तौर पर भारतीय भाषाओं की बेहतरी के लिए काम करे। हमें अपने भविष्य को ध्यान में रखकर अपनी आगामी योजनाओं को बनाना होगा। लगभग 90 प्रतिशत संवाद का काम देश में भारतीय भाषाओं में होता है। मगर प्रशासन हमारे साथ संवाद भारतीय भाषाओं में नहीं करता। इस दृष्टि से क्या हमें अपनी

मातृभाषा में बोलने का अधिकार नहीं मिलना चाहिए। कई शोधों से यह बात स्थापित हो चुकी है कि संस्कृत विश्व की सबसे वैज्ञानिक भाषा है, साथ ही अंग्रेजी उतनी ही अवैज्ञानिक। हमें यह सोचना होगा कि किस ओर जाना है। विश्वविद्यालय द्वारा हिन्दी में सबसे अधिक पढ़े जाने वाले सात समाचार पत्रों का विश्लेषण किया गया। विश्लेषण में पाया गया कि एक महीने में 2000 अंग्रेजी के शब्दों का प्रयोग हिन्दी के समाचार पत्रों द्वारा किया गया।

रेडियो, टेलीविजन, सम्पादकीय आदि में निहित संवाद सुनाये व प्रस्तुत किये जाते हैं। बाजार भावों का देने की परम्परा तो राजस्थान में लगभग सौ वर्ष पुरानी हो चुकी है। जयुपर गजट और सज्जन कीर्ति सुधाकर जैसे रियासती राजपत्र भी खाद्यान्नों के भावों के समाचार प्रकाशित करते थे, किन्तु विकासशील अर्थव्यवस्था से इस प्रकार के समाचार विस्तृत विश्लेषण के साथ प्रकाशित होने लगे। इन समाचार पत्रों के संवाददाताओं ने स्थानीय जौहरियों के साथ सक्रिय सम्पर्क स्थापित कर और उनके साथ वैचारिक आदान प्रदान करके उत्तम कोटि की टिप्पणियां और समीक्षाएं प्रकाशित करने का दायित्व सफलतापूर्वक वहन किया। इसका एक उदाहरण हीरे के उद्योग में प्रतिकूल स्थितियों से व्याप्त होने का था। इस बारे में राजस्थान पत्रिका के विशेष संवाददाता मणि ने अपना विश्लेषण इस प्रकार प्रस्तुत किया था-

'भारत में हीरा उद्योग पर संकट के बादल'

भारत के हीरा उद्योग के लिए अप्रत्यशित रूप से एक नया और जबरदस्त खतरा पैदा हो गया है और इस व्यवसाय को निकट भविष्य में भारी घाटा उठाना पड़ सकता है। विदेशी मुद्राएं अर्जित करने के उद्देश्य से सोवियत रूस ने कटे और पालिस किये हुए हीरे करीब करीब आधी कीमत पर बेचना शुरू कर दिया है। इससे हीरे के अन्तर्राष्ट्रीय बाजारों में बड़ी अनिश्चततापूर्ण स्थिति पैदा हो गई है। इजरायल के हीरा उद्योग को इससे झटके लगना शुरू हो गया है और उपभोक्ता देशों के व्यपारियों ने अपने आर्डर रद्द करना तथा पार्सल वापस करना शुरू कर दिया है। भारत के हीरा उद्योग पर इस स्थिति का अत्यन्त प्रतिकूल असर पड़ना अवश्यम्भावी है क्योंकि भारत हीरे की खरड़ के लिए डायमण्ड ट्रेडिंग कम्पनी पर आश्रित है। इस कम्पनी का दक्षिण अफ्रीका में उत्पादित होने वाले सम्पूर्ण हीरे पर एकाधिकार है और वह उन्हें मनचाही कीमत पर बेचती है। इजरायल की ही तरह भारत में भी उनकी कटाई व पॉलिस करके निर्यात किया जाता है।12

रत्नों की भांति खनिज उद्योग भी राजस्थान में तीव्र गति से

विकसित हो रहा था। राजस्थान में अभ्रक, तांबा, जस्ता, अयस्क, खड़िया मिट्टी, सुच्चिकरण पत्थर और मारबल स्टोन के विपुल भण्डार हैं। खेतड़ी का तांबा संयंत्र और उदयपुर का जस्ता संयंत्र तो भारतवर्ष में अपने प्रकार का एक ही था। इसके अतिरिक्त सांभर, डीडवाना, और पचपदरा में नमक के भण्डार के कारण इन स्थानों से प्राप्त होने वाले खाद्य नमक ने भी प्रदेश की अर्थव्यवस्था को सुदृढ़ बनाने में अच्छा योगदान किया। यही कारण रहा कि प्रदेश के समाचार पत्र खनिज दोहन के संवादों को भी आर्थिक समाचारों में समुचित स्थान दे रहे थे।13

उक्त प्रकार के समाचारों के अतिरिक्त ऊन और चीनी उद्योग विभिन्न हस्त कलाएं, मरुस्थल की कायापलट, डेयरी फार्मों के विकास, सूखाप्रद क्षेत्रों में संचालित विशेष कृषि योजनाओं, सीमान्त तथा कृषक अभिकरणों द्वारा किये जा रहे कृषि उत्पादन के कार्य तथा विश्व बैंक की सहायता से राजस्थान नहर एवं चम्बल कमांड क्षेत्रों तथा दूसरे इलाकों में चलाये जा रहे विशेष कार्यक्रमों के बारे में समाचार देने में प्रदेश के समाचार पूरी तरह सक्रिय रहे।

आर्थिक गतिविधियों से सम्बन्धित कुछ पत्रिकाएं भी गत वर्षों में प्रकाशित हुई। श्री मिलापचन्द डांडिया द्वारा सम्पादित समृद्धि साप्ताहिक और श्री विश्वनाथ वामनकाले द्वारा संपादित उद्योग पत्रिका के नाम इस दृष्टि से विशेष रूप से उल्लेखनीय है। कृषि विकास निगम, खनिज उद्योग विकास निगम और राजस्थान लघु उद्योग निगम द्वारा भी अपनी विभागीय पत्रिकाएं प्रकाशित की जाती रही हैं।14

खेलकूद सम्बन्धी संवाद

खेल पत्रकारिता (स्पोर्ट्स जर्नलिज्म) लेखन का एक रूप है जो खेल के विषय और घटनाओं पर रिपोर्ट करता है। यह खेल के घटनाओं और एथलीटों के बारे में लिखने का अभ्यास और व्यवसाय है। खेल पत्रकारिता मीडिया संगठन के मुख्य वर्गों में से एक है। कुछ समय पहले, इस रूप के पत्रकारिता को बहुत अधिक महत्व नहीं दिया गया था, लेकिन अब इसकी गति लगातार बढ़ रही है।

राजस्थान निर्माण के बाद प्रदेश में खेलकूदों का भी अच्छा विकास हुआ। देशी और विदेशी दोनों प्रकार के खेलों- कुश्ती, कबड्डी, तैराकी, खो खो, फुटबाल, बालीबाल, क्रिकेट, बैडमिंटन, हॉकी आदि में यहां के खिलाड़ियों ने देश में ही नहीं विदेशों में भी अपने असाधारण क्रीड़ा कौशल द्वारा नये कीर्तिमान स्थापित किये। परिणामतः प्रदेश के समाचारों ने खेलकूद के

समाचारों को भी पर्याप्त महत्व देना प्रारम्भ कर दिया। पिछले दो दशकों में राष्ट्रदूत, नवज्योति, न्याय, अधिकार और राजस्थान पत्रिका आदि दैनिकों ने खेल जगत के समाचार प्रकाशित कर खिलाड़ियों और खेल प्रेमियों का उत्साहवर्द्धन किया। श्री एस, एल मथुरिया राजस्थान में खेल पत्रकारिता के जन्मदाता कहे जा सकते हैं। प्रारम्भ में उन्हीं की प्रेरणा से राजस्थान पत्रिका ने विशेष प्रयत्न किये। पत्रिका ने न केवल खेल जगत् की सामायिक गतिविधियों को ही प्रमुखता के साथ प्रकाशित किया, अपितु उपेक्षित खिलाड़ियों की ओर खेलकूद परिषद, सरकार और समाज का ध्यान आकृष्ट करने की दिशा में भी स्तुत्य कार्य किया। उसकी रिपोर्टों के आधार पर अनेक पुराने और अर्थ संकट के दौर से गुजरने वाले खिलाड़ियों की सहायता संभव हुई। पत्रिका के खेलकूद संवाददाता ए. गनी द्वारा न केवल व्यावसायिक दृष्टि से अपितु मानवीय दृष्टि से भी खेलजगत की अनेक ऐसी विभूतियों को उजागर किया गया, जो उपेक्षा के शिकार हो रहे थे। पत्रिका के संवाददाता अब्दुल गनी ने ही पाठकों के समक्ष पहली बार यह रहस्योद्घाटन किया कि सुप्रसिद्ध पहलवान गुलाम मुहम्मद गामा का लालन पालन जोधपुर में ही हुआ था और उन्हें कुश्ती के गुर यहीं पर बूटा पहलवान ने सिखाये थे।15

पत्रिका ने ही प्रतिष्ठित खिलाड़ियों के साक्षात्कार प्रकाशित करने की दिशा में भी पहल की और इस प्रकार समाज में उनके विशिष्ट व्यक्तित्व को उजागर किया। इसके पूर्व राजनेताओं, शिक्षाविदों और प्रकांड विद्वानों के साक्षात्कार ही प्रादेशिक पत्रों में बहुलता के साथ प्रकाशित होते थे। खिलाड़ियों के साक्षात्कार प्रकाशित करने की इस परम्परा में निश्चित ही खेलकूद में जीवन को समर्पित करने वाले व्यक्तियों में भी यह अहसास होने लगा था कि समाज में उनको और भी कोई देखने वाला है। कुछ कोने तो ऐसे थे, जहाँ उनकी कला के प्रति सम्मान अपनी पूर्ण निष्ठा से किया जा रहा है, जिसमें राजस्थान के उपेक्षित पहलवानों की दशा पर और भी ध्यान आकृष्ट किया गया है। साक्षात्कार का कुछ अंष इस प्रकार है-

मास्टर चन्दगीराम फिर अखाड़े में उतरे!

साक्षात्कारकर्त्ता-क्या कुशितयां लड़ना छोड दिया?

(मास्टरजी चैंके) मास्टर चन्दगीराम-नहीं जी। यह आपने कैसे जाणा?

हरियाणावी भाषा का पुट लिए मास्टर चंदगीराम बोले।

साक्षात्कारकर्त्ता-आप अब हरियाणा सरकार के खेल विभाग में उपनिदेशक हो गये हैं।

मास्टर चन्दगीराम- सो के होया, हूँ तो पहलवान ही।

दो वर्ष पूर्व जयपुर के बाद मास्टर चंदगीराम से गंगापुर में मुलाकात हुई। राजस्थान की भूमि पर गंगापुर में मास्टर चंदगीराम को मैंने लड़ते देखा। उनके पटों में वो खिंचाव नहीं था लेकिन उनके पंजों में वही पकड़ थी जिससे परेशान हो महाबली महरदीन ने पनाह चाही थी। मास्टरजी ने कुश्ती से पहले हुई भेंट में अपने बालों के बारे में बताया। बोले पेट में गैस बनता था, इसलिए बाल उड़ गए और अखाड़े से हटना पड़ा। तो मास्टर जी सतपाल से लड़ेंगे। क्यों नहीं? अभी और लड़ूँगा और फिर चुनौती स्वीकार करूँगा। महरदीन ने कनाड़ा से आकर चुनौती दी है। अधिक क्या कहूँ ? आज ही लड़ सकता हूँ। मास्टर जी ने बताया कि आजकल युवा पहलवानों को तैयार कर रहा हूँ। दो पहलवानों को यहां भी लाया है। क्या आपको सरकार की मदद मिलती है? मास्टरजी हंसे। उसके बिना हम कैसे जिन्दा रह सकते हैं? पहलवानों को संरक्षण मिलता आया है और मिलता रहना चाहिए, तभी भारतीय कुश्ती कला को जिन्दा रखा जा सकता है। मैंने सोचा, मास्टरजी ने क्या बात कही है। काश! राजस्थान में भी पहलवानों को हरियाणा और पंजाब की तरह सरपरस्ती मिलती तो महरदीन और रघुवीर जैसे पहलवानों को राजस्थान न छोड़ना पड़ता। भूतपूर्व राजस्थान केसरी रघुवीर ने हरियाणा पुलिस में नौकरी पाई है, राजस्थान में नहीं।

भूमंडलीकरण और आर्थिक सुधारों से भारतीय समाज में व्यापक सांस्कृतिक बदलाव हुआ। खास तौर पर खान पान, वेशभूषा और जीवन मूल्यों में परिवर्तन हुए। खान पान और वेशभूषा से संबंधित बहुराष्ट्रीय कंपनियों का देश में आगमन इस मामले में परिवर्तनकारी सिद्ध हुआ। राजस्थान के हिन्दी दैनिकों ने इस परिवर्तन का आत्मसात करने में देर नहीं लगाई। खास बात यह है कि इन्होंने भारतीय जीवन शैली में वर्जित चीजों को भी अपनी सामग्री का हिस्सा बनाने में परहेज नहीं किया। सिगार, शराब आदि पर इनमें नियमित कथाएँ प्रकाशित हो रही है। राजस्थान पत्रिका के लाइफ स्टाइल पृष्ठ पर 14 दिसंबर, सन् 2002 को आह! सिगार शीर्षक कथा प्रकाशित हुई। इस तरह की एक और कथा कॉकटेल है खेल सही का प्रारम्भिक अंश यहां प्रस्तुत है: राजस्थान के अखबारों में खेलकूद गतिविधियों मे दिलचस्पी का विस्तार, जो अपेक्षाकृत विलंब से हुआ, अब पर्याप्त गति पकड़ चुका है। आजादी के बाद आरंभिक दो तीन दशकों तक कुछ अपवादों को छोड़कर राजनीतिक उठापटक ही यहां के हिन्दी पत्रों का मुख्य सरोकार रहा, लेकिन इसके बाद सदी के नवें दशक में इस संबंध में हालात बदले। सन् 1982 में हुए एशियाड और उसके साथ टी वी के आगमन ने

जनसाधारण में खेलकूद सम्बन्धी गतिविधियों में दिलचस्पी बढ़ाने में खास योगदान दिया। राजस्थान के हिंदी पत्रों में खेलकूद संबंधी राष्ट्रीय स्पर्धाओं को खास महत्व दिया गया। इस समय तक प्रांतीय और क्षेत्रीय स्पर्धाओं को खास होने के कारण कवरेज की गुंजाइश कम थी। नवें दशक में ही राजस्थान के इन हिंदी पत्रों ने सेलिब्रिटी खिलाड़ी के विचारों पर आधारित मेहमान का पन्ना जैसे कॉलम भी शुरू किए। संसद में खेलकूद संबंधी बहस का कवरेज भी राजस्थान के हिन्दी पत्रों में समय समय पर होता रहा। खेल पृष्ठ नियत हो जाने के बाद इसमें तेजी आई। 31 दिसंबर सन् 1988 को प्रकाशित राष्ट्रदूत के ऐसे एक समाचार को बानगी इस प्रकार है:

कितना महत्व देते हैं सांसद खेल को

नई दिल्ली, 1 दिसम्बर (वार्ता) सिओल ओलम्पिक्स में भारत के निराशाजनक प्रदर्शन पर 544 सदस्यों की लोकसभा में केवल 11 सदस्य होने के कारण सदन की बैठक बीच में ही स्थगित कर दी गयी।

आज शाम जब भारतीय खिलाड़ियों के प्रदर्शन की विवेचना की जा रही थी उस समय विपक्ष के आठ और सत्तारूढ़ दल के मात्र तीन सदस्य और गृह राज्यमंत्री संतोष मोहन देव सदन में मौजूद थे। बैठक समाप्त होने से सन् 20 मिनट पहले छह बजकर 40 मिनट पर आर. एस. पी. के पीयुष तिरके ने कोरम का प्रश्न उठाते हुए कहा कि सदन में न्यूनतम अनिवार्य (10 प्रतिशत) सदस्य नहीं होने के कारण कार्यवाही नहीं चल सकती। उन्होंने कहा कि सदन की इस हालत से साफ है कि सांसद देश में खेल और खिलाड़ियों को कितना महत्व देते हैं।16

राजस्थान के हिन्दी पत्रों में खेलकूद सम्बन्धी गतिविधियों का कवरेज बढ़ा, सामग्री में गुणवत्ता और प्रस्तुति में भी सुधार आया लेकिन ग्रामीण अंचलों की खेलकूद गतिविधियों के प्रति इनमें उपेक्षा का भाव बना रहा। इसी तरह लोकप्रिय खेलों क्रिकेट, टेनिस आदि के व्यावसायिक दबाव का इनमें इतना दबदबा रहा कि पारंपरिक खेल कुश्ती, कबड्डी आदि इनमें उपेक्षित ही रहे।17

मिश्रित भाषा

इसमें भाषा का स्वरूप मिला-जुला होता है यानि कि कई भाषाओं के शब्दों का सामंजस्य इसमें होता है। वर्तमान में इस भाषा में अंग्रेजी, अरबी, उर्दू आदि भाषाओं का सर्वाधिक प्रयोग हो रहा है। आजादी के बाद हिंदी क्षेत्र में हुए समाजिक-आर्थिक परिवर्तन, संचार तकनीक का विकास, ग्रामीण इलाकों, कस्बों से पलायन और शहरों में पुर्नवास आदि ने हिंदी भाषा के

स्वरूप में आमूलचूल बदलाव लेकर आया। आधुनिक हिंदी साहित्य इस बात की तस्दीक करता है। हालांकि हिंदी पत्रकारिता की भाषा में एक बड़ा बदलाव शुरुआती दशकों में नहीं बल्कि 80-90 के दशक में देखने को मिलता है जब राजेंद्र माथुर, प्रभाष जोशी जैसे पत्रकार नई दुनिया-नवभारत टाइम्स और जनसत्ता जैसे अखबारों के संपादक बने। इससे पहले रविवार और धर्मयुग जैसी चर्चित पत्रिकाएँ सुरेंद्र प्रताप सिंह और धर्मवीर भारती जैसे कुशल संपादक के नेतृत्व में भाषा को एक तेवर देने में लगे थे, हालांकि ये साप्ताहिक प्रकाशित होते थे। हिंदी अखबारों के मालिक-संपादकों में पहली बार एक बड़े पाठक वर्ग के पास अखबार पहुँचाने की ललक बढ़ी, फलतः सामान्य बोल-चाल की भाषा में खबरें, विश्लेषण, फीचर आदि लिखे जाने लगे। दैनिक जीवन की समस्याओं की ओर शासन का ध्यान आकृष्ट करते समय संवाददाता से यह अपेक्षा ही जाती थी कि वह निष्पक्ष दृष्टि से तथ्यों को सामने रख दे और उसमें अपनी ओर से कोई टीका टिप्पणी न करे। किन्तु पिछले एक दशक तक संवाददाता अपनी वैयक्तिक टिप्पणी समाचारों में करने से नहीं चूकते थे। यदि किसी संवाद विशेष पर टिप्पणी आवश्यक हो तो उस पर संवाद में समझा जा सकता है-

माधो विलास में अव्यवस्था

जयपुर, 7 मई। स्थानीय माधो विलास सूत्र से प्राप्त सूचना के अनुसार यहां के मरीजों को ठीक समय पर न तो औषधियाँ उपलब्ध होती हैं और न ही पथ्यकर भोजन प्राप्त हो रहा है। ज्ञात हुआ है कि माधो विलास के प्रधान चिकित्सक गत 20 अपै्रल से अवकाश पर हैं। उन पर अनुपस्थिति से वहाँ की व्यवस्था अस्त व्यस्त हो गई है। आयुर्वेद औषधालयों में अनुशासन हीनता चरम पर पहुँची हुई है। माधो विलास भी उससे अछूता नहीं है। स्मरण रहे, माधो विलास में 100 मरीजों के रहने की व्यवस्था है। अतः यह जरूरी है कि वहाँ प्रधान चिकित्सक के अतिरिक्त कम से कम तीन अन्य प्रथम श्रेणी के अनुभवी वैद्यों की ड्यूटी लगाई जाय। इसकी कमी गत कई वर्षों से चली आ रही है। परन्तु विभाग की ओर से कोई ध्यान नहीं दिया जा रहा है। आयुर्वेद मंत्री को इस ओर अविलम्ब ध्यान देना चाहिये।18 समाचारों में उक्त संवाद की तरह सुझावपरक प्रवृत्ति लगभग समाप्त हो चुकी थी, फिर भी देहातों और कस्बों से संवाददाताओं के रूप में कार्य कर रहे सामाजिक कार्यकत्र्ताओं द्वारा भेजे गए जो समाचार ध्यानपूर्वक उप संपादक द्वारा संपादित करने से रह जाते थे, उनमें यदा कदा इस प्रकार की भाषा का प्रयोग मिल जाता था। दैनिक जीवन की समस्याओं से सम्बन्धित,

समाचारों के अतिरिक्त मानवीय रुचि के जो समाचार प्रकाशित होते थे, उनमें बहुत वैविध्य रहा। नीचे कुछ ऐसे समाचार उद्धृत किए जा रहे हैं, जिनमें इन समाचारों की प्रकृति, लेखन शिल्प और बहुरंगता का अनुमान किया जा सकता है।19

नियमित जीवन से दीर्घायु

जमवारामगढ़, 27 अक्टूबर। निकटवर्ती बिलोंची की ढ़ाणी सामोतावाली के निवासी श्री बोयताराम शर्मा 106 वर्ष के हो चुके। श्री शर्मा अभी भी स्वस्थ हैं और अपनी दिनचर्या नियमित रखते हैं। उनके दांत भी अभी तक सुरक्षित हैं। गाय भैंसों का चारा डालना, कुए पर जाकर पानी लाना तथा अन्य रोजमर्रा के कार्य बिना किसी कठिनाई के कर लेते हैं। श्री शर्मा का परिवार भी भरा पूरा हैं। दो पुत्र एक पुत्री, दो पुत्रवधुएं, तीन चार पौत्र, सात पौत्रियां तथा उनकी धर्म पत्नी सहित सभी लोग साथ रह रहे हैं।

सता हो गया (पत्नी की चिता में जिन्दा कूद जाना-सती की तरह)

जबलपुर, 23 नवम्बर (यूएनआई)। अन्तराष्ट्रीय महिला वर्ष में एक अपनी पत्नी की जलती चिता में आत्मदाह कर के सता हो गया। यह घटना गत मंगलवार को यहाँ से करीब 64 मील सलीमाबाद के नजदीक बांडी गांव में हुई। यह जानकारी पुलिस के उप अधीक्षक ने आज यू.एन.आई. को यहां दी। 60 वर्षीय पत्नी की चिता को आग लगाने के बाद शोकाकुल लोग स्नान करने के लिए निकटवर्ती नदी की ओर चले गए। शोकग्रस्त 63 वर्षीय विधुर लालू साहू चिता में कूद गया और मर गया।

सम्पादकीय लेख

पत्रकारिता का संबंध सूचनाओं को संकलित और संपादित कर आम पाठकों तक पहुँचाने से है। लेकिन हर सूचना समाचार नहीं है। पत्रकार कुछ ही घटनाओं, समस्याओं और विचारों को समाचार के रूप में प्रस्तुत करते हैं। किसी घटना के समाचार बनने के लिए उसमें नवीनता, जनरुचि, निकटता, प्रभाव जैसे तत्त्वों का होना जरूरी है। समाचारों के संपादन में तथ्यपरकता, वस्तुपरकता, निष्पक्षता और संतुलन जैसे सिद्धांतों का ध्यान रखना पड़ता है। इन सिद्धांतों का ध्यान रखकर ही पत्रकारिता अपनी विश्वसनीयता अर्जित करती है। लेकिन पत्रकारिता का संबंध केवल समाचारों से ही नहीं है। उसमें संपादकीय, लेख, कार्टून और फोटो भी प्रकाशित होते हैं। पत्रकारिता के कई प्रकार हैं। उनमें खोजपरक पत्रकारिता, वाचडॉग पत्रकारिता और एडवोकेसी पत्रकारिता प्रमुख हैं।

समाचार पत्र की रीति नीति तथा किसी समस्या विशेष पर उसके

दृष्टिकोण को समझने की दृष्टि से किसी भी समाचार पत्र का संपादकीय अथवा अग्रलेख बहुत महत्वपूर्ण होता है। सम्पादकीय के विषय राजनीतिक सामाजिक, सांस्कृतिक आदि कुछ भी हो सकते हैं। अखबार में संपादक का यही वह मंच है, जिसके माध्यम से वह अपनी राय किसी विषय पर प्रकट कर सकता है और अपने निजी दृष्टिकोण से उसका विश्लेषण कर सकता है। वह गम्भीरतापूर्वक अपनी मान्यताओं, धारणाओं और विचारधारा को व्यक्त करते हुए किसी भी विषय का खंडन अथवा मंडन कर सकता है और आवश्यकतानुसार सुझाव दे सकता है। इस कालखण्ड में राजस्थान के सभी पत्रों में सम्पादकीय लेख प्रकाशित हुए, किन्तु उनके पाठकों की संख्या बहुत कम रही। परीक्षण के रूप में किये गये एक सर्वे के अंतर्गत विभिन्न वर्गों के सौ पाठकों से सार्वजनिक वाचनालयों और सूचना केन्द्रों में साक्षात्कार करने पर यह परिणाम सामने आया कि उनमें से केवल ग्यारह व्यक्ति संपादकीय लेख पढ़ना पसन्द करते थे। इनमें भी चार वे विद्यार्थी थे, जो प्रतियोगी परीक्षाओं के लिए तैयारी कर रहे थे और इस अभिप्राय से संपादकीय पढ़ते थे कि सामायिक विषयों पर परीक्षा में आने वाले निबन्धों के लेखन में उससे सहायता मिलेगी। इसके प्रमुख कारण पाठकों का संपादन या पत्र विशेष के प्रति पूर्वाग्रह, अन्य रुचिकर सामग्री का बहुल्य, समयाभाव आदि माने जा सकते हैं। फिर भी सम्पादकीय या अग्रलेख लिखने की परम्परा का निर्वाह राजस्थान में बराबर हो रहा है।20

किन्तु जहाँ तक विदेशी या भारतीय स्तर के मामलों से सम्बन्धित संपादकीय लेखों की सामग्री का सम्बन्ध है, विश्लेषण से यह पाया गया कि उन पर अंगरेजी पत्रों के सम्पादकीय लेखों का प्रभाव था। कई बार तो वे अंगरेजी पत्रों के अग्रलेखों के रूपान्तरण मात्र होते थे। किन्तु प्रादेशिक समाचार पत्रों के कार्यालयों में संदर्भ सामग्री की अनुपस्थिति और संपादक के बहुमुखी दायित्व के कारण क्षम्य माना जा सकता है, क्योंकि राष्ट्रीय स्तर के हिन्दी दैनिक भी इस दोष से मुक्त नहीं है। फिर भी राजस्थान के अधिकांश समाचार पत्रा स्थानीय समस्याओं पर निष्पक्ष और उद्देश्यपरक दृष्टि से सम्पादकीय लेख लिखने की दिशा में सदैव सचेष्ट रहे।21 इस प्रकार राजस्थान के हिन्दी समाचार पत्रों में संस्कृत, हिन्दी, अंग्रेजी, लैटिन, उर्दू, अरबी, फारसी, ग्रीक भाषाओं के शब्दों का बहुलता से प्रयोग करके खबरों को पाठकों के लिए रुचिकर, सनसनीखेज, जिज्ञासायुक्त बनाकर प्रस्तुत किया गया।

धर्म और ज्योतिष

बीसवीं सदी के अंतिम दशकों में भारतीय समाज में धार्मिक पुनरुत्थानवाद का गहरा और व्यापक असर देखने में आया। इस दौरान, राजनीकि दलों की जड़े भी मजबूत हुई और चुनावों में उनका मत प्रतिशत बढ़ गया। हिंदी दैनिक पत्रों में इस धार्मिक पुनरुत्थानवाद को अपनी सामग्री में खूब तरजीह दी। इस दौरान धार्मिक उफान को हिंदी दैनिक पत्रों ने हाथों हाथ लिया। इनके कवरेज में मानो होड़ लग गई। देवी देवताओं और चमत्कारिक घटनाओं पर इस दौरान यहां के हिन्दी पत्रों ने कथाएं प्रकाशित कीं। धार्मिक पुनरुत्थानवाद यहाँ के दैनिक पत्रों में ज्योतिष, वास्तुशास्त्र और योग संबंधी सामग्री के प्रकाशन में सर्वाधिक प्रकट हुआ। यहां के सभी हिंदी दैनिकों ने अपने दैनंदिन ज्योतिष फल वाले कॉलम को इस दौरान ध्यानाकर्षक बना दिया। सप्ताह में एक या दो बार विस्तृत ज्योतिष फल भी प्रकाशित किए जाने लगे। इसके अतिरिक्त ज्योतिष और वास्तु शास्त्र पर कथाएं और आलेख भी इनमें एकाएक बढ़ गए। दैनिक भास्कर, राजस्थान पत्रिका और दैनिक नवज्योति ने नियमित सामग्री के अलावा ज्योतिष और वास्तुशास्त्र विषयक विशेष पृष्ठ भी नियत किए। इनमें प्रकाशित सामग्री के नमूने यहां अवलोकनार्थ दिए जा रहे हैः

"कर्क को चावल चाहिए तुला को मीठा"

ज्योतिष में जन्मांक के आधार पर यह जानकारी मिल जाती है कि व्यक्ति कितना ताकतवर होगा या कितना कमजोर। उदाहरण के लिए अग्नि तत्व के जातक जैसे मेष, सिंह और धनु राशियों के जातक अधिक काम करके भी ज्यादा नहीं थकते, लेकिन भोजन के रूप में इन्हें अधिक कैलोरी की जरूरत होती है। खासकर उनकी तुलना में जो जलतत्व के यानी कर्क, वृश्चिक और मीन राशियों में जन्मे हैं।

मेष राशि के लोग आमतौर पर अच्छा स्वास्थ्य पाते हैं। इस राशि के जातक यदि अधिक शारीरिक श्रम करते हैं जो उन्हें अधिक कैलोरी भी भोजन में लेनी चाहिए। उन्हें सिरदर्द, माइग्रेन और आंख, नाक, कान से संबंधित रोग जल्द हो सकता है। वृष राशि वाले भी आम तौर पर अच्छा स्वास्थ्य पाते हैं, लेकिन शारीरिक रूप से स्वस्थ रहने के लिए व्यायाम करना जरूरी होता है। व्यायाम के साथ साथ अच्छा भोजन और आराम भी जरूरी होता है। इस राशि के लोग आत्मिक शक्ति से भरपूर होते हैं। इसके बावजूद भोजन के समय उन्हें सतर्क रहने की आवश्यकता होती है। इन्हें अच्छी तरह पका हुआ भोजन करना चाहिए। मिथुन राशि के लोग स्वास्थ्य के मामले में

भाग्यशाली होते हैं। अच्छा स्वास्थ्य होने के कारण इनका जीवन आनंदमय होता है। इन्हें अपने हाथ, बाहें और पाचन तंत्र का खास खयाल रखना चाहिए। कर्क राशि के लोग जल तत्व के होने के कारण मजबूत कद काठी के होते हैं। इनकी खासियत यह होती है कि एक दिन तो ये तरोताजा और ऊर्जा से भरपूर दिखते हैं, लेकिन अगले दिन बिलकुल शांत और थके हुए। इस राशि के लोग भोजन पे्रमी होते हैं। इन्हें चावल जरूर खाना चाहिए।22

'धनु के लिए भोजन'

जो लोग 23 नवंबर से 21 दिसंबर के बीच पैदा हुए हैं, उनकी राशि धनु है। टैरो कार्ड विशेषज्ञ वीनू संदल आने वाले महीनों में उनके लिए सुझाव दे रही है कि चूँकि उनकी कई सफलताएं उनके द्वारा लिए जाने वाले भोजन पर भी टिकी हुई हैं, इसलिए यदि वे अपने भोजन का खास ख्याल रखें तो उन्हें आश्चर्यजनक सफलताएं मिल सकती हैं। आने वाले दिनों में आप यदि हरी पत्तियों वाली सब्जियों को अपने भोजन में शामिल कर लें, तो आप कई क्षेत्रों में सफल हो सकते हैं। इस दौरान आप यह कोशिश करें कि सामान्य मसालों से युक्त भोजन लें। मशरूम के साथ पत्तियों वाली प्याज और लहसुन खाना सेहत के मामले में आपको फायदा पहुंचा सकता है। इसी प्रकार प्रोटीन तथा विटामिन की अधिकता वाली वस्तुएं खासकर हरी सब्जियां, अपने पसंदीदा मसालों के साथ पकाकर खाने से आप कई मामलों में खुद को सफल देख सकते हैं। भोजन में नियमित रूप से पालक, चने या सरसों का साग शामिल करना घरेलू मामलों में आपको राहत दे सकता है। यदि आप चाहें जो भीगी मूंगफली को टमाटर, मूली तथा नमक के साथ खाने से अपने कार्यक्षेत्र में लाभ पा सकते हैं। भोजन के पूर्व नाश्ते में अंकुरित चने के साथ लहसुन, मूली और प्याज एक साथ मिलाकार खाना भी फायदेमंद हो सकता है। वास्तु शास्त्र की लुप्तप्रायः विधा भी यहां के हिंदी पत्रों के प्रोत्साहन से एक बार रोशनी में आ गई। इस संबंध में हिंदी दैनिक पत्रों ने निरंतर कथाएं प्रकाशित की।23 एक नमूना यहां प्रस्तुत हैं-

पश्चिम का दरवाजा कष्टों का

वास्तुशास्त्र में यह मान्यता है कि वास्तु के अनुसार निर्मित या भवन में कोई जातक ज्यादा सुखी रहता है, इसलिए आवास बनाते समय?, भूमि, स्थान एवं खुद की उन्नति के बारे में विचार अवश्य कर लेना चाहिए। इस सिलसिले में सबसे महत्वपूर्ण है, आवास के मुख्य द्वार तथा उसकी दिशा का निर्धारण। यदि पूरा भवन वास्तुशास्त्र के नियमों के आधार पर बना हो और भवन का मुख्य द्वार सही दिशा और स्थान में न हो, तो गृहस्वामी को

भारी विपत्तियों का सामना करना पड़ सकता है। भवन का मुख्य द्वार किस दिशा में हो, इसका निर्णय गृहस्वामी की राशि एवं विभिन्न ग्रहों के निवास के आधार पर किया जाता है। गृहस्वामी की राशि के अनुसार भवन के मुख्य द्वार का निर्धारण करते समय कर्क, वृश्चिक तथा मीन राशि वालों को पूर्व में, तुला, कुंभ तथा वृष राशि वालों को पश्चिम में, कन्या, मकर तथा मिथुन राशि वालों को दक्षिण में और मेष, सिंह तथा धनु राशि वालों को उत्तर में मुख्य द्वार बनवाना शुभ होता है। राजस्थान के हिंदी दैनिक पत्रों में इस दौरान ज्योतिष संबंधी सामग्री में एक खास बदलाव और आया। इनमें राजनीति, क्रिकेट, फिल्म आदि से जुड़ी सेलिब्रिटीज की जन्म कुंडलियों के फलित ज्योतिष पर प्रकाशित होने लगे। 7 अंकवाले अटल बिहारी वाजपेयी, आशा भौंसले-जब किस्मत खुद दस्तक देती है जैसे आलेखों का बोलबाला हो गया।24

व्यवसाय और बाजार

समय, काल, परिस्थितियों के साथ-साथ पत्रकारिता की परिभाषा भी बदली है। उसका रूप, रंग और उद्देश्य ने भी करवट ली है। जिस पत्रकारिता का जन्म कभी मिशन के तौर पर हुआ माना जाता था और जिसने अपनी महत्ता समाज की बुराइयों को जड़ से नष्ट करने के लिये स्थापित की थी वो आज अपनी उम्र के एक ऐसे पडाव पर आ पहुंची है जहां आगे खतरनाक खाई है और पीछे धकेलने वाले हजारों-हजार नये किंतु ओछे विचार। ये ओछे विचार ही आज की मांग बन चुके हैं। ऐसे विचार जिनमे स्वार्थगत चाटुकारिता निहित है, बेईमानी को किसी बेहतर रंग-रोगन से रोशन किया गया हैं और जिनमे ऐसे लोगों का वर्चस्व है जो अपनी सडी हुई मानसिकता को बाज़ार की ऊंची दुकानों में सजाये रखने का गुर जानते हैं।

भूमण्डलीकरण का प्रभाव प्रदेश की अखबार की आर्थिक खबरों पर भी परिलक्षित होता है। 90 के दशक में शेयर बाजार की उथल पुथल प्रदेश एवं देश में बहुराष्ट्रीय कम्पनियों के निवेश से उपजी स्थितियां तथा बाजारवाद का प्रभाव इन पृष्ठों पर साफ तौर पर देखा जा सकता है। इसी कारण आर्थिक समाचारों पर पूरे पृष्ठों की सामग्री में केवल खाद्यन्न फसलों, मसालों के भाव नहीं वरन लोहा, इस्पात, पेट्रोलियम के भाव, जयपुर, दिल्ली की मंडी समीक्षा, सर्राफ समीक्षा, शेयर बाजार समीक्षा, विदेशी मुद्रा भण्डार, आर्थिक खबरों की हलचल से लेकर व्यापार भविष्य के सम्बन्ध में भविष्यवाणियां तक प्रकाशित की जाने लगी। दूसरी ओर ज्योतिषीय आकलन के शीर्षक से आर्थिक दृष्टि से अमेरिका, यूरोपीय देशी की कुण्डली एवं भारत,

पाकिस्तान, नेपाल, बंग्लादेश, श्रीलंका म्यांमार के आर्थिक हालात के सम्बन्ध में भविष्यवाणियाँ प्रकाशित की गई। किन्तु अनाज दालें, मंडियों के भाव, पशु आहार, किराना बाजार के नाम से वर्गीकृत कॉलमों के बावजूद इन खबरों एवं समाचारों के संग्रहण में दूरदराज के गांवों में लघु उद्योगों की स्थिति, राज्य के औद्योगिक परिदृश्य की स्थिति, कृषि के संकट, भूमण्डलीकरण की चुनौतियों एवं समाधान के सुझावों, राज्य के हथकरघा उद्योगों के विकास, असंगठित मजदूरों की दशाओं, खनन क्षेत्र की समस्याओं, निवेश की नवीन संभावनओं पर शोधपूर्ण लेखों एवं सामग्री संकलन का दशक दर दशक अभाव रहा।

विगत 5 वर्षो में प्रदेश के मुख्य समाचार पत्रों में अर्थव्यवस्था से सम्बन्धित खबरों में एक अन्य बदलाव दिखाई दिया। अब बजट पूर्व व्यापक विश्लेषण एवं आकलन के प्रस्तुतीकरण तथा विविध अर्थशास्त्रियों के आमंत्रित लेखों को कवरेज दिया जाने लगा। भूमण्डीकरण एवं बाजारवाद के दौर में एक ओर नवीन पहलू अर्थव्यवस्था के ज्योतिषीय आकलन की प्रवृति केन्द्र सरकार और राज्य सरकरों के बजट सत्रों के दौरान निरंतर दृष्टिगोचर होती रही है।25 50 के दशक से 90 के दशक के उत्तरार्द्ध एवं कालान्तर में वर्ष सन् 2000 से सन् 2005 तक प्रदेश के प्रमुख दैनिकों में सम्पादकीय लेखों की प्रकृति का अध्ययन करें तो यह स्पष्ट हो जाता है कि इन समाचार पत्रों में विश्लेषणात्मक दृष्टि से गंभीरतापूर्वक विविध राजनीतिक, सामाजिक, सांस्कृतिक पक्षों पर सम्पादकीय लेखों में मुद्दों को उठाया है। स्थानीय स्वशासन से लेकर राज्य राजनीति तक, प्रशासकीय अव्यवस्थाओं पर टिप्पणी से लेकर अकाल, बिजली पानी की समस्याओं तक, बाल विवाह से लेकर महिला उत्पीड़न के मुद्दों तक, खेलकूद से लेकर साम्प्रदायिक सद्भाव के मसलों पर लिखी गयी बेबाक टिप्पणियों गंभीरतापूर्वक अनेक विषयों पर विचार दृष्टि बनाने का प्रयास रहीं। राज्य के एक प्रमुख दैनिक में वर्ष सन् 2001 में प्रकाशित एक सम्पादकीय लेख का सार इस प्रकार था- उपभोक्ता जागरण की आवश्यकता

राज्य सरकार की ओर से यह व्यवस्था की गई है कि कोई भी समान कम तोलने पर भारी जुर्माना किया जाए तथा दुबारा पकड़े जाने पर जेल तक की सजा का प्रावधान हो। कम तोलने वालों के खिलाफ सख्ती के यह प्रावधान दर्शाते है कि राज्य सरकार चाहती है कि उपभोक्ताओं को कोई सामान कम तोलकर नहीं दिया जाए तथा उसके पैसे का उसे यथोचित लाभ मिले। लेकिन दूसरी ओर ऐसा भी है कि उपभोक्ता कम तोल या माप पर

कोई आपत्ति नहीं रखता है। चाहे पत्थर के बाटों में सब्जी तोलने का मामला हो या पेट्रोल पंप पर कम तेल मापने का प्रसंग उपभोक्ता न कोई आग्रह करता है न ही कोई विरोध दर्ज कराता है। इस हालत में कितने भी सख्त कानून हो और सुचारू व्यवस्था हो उपभोक्ता को कोई लाभ नहीं हो सकता। उपभोक्ता की भी अपनी विवशताएं हो सकती हैं। जीवन की भागमभाग में उसके पास समय नहीं है इसलिए वह थोड़ा सा आर्थिक नुकसान सहकर झंझटों से बचना चाहता है। लेकिन यह कब तब चलेगा? कम तोलने वालों तथा ठगने वालों के हौसले बढ़ते चले जाएंगे और उपभोक्ता को जागरूक बनाया जाए। राजस्थान हालांकि हर मामले में पिछड़ा है लेकिन इस मामले में कुछ अधिक पिछड़ा है तथा उपभोक्ता जागरण के लक्षण किसी न्यूनतम सीमा तक भी दिखाई नहीं देते। नतीजा यह है कि उपभोक्ता संरक्षण की सभी व्यवस्थाएं निरर्थक साबित हो जाती है। आवश्यकता है इस बात की कि उपभोक्ता जागरण का काम एक आंदोलन के रूप में शुरू किया जाए। इस काम को गैर सरकारी संगठन अपने हाथ में लें तथा स्कूल, कॉलेजों में युवा संगठनों से उपभोक्ता के हित संरक्षण के लिए काफी कानूनी तथा प्रशानिक व्यवस्थाएं की गई हैं लेकिन उनका लाभ तभी हो सकता है जब उपभोक्ता स्वयं अपने हितों के प्रति जागरूक एवं सचेष्ट हो।26

ग्रामीण पत्रकारिता की भाषा

इसमें आंचलिक शब्दों की भरमार होती है ताकि जिन लोगों से सम्बन्धित पत्रकारिता है उन्हें आसानी से वह भाषा समझ आ सके। इसमें स्थानीय भाषा के शब्दों का प्रयोग किया जाना चाहिए। ग्रामीण जीवन की हलचलों से सम्बन्धित पत्रकारिता को ग्रामोन्मुखी पत्रकारिता की संज्ञा दी जाती है। चूँकि राजस्थान गांवों का प्रदेश है, इसलिए जनसंचार का सर्वाधिक प्रबन्ध ग्रामीण क्षेत्र में किया जाना अपेक्षित है। इस दृष्टि से राज्य के प्रमुख हिन्दी दैनिक पत्रों में ग्रामीण पत्रकारिता कर पिछले पांच दशकों की यात्रा के प्रमुख हिन्दी दैनिक पत्रों में ग्रामीण पत्रकारिता की पिछले पांच दशकों की यात्रा को देखें तो स्थिति संतोषजनक नहीं कही जा सकती। सभी समाचार पत्रों का केन्द्र प्रदेश के महानगर ही हैं। ग्रामीण संस्कृति, ग्रामीण जीवन अथवा ग्रामीण सामाजिक, आर्थिक जीवन समाचार पत्रों में उपेक्षित हैं। दुर्भाग्य से राज्य के प्रमुख पत्रों में गांवों से सम्बन्धित समाचार तभी महत्वपूर्ण बन पाए, जब कोई मानवीय त्रासदी घटित हुई अथवा कोई अपराध हुआ। अकाल, भूख से मौतें, बाढ़, डाकन प्रथा में किसी महिला के पीड़ित

होने पर ही अखबारों के पन्ने पर एक दो बार उस गांव का उल्लेख को गया। यदि किसी वरिष्ठ राजनीतिक नेता का गांव चर्चा में आया तो वह उसके चुनाव में जीत, जन्मदिवस या दिवंगत होने पर याद कर लिया गया था।

नगर संस्कृति से भिन्न ग्रामीण संस्कृति जिनमें निम्न मध्य वर्ग के आदिवासी, वनवासी, गाड़िया लुहार, दलित, गिरिजनों के खान पान, आचार व्यवहार, परिधान, प्रसाधन, अलंकरणों, मेलों, उत्सवों का भूले भटके उल्लेख कभी कभार ही हुआ। गांवों के विलक्षण सामाजिक ढांचे, बाल विवाह, विधवा विवाह, अन्तर्जातीय आवश्यकताओं, साक्षरता प्रसार, सामुदायिक विकास, ग्रामीण रोजगार, पानी बिजली की समस्याओं, भूमि आवंटन, ऋण वितरण, लघु उद्योगों के संचलन, फसल बीमा की जानकारी से सम्बन्धित सामग्री, खेती की समस्याओं पर चर्चा, इस इलाके के अस्तित्व के संघर्षों के लेखे जोखे के पत्र पत्रिकाओं में स्थान नहीं मिला। प्रदेश के गांव गांव में पसरी अमूल्य ग्रामीण संस्कृति, ग्राम साहित्य अर्थात् लोक गीत, लोक कथा, लोक नाट्य, लोक वाद्य, लोकभाषा और लोकोक्तियों आदि का समकालीन पत्रकारिता ने कभी कभार कौतुकी प्रदर्शन ही किया है।27

सबसे बड़ी विडंबना यह है कि ग्रामीण स्तर पर ग्रामीण प्रशासन, ग्रामीण, जन कल्याण एवं उत्थान के लिए सर्वाधिक उत्तरदायी है। ग्रामीण पत्रकार की यह सर्वप्रमुख जिम्मेदारी हो जाती है कि वह गांव की अशिक्षित जनता को आवास, चिकित्सा, स्वास्थ्य, ऋण, अनुदान, शिक्षा, सिंचाई से सम्बन्धित योजनाओं की जानकारी दे। पंचायत की गतिविधियों की जानकरी देना ग्रामीण पत्रकारिता का अहम कर्तव्य था। आवश्कता यह थी कि पूरी ईमानदारी के साथ गांवों की सांस्कृतिक सम्पदा एवं राजस्थानी के रूप में असली पहचान को ग्रामीण पत्रकारिता द्वारा उजागर किया जाता। लेकिन गांवों की चिन्ता, गांवों की विलक्षणता, गांवों मे गए। प्रदेश के प्रमुख दैनिक पत्र राजस्थान पत्रिका ने आओ गांव चलें एवं शनिवारीय परिशिष्ट थावर में प्रकाशित लोक संस्कृति के पृष्ठ में लोक रंजन के मुद्दें को उठाया लेकिन राजस्थान में पत्रकारिता की ढाई शती की यात्रा में दशक दर दशक इसका प्रतिशत घटता गया। 90 के दशक एवं उत्तरवर्ती काल में अखबारों में कार्यरत संवाददाता जो कान्वेंट कल्चर में पले बढ़े हैं, उनके लिए गांव पर लिखना आउट डेटेड, डेड स्टोरी करना है। पेज 3 पत्रकारिता एवं मैट्रो कल्चर को गौरव एवं प्रतिष्ठा का प्रतीक मानने वालों को ग्रामीण पत्रकारिता पर चर्चा करना भी उचित नहीं लगता है। केवल लोक नृत्यों से मनोरंजन, किसी गांव में राष्ट्रीय स्तर पर ध्यान आकर्षित करने वाला हुआ संगीन अपराध

यदि सनसनी बन जाए तो खबर बन सकता है अन्यथा नहीं। ग्रामीण पत्रकारिता के लिए यह आवश्यक था कि ग्रामीण परिवेश को ही समाचार पत्र का प्रकाशन का केन्द्र बनाया जाए। तकनीक के विकास एवं सूचना क्रान्ति के विस्फोट से आज के दौर में जनसंचार माध्यमों की गांव तक पहुँच सरल है। अतः गांवों तक पहुँच की तथाकथित विकट समस्या का कारण भी आज बेमानी है। ग्रामोन्मुखी पत्रकारिता के लिए यह आवश्यक है कि सही सूचना प्रसारण और प्रबोधन के लिए ग्रामीण पत्रकारिता को प्रश्रय दिया जाये। राजस्थान के पत्रों में ग्रामीण संस्कृति, ग्रामीण समाजशास्त्र, ग्रामीण अर्थशास्त्र एवं ग्रामीण प्रशासन व्यवस्था से सम्बन्धित शोध सर्वेक्षण कर सामग्री का प्रकाशन लगभग नगण्य देता है।28

श्री जयनारायण व्यास के संपादकत्व में प्रकाशित राजस्थानी भाषा के पाक्षिक पत्र ''आगीवाण'' में भी राजनीतिक हलचलों, शासन की कमजोरियों और ज्यादतियों की स्पष्ट झलक मिलती है।29 इस पत्र में प्रकाशित कुछ समाचार यहाँ द्रष्टव्य हैं जो प्रशासन के अन्यायपूर्ण कुकृत्यों को उद्घाटित करते हैं। जयपुर राज्य के एक ठिकाने दांता में नौकरशाही के जुल्मों का बखान करते हुए एक समाचार में बताया गया है कि गरीब लोगों के जमीन के पट्टे फाड़ दिये गये और उनकी जमीन पर ठिकाने के लोगों ने कब्जा कर लिया। यही नहीं इन गरीब लोगों की स्त्रियों को बहुत गालियाँ भी दी गई। संवाद राजस्थानी भाषा में इस प्रकार छापा गया है -

दांता ठिकाणा मैं जुल्म

(म्हारा खास खबर निवेस सूं)

जयपुर राज्य का ठिकाणा दांता में ठिकाणा का नौकर चाकर घणौ जुल्म कर राख्यो छै, कुछ दिन हुया लोगां ने जमीन का पट्टा लेकर बुलवाया और गरीबां का पट्टा लेकर फाड़ काड्या। लोगां की जमीनां ऊपर भी ठिकाणा का आदमी कब्जो कर लियो छै। लुगायां, मोट्यारां नैं गालियां भी घणी काडी छै, डराय धमकाय कई लोगां ने गढ़ सूं भी काढ़ दिया बतावै छै। एक आदमी ने मकान का चेजा करवा कर 20 घण्टा तक गढ़ हिरासत में राख्यो और जुर्माना की रकम लेर छोड़्यो।30

बीकानेर राज्य में सुधारों के नाम पर जो ढोंग किये जा रहे थे तथा प्रशासन जो मनमानी कर रहा था उसकी पोल खोलते हुए पाक्षिक 'आगीवाण' ने इस प्रकार खबर प्रकाशित की- 'थोथा चणा बाजे घणा'

महाराजा बीकानेर हाके की शिकार का शौकीन है। राज में घणो सुधारो करवा को ढोल जुबली पर पीटियो गयो है पर सुधारो तो यो दीखे है कि

उच्छव का मौका पर भी बीकानेर खास मैं लोगां ने गिरफ्तार करके अन्दर राज्यो गयो। बीकानेर में एसेम्बली है। कहबाने बीको भी विस्तार कियो गयो है। चुन्योड़ा मिनख ज्यादा राखिया गया है। पिण जो असलियत जाणे हैं बांने पतो है कि चुनाव करसी म्यूनिसिपल्टियां। म्यूनिसिपल्टियां में 15 मायं सूं 10 तो जंगलघर बादशाह की नामजद की हुई है। 5 में पिण्डों की मर्जी का आदमी आणे को इन्तजाम होणो कठण नंही। इसा आदमी प्रजा का आदमी हो सके है? म्हाराजा जाणै है कि की तरह सूँ हल्दी फिटकड़ी लगाया बिना ही चोखो रंग लाणो। पिण या सदी बीसवीं सदी है। लोग असलियत समझ सके है।31 पत्र में 'प्रान्त और जिला रा समाचार' शीर्षक से देवली का हाल लिखते हुए 'एक देवली वासी' के हवाले से कहा गया है- देवली की बांता (एक देवली वासी)

आज काल को जमानो इस्यान् तो बढ़ती कौ छै और बई बढ़ती के तांई सारा मुल्क न्यारी-न्यारी कोशिश्यां कर रह्या हैं। पण थांके सामने म्हां की देवली तो समूची ही गई बीती होरी छै। अठै गाँव मायने नित रोज म्यूनिसिपलटी की जोरी होवे छै। कदी वा एक मामूली आदमी पर मन मान्यो टेक्स लगा देवे छै तो कदी जाके टेक्स लागणो चावे बांके मयाद सूं भी कम लगावे छै। जरासी बांके सामने कोई बात उठावे छै तो वे उणे झट ऊँदी सूंदी डांट पिला दे छै जीसे वे चुपचाप बैठ जावे छै और कांई काम करतो होवे तो भी न कर सके। अब थे ही बताओ के इसी हालत में गाँव की बढ़ोतरी किस्यान् हो सके छै।32

श्री ऋषिदत्त मेहता द्वारा निकाले जाने वाले पत्र 'राजस्थान' ने लखनऊ कांग्रेस के अधिवेशन पर 6 अप्रैल, 1936 का अपना अंक 'अधिकारांक; के रूप में प्रकाशित किया।33 अपने इस अंक में 'राजस्थान' ने रियासती दमन एवं नौकरशाही के अत्याचारों को प्रतिबिम्बित करने वाली एक कविता छापी। यह कविता बूँदी की नई पंचायत के कुछ भावुक लोगों ने सन् 1923 के बूँदी आंदोलन में मि-इकराम हुसैन की पाशविकता पर बलिदान होने वाले नानक जी भील34 के साथ उस विश्व के स्वामी की सेवा में भेजी थी। कविता इस प्रकार है-

देशी राज्य निवासी प्रजा का चिर कालक्रमागत हाहाकार

बूंदी के शहीद के साथ अरजी

लेता जाओ जी नानक जी भील अरजी पंचा की।

दीजो म्हांकी अरजी जाकर परम पिता के हाथ

बूँदी की दुखिया परजा की कीजो सारी बातरू

डूब्यो धरम, पाप छायो छै, नीत राज की खोटी
बालक बूढ़ा पचां रात दिन फिर भी मिले न रोटी,
तन ढकवा सारु न चींथरा, नान्यां डोले नागी
फिर भी पापी म्हांके ऊपर गोल्यां भर भर दागी,
राजा जी दारू पी सूतो गोलां लूट मचाई!
सब रह्यत ने लूट लूट मोटी हेल्यां बणवाई!
भुगती घणी, दुखी म्हे रइयत अब तो कंठ तक डूबी
मरबा सारू सत्याग्रह पर अब तो डट कर ऊबी,
तू अनाथ को नाथ कुबावै है तिरलोकी नाथ,
छोड़ बंड़ा ने, अब तो धर दे म्हांके माथे हाथ!
इतरी डाक खनवां छां मे नानक थारी साथ!
दूजा डाक फेर आवै छै, कह दीजे या बात,
कह दीजे, जां तक म्हांकी होवेगी नहीं सुणवाई
मरबा ऊपर ऊबा छां सब बालक, लोग लुगाई!
धन्न-धन्न! थारी जननी ने मरयो देश के काम
चाँद, सुरज, बूँदी छै जां तक थारा रहसी नाम!
डाबी का कुछ देश दरोही बुरो देश को ताक्यो
दुज मोड़ो ओनाड़ो ठाकर थां पर फन्दो नाख्यो ,
रामकिशन हाकम, इकरामो, सुपरडंट को डंक!
नाजम धनालाल, यां माथे रहसी सदा कलंक,
छोरा छोर्या को धोको मत ल्याजे रत्ती मन में
वे म्हांका छै म्हैवां का छां ई दुख सुख जीवन में
कै तो थारी बलि सूं दुखा सूं म्हां छुट जावां छां
दूजूं मोड़ा बेगा म्है भी सारा ही आवां छां!
अब तो दो में एक किनारा पर ही रहशी बात
कै तो या अन्याय मिटेगी कै म्हांका सिर साथ! 35

भाषा और बिम्ब

बिम्ब काव्याभिव्यंजना के प्रमुख तत्त्वों में से एक है। अधिकांश विद्वानों का यह मत है कि समकालीन भारतीय काव्यशास्त्र में 'बिम्ब' संबंधी समस्त चिन्तन आधुनिक पाश्चात्य काव्यशास्त्र के प्रभाव की ही एक महत्त्वपूर्ण देन है। हमारे यहां 'बिम्ब' पाश्चात्य शब्द 'इमेज' के पर्याय के रूप में गृहीत हुआ है। संसार की विभिन्न भाषाओं का साहित्य सदैव बिम्ब प्रधान ही रहा है। बिम्ब के माध्यम से ही पत्रकार अपने भाव एवं विचार को

श्रोता एवं पाठक तक सम्प्रेषित करता है। कविता में रागतत्व का सन्निवेश किसी न किसी रूप में रहता ही है। कवि के ऐन्द्रिय संवेदनों की राग-सम्पृक्त अभिव्यक्ति ही बिम्ब का रूप ग्रहण करती है। बिम्ब का जन्म कवि की अनुभूतियों से होता है। निश्चय ही बिम्ब जीवन की जटिलता को व्यक्त करने के साधन हैं। इन्हें मन का विशुद्ध सृजन भी कहा गया है।

जिस क्षेत्र की जनता हो उसे वहाँ की प्रादेशिक भाषा में पत्र मिलता साथ ही उदाहरण अर्थात् बिम्ब (फोटो) सहित समझाना है। नाना प्रकार के समाचारों से पाठक को अवगत कराने के बाद उसकी मानसिकता क्षुधा को शांत करने के लिए समाचार पत्रों द्वारा अपने दीर्घ अनुभव से कुछ विशेष प्रकार की समाचारेतर सामग्री का भी स्वरूप विकास किया गया। इस प्रकार की सामग्री में फीचर या विशेष लेख तथा हास्य व्यंग्य के स्तम्भ प्रमुख थे।

राजस्थान के समाचार पत्रों में अभी हाल तक बहुत अच्छे स्तर के फीचर दृष्टिगोचर नहीं होते थे। इसका एक कारण जहां अच्छे फीचर लेखकों का अभाव है, वहीं दूसरी ओर संदर्भ सामग्री की सुविधा या घटना स्थलों पर जाकर अध्ययन करने अथवा व्यक्ति विशेष से सम्पर्क करने के लिए यात्रा व्यय वहन करने की सामर्थ्य अभाव भी इसका मूल कारण था। फिर भी फीचर लेखन की दिशा में उत्साहजनक प्रयत्न होते रहे हैं।36

हास्य व्यंग्य के स्तम्भ

किसी भी मुद्दे पर अपना विरोध मुखर करने के लिए इस भाषा का प्रयोग किया जाता है। इसमें कटाक्ष भरे शब्दों अर्थात् व्यंग्य की मात्रा सर्वाधिक होती है। फीचर के बाद मुख्य चर्चित विषय हास्य वयंग्य स्तम्भों का है। इस दृष्टि से राजस्थान के समाचार पत्र हिन्दी के भारतीय स्तर के हिन्दुस्तान और नवभारत टाइम्स से भी आगे हैं। यहां के सभी दैनिक इस तरह का कोई न कोई स्तम्भ चलाते रहे हैं। लोकवाणी में 'यत्र तत्र अन्यत्र' शीर्षक से एक स्तम्भ चलाया जाता था। नवज्योति 'यदा कदा सर्वदा' शीर्षक से और 'येन केन प्रकारेण' शीर्षक से इस तरह के स्तम्भों का निर्वाह करते रहे हैं। इन स्तम्भों का ध्येय वैसे हास परिहास पूर्ण ढंग से सामायिक घटनाओं पर हल्की फुल्की साहित्यिक शैली में कटाक्ष करना होता है, जिसके मूल उद्देश्य मनोरंजन होता है, किन्तु कभी कभी स्तम्भ लेखक इस मर्यादा का उल्लंघन कर व्यक्ति विशेष पर आक्षेप करने की दुष्प्रवृत्ति से नहीं बच पाते।

उक्त स्तम्भों के अतिरिक्त नगर की हलचलों, पुराने इतिहास और संस्कृति पर भी स्तम्भ चलाये जाने लगे। इस प्रकार के स्तम्भों में राष्ट्रदूत

में प्रकाशित 'घुमक्कड़राम की डायरी' और राजस्थान पत्रिका में प्रकाशित 'नगर परिक्रमा' स्तम्भ विशेष रूप से उल्लेखनीय रहे। नगर परिक्रमा के माध्यम से जयपुर के प्राचीन इतिहास, सामाजिक जीवन, रीतिरिवाजों आदि पर महत्वपूर्ण सामग्री प्रकाश में आई है और यह स्तम्भ पाठकों में बहुत लोकप्रिय हुआ।37

प्रतिनिधि हिन्दी दैनिकों की सामग्री का स्वरूप

राजस्थान में पत्रकारिता के प्रारम्भिक प्रयत्नों की कथा से लोक धर्मी पत्रकारिता, मिशनरी पत्रकारिता के पड़ावों के उपरान्त सबसे अहम पड़ाव स्वतंत्रता के उपरान्त व्यावसायिक पत्रकारिता का आज का युग है जब पत्रकारिता के प्रतिमानों के साथ साथ उसकी दशा एवं दिशा का निर्धारण हुआ है। सूचना मनोरंजन एवं शिक्षा के बुनियादी उद्देश्य के लिए संचालित होने वाले पत्रकारिता के क्षेत्र के लिए स्वतंत्रता प्राप्ति के उपरान्त इस राज्य में एक से बढ़कर एक चुनौतियां थीं। एक ओर एकीकरण से पूर्व जनाश्रित पत्रकारिता के बोए बीजों के लिए उपजाऊ मिट्टी जुटाकर उस पौधें को पल्लवित करना था तो दूसरी ओर आजाद देश और प्रान्त में मुंह बाए खड़ी सामाजिक विसंगतियों के उन्मूलन के लिए अपनी भूमिका का निर्वाह करना था। ढाई दशक पूर्व जब व्यावसायिक पत्रकारिता का शंखनाद हुआ तो राज्य के खबरवीसों और पत्रकारिता को अपने रास्ते खुद निश्चित करने थे। भूमण्डलीकरण एवं तीव्र वैज्ञानिक तकनीकी प्रगति के आज के दौर में राजस्थान की पत्रकारिता अपनी प्रसार संख्या, स्वरूप, तकनीक एवं शैली की दृष्टि से परिवर्तित हो चुकी है। सूचना क्रान्ति की दौड़ में पत्रकारिता का असाधारण विस्तार हुआ है।38

राजस्थान में गत दो ढाई दशक के दौरान हिंदी पत्रों की सामग्री के स्वरूप और चरित्र में क्रांतिकारी परिवर्तन हुआ। खास तौर पर सन् 1991 के बाद हुए आर्थिक सुधारों से जो संचार क्रांति हुई उसने राजस्थान में हिन्दी पत्रों की सामग्री से संबंधित रीति नीति पूरी तरह बदल गई है। राजस्थान में गत दो तीन दशक हलचलपूर्ण रहे हैं। सामंती अतीत वाले इस प्रांत को अशिक्षा और पिछड़ापन विरासत में मिले, लेकिन गत दो तीन दशकों के दौरान हालात काफी बदल गए हैं। पंचायत राज व्यवस्था की शुरुआत राजस्थान से हुई और कालांतर में यहां इसका विस्तार हुआ इसलिए गत कुछ समय से यहां लोकतांत्रिक प्रक्रियाओं का विस्तार हुआ। यहां साक्षरता भी पिछले दो तीन दशकों में बढ़ी। लोकतांत्रिक संस्थाओं के विस्तार और सुदृढ़ीकरण के साथ तकनीक की सुलभता से यहां के हिन्दी पत्रों का गत दो

तीन दशकों में विस्फोटक विस्तार हुआ है।

गत सदी के अंतिम दशकों में राजस्थान में मध्यप्रदेश के क्षेत्रीय दैनिक भास्कर का प्रवेश भी हिंदी पत्रों की सामग्री में परिवर्तन का कारक सिद्ध हुआ है। राजस्थान में दैनिक भास्कर के आगमन के पूर्व प्रतिद्वंद्विता का माहौल नहीं था। राष्ट्रदूत, दैनिक नवज्योति आदि पत्रों के साथ प्रकाशित राजस्थान पत्रिका का यहां वर्चस्व था। गत सदी के अंतिम दशकों में दैनिक भास्कर ने इस वर्चस्व को चुनौती पेश की और धीरे धीरे उसने सामग्री के मामले में अन्य सभी हिंदी पत्रों को अपना अनुगामी होने के लिए विवश कर दिया। आर्थिक सुधारों के बाद मनोरंजन की सदियों से दमित मध्य वर्ग की इच्छा खुलकर व्यक्त हुई। इसमें हिंदी पत्रों की सामग्री संबंधी प्राथमिकताएं बदल गई। अब इनसे फिल्म, टीवी, लाइव मनोरंजन शांपिंग आदि का बोलबाला बढ़ गया। तब राजस्थान के हिंदी पत्रों की रीतिनीति में सामाजिक प्रतिबद्धता का तत्व शामिल था, लेकिन आर्थिक सुधारों और संचार क्रांति के बाद सामाजिक प्रतिबद्धता को जगह इनमें व्यवसाय सर्वोपरि हो गया है। इनमें सामग्री भी तदानुसार बदल रही है। अब इनमें सारा जोर विज्ञापनों पर है। विज्ञापन अब इनमें एड्वटोरियल के रूप में तो प्रकाशित हो ही रहे हैं और साथ ही समाचार की शक्ल में सीधे विज्ञापन भी दिए जा रहे हैं। विज्ञापन और समाचार के बीच की विभाजक रेखा यहां नगरीय परिशिष्टों में अदृश्य हो गई है। इस संबंध में सारी आचार संहिताएं ताक पर रख दी गई हैं।39

गत सदी के अंतिम दशकों में हुई संचार क्रांति और मीडिया विस्फोट से जनसाधारण की दिलचस्पी एकाएक फिल्म-टीवी में बहुत बढ़ गई। आर्थिक सुधारों से मध्य वर्ग सम्पन्न हुआ उसका पाश्चात्य जीवन शैली की ओर झुकाव बढ़ा। खास तौर पर मध्यवर्गीय युवा वर्ग में मौज मजे की प्रवृत्ति बलवती होती गई। राजस्थान के हिन्दी दैनिक पत्रों की सामग्री पर इस सबका गहरा और व्यापक असर हुआ। यहां के प्रमुख दैनिक पत्रों ने फिल्म टीवी पर आधारित परिशिष्टों का प्रकाशन शुरू किया। राजस्थान पत्रिका ने थावर नामक अपने साप्ताहिक परिशिष्ट में लोकरंजन की सामग्री के अंतर्गत फिल्म टीवी पर आधारित हल्की फुल्की कथाएं परोसना शुरू किया। दैनिक भास्कर ने यह काम अपने साप्ताहिक परिशिष्ट नवरंग के माध्यम से किया। इन परिशिष्टों में फिल्म टीवी से संबंधी सितारों पर कथाओं के साथ गॉसिप कॉलमों का प्रकाशन शुरू हुआ। संचार क्रांति के बाद इन पृष्ठों की साज

सज्जा में क्रांतिकारी परिवर्तन हुए। इन पर सितारों की बहुरंगी पारदर्शियां प्रकाशित हुई। टीवी की जन साधारण में लोकप्रियता को भी इन दैनिकों ने खूब भूनाया। इन्होंने अपने साप्ताहिक परिशिष्टों में लोकप्रिय टीवी धारावाहिकों की कथाओं पर सचित्र आलेख प्रकाशित किए। इन परिशिष्टों के अतिरिक्त टीवी पर प्रसारित होने वाले कार्यक्रमों के विवरण आधारित कॉलम अस्तित्व में आ गए। इस सदी के अंतिम दशकों में मध्यमवर्गीय युवा पाठकों की दिलचस्पी को ध्यान में रखकर इन दैनिकों ने फिल्म तारिकाओं की अर्धनग्न पारदर्शियां भी प्रकाशित की।40

निष्कर्ष

आज के दौर में सबसे बड़ी चुनौती हिन्दी पत्रकारिता की भाषा है। इसे लेकर कोई मापदण्ड तय नहीं हो पाया है बल्कि कोई प्रारूप भी नहीं है। जिसे जो मन में आया वह करता जा रहा है। जल्द से जल्द और पहले पहल खबर लोगों तक पहुंचने की होड़ में लगे खबरिया चैनलों में कई बार भाषा के साथ खिलवाड़ होते देखा जा सकता है। कहा जा सकता है कि अनुशासनहीन भाषा की संरचना विकसित हो गयी है। खबर के लिए सुबह अखबार के इंतजार को इंटरनेट मीडिया और 24 घंटे खबरिया चैनल ने खत्म कर दिया है। चंद मिनट में घटित घटना लोगों तक पुहंच रहा है। ऐसे में भाषा की गंभीरता का सवाल सामने आ जाता है। हालांकि, इलैक्ट्रानिक मीडिया में आम बोलचाल की भाषा को अपनाया जाता है। इसके पीछे तर्क साफ है कि लोगों को तुंरत दिखाया व सुनाया जाता है यहाँ अखबार की तरह आराम से खबर को पढ़ने का मौका नहीं मिलता है। इसलिए रेडियो और टी.वी. की भाषा सहज, सरल और बोलचाल की भाषा को अपनाया जाता है। कई अखबारों ने भी इस प्रारूप को अपनाया है खासकर हिन्दी के पाठकों को ध्यान में रख कर भाषा का प्रयोग होने लगा है। इसके पीछे सोच यह है कि हिन्दी के पाठक हर वर्ग से हैं। चाय या पान की दुकान हो या ढाबा अशिक्षित या कम शिक्षित यहाँ रखे अखबार को उलट-पुलट कर पढ़ने की कोशिश करते है। इन सब के बीच क्षेत्रीय बोलियों का भी समावेश हुआ है। राष्ट्रीय से राजकीय और जिला यानी क्षेत्रीय स्तर पर अखबारों के प्रकाशन से भाषा में बदलाव आया है। क्षेत्रीय और जिले तक सिमटे मीडिया में वहाँ की बोलियों को स्थान मिल रहा है ताकि पाठक अपने आपको जुड़ा महसूस करें। हिन्दी पत्रकारिता ने आज तकनीक विकास के साथ-साथ भाषायी विकास भी कर लिया है।

संदर्भ सूची :

1. चड्ढा, सविता, नई पत्रकारिता और समाचार लेखन, तक्षशिला प्रकाशन, दिल्ली, सन् 1989, पृ. 25

2. लाल, डॉ. वंशीधर, भारतेन्दु युगीन हिन्दी पत्रकारिता, अनुभव प्रकाशन, कानपुर, सन् 1987, पृ. 49

3. बच्चन, डॉ. हरिवंशराय, हिन्दी पत्रकारिता के गौरव: बांके बिहारी भटनागर, आत्माराम एण्ड संस, दिल्ली, पृ. 37

4. भानावत, डॉ. संजीव, भारत में संचार माध्यम, पुलित्जर संचार अध्ययन एवं शोध संस्थान, जयपुर, सन् 2002, पृ. 137

5. राष्ट्रदूत, 16 सितम्बर, सन् 1996, मुख पृष्ठ

6. राजस्थान पत्रिका, 13 नवम्बर, सन् 1954, पृ. 3

7. भानावत, डॉ. संजीव, भारत में संचार माध्यम, पुलित्जर संचार अध्ययन एवं शोध संस्थान, जयपुर, सन् 2002, पृ. 138

8. वही, पृ. 139

9. वैदिक, डॉ. वेदप्रताप, हिन्दी पत्रकारिता: विविध आयाम, प्रकाशक हिन्दी बुक सेन्टर, सन् 2006, पृ. 56

10. शुक्ला, डॉ. महेश, पत्रकारिता के विविध आयाम, कामनवेल्थ पब्लिषर्स, नई दिल्ली, सन् 2001, पृ. 83

11. वही, पृ. 84

12. दीक्षित, डॉ. सूर्यप्रसाद, भारतीय स्वतंत्रता और हिन्दी पत्रकारिता, बिहार ग्रंथ कुटीर, पटना, सन् 1989, पृ. 96

13. जैन, सकुमाल, भारतीय समाचार पत्रों का संगठन, हिन्दी ग्रंथ अकादमी, भोपाल, सन् 1972, पृ. 162

14. चतुर्वेदी, जगदीश प्रसाद, पत्रकारिता के परिप्रेक्ष्य, साहित्य संगम, इलाहाबाद, सन् 1987, पृ. 77

15. वही, पृ. 78

16. गौतम, रूपचन्द, दलित पत्रकारिता के सामाजिक सरोकार, श्री नटराज प्रकाशन, नई दिल्ली, सन् 1980, पृ. 37

17. भानावत, डॉ. संजीव, सांस्कृतिक चेतना और जैन पत्रकारिता, सिद्ध श्री प्रकाशन, जयपुर, सन् 1990, पृ. 49

18. वही, पृ. 50

19. वैदिक, डॉ. वेदप्रताप, हिन्दी पत्रकारिता: विविध आयाम, प्रकाशक हिन्दी बुक सेन्टर, सन् 2006, पृ. 67

20. जैन, सकुमाल, भारतीय समाचार पत्रों का संगठन, हिन्दी ग्रंथ अकादमी, भोपाल, सन् 1972, पृ. 173

21. वही, पृ. 174

22. शर्मा, गोपीनाथ, राजस्थान के इतिहास के स्रोत, राजस्थान हिन्दी ग्रंथ अकादमी, जयपुर, सन् 1973, पृ. 176

23. वैदिक, डॉ. वेदप्रताप, हिन्दी पत्रकारिता: विविध आयाम, प्रकाशक हिन्दी बुक सेन्टर, सन् 2006, पृ. 84

24. वही, पृ. 86

25. गौतम, रूपचन्द, दलित पत्रकारिता के सामाजिक सरोकार, श्री नटराज प्रकाशन, नई दिल्ली, सन् 1980, पृ. 77

26. शर्मा, डॉ. अशोक कुमार, संचार क्रान्ति और हिन्दी पत्रकारिता, विश्वविद्यालय प्रकाशन, वाराणसी, सन् 1991, पृ. 22

27. वही, पृ. 23

28. मिश्र, डॉ. कृष्ण बिहारी, पत्रकारिता इतिहास और प्रश्न, वाणी प्रकाशन, नई दिल्ली, सन् 1993, पृ. 148

29. प्रभाकर, मनोहर, राजस्थान में हिन्दी पत्रकारिता, पृ. 81

30. आगीवाण, सन् 20 नवम्बर, सन् 1937

31. आगीबाण, सन् 20 नवम्बर, सन् 1937, पृ. 7

32. वही, सन् 20 नवम्बर, सन् 1937, पृ. 17

33. राजस्थान, 6 अप्रैल, सन् 1936 मुख पृष्ठ

34. नवीन राजस्थान, 22 अप्रैल, सन् 1923

35. राजस्थान, 6 अप्रैल, सन् 1936

36. मृदुला, डॉ, हिन्दी की सर्वोदय पत्रकारिता, कॉलेज बुक डिपो, जयपुर, सन् 2006, पृ. 65

37. मेहता, आलोक, भारत में पत्रकारिता, निदेशक, नेशनल बुक ट्रस्ट, इण्डिया, सन् 2006, पृ. 208

38. वही, पृ. 209

39. दीक्षित, डॉ. सूर्यप्रसाद, भारतीय स्वतंत्रता और हिन्दी पत्रकारिता, बिहार ग्रंथ कुटीर, पटना, सन् 1989, पृ. 116

40. वही, पृ. 117

7. वर्तमान परिप्रेक्ष्य में राजस्थान में हिन्दी पत्रकारिता का जनचेतना के विकास में योगदान

समाज में व्याप्त कुरीतियों या कुप्रथाओं के विरोध में जनता में जागरुकता लाना ही जनचेतना कहलाती है। उचित-अनुचित का अहसास दिलाना ही इसका मुख्य उद्देश्य होता है और पत्रकारिता ही ऐसा माध्यम है जिसके द्वारा समाज में जनचेतना का प्रसार किया जा सकता है। पत्रकारिता का क्षेत्र एवं परिधि बहुत व्यापक है, उसे किसी सीमा में बांधा नहीं जा सकता। जीवन के प्रत्येक क्षेत्र में हो रही हलचलों, संभावनाओं पर विचार कर एक नई दिशा देने का काम पत्रकारिता के क्षेत्र में आ जाता है। पत्रकारिता जीवन के प्रत्येक पहलू पर नजर रखती है। इन अर्थों में उसका क्षेत्र व्यापक है। एक पत्रकार के शब्दों में "समाचार पत्र जनता की संसद है, जिसका अधिवेशन सदैव चलता रहता है।" इस समाचार पत्र रूपी संसद का कभी सत्रावसान नहीं होता। जिस प्रकार संसद में विभिन्न प्रकार की समस्याओं पर चर्चा की जाती है, विचार-विमर्श किया जाता है, उसी प्रकार समाचार-पत्रों का क्षेत्र भी व्यापक एवं बहुआयामी होता है। पत्रकारिता तमाम जनसमस्याओं एवं सवालों से जुड़ी होती है, समस्याओं को प्रशासन के सम्मुख प्रस्तुत कर उस पर बहस को प्रोत्साहित करती है। समाज, जीवन के हर क्षेत्र में आज पत्रकारिता की महत्ता स्वीकारी जा रही है। आर्थिक, सामाजिक, राजनीतिक, विज्ञान, कला सब क्षेत्र पत्रकारिता के दायरे में हैं। इन संदर्भों में वर्तमान परिप्रेक्ष्य में आर्थिक पत्रकारिता का महत्त्व खासा बढ़ गया है। हिंदी पत्रकारिता को यह गौरव प्राप्त है कि वह न सिर्फ इस देश की आजादी की लड़ाई का मूल स्वर रही, बल्कि उसने हिंदी को एक भाषा के रूप में रचने, बनाने और अनुशासनों में बांधने का काम भी किया। हिंदी भारतीय उपमहाद्वीप की एक ऐसी भाषा बनी, जिसका पत्रकारिता और साहित्य के बीच अंतर्संवाद बहुत गहरा था। हिंदी आज सूचना के साथ-साथ ज्ञान-विज्ञान के हर अनुशासन को व्यक्त करने वाली भाषा बनी है, तो इसमें उसकी पत्रकारिता के योगदान को नकारा नहीं जा सकता। हिंदी पत्रकारिता ने इस देश की धड़कनों को व्यक्त किया है, आंदोलनों को वाणी दी है और लोकमत निर्माण से लेकर लोकजागरण का काम भी बखूबी किया है।आज की हिंदी पत्रकारिता पर आरोप लग रहे हैं कि वह अपने समय के सवालों से कट रही है। उन पर बौद्धिक विमर्श छेड़ना तो दूर, वह उन मुद्दों की वास्तविक तस्वीर सूचनात्मक ढंग से भी रखने में

विफल हो रही है। सवाल उठने लगा है कि आखिर ऐसा क्यों है? सन् 1990 के बाद के उदारीकरण के सालों में अखबारों का कलेवर सुदर्शन हुआ, छपाई शानदार हुई और प्रस्तुति बदली है। वे अब पढ़े जाने के साथ-साथ देखे जाने लायक भी बने हैं।

कई बार ऐसा लगता है कि हिंदी के अखबार टीवी न्यूज चैनलों से होड़ कर रहे हैं। यह होड़ अखबार के सौंदर्यबोध, उसकी सुंदर प्रस्तुति तक सीमित हो तो ठीक, पर यह विषय-वस्तु के स्तर पर जाएगी तो खतरा बड़ा होगा। एक एफएम रेडियो के जॉकी और अखबार की भाषा में अंतर सिर्फ माध्यमों का अंतर नहीं है, बल्कि उस माध्यम की जरूरत भी है। इसलिए टीवी और रेडियो की भाषा से होड़ में हम अपनी मौलिकता को नष्ट न करें। हिंदी अखबारों के संपादकों का आत्मविश्वास शायद इस बाजारू हवा में हिल गया लगता है। वे हिंदी के प्रचारक और रखवाले जरूर हैं, पर इन सबने मिल कर जिस तरह आम भाषा के नाम पर अंगरेजी के शब्दों को स्वीकृति दी है, वह आपराधिक है। यह स्वीकार्यता अब होड़ में बदल गई है। हिंदी पत्रकारिता में आई यह उदारता भाषा के मूल चरित्र को ही भ्रष्ट कर रही है। यह चिंता भाषा की नहीं, बल्कि उस पीढ़ी की भी है, जिसे हमने बौद्धिक रूप से विकलांग बनाने की ठान रखी है। आखिर हिंदी अखबारों के पाठक को क्यों नहीं पता होना चाहिए कि उसके आसपास के परिवेश में क्या घट रहा है। हमारे पाठक के पास चीजों के होने और घटने की प्रक्रिया के सामाजिक, आर्थिक, सांस्कृतिक पहलुओं पर विश्लेषण क्यों नहीं होने चाहिए? क्यों वह गंभीर विमर्शो के लिए अंगरेजी या अन्य भाषाओं पर निर्भर हो। हिंदी क्या सिर्फ सूचना और मनोरंजन की भाषा बन कर रह जाएगी। अपने बौद्धिक विश्लेषणों, सार्थक विमर्शो के आधार पर नहीं, सिर्फ चमकदार कागज पर शानदार प्रस्तुति के चलते कोई पत्रकारिता लोकस्वीकृति पा सकती है। आज का पाठक समझदार, जागरूक और दूसरे विविध माध्यमों से सूचना और विश्लेषण पाने की क्षमता से परिपूर्ण है। ऐसे में हिंदी अखबारों को यह सोचना होगा कि वे कब तक अपनी छपाई और प्रस्तुति के आधार पर लोगों की जरूरत बने रहेंगे। हिंदी के अखबारों ने अपनी साप्ताहिक पत्रिकाओं को विविध विषयों पर केंद्रित कर एक बड़ा पाठक वर्ग खड़ा किया है। उन्हें अब साहित्यिक, बौद्धिक विमर्शो, संवादों, दुनिया में घट रहे परिवर्तनों पर नजर रखते हुए अपने को ज्यादा सुरुचिपूर्ण बनाना होगा। भारतीय भाषाओं, खासकर मराठी, बांग्ला और गुजराती में ऐसे प्रयोग हो रहे हैं, जहां सूचना के अलावा अन्य संदर्भ भी बराबरी से जगह पा रहे हैं।1

वर्तमान परिप्रेक्ष्य में जनसंचार

संचार विचारों का सम्प्रेषण है। दो के बीच परस्पर विचार विनिमय दूरसंचार है जबकि किसी तथ्य, सूचना, ज्ञान विचार और मनोरंजन की व्यापक ढंग से जन-जन तक पहुँचाने की प्रक्रिया पत्रकारिता है। समान लक्ष्य की प्राप्ति एवं पारस्परिक मेल जोल के निमित्त अपरिहार्य है। जनता के बड़े समूह तक संदेशों के सम्प्रेषण की वैज्ञानिक कला जनसंचार है। शब्द, संगीत, चित्र, प्रकाशन, संकेत, प्रदर्शन, भाव भंगिमा द्वारा सामूहिक रूप से संवादों का प्रेषण जनसंचार है। यह संदेशों की परस्पर सामाजिक क्रिया है। जो समाज सूचना को जितनी देर से पाता है, वह उतना ही विकास में पिछड़ जाता है। सूचना की समाज में उपयोगिता है इसलिए सूचना समाज की कल्पना की जा रही है। सूचना ही जीवन है। जनसंचार एक सहज प्रवृत्ति है। आधुनिक जन-जीवन और सांस्कृतिक आर्थिक, सामाजिक व्यवस्था का ताना बाना जनसंचार साधनों द्वारा सुव्यवस्थित है। वे ही जनता, समाज, राष्ट्र के सजग प्रहरी हैं। संचार व्यवस्था समाज की प्रगति, सभ्यता और संस्कृति के विकास का माध्यम है। इसके बिना मानव गरिमा की कल्पना नहीं हो सकती है। संचार ही तथ्यों और विचारधाराओं के विनिमय का विस्तृत क्षेत्र है।2

वर्तमान परिप्रेक्ष्य में जनसंचार की महत्ता

संचार जगत में संतुलन और अंकुश न रहे तो वह आनियंत्रित हो जाएगा। विचारों की अभिव्यक्ति पर अंकुश लगाना ठीक नहीं लेकिन उसे निरंकुश भी नहीं रहना है। विचारों को नियम, कानून, औचित्य, मर्यादा, देशहित और समाज हित से जुड़ा होना चाहिए। अभिव्यक्ति की आजादी का अर्थ स्वेच्छाचारिता नहीं है। आज जितना अधिक जानने की अदम्य इच्छा है उतना ही जानकारी को छिपाने को भरपूर कोशिश भी है। कानून, सेंसरशिप, प्रसारण और वितरण में अड़चन, मीडिया की अर्थ व्यवस्था पर कुठाराघात- इन सरकारी शास्त्रों से अभिव्यक्ति की स्वतंत्रता बाधित होती है। समाज में व्याप्त दोहरा जीवन, दोहरी नीतियां, ढोंग, अंधविश्वास, अंधेरगर्दी, मदान्धता को मिटाने में जनसंचार साधन अहं भूमिका निभाते हैं, योग्यता और क्षमता के स्थान पर पैरवी और पैसे के प्रभाव को समाप्त कर नैतिक और बौद्धिक ईमानदारी का वातावरण इनसे ही निर्मित हो सकता है। संचार मानव की प्रगति के प्रचार प्रसार का प्रमुख माध्यम है जो दानव को मानव बना सकता है।3 अभिव्यक्ति एक सहज प्रक्रिया है। अभिव्यक्ति पर नियंत्रण सर्वाधिक कष्टप्रद है। जानने का अधिकार और बतलाने का अधिकार लोकतंत्र की रीढ़ है। जानकारी प्राप्त करने की दिशा में जनसंचार के माध्यम से संपर्क सूत्र

बनते हैं। जनसंचार का कार्य सूचना देना एवं जनमत तैयार करना ही नहीं अपितु प्रभावकारी ढंग से संपर्क बनाना एवं भ्रामक प्रचारों को निरर्थक सिद्ध करना है। प्रजातांत्रिक व्यवस्था को सुदृढ़ और जागरूक बनाने तथा जन मानस को समुन्नत करने में संचार की अहं भूमिका है।

जनसंचार माध्यमों की जिम्मेदारी है कि जनता उचित समय पर सही जानकारी प्राप्त करे, जनता अपने सत्कर्तव्यों के महत्व और अपनी त्रुटियों के दुष्परिणामों से अवगत हो। शासन सुव्यवस्था और राष्ट्रीय हित के सम्पादन में जनसंचार माध्यम अविस्मरणीय भूमिका का निर्वहन करते हैं। आम जनता की समस्याओं के निदान और उपचार की दिशा में जनसंचार प्रभावशाली सिद्ध होते हैं। आलोचना, विरोध, असहमति के प्रकाशन से रचनात्मक सुधार की ओर जनसंचार ही उन्मुख करता है। भ्रम, विभ्रम, अविश्वास, अंधविश्वास, कुतर्क, विद्वेष को मिटाने में इसकी भूमिका प्रमुख है। विकासशील राष्ट्र और जाग्रत समाज की सामाजिक, सांस्कृतिक, आर्थिक, प्रशासनिक, प्रवृत्तियों के शोधन में जनसंचार का योगदान अविस्मरणीय है। संचार के अभाव में व्यक्ति का समाज से संपर्क ही नहीं बन सकता, उसका जीवन अवरुद्ध हो जाता है, रिक्तता आ जाती है। समाज के विकास में जनसंचार की महत्ता सर्वमान्य है।4

जनचेतना और समाज

जहाँ जीवन है, वहीं समाज है। समाज सामाजिक सम्बन्धों का जाल है। किसी ने समाज का प्रयोग व्यक्तियों के समूह के रूप में, किसी ने समिति के रूप में और किसी ने संस्था के रूप में किया है। समाज व्यक्तियों के पारस्परिक सम्बन्धों की एक व्यवस्था है। समाज में जनचेतना का प्रसार करना पत्रकारिता का प्रमुख धर्म है। अगर समाज में जागरूकता आ जाए तो हमारा समाज राजनीतिक, धार्मिक व आर्थिक रूप से सुदृढ़ हो सकता है। जनचेतना के द्वारा ही किसी समाज के विकास की दिशा तय हो सकती है। पारस्परिक जागरूकता, समानता, सहभागिता, अन्योन्याश्रितता, स्वतंत्रता ही समाज के तत्व हैं। धर्म नैतिकता, परिवार का अनुशासन, सभ्यता और संस्कृति के चलते समाज में नियंत्रण स्थापित होता है, अपराधों के कारण सामाजिक विघटन की स्थिति उत्पन्न होती है। वर्ग व्यवस्था, जाति व्यवस्था, आश्रम व्यवस्था द्वारा समाज संगठित रहता है परन्तु समयानुसार इनमें परिवर्तन होते रहना भी आवश्यक है। वर्तमान परिप्रेक्ष्य में सभ्य और सुदृढ़ समाज वही है जो निरन्तर समय की आवश्यकताओं को समझता हुआ अपनी सामाजिक व्यवस्था को बदल ले। रूढ़ि और परम्परा के नाम पर उन

व्यवस्थाओं को नहीं ढोना चाहिए जो जन या समाज का अहित करती हो। एक जागरूक और जिम्मेदार पत्रकार अपने समय की बौद्धिक और नैतिक आवश्यकताओं को समझते हुए निरन्तर क्रियाशील रहता है। ग्राम सभा, ग्राम पंचायत, न्याय पंचायत की कार्य पद्धति से ग्रामीण समुदाय उन्नति करता है। सहकारी समितियों के गठन एवं समन्वित ग्रामीण विकास के विविध कार्यक्रमों से जहाँ ग्राम्य जीवन विकसित होता है वहीं औद्योगिकीकरण के चलते नगर का जीवन उन्नतिशील रहता है। बाल कल्याण, महिला कल्याण, श्रम कल्याण, दलित और पिछड़े वर्गों का कल्याण, बेकारी और निर्धनता के उन्मूलन एवं पंचवर्षीय योजनाओं के माध्यम से समाज का कल्याण सम्भव है। भारतीय समाज के विविध पक्षों के उन्नयन द्वारा मानव जीवन को सफल बनाने का उपक्रम ही जनचेतना का मुख्य उद्देश्य है। प्रेस समाज का शिक्षक है, साथ ही समाज का महानिरीक्षक भी है। कहा जाता है-

इस अंधियारे विश्व में दीपक हैं अखबार।

सुपथ दिखावे आपको आंख करत है चार।।

और भी

ज्यों पारस लगि होत है, लोहा कनक समान।

त्यों पत्रन के गठन तें, मूख होत मतिमान।।

समाज के प्रत्येक क्षेत्र से संचार माध्यम सम्बद्ध हैं। शिशु हत्या, बाल विवाह, विधवा दुर्दशा, दहेज प्रथा, वैश्यावृत्ति, अस्पृश्यता आदि बुराइयों को समाप्त करने की दिशा में संचार साधन सतत संलग्न हैं। शिक्षा, दीक्षा, खेल-कूद, मनोरंजन को रचनात्मक दिशा देने में जनसंचार माध्यम महत्वपूर्ण हैं। हरिजन उद्धार, शिक्षा उन्मूलन, खादी प्रचार, महिला शिक्षा, प्रौढ़ शिक्षा, नशाबंदी, परिवार कल्याण के संदर्भ में अनुकरणीय उदाहरण देकर जनसंचार के साधन समाज का शोधन करते हैं, समाज को उन्नत बनाते हैं।5 सामाजिक बुराइयों, धर्मांधता सम्बन्धी दोषों के निराकरण में संचार साधन यही कहते हैं कि वर्गवाद, वर्णवाद, जातिवाद, सम्प्रदायवाद, क्षेत्रवाद को मिटाकर समाज में सौमनस्य का भाव इन पंक्तियों द्वारा ही स्थापित हो सकता है।6 सभी संस्थाएं, समितियां, संगठन, परिषद् और सरकार जनमत पर टिकी होती है। जनमत निर्माण में प्रेस अत्यंत प्रभावकारी है। अशिक्षा, गरीबी, क्षेत्रीयता, साम्प्रदायिकता जैसी बातों को मिटाकर स्वस्थ जनमत के लिए समाचार पत्र सदैव तत्पर रहते हैं, सूचना संदेश में सबकी भागीदारी आवश्यम्भावी है। संचार शून्यता के कारण समाज विद्रूप हो जाता है।

बाल विवाह, अनमेल विवाह के विरुद्ध जन मानस को जाग्रत करने में पत्र ही आगे रहते हैं। श्रीमती महादेवी वर्मा के शब्दों में "पत्रकारिता एक रचनाशील विधा है।" इसके बगैर समाज को बदलना असंभव है। अतः पत्रकारों को अपने दायित्व और कर्तव्यों का निर्वाह निष्ठापूर्वक करना चाहिये, क्योंकि उन्हीं के पैरों के छालों से इतिहास लिखा जाएगा। वही समाज सुखी है जिसने नैतिक गुणों को अपने जीवन में आत्मसात् कर लिया है। वही समाज सुखी है जिसमें प्रत्येक व्यक्ति परस्पर सम्मान की भावना रखता हो। समाजवाद, स्वतंत्रता, समानता, बंधुत्व की स्थापना करता है। वह शोषणमुक्त समाज की रचना करके समाज में प्रचलित दासता, विषमता, असहिष्णुता को दूर करता है। संचार समाजीकरण का महत्वपूर्ण माध्यम है। समाजीकरण को सभी स्थितियों में संचार की अपनी भूमिका होती है। मानव सामाजिक प्राणी तब बनता है जब वह मौखिक परंपरागत, मुद्रित या इलेक्ट्रोनिक संचार साधनों द्वारा सांस्कृतिक मूल्यों और व्यवहारों को सीखता है, उसे अपना लेता है। मौखिक संचार के चलते बालक परिवार, पड़ौस तक सीमित रहता है। लिपि ज्ञान के कारण संस्थाओं से जुड़ता है। पत्र पत्रिकाओं, रेडियो और टीवी के सहारे मानव का समाज विस्तृत होता है वह पूरे विश्व की क्रियाओं में सहभागी होता है। संचार परंपरागत मान्यता को पुष्ट करता है तथा सामाजिक गति.विधियों पर पैनी दृष्टि रखता है। संचार सामाजिक नियंत्रण का साधन है। वह समाज का शिक्षक है तो सामाजिक महानिरीक्षक भी है। सहमति का वातावरण उपस्थित कर संचार सामाजिक परिदृश्य को बदलता है। नई सूचनाओं से व्यक्ति और समाज का मानसिक क्षमता को विस्तृत बनाना, उनकी कामना को स्वस्थ रूप देना, उनकी प्रवृत्तियों, अभिरुचियों को समाजहित में निर्मित करना- ये सब संचार से ही सुलभ हैं। जाग्रत जनता समाज के लिए उपयोगी है। संचार के साधन मनोरंजन और विकास के संदेश देकर समाज का नवनिर्माण करते हैं। प्रेम, सौहार्द, सद्भाव, सहयोग द्वारा संचार शोषणमुक्त आदर्श समाज की संरचना में अपना प्रमुख योगदान देता है। संचार माध्यमों का बाहुल्य समाजीकरण की गति को तीव्र करता है। सामाजिक विकास का सूत्रधार संचार ही है।7

संचार तकनीक के विकास ने जिस क्षेत्र को सर्वाधिक प्रभावित किया वह है पत्रकारिता। पत्रकारिता तकनीक आधारित संप्रेषण विधा है, जिसका आरंभ मुद्रण कला के विकास के साथ हुआ। परन्तु तकनीक इसका साधन मात्र है, जिस पर प्रसार की शक्ति निर्भर करती है। परन्तु इसका साध्य है- देश एवं समाज के हितों के रक्षा, जन चेतना का प्रसार तथा अन्यायकारी

शक्तियों का प्रतिरोध। संचार तकनीक के विकास से पत्रकारिता की गति बढ़ी, पत्रकारिता विधा के नये आयामों का विकास और इसमें आमूल-चूल परिवर्तन हुआ है। पहले पत्रकारिता का अर्थ उसका मुद्रित रूप था लेकिन आज इसमें रेडियो, दूरदर्शन और इन्टरनेट भी समाहित हो गया है। इतने विविध रूपों को समेटने के लिए अब पत्रकारिता की जगह मीडिया शब्द प्रचलन में है। पर इस तकनीकी विकास का अपेक्षित लाभ सामान्य जन को नहीं मिला है। पूंजीवाद मीडिया पर शिकंजा कसते हुए अपने आर्थिक लाभ के लिए, उपभोक्तावादी संस्कृति के प्रसार के लिए इसका दोहन कर रहा है, जिससे पत्रकारिता अपने प्राथमिक उद्देश्यों से दूर हो गयी है। पत्रकारिता का मुद्रित रूप जिसके माध्यम से पत्रकारिता के आरंभिक दिनों में स्वतंत्रता सेनानियों ने इसका उपयोग एक सशक्त हथियार के रूप में किया था, आज इलेक्ट्रॉनिक पत्रकारिता के समक्ष कमजोर पड़ गयी है। दृश्य माध्यम होने के कारण उपभोक्ता संस्कृति के प्रसार में लुभावने एवं अतिरंजित विज्ञापनों के प्रदर्शन में इलेक्ट्रॉनिक पत्रकारिता प्रिंट मीडिया से अधिक सक्षम है। प्रख्यात कवि एवं विचारक लीलाधर मंडलोई संचार प्रौद्योगिकी के विकास और परिवर्तन को रेखांकित करते हुए लिखते हैं- सम्प्रेषण का क्षेत्र पहले सीमित था किंतु प्रौद्योगिकी के विस्तार ने मीडिया को सिर्फ रेडियो, टी.वी., फिल्म से आगे कई नये रूपों को आविष्कृत किया है। मसलन कम्प्यूटर पर स्वर और दृश्य का वैसा ही जादू जैसे कि पर्दे पर। पर्दा चाहे थियेटर का हो या फिर हवाई जहाज का। टी.वी. का हो यो चलित सिनेमा का। स्लाइड शो की बात हो अथवा पॉवर प्वाइंट प्रस्तुति की। इनके सी.डी. रोम, कैसेट, वेब टी.वी. तमाम तरह के रेडियो (ए.एम., एफ.एम., शार्ट वेब आदि) प्रसारण, इंटरनेट स्ट्रीमिंग, प्रकाशन आदि सभी अब मल्टीमीडिया के अंग हैं। ये अधिकार एकमुश्त बेचे जा सकते हैं।8

संचार क्रांति ने पत्रकारिता को विविध रूपों के विकास से समृद्ध किया हैं और उसकी प्रसार क्षमता को बढ़ा दिया है, परन्तु इसके प्राथमिक उद्देश्यों और जनोन्मुखी रूप को भी बदल कर व्यावसायिक बना दिया है। प्रसिद्ध पत्रकार अनिल चमड़िया पत्रकारिता के उद्देश्यों में परिवर्तन पर विचार करते हुए कहते हैं- "एक बुनियादी सवाल पर विचार करना चाहिए कि मीडिया बाजार का स्तंभ है या लोकतंत्र का। मीडिया संवैधानिक व्यवस्था के तहत अभिव्यक्ति के अधिकारों का इस्तेमाल करता है यानी आम लोगों के अधिकार को वह अपने माध्यमो में केन्द्रित करता है। आम जन की अभिव्यक्ति का प्रतिनिधित्व करने के दर्शन के कारण ही उसे लोकतंत्र का

चैथा स्तंभ कहा जाता है। लेकिन अब यदि मीडिया अपने सामाजिक सरोकारों में बदलाव के लिए यह तर्क देता है कि यह बाजारवाद का समय है। एक बड़ी पूँजी का इसमें विनियोग होता है तब उसे मुनाफा कमाने का हक है और लोकतंत्र के चैथे स्तंभ की भावनाओं के तहत सामाजिक सरोकारों से क्यों मतलब रखे। मीडिया का यह तर्क है तो उसे स्वीकार कर लेना चाहिए। तब उसे पूँजीगत विनियोग से दूसरे उत्पादों की तरह मान लेने में कोई हर्ज नही हैं लेकिन मीडिया तो आम लोगों के संवैधानिक अधिकारों से लैस बाजारवाद का उत्पाद बने रहना चाहता है।9

पत्रकारिता का बदलता तकनीकी रूप, उपभोक्तावादी बाजारवाद के प्रभाव ने प्रिंट मीडिया और इलेक्ट्रानिक मीडिया के वर्तमान युग की हिन्दी पत्रकारिता के अन्तर्विरोध को बढ़ाया है। सामान्य रूप से किसी घटना के विवरण को जन सामान्य तक पहुँचाने का माध्यम समझी जाने वाली पत्रकारिता का यह पूर्ण सत्य नहीं है। संचार माध्यम घटना के विवरण को जन-सामान्य तक पहुँचाने का जरिया है, परन्तु पत्रकारिता का उद्देश्य मात्र किसी घटना के विवरण से अवगत करा देना भर नहीं है। वस्तुतः पत्रकारिता का साध्य घटना के निहितार्थ का उद्घाटन है, देश और समाज के अंतर्सबंध को विषम परिस्थितियों में भी अक्षुण्ण रखना है। यह गंभीर दायित्व ही पत्रकारिता को घटना के शब्दांकन की सीमित भूमिका का विस्तार करता है। पत्रकारिता के इस गंभीर दायित्व पर विचार करते हुए स्वतंत्रता संग्राम के दिनों से पत्रकारिता से जुड़े और 'राष्ट्रवाणी', 'नव शक्ति', 'नवीन भारत', 'नवराष्ट्र', 'दैनिक' विश्वमित्र, 'साप्ताहिक योगी', और आर्यावर्त जैसे प्रसिद्ध पत्रों का सम्पादन कर चुके ख्यातिप्राप्त पत्रकार विश्वनाथ सिंह कहते हैं- "भाषा और साहित्य के निर्माण और विकास में पत्रकारिता का योगदान आज कम महत्त्व का नहीं रह गया है। वस्तुतः एक पूरे राष्ट्र के निर्माण और विकास में ही वहाँ की पत्रकारिता का योगदान रहता है। राष्ट्र का चरित्र और इसकी संस्कृति भी अब बहुत कुछ वहाँ की पत्रकारिता के स्वरूप पर ही निर्भर हो गयी है। परिणाम है कि हर देश या राष्ट्र की पत्रकारिता का एक पृथक और स्वतंत्र व्यक्तित्व तैयार हो गया है और जहाँ पर इस कला का विशेष विकास नहीं हो सका है वहाँ इसका एक नया तथा पृथक स्वरूप निर्मित हो रहा है।10

जनसंचार माध्यम और विज्ञापन एक दूसरे के पूरक हैं। यह बात इतिहास से भी सिद्ध होती है और वर्तमान में भी। दोनों एक-दूसरे पर निर्भर हैं। एक ओर जहाँ विज्ञापनदाता को अपने उत्पाद के प्रचार और बिक्री के

लिये जनसंचार माध्यमों का सहारा लेना पड़ता है वहीं जनसंचार माध्यमों को अपनी अर्थव्यवस्था को सुदृढ़ बनाने और सुचारू रूप से संचालन व मुनाफे के लिये विज्ञापनों की आवश्यकता पड़ती है। पत्रकारिता के विकास के साथ विज्ञापनों का विकास भी साथ-साथ होता चला है, जिसमें दोनों के परस्पर संबंधों का स्वरूप बदल गया है। पत्रकारिता की भूमिका बदली तो विज्ञापन भी पीछे नहीं रहा। यदि यह कहा जाये कि पत्रकारिता की भूमिका बदलने में विज्ञापन की भूमिका रही तो अतिशयोक्ति न होगी। पिछले दो-ढाई दशक में तो हिन्दी अखबारों में क्रान्ति हो गयी है। ये मुनाफे वाले उद्योग बन गये हैं। इसमें निःसन्देह विज्ञापन प्रमुख भूमिका निभा रहे हैं। वैश्वीकरण में हिन्दी पत्रकारिता और विज्ञापनों के अन्तर्सम्बन्धों पर दृष्टि करने से पूर्व इनके ऐतिहासिक सम्बन्धों के स्वरूप पर संक्षिप्त रूप में दृष्टिपात करना अनिवार्य है।11

सन् 1826 में जब 'उदंत मार्तण्ड' के साथ हिन्दी पत्रकारिता का प्रारम्भ हुआ तो उसे विज्ञापनों का अत्यन्त अभाव झेलना पड़ा, क्योंकि औपनिवेशक नीति भारतीय भाषाओं के समाचार-पत्रों के विकास के हित में नहीं थी, न ही इस समय तक देशी पूँजीपति वर्ग का विकास हुआ था जिससे कि भारतीय भाषाओं के अखबारों को विज्ञापन मिल पातें। इसी कारण आरम्भिक हिन्दी अखबारों के सामने गहन आर्थिक चुनौतियाँ लगातार बनी रही यहाँ तक कि आर्थिक कठिनाइयों के कारण उनके बंद हो जाने की नौबत तक आ जाती है। औपनिवेशिक नीतियों के दुष्परिणाम के परिणामस्वरूप हिन्दी पत्रकारिता में राजनीतिक और सामाजिक सरोकार प्रारम्भ से ही प्रबल थे 19वीं सदी के उत्तरार्द्ध में प्रकाशित हिन्दी साप्ताहिक 'उचित वक्ता' ने जनविरोधी औपनिवेशिक नीतियों का विरोधकर अपनी अलग पहचान बनायी। इल्बर्ट बिल प्रेस कानून का विरोध कर इससे हिन्दी पत्रकारिता के राजनीतिक-सामाजिक सरोकारों को प्रबल किया। मूल्य कम होने और अच्छी साज-सज्जा होने के कारण 'उचित वक्ता' में विज्ञापनों का अभाव कम ही रहता था। बनारस से प्रकाशित 'भारतीय जीवन' में 25 फीसदी तक विज्ञापन रहते थे। इन विज्ञापनों में से अधिकतर पुरूषों को रामबाण औषधियों, जादुई डिब्बों व घड़ियों से सम्बन्धित होते थे। अंग्रेजी, हिन्दी व अन्य भारतीय भाषाओं में इस समय प्रकाशित होने वाले पत्र-पत्रकारिता में इसी तरह के विज्ञापनों की संख्या अधिक होती थी।12

सन् 1920 के बाद जे. वाल्टर थाम्पसन जैसी विज्ञापन कंपनी ने जब भारत में अपना दफ्तर/कार्यालय खोलकर काम करना आरम्भ किया तो

भारतीय समाचार-पत्रों में छपने वाले विज्ञापनों के स्वरूप में अन्तर आने लगा। समाचार-पत्रों में आकर्षक विज्ञापन अपीलें दिखाई देने लगी। देशी पूँजी और उद्योग-धन्धें के विकास का असर हिन्दी अखबारों पर दिखाई देने लगा। अब समाचार-पत्र व्यक्तिगत प्रयास की बजाय सामूहिक, व्यावसायिक इकाई के रूप में परिवर्तन होने लगे थे। उनका विस्तार होने लगा था। विज्ञापनों से उनकी आर्थिक स्थिति में भी सुधार होने लगा विज्ञापन की आधुनिक तकनीक ने पाठकों को आकर्षित करने में प्रमुख भूमिका निभाई। जिसका परिणाम अखबारों में बढ़ती प्रसार संख्या के रूप में सामने आया। बीसवीं सदी का पूर्वार्द्ध भारतीय राजनीति व समाज में व्यापक उथल-पुथल चलाने वाला रहा। इस समय राजनीति में महत्त्वपूर्ण घटनाएं हुई। राजनीतिक दासता के विरूद्ध राष्ट्रीय आन्दोलन की रूप-रेखा तैयार होने लगी। समाज में स्वदेशी की भावना बलवती होने लगी। सामाजिक रूढ़ियों के विरूद्ध माहौल भी बनने लगा। इसमें हिन्दी अखबार महत्त्वपूर्ण भूमिका निभा रहे थे और आगे आने वाला समय में अपनी भूमिका की तैयारी कर रहे थे। इस समय प्रकाशित हिन्दी अखबारों के विज्ञापनों में राष्ट्रीय और सामाजिक जागरूकता की झलक मिलती है। दरअसल यह समय देशी पूँजी के उभार का समय है जो विदेशी पूँजी के प्रभुत्व व चुनौतियों के बीच विकसित हो रही थी। भारतीय भाषाओं के पत्रों को उसका सहयोग समर्थन मिलने लगा था। यही कारण है कि इस समय प्रकाशित विज्ञापनों में जो अपीलें की जाती थी उनमें स्वदेशी का पुट रहता था। 'भारत का उत्तर' स्वदेशी माल खरीदिये' 'भारत के लिये' भारत में बने। पूर्ण भारतीय परन्तु आयातित बूटों तथा जूतों के समान 'स्वदेशी मिलों में पूँजी लगाओं, स्वदेशी निब तथा स्वदेशी पैन 'होल्टर' जैसे विज्ञापन शीर्षक इस तथ्य की पुष्टि करते है कि विदेशी पूँजी और वस्तुओं की प्रतिस्पर्धा में देशी पूँजी और उत्पाद खड़े हो रहे थे, जो राष्ट्रीय व स्वदेशी के समर्थक थे। 20वीं सदी के प्रारम्भ से ही जो विज्ञापन समाचार-पत्रों में आये वे उन राजनैतिक, सामाजिक, आर्थिक परिवर्तनों को अभिव्यक्त करते दिखाई देते हैं जो कि इस समय घटित हो रहे थे।13

आजादी के बाद हिन्दी अखबारों की विज्ञापनों पर निर्भरता बढ़ती चली गयी, क्योंकि अखबार की बिक्री से उसकी लागत का खर्च भी नहीं निकल पाता था। मुनाफा कमाना तो दूर की बात थी। आजादी के बाद सरकारी विज्ञापन समाचार-पत्रों का प्रमुख आर्थिक सहारा थे। लेकिन निजी विज्ञापन का अपना महत्त्व था। उनकी तकनीक में परिवर्तन आने लगा। फोटोग्राफी का प्रयोग और आकर्षक रंगों का इस्तेमाल निजी विज्ञापनों की विषय-वस्तु

का अहम् हिस्सा बनने लगा। कुल मिलाकर इस समय विज्ञापनों की दृष्टि से हिन्दी अखबार समर्थ नहीं हुये थे, क्योंकि विज्ञापनों का बड़ा हिस्सा अभी अंग्रेजी पत्र-पत्रिकाओं के पास चला जाता था, समाचार-पत्रों में विज्ञापन और समाचार के अनुपात पर विचार करते हुये सन् 1954 मे प्रेस आयोग ने टिप्पणी करते हुए कहा कि- "कोई भी समाचार-पत्र ठोस वित्तीय आधार पर चलाया जा सकता है यदि उसमें 40 फीसदी स्थान पर विज्ञापन है।" इसी सन्दर्भ में आयोग ने सुझाव दिया कि दैनिक समाचार-पत्रों में विज्ञापनों का स्थान कुल छपे स्थान का 40 फीसदी से अधिक नहीं होना चाहिए। आयोग ने यह भी कहा कि-"इससे यह सुनिश्चित हो जाएगा कि पाठक को समुचित मात्रा में समाचार व विचार प्राप्त हो रहे हैं और विज्ञापनों का प्रभाव बहुत अधिक ठूंसे जाने के कारण कम नहीं हो रहा है।

विज्ञापनों की अधिकतम सीमा 40 फीसदी निर्धारित करने के लिये हमने केवल तत्कालीन प्रथा को ही दृष्टि में नही रखा है। हमें इस बात की आशा है कि जब समाचार-पत्रों की पृष्ठसंख्या कम करने या प्रति का मूल्य बढ़ाने पर बाध्य होना पड़ेगा तब समाचारों या संपादकियों को संक्षेप में प्रस्तुत करने का आकर्षण गंभीर रूप से बढ़ जायेगा ताकि सभी आरक्षित विज्ञापन समाचार-पत्र में समा सकें। इसके फलस्वरूप विज्ञापन और पाठ्य सामग्री के स्थान का अनुपात बढ़ जाएगा। इसलिये हमारी राय है कि इसको हमारे द्वारा प्रतिपादित सीमा तक ही रखा जाए।"14 प्रेस आयोग की इस टिप्पणी में जो 40 फीसदी विज्ञापन की आदर्श सीमा रेखा तय की गयी वह कहीं बहुत अधिक बढ़ गयी तो कहीं उससे कम ही रही विज्ञापनों की दृष्टि से आजादी के बाद भी अंग्रेजी पत्र की तुलना में हिन्दी अखबार अत्यन्त कमजोर स्थिति में रहें। आजादी के बाद के पांच वर्षो में सन् 1947 से सन् 1953 के बीच अंग्रेजी पत्रकारिता को विज्ञापनों का अनुपात 40 फीसदी तक पहुंच गया, जिसे प्रेस आयोग के मुताबिक एक आदर्श-स्थिति कहा जा सकता था लेकिन यह वृद्धि यहीं नहीं रूकी बल्कि निरन्तर होती रही। सन् 1972-73 में यह अनुपात 50 फीसदी से ऊपर नहीं जा सका। यह समय देश में विनियोजित विकास और सार्वजनिक क्षेत्रा के विकास का समय था, जिसमें बड़ी मात्रा में सरकारी विज्ञापन समाचार-पत्र-पत्रिकाओं को मिलने लगते हैं लेकिन सरकारी विज्ञापन प्राप्त करने में भी अंग्रेजी प्रेस आगे रहा। हिन्दी अखबारों में इस समय 'नवभारत टाइम्स' की आर्थिक स्थिति ठीक-ठाक थी। अगर इसे मापदंड मानकर आजादी के बाद के वर्षो में हिन्दी अखबारों को मिले विज्ञापनों का विश्लेषण किया जाए तो सच्चाई सामने आ जाती है।

सच्चाई यह है कि विज्ञापन प्राप्ति के मामले में हिन्दी अखबार प्रायः पीछे रहे हैं। सन् 1951 में 'नवभारत टाइम्स' में औसतन 13 फीसदी विज्ञापन होते थे। सन् 1967 में बढ़कर 37.3 फीसदी और सन् 1971 में यह आंकड़ा 54 फीसदी तक पहुँच गया।15

विकास और जनसंचार

अद्यतन ज्ञान, शोध का संचार न हो तो समाज के विकास की गति अवरुद्ध हो जाएगी। अनुचित शैली से अनुचित बातों को अनुचित समय पर कहने से असंतोष उत्पन्न होता है। इसके विपरीत उपयुक्त समय पर उपयुक्त ढंग से उपयुक्त व्यक्ति को संदेश देने से संतोष होता है, वहीं प्रगति होती है, विकास का मार्ग प्रशस्त होता है। दिन प्रतिदिन हो रहे आविष्कारों के संचार से नागरिकों में दूरदर्शिता और वैज्ञानिक दृष्टिकोण का विकास सम्भव है। विकास का अर्थ परिवर्तन है जो समाज हित के अनुरूप होता है। समाज के चतुर्दिक विकास के लिए संचार आवश्यक है। विकास और प्रगति की गारंटी के रूप में यही जनसंचार है। अब प्रोग्रेसिव जर्नलिज्म की बात सुनी जाती है जिसका अर्थ समाचार की निरन्तरता बनाए रखना है जो विकास की एक सशक्त कड़ी है।

विकास ही जीवंतता है और संकोच ही नश्वरता है। प्रकृति अपने विकास में रुकती नहीं। वह अपना अभिशाप अकर्मण्यता पर लगाती है। इतिहास बताता है कि मानव एक कदम भी पीछे मुड़कर नहीं देखता। समय की पुकार मनुष्य को ललकारती है कि आगे बढ़ो सदैव आगे बढ़ो। विकास और संचार एक दूसरे के पूरक हैं। कहीं-कहीं तो यहां तक कह दिया जाता है कि विकास हेतु योजना, योजना के लिए सूचना तथा सूचना प्राप्ति के सभी प्रयास विकास प्रक्रिया के अंग हैं। सूचना के आदान प्रदान की क्षमता ने मानव के सामाजिक क्षेत्र को विस्तृत किया है। विचार और अभिव्यक्ति एक दूसरे के सहारे बढ़ते हैं। मानव के पास मस्तिष्क और कंठ है फलतः वह संचार के क्षेत्र में सर्वाधिक शक्तिशाली हुआ। सीमित संचार साधनों के समय मनुष्य छोटी छोटी स्वतंत्र इकाइयों में विभक्त था। जनसंचार साधनों के विकास ने जल, वायु और गगन पर विजय प्राप्त की। विराट विश्व आज संचार साधनों के कारण एक गांव बन चुका है। मानव जीवन में गुणात्मक विकास लाने में जनसंचार साधनों की अहं भूमिका है।16 जैसे-जैसे संचार के क्षेत्र में प्रगति हुई, मानव जीवन में भी निम्नलिखित परिवर्तन दिखाई दिये-

• भाषा का विकास मानवीकरण की प्रक्रिया का प्रारम्भिक रूप था।

• मौखिक संचार ने मानव को मानव बनाया तथा उसकी संस्कृति और

परम्परा को स्थायित्व दिया।

- लिपि ने आविष्कार के संचार क्षेत्र में एक बड़ी क्रान्ति की। पत्तों, पत्थरों, चमड़े, वस्त्र पर लिखकर मानव ने अपने संचित ज्ञान को पीढ़ी दर पीढ़ी आगे बढ़ाया।
- कागज के निर्माण और मुद्रण ने ज्ञान को सर्वसुलभ बना दिया। मुद्रण की क्रान्ति वस्तुतः विचारों की क्रान्ति सिद्ध हुई।
- तार, दूरभाष, रेडियो, टीवी, साइबर, मल्टी मीडिया ने मनुष्य की क्षमताओं को विस्तृत और सुस्पष्ट किया तथा संचार क्रान्ति सिद्ध हुई।

संचार द्वारा सामूहिक क्षमता का विकास होता है। विकास के लिए न्याय और व्यवस्था का वातावरण अपेक्षित है जो संचार साधनों से सुलभ हो सकता है। नियोजन निपुणता और मानवीय सम्बन्धों का प्रबंध विकास के लिए अपरिहार्य है। विकास के प्रत्येक क्षेत्र में अग्रगामी और पूरक भूमिकाओं के निर्वहन द्वारा संचार साधन अनुकूल वातावरण बनाते हैं तथा योजनाओं के कार्यान्वयन में सहायक सिद्ध होते हैं। भाषा विकास संवेगात्मक विकास, सामाजिक नैतिक विकास में जनसंचार अहं भूमिका निभाते हैं।17

विकासशील देशों में राष्ट्र निर्माण हेतु चतुर्दिक, आर्थिक, सामाजिक और सांस्कृतिक विकास पर बल दिया जाता है। संचार स्वदेश प्रेम की भावना की विकसित करता है, नागरिकों की राष्ट्रीय हितों के लिए तत्पर होने की प्रेरणा देता है, विध्वंसक प्रवृत्तियों से नागरिकों को सचेत करता है। राष्ट्रहित के प्रति समर्पण और राष्ट्रीय संस्थाओं के प्रति आस्था के भाव जगाकर संचार के साधन विकास मार्ग को प्रशस्त करते हैं। विकास के संदर्भ में राजनेताओं और शासकों का महत्वपूर्ण योगदान होता है। शासकों और शासितों के मध्य संचार शून्यता अनेक समस्याओं का मूल है। शासकों के संदेश को शासितों तक और शासितों की आकांक्षाओं को शासकों तक पहुंचाकर संचार परस्पर विश्वास एवं सदाशयता की भावना पुष्ट करता है। जन सहमति और जन सहयोग विकास से संबंधित योजनाओं के लिए अपरिहार्य है। संचार साधन एक ओर जनता का ध्यान योजनाओं की ओर आकर्षित करता है तो दूसरी ओर योजनाओं की उपयोगिता, योजनाओं के कार्यान्वयन में कदाचार की ओर अधिकरियों का ध्यान खींचता है। मिले सुर मेरा तुम्हारा, बिजली है शक्ति इसे व्यर्थ न गंवाओं, ऊर्जा की बचत, ऊर्जा की बढ़त, "चलो पढ़ाएं कुछ कर दिखाएं", जल ही जीवन है, "जीवन है जीव वन, मर्जी है आपकी", आखिर सिर है आपका" आदि विविध नारे राष्ट्र ऐक्य,

साम्प्रदायिक सद्भाव, जनसंख्या विस्फोट, साक्षरता, यातायात के नियम, वृक्षारोपण, पर्यावरण संरक्षण, विकलांग बालिका वर्ष से संदर्भित सिद्ध होते हैं। प्रेस इन्फार्मेशन ब्यूरो, पब्लिकेशन डिवीजन, रिसर्च एवं रिफरेंस डिवीजन, डी. ए. वी. पी., फील्ड पब्लिकेशन, फिल्म्स डिवीजन आदि द्वारा विकास की गतिविधियों को आम जनता तक पहुंचाया जाता है।

विकास पत्रकारिता उस प्रक्रिया को कहते हैं जिसके द्वारा सभी आवश्यक सूचना देकर जनता के बहुमुँखी विकास को गति दी जाती है। विकास के क्षेत्र में सूचना का महत्व है, बिना सूचना के विकास संभव नहीं है। विकास कार्य में लगे कार्यकत्ताओं को समाजशास्त्र पढ़ना पड़ता है, इनसे सम्बद्ध सूचनाओं को संकलित करना होता है। मानसिक स्थिति के साथ आर्थिक, सांस्कृतिक और सामाजिक स्थिति के संदर्भ में पूरी जानकारी प्राप्त किए बिना विकास के कदम आगे नहीं बढ़ाए जा सकते। पत्रकार प्रवर कर्पूरचन्द्र कुलिश ने 1975-1976 में 'जयपुर शहर की गुलाबी शोभा पर दृष्टिगत नहीं की अपितु मैं देखता चला गया।' शीर्षक के अंतर्गत उन्होंने दूरस्थ ग्रामीणों की अकिंचनता का चित्रण मीडिया में किया। सन् 1988-1989 में इसी पत्रिका में प्रकाशित आओ गांव चलें विकास से ही संदर्भित था। इस प्रकार संचार ने विकास प्रक्रिया को गति प्रदान की।18 वस्तुतः आज हिन्दी पत्रकारिता का स्वरूप इसके आरंभिक काल की अपेक्षा बहुत बदल चुका हैं। संचार क्रांति ने इसे समृद्ध और शक्तिशाली बनाया है। पहले इलेक्ट्रानिक मीडिया को प्रिंट मीडिया के लिए खतरे के रूप में देखा गया जो बाद मे निराधार साबित हुआ। क्योंकि हाल के वर्षों मे हुए अनेक सर्वेक्षणों से यह तथ्य स्पष्ट हुआ कि दर्जनों समाचार चैनलों के बावजूद मुद्रित पत्रकारिता आज भी अधिक विश्वसनीय और लोकप्रिय हैं। टीवी समाचार चैनल भले घटना को तत्क्षण प्रसारित कर देने मे सक्षम है, लेकिन इनमें ब्यौरों की ही प्रधानता होती है, जबकि इनकी तुलना में मुद्रित पत्रकारिता विचारशील और अधिक विश्लेषणयुक्त होती है। संचार माध्यम की आधुनिक तकनीक की क्षमता के बावजूद इलेक्ट्रॉनिक मीडिया तात्कालिकता के प्रभाव से मुक्त नहीं हो सकी है।

मल्टीमीडिया

"मल्टीमीडिया अंग्रेजी के उनसजप तथा उमकपं शब्दों से मिलकर बना है। डनसजप का अर्थ होता है (बहु) या (विविध) और डमकपं का अर्थ है (माध्यम)। मल्टीमीडिया एक माध्यम है, जिसके द्वारा विभिन्न प्रकार की

जानकारियों को विविध प्रकार के माध्यमों जैसे कि टैक्स्ट, ऑडियो, ग्राफिक्स, एनीमेशन, वीडियो आदि का संयोजन कर के दर्शकों, श्रोताओं तक पहुँचाया जाता है। आजकल मल्टीमीडिया मीडिया का प्रयोग अनेक क्षेत्रों जैसे कि मल्टीमीडिया प्रस्तुतीकरण, मल्टीमीडिया गेम्स में बहुतायत के साथ होता है क्योंकि मल्टीमीडिया किसी वस्तु के प्रस्तुतीकरण का सर्वोत्तम साधन है। मल्टीमीडिया का शाब्दिक अर्थ है- कई माध्यम से उत्पादों की विशेषताओं और विभिन्नताओं का समावेश कर लोगों के सामने पेश करना। इसके दो प्रकार हैं- प्रिंट मीडिया और इलेक्ट्रोनिक मीडिया। हर माध्यम जो प्रिंट (मुद्रित) होता है पहले डिजाइन किया जाता है।''19 मीडिया जगत में बढ़ती प्रतियोगिता के फलस्वरूप एक औसत पत्रकार मात्र एक एक्सक्लुसिव खबर के लिए सारे सिद्धांतों को ताक पर रखने को तैयार बैठा रहता है और यह सच्चाई मीडिया के हर स्तर के बारे में है। मतलब भारत के एक कस्बाई पत्रकार से लेकर लंदन या न्यूयॉर्क में बैठा अंतर्राष्ट्रीय स्तर का पत्रकार तक, हर कोई किसी खास खबर के बदले अपने तथाकथित सिद्धांतों की पोटली का सौदा करने को तैयार हैं लेकिन इस माहौल में भी कुछ पत्रकार ऐसे हैं जिनका जिक्र होने पर मन में उनके प्रति सम्मान भाव जाग उठता है।

''तेजी से विकसित हो रही भारतीय अर्थव्यवस्था और मूलभूत संरचनाओं में सुधार और इसके फलस्वरूप विदेशी मुद्राकोष का बढ़ना, सेंसेक्स में अनपेक्षित उछाल, जीडीपी दर में वृद्धि, मौलिक सुविधाओं में सुधार इत्यादि और मुख्यतः भारतीयों की बौद्धिक क्षमता की अंतरराष्ट्रीय स्तर पर पहचान ने बहुराष्ट्रीय कंपनियों को भारत में निवेश करने पर मजबूर कर दिया है। आज से कुछ वर्ष पूर्व ब्रेन ड्रेन की समस्या देखने में आती थी, जिसमें भारतीय प्रतिभाओं का पलायन विदेशों में होता था। परंतु आज उसी का परिवर्तित स्वरूप आउटसोर्सिंग (विदेशी कंपनियों का भारतीय व्यक्तियों भारतीय कंपनियों को काम देना) विदेशों, प्रमुखतः अमेरिकी व यूरोपीय समुदाय के विकसित देशों के लिए एक समस्या और भारत के लिए एक वरदान साबित हुआ है। विदेशी कंपनियों से मिलने वाले प्रोजेक्ट में प्रमुखतः सॉफ्टवेयर प्रोजेक्ट्स, मल्टीमीडिया प्रोजेक्ट, रिसर्च एंड डेवलपमेंट प्रोजेक्ट्स आदि हैं।''20

''भारतीय मीडिया और एंटरटेनमेंट बाजार पूरी दुनिया में अग्रणी भारतीय परिप्रेक्ष्य में देखें तो बनने की दौड़ में है। दिल्ली स्थित प्राण मीडिया के निखिल प्राण का कहना है कि यहां प्रत्येक साल बनने वाली

फिल्मों की संख्या अन्य देशों की अपेक्षा कहीं अधिक है, जो कि सालाना 20 फीसदी की दर से विकास कर रहा है। फिलहाल एनिमेटेड फिल्मों के अतिरिक्त वीडियो गेम का भी बाजार उछाल पर है। एनिमेशन विशेषज्ञ प्रदीप्तो भट्टाचार्य ने एक रिपोर्ट के हवाले से बताया, इन दिनों भारतीय एनिमेशन इंडस्ट्री ट्रेंड प्रोफेशनलों की कमी जैसी चुनौतियों का सामना कर रही है। आगामी वर्षो में 2 लाख मल्टीमीडिया प्रोफेशनलों की जरूरत होगी।"21 एक अनुमान के मुताबिक, ग्लोबल एनिमेशन इंडस्ट्री इस वर्ष 75 बिलियन अमेरिकी डॉलर का हो जाएगा, जिसमें भारतीय भागीदारी करीब 95 करोड़ अमेरिकी डॉलर हाने की आशा है। सन् 2005-2013 में एनिमशेन इंडस्ट्री का विकास 37 फीसदी सालाना की दर से हो रहा है।

हिन्दी पत्रकारिता अर्थात् हिन्दी समाचार-पत्र अपने नए कलेवर के साथ कई-कई लाखों की प्रकाशन गिनती के साथ बहुसंस्करणों में प्रकाशित हो रहे हैं। हिन्दी पत्रकारिता में सूचना प्रौद्योगिकी के विविध प्रयोगों के अध्ययन के अन्तर्गत भारत में लगभग दो सौ वर्ष पुराने पत्रकारिता के इतिहास में भारतेन्दु युग से लेकर सन् 1826 में 'उदंत मार्तण्ड' से शुरू हुआ यह सफर आज हिन्दी के अनेक समाचार पोर्टलों अर्थात् इलेक्ट्रॉनिक हिन्दी भाषा समाचार-पत्रों तक आ पहुँचा है। यह आधुनिकता सूचना प्रौद्योगिकी का ही करिश्मा है। आज दैनिक हिन्दी समाचार-पत्रों के अनेक विशिष्ट पृष्ठ मानवीय समस्याओं के लिए अलग-अलग रखे जाने लगे हैं। इस बदलती हुई परिकल्पना में हिन्दी पत्रकारिता देश की समस्याओं तथा विकास के साथ-साथ उसके लोक व्यवहार, जन सामान्य के सुख-दुःख में भी भागीदारी निभा रही है। "आधुनिक सूचना क्रान्ति के विस्फोट एवं सूचना प्रौद्योगिकी के विविध प्रयोगों से हिन्दी पत्रकारिता नई दिशा की ओर बढ़ रही है। आज वर्तमान संदर्भों में आधुनिक हिन्दी पत्रकारिता का चेहरा आने वाले समय में बिल्कुल अलग होगा तथा उसमें वैज्ञानिक अथवा मशीनी मानवों (रोबोट) से संचालित सूचना टेक्नोलॉजी का आदान-प्रदान मुख्य रूप में संचालित रहेगा, जिसके कारण पत्रकारिता की दुनिया बिल्कुल नए स्वरूप में हमारे सामने आएगी।"22 पत्रकारिता में होने वाले बदलावों में सूचना प्रौद्योगिकी का क्या योगदान है। किस तरह के बदलाव पत्रकारिता में होंगे। इसके परिणामस्वरूप हिन्दी पत्रकारिता की दशा और दिशा क्या होगी। यह आने वाला समय ही तय करेगा, लेकिन सूचना प्रौद्योगिकी ने आज हिन्दी पत्रकारिता को अलग रूप में विश्वपटल पर जरूर लाकर खड़ा कर दिया है। "भविष्य में

इलेक्ट्रॉनिक अखबार जो स्क्रीन से भी दिखाई देंगे बोलते हुए आपसे संवाद भी कर सकेंगे। यह कोरी कल्पना की बात नहीं, भविष्य में सूचना प्रौद्योगिकी के द्वारा नई हिन्दी पत्रकारिता बहुविविध आयामों के साथ दिखाई देगी। फिर होंगे इलेक्ट्रॉनिक बोलने वाले अखबार, जिन्हें विशेष कम्प्यूटर की सहायता से अंधें तक को पढ़ाया जा सकेगा और आने वाले कुछ वर्षों में यह हिन्दी में भी उपलब्ध होंगे।'' हिन्दी पत्रकारिता में सूचना प्रौद्योगिकी के द्वारा विभिन्न प्रयोग अब सच्चाई है। हिन्दी पत्रकारिता के द्वारा आने वाले दिनों में उपग्रह व्यवस्था तथा हाइपर मीडिया से नई-नई वैज्ञानिक चमत्कारिक प्रस्तुति दिखाई दे सकती है। ऐसा ही एक उदाहरण 1 जनवरी सन् 2012 को 'दैनिक जागरण' के अंक में था जिसमें नववर्ष के शुभ संकेत के लिए समाचार-पत्र पृष्ठों को सुगंधित बनाया गया था।

हिन्दी पत्रकारिता में भी सूचना तकनीक एक क्रान्तिकारी भूमिका निभाता नजर आ रहा है। आज हमारे यहाँ समाचार-पत्रों का स्वरूप तथा गुणवत्ता, विषयवस्तु, फोन्ट, प्रस्तुतीकरण सबमें क्रान्तिकारी परिवर्तन देखने को मिल रहे हैं। भारतीय पत्रकारिता में हिन्दी पत्रकारिता का अहम् स्थान है। आज हिन्दी के समाचार-पत्रों में जो बदलाव दिखाई दे रहा है, वह तकनीक तथा कम्प्यूटर के इस नई सदी के युग की एक महत्त्वपूर्ण पहचान का आईना है। सूचना प्रौद्योगिकी के इस युग में जनसंचार का समूचा समाजशास्त्र ही बदल रहा है। जनसंचार विशेषज्ञ राबर्ट केमर्टन ने कहा था कि ''आने वाले समय में संदेश भेजने वाला तथा संदेश प्राप्त करने वाला एक प्रतिक्रिया के अनुरूप एक-दूसरे को प्रभावित करते हुए दिखाई देंगे और इस तरह अचानक ही इस दुनिया और समाज का परिवेश बदल जायेगा।''23 आज हिन्दी पत्रकारिता में सूचना प्रौद्योगिकी के दबाव के फलस्वरूप हिन्दी समाचार-पत्र, हिन्दी मीडिया का चेहरा तथा उनका मुद्रण एवं गुणवत्ता पिछले दशक की तुलना में कहीं आगे पहुँच गयी है। हिन्दी पत्रकारिता का यह नया चेहरा आधुनिक सूचना प्रौद्योगिकी के करिश्में का प्रतिबिम्ब कहा जा सकता है।

इन्टरनेट मीडिया

इंटरनेट के आने के बाद जिन बदलावों ने पत्रकारिता को सबसे अधिक प्रभावित किया है उसमें सोशल मीडिया का नाम लिया जा सकता है। गूगल जैसे सर्च इंजनों ने जहां डिजिटल पत्रकारिता को नये आयाम दिए वहीं फेसबुक और ट्विटर जैसे माध्यमों ने पत्रकारिता के स्वरूप को तेजी से

बदलना शुरू किया है। इस नये माध्यम को लेकर जहां अमेरीका और ब्रिटेन के मीडिया संस्थान अत्यंत सक्रिय हैं वहीं भारत में अभी भी सोशल मीडिया को उतनी गंभीरता से नहीं लिया जा रहा है। हालांकि कई टीवी चैनल हर दिन इस पर एक कार्यक्रम करते है और अख़बारों में सोशल मीडिया सुर्खियों में बना रहता है। लेकिन अगर आकड़ों, सोशल मीडिया की पहुंच और ख़बरों को प्रभावित करने की उसकी क्षमता का आकलन किया जाए तो पता चलता है कि यह न केवल ख़बरों को बल्कि समाचार संगठनों की सोच को भी बदल रहा है। आखिर सोशल मीडिया क्या है और क्या वाकई सोशल मीडिया के जरिये पत्रकारिता भी हो सकती है। ये सवाल दो-तीन वर्ष पहले तक बेमानी हो सकता था लेकिन अब नहीं क्योंकि अब न केवल ऐसी पत्रकारिता हो रही है बल्कि इसमें नित नये प्रयोग भी हो रहे हैं। ऐसे प्रयोग जो पारंपरिक माध्यमों को चुनौती भी दे रहे हैं और उन्हें बेहतर भी कर रहे हैं। अब आलम यह है कि हर अखबार, हर टीवी चैनल और हर पत्रिका सोशल मीडिया को गंभीरता से लेने लगे हैं और उस पर अपनी उपस्थिति बनाना जरूरी समझने लगे हैं।

लेकिन आखिर क्यों जरूरी हो रहा है सोशल मीडिया और क्यों हर मीडिया संस्थान इसमें अपार संभावनाएं देख रहा है। इसके कई कारण हैं, लेकिन सबसे महत्वपूर्ण कारण है ज्यादा-से-ज्यादा लोगों तक इसकी पहुंच अगर सबसे लोकप्रिय सोशल वेबसाइटों की बात करें तो फेसबुक और ट्विटर से लाखों की संख्या में लोग जुड़े हुए हैं। दोनों अलग-अलग तरह के लोगों को जोड़े हुए हैं। इसके अलावा प्रोफेशनल लोगों के लिए लिंकड़ और वीडियो माध्यम में रुचि रखने वालों के लिए गूगल प्लस भी है। लेकिन फिलहाल फेसबुक और ट्विटर को लेते हैं जिसका प्रभाव सबसे अधिक देखा जा रहा है। आईएएमएआई- आईएमआरबी के आँकड़ों के अनुसार भारत में इंटरनेट का इस्तेमाल करने वालों की लगभग कुल संख्या 11 करोड़ के करीब है जिसमें से साढ़े छह करोड़ लोग सोशल मीडिया का इस्तेमाल करते हैं। सोशल मीडिया पर नजर रखने वाली साइट सोशल बेकर्स के अनुसार पूरी दुनिया में फेसबुक पर एक अरब से अधिक लोग हैं और भारत में छह करोड़ 38 लाख लोग फेसबुक पर सक्रिय हैं।24

ट्विटर का इस्तेमाल पूरी दुनिया में 20 करोड़ से अधिक लोग करते हैं जबकि भारत में तीन करोड़ तीस लाख लोग ट्विटर पर सक्रिय हैं। ये आंकड़े तब और दिलचस्प हो जाते हैं जब हमें पता लगता है कि एक बड़ी संख्या

सोशल मीडिया का इस्तेमाल अपने फोन पर करती हैं। भारतीय दूरसंचार नियामक प्राधिकरण (ट्राई) की रिपोर्ट के अनुसार अक्टूबर सन् 2014 तक भारत में मोबाइल इस्तेमाल करने वालों की संख्या 90 करोड़ 40 लाख है। इतने लोगों तक सीधे पहुंच बनाने वाली किसी भी तरह की कोई मीडिया कम से कम भारत में तो नहीं ही दिखाई देती है। दूरदर्शन जैसे बड़े मीडिया संस्थानों की पहुंच भी भारत के गांवों तक नहीं है क्योंकि हजारों गांवों में अभी भी बिजली नहीं पहुंची है जबकि मोबाइल फोन के जरिये सोशल मीडिया सुदूर गांवों तक पहुंच रहा है। नये आँकड़ों के अनुसार अब लोग अपना अधिक से अधिक समय ऑनलाइन सोशल साइटों पर बिताते हैं। वहीं से वो ख़बरें, विश्लेषण ग्रहण करते हैं न कि अख़बार और टीवी से सोशल मीडिया कई स्तर पर इसका इस्तेमाल करने वालों को एक ताकत का अहसास कराता है। उदाहरण के लिए सोचिए कि बिहार के किसी गांव में बैठा किसान फेसबुक के जरिये योजना आयोग के उपाध्यक्ष से सवाल पूछ रहा हो बिना किसी मध्यस्थ के। सीधे-सीधे यह ताकत उस किसान को और कौन दे सकता है। अगर उस किसान को ट्विटर पर काम आता हो तो वह सीधे प्रधानमंत्री के ट्विटर हैंडल के जरिये अपनी बात वहां पहुंचा सकता है। सुनने में लग सकता है कि क्या वाकई ऐसा हो सकता है, तो इसका जवाब है हाँ। न केवल ऐसा हो सकता है बल्कि ऐसा हो रहा है।25 बीबीसी हिंदी के फेसबुक पर जब योजना आयोग के पूर्व उपाध्यक्ष मोंटेक सिंह आहलूवालिया ने सवालों के जवाब देने शुरू किए तो सवाल पूछने में एक किसान भी था। ट्विटर पर प्रधानमंत्री के मीडिया सलाहकार तक बात जल्दी पहुंचती है इसमें अब किसी पत्रकार को शक नहीं रहा है।

सोशल मीडिया

सोशल मीडिया सिर्फ ख़बरें प्राप्त करने में ही मददगार साबित नहीं होता है बल्कि यह पत्रकारों के लिए संपर्क बनाने, समाज की नब्ज पकड़ने और विचारों को प्रभावित करने का भी एक माध्यम बनता जा रहा है। इसलिए इसे सोशल मीडिया जर्नलिज्म का नाम दिया गया है। हालांकि सोशल मीडिया ने जितना फायदा पत्रकारिता को पहुंचाया है उतनी ही चुनौतियां भी खड़ी की हैं। वर्चुअल दुनिया की सत्यता को लेकर सवाल हमेशा खड़े होते रहे हैं। यह पता करना मुश्किल होता है या और अधिक चुनौतीपूर्ण होता है कि अगर सोशल मीडिया पर कोई व्यक्ति कुछ कह रहा है तो वो व्यक्ति वाकई है भी या नहीं यानि पुष्ट करने की प्रक्रिया पत्रकारों के लिए

जटिल हुई है क्योंकि कोई भी व्यक्ति चाहे तो कई फर्जी आईडी बनाकर एक ही बात कह सकता है और विचारों को प्रभावित कर सकता है।

सूचना प्रौद्योगिकी और मीडिया के योग से पिछले दिनों मीडिया का नया आयाम, नया माध्यम इंटरनेट मीडिया (वेब मीडिया) के रूप में विस्तार ले रहा है। इसमें इंटरनेट की वेबसाइट पर समाचार पत्र, पत्रिकाओं से लेकर समाचार चैनलों तक सबको प्रसारित किया जा रहा है। वेब मीडिया के विकास ने पारम्परिक मीडिया की परिभाषा ही बदलकर रख दी है। इसके फलस्वरूप अंग्रेजी और हिन्दी सहित सभी भारतीय भाषाओं के अधिकतर बड़े समाचार पत्र, पत्रिकाएँ ऑनलाइन हो चुके हैं अर्थात् सभी के इंटरनेट संस्करण वेब पर उपलब्ध है। "इंटरनेट मीडिया वह है जो केवल इंटरनेट के लिए की जाती है अर्थात् जो पूर्ण रूप से ऑनलाइन है।"26 इंटरनेट मीडिया की सबसे बड़ी विशेषता है, इसके और पाठक दर्शक के साथ परस्पर सम्बन्ध। अन्य समाचार माध्यमों में सूचना सम्प्रेषण मूल रूप से एकतरफा होता है, हालांकि संपादक को चिट्ठी भेजकर प्रतिक्रिया की जा सकती है लेकिन सभी खबरों पर एक साथ ऐसा करना मुश्किल है।

राजनीतिक जन चेतना में पत्रकारिता की भूमिका

राजस्थान में चुनाव अभियान में उठाये गये प्रमुख मुद्दों में चुनाव के दौरान किए गए ख़र्च की वसूली, निर्वाचित प्रतिनिधि, अपने कार्यकाल के दौरान धन की एक बड़ी राशि एकत्रित करते हैं। इसलिए हमें ऐसा माहौल तैयार करने की आवश्यकता है जिससे सक्षम, ईमानदार, कानून के पाबंद नागरिक लोकसभा/विधानसभाओं में निर्वाचित हो सकें। लोकतांत्रिक प्रणाली में सुधार लाने के लिए राजनीतिक इच्छा शक्ति का अभाव है इसलिए राजनीतिक दलों पर न्यायपालिका, नागरिक समाज संगठनों, केंद्रीय महालेखा परीक्षक और निर्वाचन आयोग जैसे संस्थानों का निरंतर दबाव अति आवश्यक है। सही नेताओं को चुनने के लिए मतदाताओं में जागरुकता अत्यंत महत्वपूर्ण है। मतदाताओं को यह समझना होगा कि जो नेता आज उनका मत खरीदता है वह कल उनके भविष्य से समझौता करेगा। चुनाव प्रजातंत्र का सबसे बड़ा पर्व है। लोकतंत्र का राजनीतिक आधार चुनाव के माध्यम से ही रखा जाता है। लोकतंत्र का भावरूप इन चुनावों के जरिये ही साकार रूप में आता है। 16वीं लोकसभा चुनाव में मीडिया चुनाव कवरेज के लिए आधिकारिक तौर पर चुनाव डेस्क का गठन किया। जिसका मुख्य उद्देश्य राजनीति में लोगों की सक्रिय भागीदारी बढ़ाने के लिए न सिर्फ उन्हें

जानकारी देना था बल्कि उदाहरणों के जरिये उन्हें जागरूक करने का प्रयास किया जो निम्न हैं -

वंशवाद: राजनीति की जड़ों तक फैले वंशवाद और प्रदेश में राजनीतिक दलों के पूर्व राजघरानों से सम्बन्ध और निर्भरता को भी मीडिया ने प्रमुख मुद्दा बनाया और इससे होने वाले नुकसान से जनता को परिचित करवाया। भारतीय लोकतंत्र के समक्ष गंभीर चुनौती सामंती वंशवाद एवं परिवारवाद ने उत्पन्न की है। जर्मींदारों, राजे-रजवाड़ों व औद्योगिक घरानों ने लोकतांत्रिक संस्थाओं पर भी अपना आधिपत्य स्थापित कर लिया है। व्यवस्थापिका, कार्यपालिका, न्यायपालिका मीडिया, धार्मिक संस्थाएं कुछ लोगों के पुत्र, पुत्री, पत्नी, बहू एवं अन्य रिश्तेदारों से भरी पड़ी हैं। सामान्य नागरिक अपने अथक प्रयास एवं योग्यता के बावजूद संसाधनों के आभाव में परिवारवाद वालों की पृष्ठभूमि वालों से पिछड़ जाता है। यह वंशवाद लोकतंत्र को अंदर से खोखला कर चुका है। अधिकांश राजनीतिक, आर्थिक, प्रशासनिक संस्थाएं परिवारिक कुपात्रों की शरणस्थली बन चुकी है जिससे न सिर्फ इन संस्थाओं की कार्यकुशलता एवं क्षमता घटी है बल्कि मेहनतकश एवं ईमानदार लोगों का इन लोकतांत्रिक संस्थाओं से कुछ मोहभंग हो रहा है। यह लोकतंत्र के लिए अच्छा संकेत नहीं है।

जातिवाद: राजनीतिक दल चुनाव में अधिक से अधिक मत प्राप्त करने के लिए जातिगत आधार पर अपने प्रत्याशियों का चयन करते हैं। किसी निर्वाचन क्षेत्र की जातीय संरचना के आधार पर ही प्रत्याशियों को टिकट दिये जाते हैं और उस जाति के मतदाताओं के मत को अपनी तरफ किया जाता है। अनेक राजनीतिक दलों में जातीय आधार पर गुट भी पाये जाते हैं। जो कि मतदान व्यवहार को प्रभावित करते हैं। हरियाणा, उत्तर प्रदेश, बिहार, राजस्थान, आन्ध्र प्रदेश तथा केरल के चुनावों में मतदान आचरण को प्रभावित करने के लिए जातिवाद की भूमिका महत्वपूर्ण रही है। कुछ विद्वानों का यह विचार कि प्रजातंत्रीय व्यवस्था जाति व्यवस्था को समाप्त कर देगी सत्य सिद्ध नही हो पाया है और यह जातिवाद रूपी ''राजनीति का कैन्सर'' व्यापक रूप से जनमत को प्रभावित कर रहा है।

अपराधीकरण एवं चुनावी व्यय: वर्तमान समय में काले धन का चुनावी प्रक्रिया में व्यापक रूप से उपयोग हो रहा है। चुनाव के दौरान अत्यधिक धन व बल प्रयोग, चुनावी परिणामों को विकृत कर देता है। राजनीति में अपराधियों के प्रवेश के कई कारणों में से एक राजनीतिक संरक्षण के माध्यम

से न्यायिक कार्यवाही से बचने या उसे विकृत करने की इच्छा थी। मौजूदा स्वरूप में देश का कानून, राजनीति के अपराधीकरण के बढ़ते कैंसर को रोकने में असमर्थ है।

भारत में राजनीतिक दलों के नियंत्रण के लिए कोई कानून नहीं है। साथ ही राजनीतिक दलों में आंतरिक लोकतंत्र एवं पैसे की आमद और खर्च के बारे में पारदर्शिता नहीं है। इसका एक कारण न्यायिक विलंबता और अक्षम कानूनी अव्यवस्था है। राजनीतिक दलों का 75 प्रतिशत वित्त पोषण अज्ञात सूत्रों से है और केवल 9 प्रतिशत (20,000/- रुपये से ऊपर की आमदनी राशि) की जानकारी जनता को उपलब्ध है। राजनीतिक दल और उम्मीदवार आमतौर पर खर्चा वास्तविक रकम से कम दिखाते हैं। चुनाव के समय अक्सर नेता अपने विपक्षी पर अमर्यादित भाषा का इस्तेमाल करने लगते हैं। कई बार व्यक्तिगत आरोप प्रत्यारोप का दौर शुरू हो जाता है।

महिलाओं में राजनीतिक सशक्तीकरण- मीडिया ने 16वीं लोकसभा चुनाव अभियान के तहत महिलाओं में राजनीतिक सषक्तिकरण का मुद्दा भी जन-जन तक पहुंचाया। अगर देश में लोकतंत्र को सही अर्थों में लागू करना चाहता है, तो समाज के विभिन्न तबकों की महिलाओं का सशक्तीकरण ही सही विकल्प है। हालांकि महिलाओं को पुरुषों की तरह वोट का अधिकार है और उन्हें गांव से लेकर संसद तक चुनाव लड़ने के अधिकार भी हासिल हैं। बावजूद इसके उनका पूरी तरह सशक्तीकरण होना अभी बाकी है। इसके अलावा लोकतंत्र में हमें उन छद्म भागीदारियों को भी हटाना होगा, जिसके तहत महिलाएं पुरुषों के एवज में रबर स्टांप की तरह काम करती हैं। यह समय की मांग है कि हम लोकतंत्र के लिए पिछड़े समाज के लिए अवसर पैदा करने हेतु साथ आएं। इस प्रकार चुनाव में धन और बाहुबल की भूमिका भलीभांति लोकतांत्रिक मूल्यों और लोकाचार पर गंभीर दुष्प्रभाव डाल रही है और प्रक्रिया को भ्रष्ट बना रही है तेज़ी से हो रहा राजनीति का अपराधीकरण, बूथों पर कब्जे, धांधली, हिंसा आदि बुराइयों को बढ़ावा दे रहा है सरकारी मशीनरी, अर्थात् सरकारी मीडिया और मंत्रालयों के स्टाफ का दुरुपयोग एवं अयोग्य उम्मीदवारों की भागीदारी का बढ़ता संकट जैसी समस्याएं हमारी मतदान प्रक्रिया का हिस्सा बन चुकी हैं। इससे पहले की व्यवस्था स्वयं समाप्त हो जाए, तत्काल सुधारात्मक उपाय करना समय की सबसे बड़ी ज़रूरत है।

हिंसक राजनीति

देश को आजादी दिलाने वाले नेताओं ने शायद ही कभी कल्पना की होगी कि राजनीति का स्तर इतना नीचे गिर जाएगा। संसद में होने वाले हंगामों के बाद दिल्ली में भाजपा और आम आदमी पार्टी के कार्यकर्ताओं ने सड़कों पर जिस तरह 'गैंगवार' किया वह नेताओं को शर्मसार करे ना करे, लेकिन लोकतंत्र और सवा सौ करोड़ जनता को जरूर शर्मसार कर गया। दोनों दलों के कार्यकर्ताओं के बीच हुए पथराव और झड़पों ने यह भी साबित कर दिया कि राजनीति में अच्छे लोगों को लाने की वकालत करने वाले राजनेताओं के लिए कुर्सी से बढ़कर और कुछ नहीं। चुनाव आचार संहिता लगने पर यदि गुजरात पुलिस ने अरविंद केजरीवाल को रोक लिया तो 'आप' कार्यकर्ताओं को भाजपा कार्यालय पर जाकर प्रदर्शन की जरूरत क्या थी। आप को विरोध ही जताना था तो प्रदर्शन जंतर-मंतर अथवा कहीं और भी हो सकता था। कार्यकर्ताओं की भारी-भरकम भीड़ के साथ किसी दूसरी पार्टी के कार्यालय पर जाना यही दर्शाता है कि नेताओं में सहनशीलता बची ही नहीं और वे हर काम टकराव के जरिए ही करना चाहते हैं। आप कार्यकर्ताओंका नेतृत्व भी वे लोग कर रहे थे, जो आप पार्टी को बुद्धिजीवी जमात का कहलाते नहीं थकते। ऐसे अच्छे लोग राजनीति को इस स्तर पर ले जाना चाहते हैं तो क्या जरूरत है ऐसे अच्छे लोगों की। इससे तो अच्छे वे ही लोग है, जो बुद्धिजीवी भले ना हों, लेकिन इतने निचले स्तर पर नहीं उतरते। देश राजनीतिक टकराव के ऐसे मोड़ पर पहुँच गया है जहां आपसी विचार-विमर्श से समस्याओं का समाधान निकालने का रास्ता नजर ही नहीं आ रहा।

वैचारिक तर्कों का स्थान ऐसी हिंसक राजनीति लेती जा रही है जो बर्बादी के सिवाय देश को और कुछ नहीं दे सकती। आश्चर्य की बात तो ये है कि इतना होने पर राजनेता अपने ऐसे आचरण पर शर्मिन्दा होने की बजाय अपने कृत्य को उचित ठहराने में जुटे हैं। उनके तर्क अपने ही दावे को मजबूत करते दिखाई पड़ते हैं। दूसरे के दावे उन्हें आरोप प्रतीत होते हैं। राजनीति में टकरावों का दौर आजादी के बाद से ही देखने में आता रहा है, लेकिन तब के टकराव और आज के टकराव में बड़ा बदलाव आ गया है। वैचारिक और सैद्धान्तिक टकराव अब हाथापाई और तोड़-फोड़ के टकराव में बदल चुका है। राजनीति की धारा जिस दिशा में बह रही है वह हमारे सबसे बड़े लोकतांत्रिक देश होने के दावे को तो झुठलाता ही है, दुनिया को यह संदेश भी देता है कि कुर्सी पाने के लिए हमारे नेता किसी भी हद तक

फिसल सकते हैं।27

आंतरिक सुरक्षा नीति के लिए रोडमैप के प्रयास

आंतरिक सुरक्षा में ढिलाई के चलते पाकिस्तान की घरेलू चुनौतियों में भी इजाफा हुआ है। इसके दुष्परिणाम सरकारी एजेंसियों की कमजोरी और विकास को लेकर भ्रामक स्थिति के रूप में सामने आ रहे हैं। जनता में व्यापक तौर पर इस समस्या को महसूस किया जा रहा है कि सुरक्षा के मुद्दे पर ऐसी कारगर व्यवस्था अपनाई जाए जो समाज के सभी वर्गों तथा संस्थागत ढांचे में आसानी से लागू की जा सके और बेवजह अड़चनों का सामना नहीं करना पड़े। देश में संघीय और प्रांतीय स्तर पर ऐसी नीति को अपनाने में अब तक समन्वय का अभाव रहा है। सरकार द्वारा संचालित संस्थाओं और मजहबी संगठनों में खींचतान से आंतरिक सुरक्षा प्रणाली पर आम राय कायम नहीं हो सकी। जिसका नतीजा आज स्वयं उन्हें भी भुगतना पड़ रहा है। लिहाजा एक रोडमैप की आवश्यकता महसूस की गई।28

हिंदी पत्रकारिता की प्रमुख चुनौतियां

एक पत्रकार कई ऐतिहासिक घटनाओं का भागीदार और चश्मदीद गवाह होता है। वह राज्यक्रांतियां होती हुई देखता है और राजनेताओं से पहले धंधई और फिर कई दफे निजी वजहों से दोस्ती, दुश्मनी के रिश्ते बनाता है। हमारा औसत हिन्दी पत्रकार प्रायः जब व्यवस्था के खिलाफ आवाज उठाता है तो अक्सर यह (निजी) अनुभव संसार ईमानदार अभिव्यक्ति में बाधा डालता है। तब वह काफी हद तक एक आम दुनियावी व्यक्ति प्रमाणित होता है जिसके लेखन में राज्य क्रांतियां, दलगत उत्थान, पतन, भ्रष्टाचारिता और भांडाफोड़ निजी वजहों से आते-जाते रहते हैं और पूर्वाग्रहों के उजास में ही दर्ज किए जाते हैं। यह दुर्भाग्यपूर्ण है। आज की पत्रकारिता, खासकर भाषाई पत्रकारिता पत्रकार को देश के छोटे से छोटे इलाके की प्रायः कोलाहल और हलचलों से भरी दुनिया को बड़े गौर से और करीब से देख पाने के लिए एक आदर्श रिंग-साइड सीट मुहैया करा रही है। हिन्दी पत्रकारिता का असल काम इसी के बीच से जरूरी सूत्र तलाश कर उन्हें बड़े केन्द्र और राज्यस्तरीय घटनाओं के संदर्भों में पिरोते हुए अपने आम पाठक के लिए खबरों को एक साथ उपयोगी और बोधगम्य बनाना है समूची भारतीय पत्रकारिता के संदर्भ में बात करने के पहले इसे तीन हिस्सों में समझने की जरूरत है। पहली अंग्रेजी पत्रकारिता, दूसरी हिन्दी व अन्य भारतीय भाषाओं के बड़े अखबारों की पत्रकारिता और तीसरी नितांत क्षेत्रीय अखबारों की पत्रकारिता। पहली, अंग्रेजी

की पत्रकारिता तो बाजारवाद की हवा को आंधी में बदलने में सहायक ही बनी है, और कमोवेश इसने सारे नैतिक मूल्यों व सामाजिक सरोकारों को शीर्षासन करा दिया है। दूसरी श्रेणी में आने वाले हिन्दी व अन्य भारतीय भाषाओं के बहुसंस्करणीय अखबार हैं। वे भी बाजारवादी हो हल्ले में अंग्रेजी पत्रकारिता के ही अनुगामी बने हुए हैं। उनकी स्वयं की कोई पहचान नहीं है और वे इस संघर्ष में कहीं लोक से जुड़े नहीं दिखते। तीसरी श्रेणी में आने वाले क्षेत्रीय अखबार हैं, जो अपनी दयनीयता के नाते न तो खास अपील रखते हैं न ही उनमें कोई आंदोलनकारी-परिवर्तनकारी भूमिका निभाने की इच्छा शेष है। यानि मुख्यधारा की पत्रकारिता ने चाहे-अनचाहे बाजार की ताकतों के आगे आत्मसमर्पण कर दिया है।

बढ़ती उपभोक्तावादी संस्कृति, चैनलों पर अपसंस्कृति परोसने की होड़, बढ़ती सौन्दर्य प्रतियोगिताएं, जीवन में हासिल करने के बजाए हथियाने का बढ़ता चिंतन, भाषा के रूप में अंग्रेजी का वर्चस्ववाद, असंतुलित विकास और असमान शिक्षा का ढांचा कुछ ऐसी चुनौतियां हैं जिनसे हम रोजाना टकरा रहे हैं और समाज में गैर बराबरी की खाई बढ़ती जा रही है। इसके साथ ही मूल्यहीनता के संकट अलग हैं। ऐसे वक्त में जब प्रिंट और इलेक्ट्रॉनिक मीडिया में साहित्य का स्थान कम होता जा रहा है, एक साहित्यिक पत्रिका द्वारा मीडिया की चुनौतियों के चिंतन पर एक विशेषांक प्रकाशित करना सुखद आश्चर्य की बात है। वैसे विगत में भी कतिपय साहित्यिक पत्रिकाओं द्वारा सार्थक प्रयास किये जाते रहे हैं। साहित्य अमृत के समीक्ष्य अंक में देश के नामचीन पत्रकारों, साहित्यकारों एवं मीडिया विशेषज्ञों द्वारा बदलाव के दौर से गुजरती पत्रकारिता की चिंताओं व दशा-दिशा का सांगोपांग विश्लेषण किया है। विशेषांक में अनुभवी विद्वानों ने पत्रकारिता के सभी आयामों को छूने का प्रयास किया है। राष्ट्रीय आंदोलन के दौर से लेकर 21वीं सदी तक पत्रकारिता का विशद व गहन विश्लेषण इस मीडिया विशेषांक में किया गया है। अंक में जहां ऐतिहासिक परिप्रेक्ष्य में पत्रकारिता के उदात्त मूल्यों का उल्लेख है, वहीं समकालीन पत्रकारिता का विश्लेषण करते हुए भविष्य की दिशा का खाका खींचा गया है।

निःसंदेह मौजूदा दौर का मीडिया तकनीकी तौर पर खासा समृद्ध हुआ है, लेकिन कॉरपोरेट के दबाव के चलते पत्रकारिता के मिशनरी नजरिये को नजरअंदाज करने का प्रयास हुआ है। शायद इसकी वजह मीडिया में बड़ी पूंजी की जरूरत एवं मीडियाकर्मियों का सुविधाभोगी हो जाना है। दरअसल

आज पत्रकारिता आर्थिक व राजनीतिक दबाव के चलते अपनी स्वतंत्रता का अपेक्षित उपयोग नहीं कर पा रही है। जहां पेड-न्यूज जैसी विद्रूपताओं का सामना उसे करना पड़ रहा है, वहीं बाजार के दबाव ने परिस्थितियों को विकट बनाया है।29

निष्कर्ष

डिजिटल मीडिया ने समाचारों के कलेवर को नए सिरे से प्रभावित करना शुरू किया है। इसमें दुखद यह है कि अपने आरंभ के कुछ ही वर्षों में बहुसंख्य समाचार वेबसाइटों में वह विकार आ चुका है, जो टेलीविजन में टीआरपी के कारण पहले से मौजूद था। इस प्रकरण में समाचार वेबसाइटों का समाज के प्रति बर्ताव महज उत्पाद और उपभोक्ता का हो चुका है, जिसने भाषाई संरचना को प्रभावित करना भी शुरू कर दिया है। यही कारण है कि किसी समाचार का शीर्षक अपने अंतर्गत निहित सामग्री का प्रतिनिधि नहीं, बल्कि एक उलझाऊ वाक्य या पदबंध होता जा रहा है, जो पाठकों को क्लिक करने को विवश करे। इसमें समाचार-लेखन के पारंपरिक नियम भी बदल रहे हैं। इस क्रम में सूचनाओं के तीव्र प्रसार और अधिकाधिक पाठकों तक पहुंचने के लक्ष्य के लिए अधकचरी सूचनाओं की भरमार सामने आ रही है। इसमें किसी सूचना को अपने अनुसार परोस कर किसी का मान-मर्दन से लेकर किसी मुद्दे को भड़काने तक का काम इन वेबसाइटों के मॉडरेटर सिर्फ इसलिए कर रहे हैं कि उनकी हिट संख्या बढ़ जाए। देश-समाज में निहित समाचारों से परत हटे यह तो ठीक है, लेकिन इस क्रम में किसी बड़ी घटना या व्यक्तित्व के प्रति झूठ या तथ्यों को छिपा कर एक लोकप्रिय किस्म के सच को परोसने का काम ही प्रायः वेबसाइटों का प्राथमिक कर्म बनता जा रहा है। इसमें देश-विदेश के प्रभावशाली लोगों के ट्विटर, फेसबुक आदि खातों से गलत सूचनाओं तक को बिना किसी पड़ताल के धड़ल्ले से संदर्भित किया जा रहा है। गौरतलब है कि ऐसे समाचारों को एक बार सार्वजनिक होने के बाद वापस लेना संभव नहीं होता। क्योंकि इसका प्रसार इतनी तेजी से होता है कि एक सर्वर से लेकर दूसरे प्लेटफॉर्म तक साझा किया जाता है और मूल स्रोत से समाचार वापस लेने की कड़ी बीच में समाप्त हो जाती है। इस बीच संबंधित समाचार अपने मिथ्या-प्रचार के उद्देश्य को पूरा कर लेता है और वर्तमान तकनीकी ढांचे में उसके प्रति जिम्मेदार व्यक्ति आसानी से पकड़ में भी नहीं आ पाता। वर्तमान मीडिया मुख्यालय केंद्रित होती जा रही है, जिसमें किसी समाचार के स्रोत-स्थल का परीक्षण और विश्लेषण लगातार कम होता

जा रहा है। सूचनाओं का स्रोत ट्विटर, फेसबुक, यू-ट्यूब, इन्स्टाग्राम और वाट्स-एप जैसे प्रमुख सोशल नेटवर्क होने लगे हैं, जबकि इनमें पहले से ही मनमानी सूचनाओं का अंबार है और इस तरह मुख्यधारा मीडिया के बड़े हिस्से में इन्हीं सोशल नेटवर्क की पहुंच बढ़ती जा रही है। यहां ईमानदार समाचार-प्रतिष्ठानों को विश्लेषण करना चाहिए कि देश की जनसंख्या में ऐसे कितने लोग हैं, जो सोशल नेटवर्क में मौजूद हैं। अगर इससे वंचित आबादी की संख्या अधिक है, तो उनके दुख-दर्द के प्रति मीडिया की कोई जिम्मेदारी नहीं बनती। क्या कोई दूरस्थ समाज सिर्फ इसलिए इस मीडिया का अंग नहीं बन पाएगा कि उसके पास सोशल नेटवर्क के लिए आवश्यक साधन नहीं हैं। सत्य का कोई समय और काल नहीं होना चाहिए। मीडिया को अपने अनुरूप गढ़ना सत्ता की पुरानी महत्त्वाकांक्षा है, लेकिन मीडिया द्वारा पूरी तरह समर्पण प्रायः आधुनिक प्रचलन है। इसमें डिजिटल मीडिया का शामिल होना किसी युद्ध में अंतिम हथियार को खो देने जैसा है। इस पूरे प्रकरण में जन-माध्यमों में फैली विकृतियों के प्रति एक सजग समाज आगे नहीं आएगा, तो खतरा पूरे समाज पर बढ़ेगा।

इसी प्रकार टेलीविज़न पत्रकारिता का फलक आज बहुत विस्तृत हो गया है। उपग्रह चैनलों की बढ़ती भीड़ के बीच यह एक प्रतिस्पर्धा एवं कौशल का क्षेत्र बन गया है। आधुनिक संचार-क्रांति में निश्चय ही इसकी भूमिका को नकारा नहीं जा सकता। इसके माध्यम से हमारे जीवन में सूचनाओं का विस्फोट हो रहा है। ग्लोबल विलेज (वैश्विक ग्राम) की कल्पना को साकार रूप देने में यह माध्यम सबसे प्रभावी हुआ। दृश्य एवं श्रव्य होने के कारण इसकी स्वीकार्यता एवं विश्वसनीयता अन्य माध्यमों से ज्यादा है। भारत में सन् 1859 ई. में आरंभ दूरदर्शन की विकास यात्रा ने आज सभी संचार माध्यमों की पीछे छोड़ दिया है। दूरदर्शन पत्रकारिता में समाचार संकलन, लेखन एवं प्रस्तुतिकरण संबंधी विशिष्ट क्षमता अपेक्षित होती है। दूरदर्शन संवाददाता घटना का चल-चित्रांकन करता है तथा वह परिचयात्मक विवरण हेतु भाषागत सामर्थ्य एवं वाणी की विशिष्ट शैली का मर्मज्ञ होता है। विविध स्रोतों से प्राप्त समाचारों के सम्पादन का उत्तरदायित्व समाचार संपादक का होता है। वह समाचारों को महत्वक्रम के अनुसार क्रमबद्ध कर सम्पादित करता है तथा समाचार वाचक के समक्ष प्रस्तुत करने योग्य बनाता है। चित्रात्मकता दूरदर्शन का प्राणतत्व है। यह वही तत्व है जो समाचार की विश्वसनीयता एवं स्वीकार्यता को बढ़ाता है। आज तमाम निजी टीवी चैनलों

में समाचार एवं सूचना प्रधान कार्यक्रमों की होड़ लगी है। सामाजिक, आर्थिक, राजनीतिक सवालों पर परिचर्चाओं एवं बहस का आयोजन होता रहता है। प्रतिस्पर्धा के वातावरण से टेलीविज़न की पत्रकारिता में क्रांति आ गई है और उसकी गुणवत्ता में निरंतर सुधार आ रहा है।

इस प्रकार हम देखते हैं वर्तमान परिवेश में जहां प्रेस का दायरा विस्तृत हुआ हैं, वहीं उसकी महत्ता भी बढ़ी है। वह लोगों के होने और जीने में सहायक बन गया है। देश में जब तक लोकतंत्र रहेगा, उसकी प्राणवत्ता रहेगी, पत्रकारिता का भविष्य उज्ज्वल रहेगा। आज के दौर में बढ़ रहे विश्वसनीयता के संकट, व्यावसायिक प्रतिस्पर्धा एवं तमाम दबावों के बावजूद प्रेस का वजूद न तो घटा है, न कम हुआ है। उसकी स्वीकार्यता निरंतर बढ़ रही है, पाठकीयता बढ़ रही है, विविध रुचि की सामग्री आ रही है और अखबारो की संख्या में भी वृद्धि हो रही है। इलेक्ट्रॉनिक पत्रकारिता के क्षेत्र में तो क्रांति सी हो गई है। पतन क्योंकि मूल्यों के स्तर पर हुआ है अतः उसके प्रभावों से पत्रकारिता अलग नहीं है। पत्रकारिता साहित्य एवं सुरुचि के संस्कार आज विदा होते दिख रहे हैं। इसके बावजूद तमाम लोग ऐसे भी हैं, जो भाषा एवं अखबार की सामाजिक जिम्मेदारी को लेकर काफी सचेत हैं। संस्थाओं की पत्रिकाएं बंद होने से एक बार लगा पत्रकारिता की नींव डगमगा रही है। पर उनके समानांतर क्षेत्रीय अखबारों की सत्ता एक बड़ी शक्ति के रूप में सामने आई है। बाहरी-भीतरी खतरे व प्रभावों के बावजूद हमारी पत्रकारिता का प्रगति रथ सदैव बढ़ता नजर आया है। पत्रकारिता ने हर संकट को पार किया है, वह इस संक्रमण से भी ज्यादा ऊर्जावान एवं ज्यादा तेजस्वी बनकर सामने आएगी, बशर्ते वह अपनी भूमिका जनपक्ष की बनाए और संकट मोल लेने का साहस पाले। पत्रकारिता से आज भी सामान्य जन की उम्मीदें मरी नहीं हैं।

संदर्भ सूची :

1. जनसत्ता, पत्रकारिता: सिकुड़ता दायरा, 3 मई, सन् 2015
2. कुमार, बिजेन्द्र, हिन्दी पत्रकारिता और भूमण्डलीकरण, प्रकाशक श्री नटराज प्रकाशन, सन् 2007, पृ. 76
3. जैन, संजीव, पत्रकारिता: सिद्धान्त एवं स्वरूप, कैलाश पुस्तक सदन, सन्

2014, पृ. 58

4. वही, पृ. 59

5. कुमार, अमरेन्द्र, सिंह, निशांत, इक्कीसवीं सदी और हिन्दी पत्रकारिता, सामयिक प्रकाशन, जटवाड़ा, सन् 2006, पृ. 37

6. वही, पृ. 38

7. पुराणिक, आलोक, आर्थिक पत्रकारिता, प्रभात प्रकाशन, सन् 2011, पृ. 174

8. वगर्थ, अक्टूबर सन् 2006, पृ. 80

9. मीडिया प्रवेशांक, अप्रैल-जून, सन् 2006, पृ. 59

10. पत्रकारिता सिद्धान्त एवं विश्लेषण का अभिव्यक्ति में, पृ. 10-11

11. सामाजिक वार्ता, प्रभाष जोशी, मई सन् 2003 पृ0 19

12. वही, पृ. 20

13. जैन, संजीव, पत्रकारिता: सिद्धान्त एवं स्वरूप, कैलाश पुस्तक सदन, सन् 2014, पृ. 67

14. हिन्दी पत्रकारिता विविध आयाम, वेद प्रताप, पृ0 210

15. पत्रकारिता सिद्धान्त एवं विश्लेषण का अभिव्यक्ति में, पृ. 10-11

16. कुमार, आनन्द, हिन्दी पत्रकारिता का बदलदता स्वरूप, आमंग पब्लिकेशन, नई दिल्ली, सन् 2006, पृ. 164

17. वही, पृ. 165

18. ममता तिवारी, चुनाव, लोकतंत्र और मीडिया, पृ. 94

19. http://wikipedia.org,Access on 18.02.2016

20. http://rojgarsamajchar.gov.in Access on 20.02.2016

21. http://jagranjunction.comAccess on 22.02.2016

22. नई संचार प्रौद्योगिकी पत्रकारिता, डॉ0 कृष्ण कुमार रत्तू, पृ0 3

23. इंडिया टुडे ; सन् 2002), कुमुद शर्मा, पृ0 48

24. वही, पृ. 117

25. सिंह, संजय कुमार, पत्रकारिता: जो मैंने देखा, जाना, समझा, सन् 2017, पृ. 108

26. रवीन्द्र शुक्ला, सूचना प्रौद्योगिकी और समाचार पत्र, राधाकृष्ण प्रकाशन, नई दिल्ली, सन् 2008, पृ. 37

27. राजस्थान पत्रिका, चुनाव विश्लेषण, 7.03.2014, पृ. 14

28. राजस्थान पत्रिका, आंतरिक सुरक्षा नीति के लिए रोडमैप के प्रयास 10.03.2014, पृ. 14
29. दैनिक ट्रिब्यून 10 अक्टूबर, सन् 2015

ग्रंथ-सूची

1. अगनानी, कन्हैया, पत्रकारिता के मूल सिद्धान्त, राजस्थान हिन्दी ग्रंथ अकादमी, जयपुर, 1999

2. अग्रवाल, हरिप्रसाद, राजस्थानी आजादी के दीवाने, प्रताप प्रकाशन, श्यामजी कृष्ण वर्मा पुस्तकालय, ब्यावर

3. आचार्य दाऊदयाल, भारत के स्वतंत्रता संग्राम में बीकानेर का योगदान, चेतना प्रकाशन, बीकानेर, 1997

4. आसोपा, आरके, मारवाड़ का मूल इतिहास भाग-1, वैदिक यंत्रालय, अजमेर, 1938

5. आसोपा, आरके, मारवाड़ का मूल इतिहास, भाग-2, वैदिक यंत्रालय, अजमेर, 1941

6. आर्य, हरफूल सिंह, शेखावाटी के ठिकानों का इतिहास व योगदान, जयपुर, 1987

7. ओझा, गौरीशंकर हीराचंद, राजपूताना का प्राचीन इतिहास, राजस्थानी ग्रंथागार, जोधपुर

8. ओझा, गौरीशंकर हीराचंद, राजपूताने का इतिहास, राजस्थानी ग्रंथागार, जोधपुर

9. ओझा, हीराचन्द गौरीशंकर, जोधपुर राज्य का इतिहास भाग-1, 2, वैदिक यंत्रालय, अजमेर, 1938-41

10. ओझा, जे. के., बीकानेर राज्य का इतिहास, राजस्थानी ग्रन्थागार, जयपुर 1936

11. कविराज, श्यामलदास, वीर विनोद, जिल्द 1-4, राजस्थानी ग्रन्थागार, जोधपुर, 2008

12. कर्दम, जयप्रकाश, 21वीं सदी में दलित आन्दोलन, पंकज पुस्तक मंदिर, दिल्ली, 2000

13. कालेलकर, काकासाहब, जमनालाल बजाज की डायरी, जमनालाल बजाज सेवा ट्रस्ट, वर्धा, 1966

14. कुमार, अमरेन्द्र, सिंह, निशांत, इक्कीसवीं सदी और हिन्दी पत्रकारिता, सामयिक प्रकाशन, जटवाड़ा, 2006

15. कुमार,, अमरेन्दु, पत्रकारिता विधाएँ और आयाम, आशा बुक, नई

दिल्ली, 2005

16. कुमार, आनन्द, हिन्दी पत्रकारिता का बदलदता स्वरूप, आमंग पब्लिकेशन, नई दिल्ली, 2006

17. कुलश्रेष्ठ, डॉ. विजय, हिन्दी पत्रकारिता एवं सर्जनात्मक लेखन, राजस्थान हिन्दी ग्रन्थ अकादमी, जयपुर, 2007

18. कुमार, बिजेन्द्र, हिन्दी पत्रकारिता और भूमण्डलीकरण, प्रकाशक श्री नटराज प्रकाशन, प्रथम संस्करण-2007

19. केला, भगवानदास, देशी राज्यों की जन जागृति, इलाहाबाद, 1948

20. कोठारी, देव एवं पाण्डेय, स्वतंत्रता आन्दोलन में मेवाड़ का योगदान, राजस्थान विद्यापीठ, उदयपुर, 1991

21. कोठारी, मनोहर, भारत में स्वतंत्रता संग्राम में राजस्थान (राजस्थान में स्वतंत्रता संग्राम के अमर पुरोधा), राजस्थान हिन्दी ग्रन्थ अकादमी, जयपुर, 2001

22. कोचर, कन्हैयालाल, रियासती राजपूताना से जनतांत्रिक राजस्थान, राजस्थान हिन्दी ग्रन्थ अकादमी, जयपुर, 2002

23. कौल, जवाहरलाल, हिन्दी पत्रकारिता का बाजारभाव, प्रभात प्रकाशन, संस्करण-2000

24. कोठारी, गुलाब, समाचार पत्र प्रबन्धन, प्रकाशक राध कृष्ण प्रकाशन, पहला संस्करण-1992

25. गहलोत, जगदीश सिंह, राजस्थान का सामाजिक जीवन, राजस्थान साहित्य मंदिर, जोधपुर, 1976

26. गणेश सेवा समिति, शेखावाटी किसान आन्दोलन का इतिहास, हिन्दी ग्रंथ अकादमी, जयपुर, 1990

27. गुप्ता, शोभालाल, गांधी जी और राजस्थान, भीलवाड़ा 1969, राजस्थ.न राज्य गांधी स्मारक निधि, जयपुर

28. गुप्ता, गोविन्द लाल, हाड़ौती का स्वतंत्रता आन्दोलन, राजस्थान विद्यापीठ, हाड़ौती शोध प्रतिष्ठान, कोटा, 1973

29. गुप्ता, मंजू, स्वतंत्रता संग्राम में जमनालाल बजाज, राजस्थान हिन्दी ग्रंथ अकादमी, जयपुर, 2010

30. गुप्ता, मन्मथनाथ, क्रान्तिकारी आन्दोलन का वैचारिक इतिहास, निधि प्रकाशन, दिल्ली, 1980

31. गुप्ता, डॉ. मोहनलाल, कर्मयोगी राजस्थानी, शुभदा प्रकाशन, जयपुर,

2009

32. गुप्ता, के.एस., राजस्थान में स्वतंत्रता संग्राम के अमर पुरो.धा-शोभालाल गुप्त, रूपलाल सोमानी, राजस्थान स्वर्ण जयन्ती समारोह समिति, जयपुर, 2003

33. गुप्ता, बलदेवराज, भारत में जनसम्पर्क, विश्वविद्यालय, प्रकाशन, वाराणसी, 1984

34. गोस्वामी, प्रेमचन्द, पत्रकारिता के प्रतिमान, किशोर बुक डिपो, जयपुर, 1977

35. गोयल, सौभाग्य, अजमेर में जन आन्दोलन, अग्रसेन प्रकाशन, अजमेर

36. गौड़, डी.डी., कांस्टीट्यूशनल डवलपमेंट ऑफ ईस्टर्न राजपूताना स्टेट्स, जोधपुर, 1978

37. गौतम, रूपचन्द, दलित पत्रकारिता के सामाजिक सरोकार, श्री नटराज प्रकाशन, नई दिल्ली, 1980

38. चतुर्वेदी, जगदीश प्रसाद, हिन्दी पत्रकारिता के कीर्तिमान, साहित्य संगम, इलाहाबाद, 1994

39. चतुर्वेदी, जगदीश प्रसाद, हिन्दी पत्रकारिता के इतिहास की भूमिका, अनामिका प्रकाशन, दिल्ली, 1997

40. चतुर्वेदी, प्रेमनाथ, महिला पत्रकार और पत्रिकाएँ, साहित्य संगम, इलाहाबाद, 1997

41. चतुर्वेदी, जगदीश प्रसाद, पत्रकारिता के परिप्रेक्ष्य, साहित्य संगम, इलाहाबाद, 1987

42. चतुर्वेदी, जगदीश्वर, युद्ध, ग्लोबल संस्कृति और मीडिया, प्रकाशक अनामिका पब्लिशर्स एंड डिस्ट्रीब्यूटर्स, प्रथम संस्करण 2005

43. चतुर्वेदी, जगदीश प्रसाद, हिन्दी पत्रकारिता का इतिहास, प्रकाशन प्रभात प्रकाशन, प्रथम संस्करण 2004

44. चतुर्वेदी, जगदीश्वर, हिन्दी पत्रकारिता के इतिहास की भूमिका, अनामिका पब्लिशर्स एंड डिस्ट्रीब्यूटर्स, संस्करण-1997

45. चतुर्वेदी, जगदीश्वर, सूचना समाज, अनामिका पब्लिशर्स एंड डिस्ट्रीब्यूटर्स, भोपाल, 2002

46. चतुर्वेदी, जगदीश, सुधासिंह, स्वाधीनता संग्राम, हिन्दी प्रेस और स्त्री का वैकल्पिक क्षेत्र, अनामिका पब्लिशर्स एण्ड डिस्ट्रीब्यूटर्स, नई दिल्ली, 2006

47. चारण, रामनाथ रतनु, राजस्थान का इतिहास, 1892

48. चुण्डावत, रानी लक्ष्मी, सांस्कृतिक राजस्थान, जयपुर, 1994

49. चौधरी, रामनारायण, बीसवीं सदी का राजस्थान, कृष्णा ब्रदर्स, अजमेर, 1980

50. चौधरी, रामनारायण, आधुनिक राजस्थान का उत्थान, राजस्थान प्रकाशन मण्डल, अजमेर, 1974

51. चौबे, कृपाशंकर, पत्रकारिता के नए परिदृश्य,, मानक पब्लिकेशन्स, 1999

52. जगजीवन राम, भारत में जातिवाद और हरिजन समस्या, राजपाल एण्ड सन्स, दिल्ली, 1981

53. जैन, डॉ. रमेश कुमार, हिन्दी पत्रकारिता का आलोचनात्मक इतिहास, हंसा प्रकाशन, जयपुर, 1987

54. जैन, महावीर प्रसाद, अलवर की जागृति का इतिहास, अखिल भारतीय स्वतंत्रता सेनानी, अलवर, 2002

55. जैन, रमेश, हिन्दी पत्रकारिता का आलोचनात्मक इतिहास, बोहरा प्रकाशन, संस्करण, 1987

56. जैन, नीरज, वैश्वीकरण या पुनः औपनिवेशीकरण, गार्गी प्रकाशन, प्रथम संस्करण-2002

57. जैन, सकुमाल, भारतीय समाचार पत्रों का संगठन, हिन्दी ग्रंथ अकादमी, भोपाल, 1972

58. जैन, रमेश बोहरा, भारत में हिन्दी पत्रकारिता, प्रकाशन चैड़ा रास्ता, 1989

59. जोशी, डॉ. सुशीला, हिन्दी पत्रकारिता: विकास और विविध आयाम, राजस्थान हिन्दी ग्रंथ अकादमी, जयपुर, 1994

60. जोशी, रामशरण, मीडिया: मिशन से बाजारीकरण तक, प्रकाशक वाग्देवी प्रकाशन, पहला संस्करण, 2008

61. जोशी, पूरनचंद संस्कृति विकास और संचार क्रान्ति, ग्रंथ शिल्पी प्रकाशन, संस्करण, 2001

62. जोशी, रामशरण इक्कीसवीं सदी के संकट, राजकमल प्रकाशन इंटरनेट पत्रकारिता, सुरेश कुमार, तक्षशिला प्रकाशन, 1998

63. जोशी, डॉ. बी.बी., हिन्दी पत्रिकाओं में राष्ट्रीय काव्य चेतना, समृद्धि प्रकाशन, इलाहाबाद, 1988

64. जोशी, रामशरण, मीडिया और बाजारवाद, प्रकाशक राधा कृष्ण प्रकाशन,

पहला संस्करण-2002

65. जोशी, राजेन्द्र, उन्नसवीं शताब्दी का अजमेर, राजस्थान हिन्दी ग्रंथ अकादमी, जयपुर, 1972

66. जोशी, करूणा, जनजातीय क्षेत्र में स्वतंत्रता आन्दोलन, राजस्थानी ग्रन्थागार, जोधपुर, 2006

67. जोशी, सुशीला, हिन्दी पत्रकारिता का आलोचनात्मक इतिहास, राजस्थान हिन्दी ग्रंथ अकादमी, जयपुर, 1986

68. जोशी, निर्मला, राजस्थान स्वतंत्रता संग्राम की कहानी, हिन्दी साहित्य मंदिर, जयपुर, 2000

69. जोगलेकर, काषीनाथ, पत्र, पत्रकार और सरकार, विश्वविद्यालय प्रकाशन, वाराणसी, 1991

70. टंडन, डॉ. प्रताप नारायण, वृहद् हिन्दी पत्रकारिता कोश, साहित्य शिल्पी प्रकाशन, लखनऊ, 1986

71. डंगवाल, डॉ. ए.आर., पत्रकारिता के मूल तत्व, प्रकाशन बुक डिपो, बरेली, 1983

72. डंडिया, मिलापचंद, राजस्थान में स्वतंत्रता संग्राम के अमर पुरोधा-पं. अर्जुनलाल सेठी, राजस्थान स्वर्ण जयन्ती समारोह समिति, जयपुर, 2002

73. तंवर, महेन्द्रसिंह, राजस्थान की सांस्कृतिक परम्पराएँ, जोधपुर, 2008

74. ताराचंद, भारतीय स्वतंत्रता आंदोलन का इतिहास खण्ड-1, नई दिल्ली, 1977

75. ताराचंद, भारतीय स्वतंत्रता आंदोलन का इतिहास खण्ड-2, नई दिल्ली, 1977

76. ताराचंद, भारतीय स्वतंत्रता आंदोलन का इतिहास खण्ड-3, नई दिल्ली, 1982

77. तिवारी, डॉ. अर्जुन, हिन्दी पत्रकारिता का वृहद् इतिहास, वाणी प्रकाशन, नयी दिल्ली, 1997

78. तिवारी, डॉ. अर्जुन, मीडिया माफिया, 2004

79. दास, राधाकृष्ण, हिन्दी समाचार पत्रों का इतिहास, काशी, 1894

80. दिवाकर, बी.एम., राजस्थान का इतिहास, कृष्णा ब्रदर्स, अजमेर, 1972

81. दास, राधाकृष्ण, हिन्दी समाचार पत्रों का इतिहास, काशी, 1894

82. दीक्षित, डॉ. सूर्यप्रसाद, वृहद् हिन्दी पत्र-पत्रिका कोश, वाणी प्रकाशन, नई

दिल्ली, 1996

83. दीक्षित, डॉ. सूर्यप्रसाद, भारतीय स्वतंत्रता और हिन्दी पत्रकारिता, बिहार ग्रंथ कुटीर, पटना, 1989

84. देसाई, ए.आर., भारतीय राष्ट्रवाद की सामाजिक पृष्ठभूमि, मैकमिलन इण्डिया लिमिटेड, नई दिल्ली, 1976

85. देवाई, डॉ. आदर्श, जनजागरण में हिन्दी पत्रकारिता, श्याम प्रकाशन, जयपुर

86. दीक्षित, डॉ. सूर्य प्रसाद, भारतीय पत्रकारिता और जनसंचार, विवेक पब्लिषिंग हाउस, जयपुर, 1991

87. दुबे, राजीव, हिन्दी पत्रकारिता और राष्ट्रीय आन्दोलन, सत्येन्द्र प्रकाशन, इलाहाबाद, 1988

88. दुबे, शिव कुमार, हिन्दी पत्रकारिता: इतिहास और स्वरूप, परिमल प्रकाशन, इलाहाबाद, 1987

89. दीक्षित, प्रवीण, जनमाध्यम और पत्रकारिता प्रथम व द्वितीय, सहयोगी साहित्य संस्थान, कानपुर, 1983

90. देसाई, ए. आर., भारतीय राष्ट्रवाद की सामाजिक पृष्ठभूमि, मैकमिलन इण्डिया लि, नई दिल्ली, 1982

91. नटराजन, जे., भारतीय पत्रकारिता का इतिहास, प्रकाशन विभाग, सूचना एवं प्रसारण मंत्रालय, भारत सरकार, 2002

92. पंकज, डॉ. विष्णु, राजस्थान के पत्र और पत्रकार, राजस्थान प्रकाशन, जयपुर, 1992

93. पंकज, डॉ. विष्णु, भाषायी पत्रकारिता और जनसंचार (राजस्थान के संदर्भ), विवेक पब्लिशिंग हाउस, जयपुर, 1991

94. पतंजलि, डॉ. प्रेमचन्द, मीडिया के पचास वर्ष, राधा पब्लिकेशन्स समाचार-पत्रों की दुनिया, देवेन्द्र उपाध्याय, मौलिक साहित्य प्रकाशन, संस्करण-1998

95. पचैरी, सुधीश, भूमण्डलीय समय और मीडिया, प्रकाशक ज्ञानदीप प्रकाशन, प्रथम संस्करण-2006

96. पाण्डे, राम, जयपुर राज्य प्रजामण्डल, शोधक, जयपुर, 1994

97. पाण्डेय, डॉ. रतन कुमार, मीडिया का यथार्थ, प्रकाशक वाणी प्रकाशन, प्रथम संस्करण-2008

98. पंत, एन.सी., हिन्दी पत्रकारिता का विकास, राधा पब्लिकेशन्स, नई

दिल्ली, 1994

99. पाण्डे, डॉ. पद्याकर, हिन्दी पत्रकारिता और राष्ट्रीय आन्दोलन, नागरी प्रचारिणी सभा, वाराणसी, 1993

100. पालीवाल,देवीलाल, क्रान्तिकारी बारहठ केसरी सिंह व्यक्तित्व एवं कृतित्व, राजस्थान साहित्य अकादमी, उदयपुर, 1986

101. प्रभाकर, विष्णु, काका कालेलकर, साहित्य अकादमी, नई दिल्ली, 1989

102. पाण्डेय, डॉ. रत्नाकर, हिन्दी पत्रकारिता, मणिमय प्रकाशन, कलकत्ता,1976

103. पत्रकार, ठाकुर बी.एस., हिन्दी पत्रों के संपादक, स्वतंत्र प्रकाशन मण्डल, लखनऊ, 1990

104. परमार, सावित्री, वह अग्नि पुरुष, महान् स्वतंत्रता सेनानी माणिक्यलाल वर्मा की कहानी, पंचशील प्रकाशन, जयपुर, 1992

105. पतंजलि, डॉ. प्रेमचन्द, मीडिया के पचास वर्ष, राधा पब्लिकेशन्स, नई दिल्ली

106. प्रकाश, डॉ. विद्या, निर्भीक राष्ट्रनायक गणेश शंकर विद्यार्थी, कॉलेज, बुक डिपो, जयपुर, 2006

107. पीतलिया, रामशरण, हिन्दी की कीर्तिशेष पत्र-पत्रिकाएँ, राजस्थान हिन्दी ग्रंथ अकादमी, जयपुर, 2000

108. पिलानिया, डॉ. ज्ञान प्रकाश, राजस्थान में स्वतंत्रता संग्राम के अमर पुरोधा-सरदार हरलाल सिंह, राजस्थान स्वर्ण जयन्ती समारोह समिति, जयपुर, 2001

109. प्रभाकर, मनोहर, राजस्थान में हिन्दी पत्रकारिता, पंचशील प्रकाशन, जयपुर, 1981

110. प्रभाकर, मनोहर, राजस्थान के भूले-बिसरे पत्रकार, सूचना और प्रसारण मंत्रालय, भारत सरकार, दिल्ली, 1993

111. पचैरी, सुधीश, उत्तर आधुनिक प्रस्थान बिंदु: उपभोक्ता संस्कृति के चिन्ह, आत्माराम एंड संस, संस्करण 2000

112. पाण्डेय रत्नाकर, इन्दु बहादुर सिंह, रामव्यास, भारतीय पत्रकारिता, मणिमय प्रकाशन, दिल्ली, 1981

113. पाण्डेय, रत्नाकर, हिन्दी पत्रकारिता, प्रवीण प्रकाशन, नई दिल्ली, 1988

114. पापा, सूरज प्रकाष, जयनारायण व्यास, हिन्दी ग्रंथ अकादमी, जयपुर, 2001

115. पचौरी, सुधीश, जनसंचार माध्यम भाषा और साहित्य, नटराज प्रकाशन, 2000

116. पचौरी, सुधीश, नया मीडिया और नये मुद्दे,, प्रकाशक वाणी प्रकाशन, प्रथम संस्करण-2009

117. ब्रह्मानन्द, भारतीय स्वतंत्रता आन्दोलन और हिन्दी पत्रकारिता, दिल्ली, 1976

118. बघेला, हेतसिंह, राजस्थान के इतिहास की रूपरेखा, रिसर्च पब्लिकेशन्स, जयपुर, 1997

119. बोलिया, लक्ष्मण, राजस्थान-पत्रकारिता और विकास, राजस्थान समाचार पत्र प्रकाशन, चोमूं हाऊस, जयपुर, 2001

120. बायती, डॉ. जायसवाल, शैक्षिक पत्रकारिता, राजस्थान प्रकाशन, जयपुर, 1999

121. बच्चन, डॉ. हरिवंशराय, हिन्दी पत्रकारिता के गौरव: बांके बिहारी भटनागर, आत्माराम एण्ड संस, दिल्ली, 1967

122. ब्रह्मानंद, डॉ., भारतीय स्वतंत्रता आन्दोलन और उत्तर प्रदेश की हिन्दी पत्रकारिता, वाणी प्रकाशन, दिल्ली, 1986

123. बंशीधर, डॉ. लाल, भारतीय स्वतंत्रता और हिन्दी पत्रकारिता, बिहार ग्रंथ कुटीर, पटना, 1989

124. भल्ला, एल.आर., राजस्थान: एक विस्तृत अध्ययन, कुलदीप पब्लिकेशन, अजमेर, 1989

125. भारतीय, डॉ. भवानी लाल, आर्य समाज के पत्र और पत्रकार, परोपकारिणी सभा, अजमेर, 1996

126. भानावत, डॉ. संजीव, सांस्कृतिक चेतना और जैन पत्रकारिता, सिद्ध श्री प्रकाशन, जयपुर, 1990

127. भानावत, डॉ. संजीव, हिन्दी जैन पत्रकारिता: एक शताब्दी, श्री अखिल भारतीय जैन विद्वद् परिषद् एवं सम्यग् ज्ञान प्रचारक मण्डल, जयपुर, 1990

128. भानावत, डॉ. संजीव, भारत में संचार माध्यम, पुलित्जर संचार अध्ययन एवं शोध संस्थान, जयपुर, 2002

129. भानावत, डॉ. संजीव, समाचार माध्यम: संगठन व प्रबन्धन, यूनिवर्सिटी पब्लिकेषन, जयपुर, 1993

130. भण्डारी, विजय, राजस्थान पत्रिका: बढ़ते कदम, राजस्थान पत्रिका,

जयपुर, 1996

131. भटनागर, डॉ. रामरतन, द राइज एण्ड ग्रोथ ऑफ हिन्दी जर्नलिज्म, किताब महल, इलाहाबाद, 190

132. भट्ट, राजेन्द्र शंकर व शर्मा, कप्तान दुर्गा प्रसाद चैधरी, नवज्योति प्रकाशन, अजमेर, 1993

133. भनोत, डॉ. शिव कुमार, बीकानेर राज्य में राजनैतिक एवं प्रतिरोधी आन्दोलन, जे.एन. व्यास विश्वविद्यालय, जोधपुर, 2007

134. भट्टाचार्य, सुकुमार, द राजपूत स्टेट्स एण्ड ईस्ट इण्डिया कम्पनी, नई दिल्ली, 1972

135. भार्गव, मोतीलाल, रोल ऑफ प्रेस इन द फ्रीडम मूवमेन्ट, रियायन्स पब्लिशिंग हाऊस, नई दिल्ली, 1987

136. भण्डारी, समोहनराज, रामनारायण चैधरी, राजस्थान हिन्दी ग्रन्थ अकादमी, जयपुर, 2001

137. भारतीय, डॉ. भवानीलाल, आर्य समाज के पत्र और पत्रकार, परो.पकारिणी सभा, अजमेर, 1983

138. भारती, जयप्रकाश, बाल पत्रकारिता-स्वर्णयुग की ओर, परमेश्वरी प्रकाशन, दिल्ली, 1993

139. भंडारी, मोहनराज, राजस्थान में स्वतंत्रता संग्राम के अमर पुरोधा-रामनारायण चैधरी, राजस्थान स्वर्ण जयन्ती समारोह समिति, जयपुर, 2001

140. भानावत, डॉ. संजीव, पत्रकारिता का इतिहास एवं जनसंचार माध्यम, युनिवर्सिटी पब्लिकेशन्स, जयपुर, 1988

141. भानावत, डॉ. संजीव, प्रेस कानून और पत्रकारिता, सिद्ध श्री प्रकाशन, जयपुर, 1993

142. भल्ला, डॉ. एल.आर., राजस्थान का भूगोल, कुलदीप पब्लिशिंग हा0स, जयपुर, 1985

143. भट्टाचार्य, डॉ. प्रभातकुमार, गाँधी दर्शन, कॉलेज बुक डिपो, जयपुर, 1982

144. भारती, जयप्रकाश, हिन्दी पत्रकारिता, दशा और दिशा, प्रवीण प्रकाशन, नई दिल्ली, 1985

145. भट्ट, राजेन्द्र शंकर, पत्र, पत्रकार और पत्रकारिता, प्रकाशन विभाग, दिल्ली, 1990

146. भट्ट, राजेन्द्र शंकर, स्वतंत्रता सेनानी, समाज सेवक, संपादक, कप्तान दुर्गाप्रसाद चैधरी, दैनिक नवज्योति प्रकाशन, जयपुर, 1993

147. मनोहर, राघवेन्द्र सिंह, राजस्थान के राजघरानों का सांस्कृतिक अध्ययन, जयपुर, 1990

148. मेहर, जहूर खां, राजस्थान में आजादी रौ आन्दोलन, जोधपुर, 1986

149. मधुप, महेन्द्र, जयपुर की पत्र-पत्रिकाओं का स्वाधीनता आंदोलन में योगदान सम्प्रेषण फोरम, जयपुर, 1970

150. मिश्र, कृष्ण बिहारी, हिन्दी पत्रकारिता (राजस्थानी आयोजन की कृति भूमिका), अखिल भारतीय मारवाड़ी युवा मंच, दिल्ली, 1999

151. मिश्र, डॉ. कृष्ण बिहारी, हिन्दी पत्रकारिता, भारतीय ज्ञानपीठ प्रकाशन, नई दिल्ली, 1985

152. मिश्र, डॉ. कृष्ण बिहारी, पत्रकारिता इतिहास और प्रश्न, वाणी प्रकाशन, नई दिल्ली, 1993

153. मिश्र, कृष्ण बिहारी, हिन्दी पत्रकारिता, भारतीय ज्ञानपीठ प्रकाशन, संस्करण 1985

154. मीडिया का अंडरवर्ड; पेड न्यूज, कॉरपोरेट और लोकतंत्र, दिलीप मंडल, प्रकाशक राधा कृष्ण प्रकाशन, पहला संस्करण-2011

155. मिश्र, अखिलेश, पत्रकारिता: मिशन से मीडिया तक, प्रकाशक राजकमल प्रकाशन, पहला संस्करण-2004

156. मंत्री, गणेश, पत्रकारिता की चुनौतियाँ, संत साहित्य प्रकाशन, संस्करण-2000

157. मिश्र, रतन लाल, राजस्थान स्वतंत्रता संग्राम-दुर्लभ दस्तावेज, सुरभि पब्लिकेशन्स, जयपुर, 1997

158. मिश्र, डॉ. कृष्ण बिहारी, हिन्दी पत्रकारिता (जातीय चेतना और खड़ी बोली साहित्य की निर्माण भूमि), भारतीय ज्ञानपीठ प्रकाशन, दिल्ली, 1967

159. मृदुला, डॉ., हिन्दी की सर्वोदय पत्रकारिता, कॉलेज बुक डिपो, जयपुर, 2006

160. मेहता, आलोक, भारत में पत्रकारिता, निदेशक, नेशनल बुक ट्रस्ट, इण्डिया, 2006

161. मेहता, आलोक, पत्रकारिता की लक्ष्मण रेखा, सामयिक प्रकाशन भारतीय अर्थव्यवस्था, एस.के. मिश्र, पुरी बी0के0, हिमालय पब्लिशिंग

हाउस, संस्करण-1998

162. मांडोत, प्रो. मिश्रीलाल, राजस्थान में स्वतंत्रता संग्राम के अमर पुरोधा-कप्तान दुर्गाप्रसाद चैधरी, राजस्थान स्वर्ण जयन्ती समारोह समिति, जयपुर, 2001

163. यादव, कमल, देशी रियासतों में राजनैतिक चेतना और जन आन्दोलन, ऋतु पब्लिकेषन, जयपुर, 1998

164. यादव, डॉ. कमल, देशी रियासतों में राजनैतिक चेतना और जन आन्दोलन (अलवर राज्य के विशेष संदर्भ में), रितु पब्लिकेशन्स, जयपुर, 1998

165. रंजन, राहुल, उन्नीसवीं शताब्दी की हिन्दी पत्रकारिता में सामाजिक चेतना, भारतीय ग्रंथ निकेतन, दिल्ली, 1999

166. राय, सुजाता, हिन्दी पत्रकारिता और राष्ट्रीय जागरण, अनामिका प्रकाशन, दिल्ली, 1992

167. राकेश, एम.ए.,श्री जवाहिर लाल जैन (जीवन झांकी), प्राकृत भारती अकादमी, जयपुर, 2008

168. राजकिशोर, पत्रकारिता के नये परिप्रेक्ष्य, प्रकाशक वाणी प्रकाशन, 2001

169. रत्तू, डॉ. कृष्ण कुमार, नयी संचार प्रौद्योगिकी पत्रकारिता, प्रकाशक हरियाणा साहित्य अकादमी, 2001

170. रत्तू, डॉ. कृष्ण कुमार, दृश्य-श्रव्य एवं जनसंचार माध्यम, प्रकाशक राजस्थान हिन्दी ग्रन्थ अकादमी, 2002

171. लाल, डॉ. वंशीधर, भारतेन्दु युगीन हिन्दी पत्रकारिता, अनुभव प्रकाशन, कानपुर, 1987

172. वाजपेयी, अम्बिका प्रसाद, भारतीय पत्रों का इतिहास, बनारस, 1963

173. वाजपेयी, पं. अम्बिका प्रसाद, समाचार पत्रों का इतिहास, प्रकाशक ज्ञान मण्डल लिमिटेड, 2010

174. व्यास, डॉ. लक्ष्मीशंकर, हिन्दी पत्रकारिता के युग निर्माता, व्यास प्रकाशन, वाराणसी, 1988

175. व्यास, लक्ष्मीशंकर, हिन्दी पत्रकारिता के युग निर्माता, विश्वविद्यालय प्रकाशन, वाराणसी, 1984

176. व्यास, रामप्रसाद, स्वतंत्रता संग्राम में राजस्थान का योगदान, राजस्थानी ग्रन्थागार, जोधपुर, 2004

177. व्होरा, आशारानी, स्वाधीनता सेनानी लेखक-पत्रकार प्रतिभा प्रतिष्ठान,

नई दिल्ली, 2004

178. विद्यार्थी, रामेश्वर, सिद्धराज ढड्ढा (संस्मरण एवं पत्र व्यवहार), प्राकृत भारती अकादमी, जयपुर, 2009

179. वैदिक, डॉ. वेदप्रताप, हिन्दी पत्रकारिता: विविध आयाम, प्रकाशक हिन्दी बुक सेन्टर, संस्करण-2006

180. शर्मा, डॉ. पदम्जा, यशस्वी पत्रकार पण्डित झाबरमल्ल शर्मा, राजस्थानी ग्रन्थागार, जोधपुर, 2000

181. शुक्ला, डॉ. महेश, विंध्य की पत्रकारिता के विविध आयाम, कामन.वेल्थ पब्लिशर्स, नई दिल्ली, 2001

182. शर्मा, श्यामसुन्दर, हिन्दी प्रकाशन का इतिहास, प्रचारक ग्रंथावली परियोजना, वाराणसी, 1998

183. शर्मा, डॉ. अशोक कुमार, संचार क्रान्ति और हिन्दी पत्रकारिता, विश्वविद्यालय प्रकाशन, वाराणसी, 1991

184. शर्मा, क्षमा, पत्रकारिता और साहित्य, श्री नटराज प्रकाशन, 2000

185. शुक्ल, विष्णु दत्त, आधुनिक पत्रकार कला भाग, हिमालय पॉकेट बुक्स प्रा.लि., नई दिल्ली, 2008

186. शर्मा, कुमुद, भूमण्डलीकरण और मीडिया, प्रकाशक ग्रंथ अकादमी, 2003

187. शर्मा, कालूराम, 19वीं सदी के राजस्थान का सामाजिक एवं आर्थिक जीवन, जयपुर

188. शुक्ल, प्रो. चिंतामणि; आधुनिक राजस्थान का क्रांतिकारी इतिहास, शुक्ल, डॉ. अवधेश कुमार शुक्ल प्रकाशन, मथुरा, 1985

189. शाह रतन, सांस्कृतिक राजस्थान, कोलकत्ता, 1932

190. सिन्हा, राकेश, राजनीतिक पत्रकारिता, साहित्य भवन, आगरा, 2007

191. सुमन, क्षेमचन्द्र, हिन्दी के यशस्वी पत्रकार, प्रकाशन विभाग सूचना प्रसारण मंत्रालय, नई दिल्ली, 1986

192. सुमन, क्षेमचन्द्र, गांधी युग और हरिजन, पब्लिकेशन ब्यूरो सूचना विभाग, लखनऊ, 1949

193. सरीन, डॉ. धर्मपाल, हिन्दी साहित्य और स्वाधीनता संघर्ष, आर्य बुक डिपो, नई दिल्ली

194. सरकार, चंचल, समाचार पत्रों की कहानी, नेशनल बुक ट्रस्ट, नई दिल्ली, 1991

195. सिंह, बच्चन, हिन्दी पत्रकारिता के नये प्रतिमान, विश्वविद्यालय प्रकाशन, 1989

196. सिंह, चन्द्रमणी, राजस्थान की सांस्कृतिक परम्परा, जयपुर, 2000

197. सुधीश, पचैरी, मीडिया और साहित्य, प्रकाशक राज सूर्य प्रकाशन, संस्करण 2000

198. सुधीश, पचैरी, मीडिया की परख, प्रकाशक नीलकंठ प्रकाशन, 2004

199. सिंह, जोगेन्द्र, हिन्दी पत्रकारिता की दिशाएं, सुरेन्द्र कुमार एण्ड सन्स, दिल्ली, 2004

200. सिरोही; राजेन्द्र शाह, पश्चिमी राजस्थान में स्वतंत्रता संग्राम, जयपुर पब्लिशिंग हाऊस, जयपुर, 2001

201. सिंह, धर्मेन्द्र आधुनिक पत्रकारिता आलोचनात्मक विश्लेषण, प्रकाशक अध्ययन पब्लिशर्स एण्ड डिस्ट्रीब्यूटर्स, 2008

202. त्रिपाठी, कमलापति, पत्र और पत्रकार कला, बनारस, 1950

203. त्रिपाठी, रमेशचन्द्र, पत्रकारिता के सिद्धान्त, पल्लव प्रकाशन दिल्ली, 1993

स्मारिका, अभिनन्दन ग्रंथ, स्मृति ग्रंथ

204. दैनिक हिन्दुस्तान शताब्दी समारोह, स्मारिका

205. दैनिक जागरण रजत जयन्ती वर्ष स्मारिका

206. दैनिक विश्वामित्र रजत जयन्ती वर्ष स्मारिका

207. हिन्दुस्तान शताब्दी समारोह स्मारिका

208. जयनारायण राज, श्रमजीवी पत्रकार संघ, स्मारिका

209. सूर्यमल मिश्र, स्मारिका

210. राजस्थान श्रीमान्त परोपकार संघ स्मारिका

211. बीकानेर पंचषत, स्मारिका

212. श्रमजीवी पत्रकार संघ परिचय पुस्तिका, मुकुट बिहारी वर्मा

213. कप्तान दुर्गा प्रसाद चैधरी, अभिवादन एवं अभिनन्दन ग्रंथ

214. झाबरमल्ल वर्मा अभिनन्दन ग्रंथ

215. जयनारायण व्यास अभिनन्दन ग्रंथ

216. राजस्थान केसरी विजय सिंह, स्मृति ग्रंथ, जयपुर, 19870

रिसर्च जर्नल्स

217. शोधक, रामपाण्डे, जयपुर, 1997, 2000

218. आर्य समाज एण्ड सोषल रिफार्म मुवर्मेंट इन राजस्थान, सक्सेना, आर.के., 2000

219. शोध समीक्षा और मूल्यांकन, कृष्णवीर सिंह, 2009

220. रिसर्च लिंक, डॉ. रमेष सोनी, इन्दौर, 2009, 2010, 2011

(अ) पत्र-पत्रिकाएँ

221. मारवाड़ गजट, बाबू हीरालाल, जोधपुर, 1866-1912

222. तरुण राजस्थान, शोभा लाल गुप्ता, अजमेर, 1922-1923

223. आगीवाण, जयनारायण व्यास, जोधपुर, 1935

224. प्रजा सेवक, अचलेष्वर प्रसाद शर्मा, जोधपुर, 1940

225. प्रेरणा, देवनारायण व्यास, जोधपुर, 1953

226. कल की दुनियां, गणेष चन्द्र जोशी, जोधपुर, 1940

227. ललकार, शांति चन्द्र मेहता, जोधपुर, 1949

228. राजस्थान, अजमेर, ऋषिदॅा मेहता, अजमेर, 1923

229. नवजीवन, ठाकुर नारायण सिंह, अजमेर, 1939

230. नवज्योति, रामनारायण चैधरी, अजमेर, 1936

231. आर्य मार्तण्ड, पं. रामसहाय शर्मा, अजमेर, 1923

232. त्यागभूमि, पं. हरिभाऊ उपाध्याय, अजमेर, 1927

233. लोकवाणी, जमनालाल बजाज, जयपुर, 1943

234. राजस्थान केसरी, विजय सिंह पथिक, वर्धा, 1920

235. जयपुर गजट, दिसम्बर 1934 से मार्च 1939 के अंक जयपुर 1978 (महाराजा सार्वजनिक पुस्तकालय, जयपुर)

236. मरूधर मित्र, मारवाड़, सितम्बर 1925 से जुलाई 1926 (जोधपुर अभिलेखागार)

237. मारवाड़ी समाचार, मारवाड़ 1884, सितम्बर, नवम्बर, दिसम्बर, 1940

www.ingramcontent.com/pod-product-compliance
Lightning Source LLC
Chambersburg PA
CBHW060632080726
47818CB00003B/106